PODER CAMUFLADO

FABIO VICTOR

Poder camuflado

*Os militares e a política, do fim da ditadura
à aliança com Bolsonaro*

1ª reimpressão

Copyright © 2022 by Fabio Pimentel Victor

Grafia atualizada segundo o Acordo Ortográfico da Língua Portuguesa de 1990, que entrou em vigor no Brasil em 2009.

Capa
Raul Loureiro

Foto de capa
Orlando Brito

Preparação
Baby Siqueira Abrão

Checagem
Érico Melo

Pesquisa
Gabriela Sá Pessoa

Índice remissivo
Luciano Marchiori

Revisão
Ana Maria Barbosa
Carmen T. S. Costa

Dados Internacionais de Catalogação na Publicação (CIP)
(Câmara Brasileira do Livro, SP, Brasil)

Victor, Fabio
   Poder camuflado : Os militares e a política, do fim da ditadura à aliança com Bolsonaro / Fabio Victor. — 1ª ed. — São Paulo : Companhia das Letras, 2022.

   Inclui bibliografia
   ISBN 978-65-5921-126-5

   1. Bolsonaro, Jair Messias, 1955- 2. Brasil – Política e governo 3. Comissão Nacional da Verdade 4. Ditadura – Brasil 5. Militares – Brasil I. Título.

22-128956   CDD-320.981

Índice para catálogo sistemático:
1. Brasil : Política e governo 320.981

Cibele Maria Dias – Bibliotecária – CRB-8/9427

Todos os direitos desta edição reservados à
EDITORA SCHWARCZ S.A.
Rua Bandeira Paulista, 702, cj. 32
04532-002 — São Paulo — SP
Telefone: (11) 3707-3500
www.companhiadasletras.com.br
www.blogdacompanhia.com.br
facebook.com/companhiadasletras
instagram.com/companhiadasletras
twitter.com/cialetras

Para meu pai, Edgar, e minha mãe, Glória, pelo amor imune à distância, e por me transmitirem humanismo, decência e curiosidade.

À memória de Edgard Alves, Mano Victor e Marcos Lins — mestres em conviver, exemplos de que o extraordinário é simples e vice-versa.

Sumário

Prólogo — A volta dos que não foram 9

PARTE I: CONCILIAÇÃO CAPENGA

1. Uma família (e um amigo) contra a Comissão da Verdade 21
2. Eva entre os generais 38
3. Leônidas no comando 48
4. Collor despreza, Itamar afaga 54
5. Direito à memória e à verdade, pero no mucho 61
6. "Vocês eram meninos quando alguém mandou fazer" 69
7. Uma trégua breve e improvável 85

PARTE II: DE PÁRIA A LÍDER, CONTRA A AMEAÇA VERMELHA

8. A invenção de um candidato nascido na Aman 101
9. A outra anistia 104
10. Ressuscitando o inimigo favorito 117
11. "Eles são formidáveis" 129
12. Anatomia de um tuíte 149
13. Onda verde-oliva 181

PARTE III: MEU EXÉRCITO

14. Um governo de (e para) militares 205
15. Adulterando a história 229
16. A viúva 242
17. A cidadela 269
18. O inimigo real e os imaginários 291
19. Crise militar, pronome possessivo 305
20. Dois (putsches) em um 329

Epílogo — O impasse do PT e uma festa cívica enxovalhada 351

Agradecimentos 375
Notas 379
Lista de fontes 415
Referências bibliográficas 417
Créditos das imagens 425
Índice remissivo 427

Prólogo
A volta dos que não foram

Fazia quase meia hora que o general Augusto Heleno me concedia uma entrevista na sala de seu apartamento, na Asa Norte de Brasília. Solícito e sereno, respondia com calma às perguntas e discorria inclusive sobre amenidades, como um bar chinês que comprara no Paraguai quando integrou uma missão militar no país e que elogiei. "O Paraguai importava esses bares chineses. São muito bonitos. Ele é todo entalhado. Faz par com a mesa. Muito bonitinho. Coisa de chinês mesmo, né?!"

Como todas as janelas estivessem fechadas, o ambiente era abafado, e o açodamento repentino do entrevistado, depois de atender a um telefonema, ampliou a sensação. Heleno começava a demonstrar impaciência para terminar logo a entrevista. Corria novembro de 2018, nove dias antes Jair Bolsonaro havia sido eleito presidente, e o general andava atarefado com a transição — fora cotado num primeiro momento para ministro da Defesa, mas naqueles dias se acumulavam indícios de que assumiria o Gabinete de Segurança Institucional (GSI). "A minha mulher vai ficar sozinha, aqui somos só eu e ela, passo o dia inteiro fora", queixou-se o general para que eu apressasse a conversa. Corri para dar conta do extenso roteiro de perguntas, da formação teórica dos militares brasileiros à relação do dono da casa com Bolsonaro e outros egressos do Exército que em breve assumiriam o poder, como o vice-presidente eleito,

Hamilton Mourão. Em que pese o alerta dado instantes antes, Heleno foi tolerante com o relógio.

Até que introduzi questões relacionadas à memória do golpe de 64 e da ditadura militar. O senhor calmo e de fala suave — que em 1977 era ajudante de ordens de Sylvio Frota quando o ministro do Exército foi demitido por Ernesto Geisel, num episódio crucial para a abertura do regime — começou a subir o tom de voz:

> É só pegar os editoriais do 31 de março, 1º e 2 de abril. Quem ler aquilo e continuar dizendo que as Forças Armadas deram golpe ou tem má-fé ou não sabe ler. Tirando a *Última Hora*, que era janguista, todo o restante [apoiou], *O Globo, Folha de S.Paulo, Estadão, Correio da Manhã, Diário de Notícias*... É só ler os editoriais e vai ver que as Forças Armadas foram, praticamente, quase que compulsadas a tomar uma atitude. Chegou um ponto em que não dava mais, a população não aguentava mais. Estava pedindo pelo amor de Deus para que cortassem aquele caminho.

A entrevista desaguou no coronel Carlos Alberto Brilhante Ustra, comandante de um dos principais centros de tortura da ditadura e considerado herói por Bolsonaro e Mourão.

> Isso aí [que Ustra foi torturador] não tem provas. Isso aí tudo é... Eu sou muito cético em relação a essas coisas. Rapaz, isso é outra coisa que eu gostaria que você registrasse aí. Ou tem anistia ou não tem anistia. Anistia é anistia! É esquecer esse troço. Se ficar lembrando a luta armada... porque pode ter ministro terrorista, pode ter presidente da República terrorista, pode ter dono de banco terrorista, e toda hora falam nessa época da...

Heleno agora estava realmente alterado.

> Esqueçam! Teve uma anistia ampla, geral e irrestrita que foi um comum acordo entre todos os envolvidos. A esquerda não consegue esquecer desse troço. Todos os dias tem um cara: "Kikiki, tem tortura, tem não sei quê". E as explosões, e os caras que morreram, um monte de militar que morreu? Então tem que parar com esse troço, partir para uma outra visão do país. Fica nesse nhem-nhem-nhem da

esquerda que continua querendo fazer do Brasil uma Venezuela, uma Cuba, uma Guiné Equatorial. Nós não vamos ser, se Deus quiser o Brasil não vai ser o que esses caras têm na cabeça. Não vai.

Sem que eu tenha pronunciado palavra, o general decretou: "Fabio, fim. Esse é o fim da reportagem". Heleno levantou-se e caminhou em direção à porta. De pé antes de sair, ainda consegui fazer uma pergunta sobre a prisão, no ano anterior, do cartola Carlos Arthur Nuzman por acusação de corrupção e o período do general como dirigente do Comitê Olímpico Brasileiro (COB) — em que recebia um salário equivalente a quase R$ 80 mil mensais, em valores atualizados em setembro de 2022, a maior parte em recursos públicos[1] —, até o anfitrião me colocar educadamente para fora enquanto defendia a importância e a lisura de seu trabalho no COB e desencava a imprensa. Embora o general se dissesse apressado, foi nitidamente o tema de 64 que o aborreceu a ponto de encerrar a conversa de modo abrupto.

Ao longo dos últimos cinco anos, entrevistei dezenas de militares de várias patentes, a maioria do Exército, oficiais superiores, da mesma geração de Jair Bolsonaro. A reação de quase todos diante do assunto que agastou Augusto Heleno foi semelhante à do general, com pequenas variações. Isso apesar da fartura de evidências, documentos e testemunhos sobre as violações do regime que se recusam a definir como ditadura: prisão e cassações de opositores, fechamento do Congresso, censura, suspensão do habeas corpus, além dos crimes mais bárbaros: tortura, sequestro, morte e ocultação de cadáveres dos que se insurgiram contra ou combateram a repressão — tornadas política de Estado naquele período.

Num escritório em Fortaleza, quando era candidato ao governo do Ceará, em 2018, outro general de quatro estrelas da reserva do Exército, Guilherme Theophilo, saiu do sério quando lhe perguntei sobre torturas, mortes, desaparecimento de opositores e violações de direitos humanos cometidas por militares na ditadura. "Nunca chegamos a ser uma ditadura. Foi um regime de exceção. [...] Quero que você me responda quantos morreram do nosso lado. E os nossos estavam lutando pela liberdade, não para implantar um Estado comunista", respondeu, irritado, o rosto suado e inflamado.[2]

Às vezes as manifestações são públicas. Em agosto de 2021, o general Walter Braga Netto, então ministro da Defesa, disse a parlamentares, durante uma audiência na Câmara dos Deputados, que não tinha havido ditadura no Brasil a partir de 1964. "Houve um regime forte, cometeram-se exceções dos dois lados. Mas isso tem que ser analisado na época da história, de Guerra Fria e tudo mais. Não pegar uma coisa do passado e trazer para os dias de hoje", afirmou, insinuando que os parlamentares de esquerda que o inquiriam eram a prova viva do seu raciocínio. "Se houvesse ditadura, talvez muitos dos... de... talvez muitas pessoas não estariam aqui."[3]

As falas de Braga Netto provocaram choque e ondas de revolta na opinião pública. Para quem tinha alguma familiaridade com o universo castrense, porém, não foi uma surpresa. É um tema que transtorna a maioria dos militares com mais de 55 anos, educados sob a ditadura. Ou seja, tanto os que hoje comandam as Forças Armadas quanto os que, no governo Bolsonaro, se multiplicaram em cargos e funções no Poder Executivo como jamais se viu na história do país.

Braga Netto foi um dos tantos oficiais que, ao trocarem a farda pelo terno, não passaram apenas a servir ao governo, mas aderiram de corpo e alma ao éthos bolsonarista, à cultura e aos hábitos de um populista de extrema direita que há décadas atenta contra valores republicanos e o estado de direito. Oficial discreto e avesso a entrevistas, interventor federal da segurança pública no Rio em 2018 e depois chefe do Estado-Maior do Exército, o general se metamorfoseou em político e militante, com mostras contínuas de lealdade irrestrita ao chefe quando foi ministro da Casa Civil e da Defesa, até ser ungido candidato a vice-presidente na chapa de Bolsonaro em sua disputa à reeleição.

Nos últimos quatro anos, graças à aliança entre o chefe do Executivo e representantes do Exército, da Marinha e da Aeronáutica, operou-se em escala inédita a politização das Forças Armadas e a militarização do governo. Num precedente temerário para a democracia, oficiais exerceram cargos políticos enquanto ainda estavam na ativa, confundindo sua carreira de Estado com as funções no governo. Um deles, o general Eduardo Pazuello, foi nomeado ministro da Saúde e liderou a operação desastrosa do país no combate à pandemia de covid-19. Demitido, mas ainda general da ativa, subiu a um palanque com Bolsonaro. A transgressão não foi punida pelo comando do Exército, corrompendo os principais pilares da doutrina militar, hierarquia e disciplina. Para forçar o alinhamento da corporação ao governo, o presidente trocou três vezes o comandante da força terrestre durante o mandato, algo que não ocorria em quase sessenta anos. Enquanto isso, Bolsonaro e os militares aproveitaram para escrever a sua própria versão da história.

Para entender como chegamos até aqui, é imprescindível saber antes o que levou o Exército a reabilitar e afiançar um oficial insubordinado, que entre o final dos anos 1980 e o início dos 1990 era persona non grata na corporação. *Poder camuflado* reconstitui o percurso percorrido por Bolsonaro, do capitão proibido pelos comandantes de entrar em quartéis até o deputado federal que fez um comício dentro da principal academia de formação de oficiais da força terrestre para anunciar aos cadetes que se lançaria candidato à Presidência, e, por último, o candidato abraçado em peso pelos militares. O livro busca ainda compreender o processo, desencadeado no governo Temer e consolidado por Bolsonaro, que possibilitou a volta dos militares ao *centro da arena política*. O grifo se faz necessário porque, como indica o título, este livro se propõe a mostrar que, desde a reabertura do país, as Forças Armadas, sobretudo o Exército, nunca deixaram de influenciar o poder político na defesa dos seus interesses, mas na maior parte do tempo o fizeram nas sombras. Continuaram exercendo o poder sem as obrigações e custos de ser governo.

Mesmo quando estavam longe da ribalta, recolhidos aos quartéis, a interiores e fronteiras do território nacional, o fato é que, em quase quarenta anos de normalidade democrática, os militares brasileiros jamais permitiram um efetivo controle civil sobre as Forças Armadas, como ocorre nas democracias consolidadas. Em ocasiões excepcionais, a pressão de bastidores veio à tona em forma de ameaça — como no tuíte do comandante do Exército, Eduardo Villas Bôas, na véspera do julgamento do habeas corpus do ex-presidente Lula pelo Supremo Tribunal Federal (STF), em 2018, que se tornou célebre por demarcar uma espécie de ponto sem retorno na onda verde-oliva que ajudaria a impulsionar a eleição de Bolsonaro.

Por obra e desgraça da ditadura, os ecos da Guerra Fria dos porões contra a subversão desaguaram na deterioração progressiva das relações civis-militares no Brasil. Como será mostrado nas páginas adiante, esse desgaste começa, ainda de forma tímida, nos governos Collor e Itamar — antes deles, sob Sarney, o espólio do regime exercia uma tutela escancarada sobre o poder político —, e se amplia nos governos de Fernando Henrique Cardoso e Lula — os primeiros a fazer gestos efetivos na busca pelo direito a memória, verdade e reparação para as vítimas da ditadura e seus familiares, mas ao mesmo tempo evitando confrontos com a caserna quanto à responsabilização pelos crimes de Estado. Atinge seu ápice na transição entre o primeiro e o segundo mandato da ex-guerrilheira Dilma Rousseff, quando a divulgação do relatório final da Comissão Nacional da Verdade (CNV), instalada para apurar violações de direitos humanos na ditadura, coincide com os últimos suspiros do seu segundo governo. É um ponto nevrálgico para a compreensão do momento atual e, portanto, é por onde se inicia este *Poder camuflado*.

Os militares integram um numeroso time de atores que, entre 2013 e 2018, perceberam um vácuo de poder e surfaram a onda antipolítica e antissistema que varria o país. Voltaram a se arvorar em salvadores da pátria, em tutores das instituições — papel exercido desde a proclamação da República, em 1889, marco da modernização do Exército. Em todo esse período, o discurso dos comandantes se manteve quase inalterado. "Unidas e disciplinadas, nossas Forças Armadas — fiadoras dos poderes constitucionais — estão vigilantes na defesa do país, da lei e da ordem." A frase, que bem poderia ter saído da boca de qualquer chefe militar atual, foi proferida pelo marechal Eurico Gaspar Dutra em 1947, quando presidia o Brasil — fora eleito por voto direto dois anos antes, mas ressaltava que ainda pertencia à "classe militar".[4]

Nascida nas Jornadas de Junho de 2013, a onda antissistema ganhou volume com a Operação Lava Jato. Ao desbaratar esquemas de corrupção na Petrobras, com foco em políticos do PT ou ligados ao partido (e ao arrepio da lei e da ética judicial, como se provaria depois), a cruzada anticorrupção transformou a onda antipolítica em onda antiesquerda, que quebrou na praia brasileira quando o governo Dilma estava em frangalhos, engolfado por uma severa crise econômica. Veio então a público o relatório da Comissão da Verdade.

Documento mais completo e detalhado sobre as violações dos direitos humanos na ditadura, foi concluído em 2014, no fim do primeiro mandato da petista. Em mais de dois anos de trabalhos até ali, a apuração do colegiado já havia provocado atritos com as Forças Armadas, mas foram suas conclusões que ampliaram o mal-estar, com contestações quanto à extensa lista de agentes de Estado apontados como responsáveis por violações. Os militares não reconheceram o relatório e até hoje acusam a comissão de parcialidade: consideram que era composta por ativistas, que não investigou também os crimes dos militantes da luta armada e que restringiu quase que totalmente a apuração ao período 1964-85, quando o escopo da lei que a instaurou remonta a 1946.

Apesar de a Comissão da Verdade não ter tido caráter punitivo — seu relatório traz uma série de recomendações aos Três Poderes, às Forças Armadas e à sociedade civil, a maioria até hoje ignoradas —, os embates que suscitou trouxeram a Lei de Anistia de 1979 de volta ao centro da arena. De um lado, os militares recorrem ao texto — que livrou de punição os que tenham cometido crimes na ditadura — para abafar qualquer tentativa de investigação e elucidação sobre os crimes de Estado. Tiveram respaldo da Justiça quando, em 2010, o Supremo Tribunal Federal negou a possibilidade de revisão da lei.

Na outra ponta, movimentos civis e setores de partidos de esquerda defendem que a investigação seja apenas um primeiro passo rumo à responsabilização judicial — ainda que a título moral, pois boa parte dos agentes da repressão já morreu. Foi o que fizeram vizinhos sul-americanos como Argentina, Chile e Uruguai, ao julgar e punir militares de suas ditaduras, ou forçar que fizessem um reconhecimento público ou um pedido de desculpas — o que jamais existiu nem está no horizonte das Forças Armadas brasileiras. Nesse contexto, o histórico anticomunismo dos fardados achou guarida e se renovou, estimulando que militares zangados com Dilma e entusiasmados com Temer avalizassem Bolsonaro contra a "ameaça vermelha".

Poder camuflado é fruto de cinco anos de apuração, iniciada em 2017, quando trabalhava como repórter especial na *Folha de S.Paulo*, ampliada na revista *piauí*, onde estive de 2017 a 2020, e aprofundada até setembro de 2022. Embora tenha também me valido de material publicado nesses veículos, principalmente na *piauí*, a maior parte da pesquisa e das entrevistas que lastreiam o livro foi feita exclusivamente com esse fim.

As informações, declarações e depoimentos que não aparecem atrelados a notas foram apurados por mim ao longo desses cinco anos. Também optei por não creditar com notas informações consagradas.

Este não é um livro de arquivo, mas naturalmente se beneficiou de acervos de documentos públicos e de periódicos, como faz a literatura de não ficção sobre o período da ditadura militar no Brasil. Mas não é um livro diretamente sobre a ditadura, embora o tema permeie o trabalho — como de resto, toda a vida brasileira nos últimos cinquenta anos. Sua base é a investigação jornalística com fontes primárias, sobretudo dezenas de entrevistas que realizei ao longo dos últimos anos (uma relação de parte dessas fontes consta do final do livro), amparada por bibliografia da ciência política e da história, que produziram títulos valiosos sobre um tema no qual o jornalismo ainda tateia.

Tampouco é o que em inglês se chama de *instant book* ou *opportunity book*, um livro de ocasião, feito no calor da hora, muito comum entre publicações jornalísticas. *Poder camuflado* se valeu dos alucinados acontecimentos dos últimos anos (cujo ritmo frenético, fluxo caótico e ausência de lógica tornaram árduo até mesmo seu acompanhamento pela imprensa diária), mas seu objeto, como já mencionado, é anterior à ascensão de Bolsonaro ao poder.

A pesquisa trata das Forças Armadas de modo geral, mas o Exército — a mais numerosa, poderosa e principalmente mais política delas — tem precedência quanto à apuração e às fontes. Marinha e Aeronáutica — coadjuvantes na ditadura, mas não figurantes — são corporações mais técnicas (apesar de o alinhamento a Bolsonaro também ter afetado ambas) e que se ressentem por ter de arcar com as aventuras políticas da coirmã mais poderosa e responder com ela pelo passivo daquele período.

Por fim, espero que este mergulho possa contribuir para aclarar questões entranhadas no estudo das relações entre civis e militares no Brasil. Uma das mais instigantes é saber se os representantes das Forças Armadas, ao intervirem direta ou indiretamente na política, são instrumentos das classes dominantes (atuando, neste caso, como "poder moderador"), ou se a intervenção tem motivação endógena, estimulada por pautas e interesses da própria caserna. Até 1964, parecia que a primeira opção se consolidava; as intervenções eram esporádicas e passageiras. Com o golpe (civil-militar) e a ditadura (militar) que se seguiu, ficaram por 21 anos no poder, no mais longo regime autoritário republicano. A volta à democracia inaugurou um período inédito de estabilidade, mais de três décadas ininterruptas sem que os militares se imiscuíssem na política. Quando se pensava que as instituições brasileiras estavam mais amadurecidas, eis que Jair Bolsonaro embaralha tudo, reinaugurando um ciclo de obscuridade que encerra mais perguntas que respostas.

São Paulo, 12 de setembro de 2022

P.S. O primeiro turno das eleições aconteceu às vésperas de este livro entrar em gráfica. Lula e Bolsonaro passaram ao segundo turno. O presidente cresceu na reta final, e sua base política mostrou força: o PL elegeu a maior bancada na Câmara e no Senado e a caserna se manteve representada. O general Hamilton Mourão foi eleito senador pelo Rio Grande do Sul, com mais de 2,5 milhões de votos. O general Eduardo Pazuello foi o segundo deputado federal mais votado do Rio de Janeiro, recebendo 205 324 votos.

PARTE I
CONCILIAÇÃO CAPENGA

1. Uma família (e um amigo) contra a Comissão da Verdade

Na cerimônia em que Eduardo Villas Bôas assumiu o cargo de comandante do Exército, outro general, Sergio Etchegoyen, ainda aguardava sua vez para ocupar o segundo posto da corporação, o de chefe do Estado-Maior. Ele já tinha a indicação de Villas Bôas, mas era preciso garantir também condições políticas.

Num dado momento da solenidade, em 5 de fevereiro de 2015, no Clube do Exército de Brasília, um assessor militar do Ministério da Defesa apresentou Etchegoyen à recém-empossada secretária-geral da pasta, Eva Chiavon. O general aproveitou a ocasião para esclarecer a Chiavon um episódio ocorrido cerca de dois meses antes. Junto com sua família, Etchegoyen publicara uma nota criticando a Comissão Nacional da Verdade, instalada em 2012, no primeiro governo de Dilma Rousseff, para investigar as violações de direitos humanos cometidas principalmente durante a ditadura militar de 1964-85 e apontar seus responsáveis.[1]

Divulgado em dezembro de 2014, o relatório final da Comissão da Verdade trazia, entre os 377 agentes da repressão acusados de crimes, o nome de Leo Guedes Etchegoyen, pai do general indicado para a chefia do Estado-Maior do Exército. A inclusão, disse a CNV, se devia ao fato de Leo ter comandado estruturas onde ocorreram violações de direitos humanos — foi secretário de Segurança Pública do Rio Grande do Sul e chefe do Estado-Maior do II Exército e do III Exército.[2]

Filhos e viúva de Leo Etchegoyen, morto em 2003, escreveram uma nota de repúdio dura, negando que ele tivesse cometido transgressões, reclamando jamais terem sido procurados pela comissão e desqualificando seu trabalho. "Ao apresentar seu nome, acompanhado de apenas três das muitas funções que desempenhou a serviço do Brasil, sem qualquer vinculação a fatos ou vítimas, os integrantes da CNV deixaram clara a natureza leviana de suas investigações e explicitaram o propósito de seu trabalho, qual seja, o de puramente denegrir." E prosseguiam: "Ao investirem contra um cidadão já falecido, sem qualquer possibilidade de defesa, instituíram a covardia como norma e a perversidade como técnica acusatória".[3]

Sergio Etchegoyen já fora comandante da Escola de Comando e Estado-Maior do Exército (Eceme), era na época diretor do Departamento-Geral do Pessoal da corporação e, como todo general de quatro estrelas da ativa (topo da hierarquia), integrava o Alto Comando da mais poderosa entre as três Forças Armadas. Por se tratar do primeiro oficial graúdo da ativa a criticar a CNV, especulou-se que pudesse ser punido ou advertido formalmente. A Comissão da Verdade, afinal, constituía uma iniciativa cara a Dilma, ex-integrante de grupos da luta armada presa e torturada na ditadura e que, quarenta anos depois, como presidenta da República, era a comandante em chefe das Forças Armadas.

Não houve punição. Em parte por influência do ministro da Casa Civil, Aloizio Mercadante — com quem Etchegoyen jogava bola na infância em Brasília, pois os pais dos dois, ambos oficiais do Exército que chegariam a generais, eram amigos —, em parte para não incendiar um clima já turbulento entre os militares.

De todo modo, a preocupação de Etchegoyen, de que a nota pudesse prejudicar sua nomeação a partir de um veto do Ministério da Defesa, tinha razão de ser. Tanto Eva Chiavon quanto o chefe dela, o ministro da Defesa, Jaques Wagner, eram (e são) petistas. Ambos haviam assumido seus cargos cientes da relevância da Comissão da Verdade para o governo e para o partido. No Clube do Exército, o indicado explicou a Chiavon que a nota era uma manifestação pessoal, de defesa da honra do pai, e que esperava que o episódio não lhe fosse um óbice. A secretária-geral escutou os argumentos e disse a Etchegoyen: "General, quem vai cuidar dessa nomeação é o ministro, e eu lhe recomendo que trate diretamente do assunto com ele".

A definição do chefe do Estado-Maior, responsável pela coordenação de todas as ações do Exército, cabe ao comandante, que em geral indica alguém de sua extrema confiança. Não à toa, Villas Bôas escolhera Etchegoyen — seu amigo de infância em Cruz Alta, no Rio Grande do Sul, e uma de suas referências intelectuais — para a função. Mas, pela lei, o nome deve ser apresentado ao ministro da Defesa, e este, junto com o comandante de cada uma das Forças Armadas, o submete ao (ou à, no caso) presidente da República, a quem compete, em última instância, tanto promover oficiais-generais quanto nomeá-los para quaisquer cargos.

Quando foi avisado pelo amigo que fora selecionado por ele para ser o número dois do Exército, Etchegoyen o alertou: "Olha, tu podes ter dificuldade, porque eu reclamei da Comissão da Verdade. Não te preocupa, não te desgasta por mim". Villas Bôas não se abalou, e os dois generais puseram em curso uma tática para garantir que Etchegoyen fosse confirmado no cargo, a despeito do desconforto político criado pela sua nota de repúdio à CNV.

A conversa ao pé do ouvido com Chiavon na posse fora um dos lances do movimento. Villas Bôas também logo abordou o tema com Wagner. "Gostaria de trazer o Etchegoyen como meu chefe de Estado-Maior. Como teve aquela nota, achei por bem consultá-lo para não haver nenhum constrangimento", disse o comandante. Combinou-se então uma reunião com a presença dos três.

Aluno do Colégio Militar do Rio na infância e na adolescência, Jaques Wagner chegou a pensar em prestar a Academia Militar das Agulhas Negras (Aman), principal escola de formação de oficiais do Exército, e seguir carreira castrense. O endurecimento da ditadura no final dos anos 1960 o fez mudar de ideia. Wagner estudou engenharia, foi trabalhar no polo petroquímico de Camaçari, virou sindicalista e ajudou a fundar o Partido dos Trabalhadores na Bahia. Ele se tornaria deputado federal, ministro do Trabalho e das Relações Institucionais no primeiro governo Lula e governador da Bahia por dois mandatos, antes de ser convocado por Dilma Rousseff para uma nova missão que evocava a experiência da educação militar de sua mocidade.

Quando Wagner assumiu o Ministério da Defesa, em janeiro de 2015, o início do segundo mandato de Dilma Rousseff tinha clima de fim. Com o país tecnicamente em recessão desde o final de 2014, o governo deu um cavalo de pau na condução da política econômica, contrariando o que prometera na campanha. Começavam a se esfarelar também o apoio político e a popularidade da presidente, que despencou rápida e vertiginosamente: em dezembro de 2014, 42% avaliavam o governo dela como ótimo ou bom e 24% como ruim ou péssimo; dois meses depois, em fevereiro de 2015, os sinais se inverteram, com 23% de avaliação positiva e 44% de reprovação.

Como numa tempestade perfeita, começava a ganhar força a Operação Lava Jato, deflagrada em março de 2014 e que, um ano depois, ampliaria investigações sobre um esquema de corrupção na Petrobras com a participação de partidos aliados do governo e diretores por eles indicados para a estatal. Objeto de sublimação por parte da mídia, que desde o primeiro momento a exaltou numa cobertura acrítica, a Lava Jato foi crucial para a derrocada da presidente — embora já houvesse sinais da condução enviesada da operação, ela só restaria comprovada quatro anos depois, com o vazamento de mensagens demonstrando que a acusação atuara em parceria com o juiz Sergio Moro.

Em sintonia com todo o resto, a relação entre governo e Forças Armadas, sobretudo o Exército, estava aos farrapos. Dilma acabara de receber o relatório final da Comissão da Verdade. Evocando a Lei de Anistia de 1979, que para eles deveria impedir punições a quaisquer crimes do período, os militares rejeitaram desde o princípio a criação da comissão. Alegavam que "apenas um lado" estava sendo escrutinado. A CNV rebatia com o argumento de que o Estado, como responsável pela proteção dos direitos humanos, jamais pode violá-los e que os sujeitos particulares envolvidos nos confrontos da ditadura (militantes ou guerrilheiros, "terroristas" conforme os militares) não poderiam ser equiparados a agentes estatais — e que, ademais, o "outro lado" já havia sido punido (no mínimo com cassações, prisões e exílio, principalmente no caso de dissidentes políticos) ou massacrado (com tortura, mortes e desaparecimentos, mais usados contra adeptos da luta armada).

O processo de instalação, o desenrolar dos trabalhos e a divulgação do relatório final da CNV constituem alguns dos momentos mais tensos nas relações civis-militares desde a redemocratização. O fato de ter sido instalada e orientada por uma lei aprovada pelo Congresso Nacional em 2011, e não numa canetada de Dilma, não atenuou a zanga dos militares com o processo.

O caso do pai de Sergio Etchegoyen foi apenas uma entre várias crises que se acumularam desde antes da instalação da CNV. Na cerimônia de sanção da lei que criou a comissão, em novembro de 2011, os comandantes das Forças Armadas (Enzo Peri, do Exército, Julio Soares de Moura Neto, da Marinha, e Juniti Saito, da Aeronáutica) ficaram de braços cruzados na maior parte do tempo em que a plateia no Palácio do Planalto aplaudia os discursos, cena parecida com a que se viu em dezembro de 2013 no Congresso Nacional, quando, na presença de Dilma e dos chefes militares, o Parlamento devolveu simbolicamente o mandato de Jango abreviado pelo golpe. Durante dois anos e sete meses de trabalhos — com audiências públicas tensas, em que acusados de violações bateram boca com integrantes da comissão e sobreviventes da repressão —, militares da ativa e da reserva resistiram a colaborar com documentos e informações.

Quando o diplomata Celso Amorim, antecessor de Wagner no Ministério da Defesa, enviou, em 2014, um ofício aos comandantes militares solicitando que realizassem sindicâncias para apurar desvios de finalidade no uso de instalações militares, apurados pela Comissão Nacional da Verdade (ou seja, para comprovar se haviam mesmo sido usadas para tortura e outras violações), os chefes do Exército, da Marinha e da Aeronáutica lhe enviaram retornos caudalosos, mas evasivos. Coordenador da CNV na época, o advogado Pedro Dallari diz que as sindicâncias eram uma tentativa de incluir os militares na apuração,

> como uma maneira de envolvê-los, dar a oportunidade de eles avançarem, a partir de um instrumento operado por eles mesmos, no reconhecimento dos eventos históricos. E eles não aproveitaram isso. Os relatórios das três Forças são enormes, mas não avançaram. Foi uma frustração realmente muito grande.

Diante do imenso nada que eram as respostas das sindicâncias, a CNV perguntou aos comandantes se eles negavam os atos oficiais praticados pelo Estado brasileiro — estabelecidos com base no levantamento realizado pela Comissão Especial sobre Mortos e Desaparecidos Políticos (CEMDP) e a Comissão de Anistia —, que, ao determinar o pagamento de indenizações, reconheceu a prática de graves violações de direitos humanos.

Ao cobrar às Forças Armadas as novas respostas, Amorim advertiu que, como ministro, iria referendar à CNV que o Estado brasileiro já havia reconhecido sua responsabilidade nas violações. Ainda assim, os comandantes disseram que não tinham documentos para comprovar nada e que não poderiam auxiliar a comissão no novo questionamento. O Exército, por exemplo, respondeu que "os dados disponíveis não permitem corroborar a tese apresentada por aquela Comissão [...], não havendo, desta forma, fato novo que modifique tal percepção" e que não seria "pertinente" se manifestar sobre outras decisões tomadas pelo Estado. A Marinha alegou que "não foram encontrados indícios nem provas documentais ou materiais que permitam confirmar ou negar as informações apresentadas pela Comissão Nacional da Verdade". E a Aeronáutica retorquiu que, após "pesquisa em documentos históricos existentes", não dispunha de "informações que possam corroborar as conclusões apresentadas pela CNV" nem de "elementos que sirvam de fundamento para contestar os atos formais de reconhecimento da responsabilidade do Estado brasileiro".[4]

Dallari se lamentou a Celso Amorim: "Mas ministro, isso aí é muito pouco". O diplomata discordou:

Olha, Pedro, você já está conseguindo muito, porque a sequência nesse tipo de situação é a seguinte: primeiro se nega, depois não nega, depois reconhece, depois pede desculpas. Você já conseguiu passar da primeira para a segunda etapa, de negar para não negar. Mas querer que eles reconheçam, não há condições para isso.

Com esse espírito, e a despeito das evasivas dos comandantes, ao encaminhar sua resposta à CNV, Amorim escreveu que as Forças Armadas não se opunham ao reconhecimento do Estado brasileiro de que houvera "graves violações de direitos humanos" no período investigado pela comissão.

Influenciada pela atitude de Amorim, e num esforço para reportar algum avanço difícil de enxergar, a imprensa noticiou na época o episódio como um acontecimento histórico. "Pela primeira vez", dizia a *Folha de S.Paulo*, os militares "não negavam" ter havido tortura — algo que, mesmo enunciando uma não notícia, só com muito boa vontade podia ser concluído das respostas etéreas dos comandantes.[5] *O Globo* foi além no avanço de sinal, publicando a manchete de primeira página: "Forças Armadas admitem tortura na ditadura".[6]

Até hoje Amorim defende que houve alguma evolução naquelas respostas.

Quando a pessoa diz que não era possível determinar se houve ou não houve [tortura], ela admite que pode ter havido. Senão ela teria dito que não houve. O que eu sempre disse é que, na psicanálise, o primeiro passo para você ter uma cura é a não negação. Então eu acho que isso foi sim um ato muito importante, um momento muito importante.

Amorim, que chefiara a diplomacia brasileira por oito anos nos dois mandatos de Lula, assumiu o Ministério da Defesa em 2011, no primeiro governo Dilma, e foi desde o início visto com receio pelos militares, até pela desconfiança histórica entre Itamaraty e Forças Armadas. Anos depois, Etchegoyen diria:

> Ele não sabia onde estava. São carreiras com linguagens completamente diferentes. Uma coisa é a linguagem diplomática, outra é a de defesa — que é sempre dissuasória. É como o general Augusto Heleno uma vez disse: "Botaram um presidente do Flamengo para cuidar da torcida do Vasco". Não podia dar certo.

Um relato do general sobre uma discussão sua com Amorim em torno da CNV durante uma solenidade no Ministério da Defesa exprime o clima que vigorava então. "Ele falava: 'Ah, mas a verdade tem que ser dita'. E eu respondia: 'Qual verdade, a sua? A verdade da Comissão? Ou a verdade que a história merece?'"

A postura do ministro diplomata no episódio que forçava a admissão de tortura por parte dos militares enfureceu mais uma vez a caserna. Generais de quatro estrelas da reserva, entre os quais alguns ex-ministros e comandantes do Exército, publicaram um manifesto com críticas à CNV e a Amorim, endossado à solapa por oficiais da ativa, adicionando combustível à crise.

A fervura era tão alta que Dilma e o PT decidiram adiar a divulgação do relatório final para depois da acirrada eleição de 2014, em que a candidata petista venceu Aécio Neves por uma margem que levou o derrotado a, sem apresentar provas, pôr em dúvida o processo eleitoral, envenenando um ambiente político já carregado.

Não fosse a intervenção de um oficial discreto e habilidoso, a crise provocada pela nota da família Etchegoyen logo após a divulgação do relatório poderia ter sido pior. Isso porque de início o general cogitou assinar sozinho a nota de repúdio à CNV. Então secretário-geral do Ministério da Defesa, o general Joaquim Silva e Luna procurou o ministro Celso Amorim e lhe informou sobre a intenção do colega. "Vou ter que puni-lo", disse Amorim. Silva e Luna sugeriu ao chefe que ligasse para Etchegoyen. "Mas para dizer o quê?", intrigou-se o ministro. "Diga somente que tem muito apreço por ele", aconselhou Silva e Luna. Assim fez Amorim, sem mencionar a nota, que ainda não fora divulgada. Depois do telefonema, Etchegoyen decidiu assiná-la junto com seus familiares e sem incluir sua patente.

Dilma chorou na cerimônia de instalação da Comissão da Verdade, em 16 de maio de 2012, à qual compareceram todos os então ex-presidentes vivos: José Sarney, Fernando Collor, Fernando Henrique Cardoso e Luiz Inácio Lula da Silva. E chorou novamente no evento de apresentação do relatório final da comissão, em 10 de dezembro de 2014, durante o mesmo trecho do discurso, um trecho que ela fez questão de repetir dois anos e sete meses depois. "O Brasil merece a verdade. As novas gerações merecem a verdade, e, sobretudo, merecem a verdade factual aqueles que perderam amigos e parentes e que continuam sofrendo como se eles morressem de novo e sempre a cada dia." Nas duas oportunidades, teve que interromper a fala para se recompor, enquanto era aplaudida de pé (em 2012, por 33 segundos, e tomou água; em 2014, por 42 segundos, e mexeu sem parar no rosto, num desconcerto incomum para uma figura pública identificada pela sisudez).

No intervalo entre uma cerimônia e outra, a comissão gerou braços estaduais, obteve avanços e esclareceu questões importantes no quebra-cabeça da ditadura. Seu relatório final — que contabilizou 434 mortes e desaparecimentos de pessoas sob a guarda do Estado brasileiro — é tido até hoje como o documento institucional mais completo e detalhado sobre as violações de direitos humanos no período. Com riqueza de informações vindas de depoimentos e documentos, são esmiuçados crimes de tortura, execução sumária, desaparecimento forçado e ocultação de cadáver, detenções ou prisões ilegais ou arbitrárias. O colegiado não tinha poder judicial, tampouco a possibilidade de pedir indiciamentos, mas o relatório final da CNV trazia 29 recomendações, divididas entre "medidas institucionais" (que as Forças Armadas reconhecessem sua responsabilidade institucional pela ocorrência das violações de direitos humanos na ditadura, e determinação da responsabilidade jurídica dos agentes públicos acusados de crimes, entre outras), "reformas constitucionais e legais" (como a revogação da Lei de Segurança Nacional e a desmilitarização das PMs) e "medidas de seguimento das ações e recomendações da CNV" (prosseguimento e fortalecimento da política de localização e abertura dos arquivos da ditadura, por exemplo). Até hoje, a maioria das recomendações não saiu do papel.

Também se acumularam atritos com os militares e crises internas. Um dos momentos mais tensos foi o depoimento do coronel Carlos Alberto Brilhante Ustra, que entre 1970 e 1974 comandou o Destacamento de Operações de Informações do Centro de Operações de Defesa Interna (DOI-Codi) do II Exército, em São Paulo, onde ocorreram ao menos 45 mortes e desaparecimentos, além de centenas de casos de tortura. Munido de um habeas corpus que lhe dava o direito de permanecer calado, Ustra selecionou o que quis responder, usou o microfone para fazer apologia da ditadura e bateu boca com o ex-preso político Gilberto Natalini, que afirmava ter sido torturado pelo militar, o que ele negava. Integrantes da própria CNV depois admitiram que o depoimento foi contraproducente.

Em 2013, o procurador Cláudio Fonteles, um dos sete conselheiros nomeados originalmente, renunciou ao cargo por discordância dos rumos dos trabalhos. Fonteles e a advogada Rosa Cardoso, que defendiam transparência e publicidade ampla das atividades da comissão, trombaram com os demais integrantes do colegiado, para os quais os dois colegas eram excessivamente midiáticos e açodados para publicar informações sensíveis ainda em apuração. Fonteles e Cardoso também contestaram os gastos com a contratação de uma equipe independente de pesquisadores e jornalistas coordenada pela historiadora Heloisa Starling — para outros conselheiros, a resistência da dupla dificultou uma investigação mais aprofundada sobre crimes das Forças Armadas no período.[7]

Em 2014, o cinquentenário do golpe de 1964 exacerbou os ânimos dos dois lados. Militares até hoje se queixam da cobertura da mídia sobre a data, que reputam como enviesada, e dos "escrachos" que o movimento esquerdista Levante Popular da Juventude promoveu contra acusados por tortura e execuções, como Ustra, Aparecido Laertes Calandra e Dulene Aleixo Garcez dos Reis — em geral os protestos ocorriam em frente às residências dos "escrachados".

Talvez o saldo da escalada conflituosa tenha influenciado uma postura mais temperada de Dilma no final dos trabalhos. No discurso da entrega do relatório, a presidente reconheceu que a CNV prestava "o inestimável serviço da verdade histórica", mas fez um aceno aos militares: "A verdade não significa revanchismo. A verdade não deve ser motivo para ódio ou acerto de contas".

Para entidades de defesa dos direitos humanos e para parentes que, havia décadas, lutavam por justiça para seus mortos e desaparecidos, foi insuficiente. Esperavam não apenas uma fala mais incisiva de Dilma, mas que a CNV como um todo avançasse na direção de algum arranjo jurídico que permitisse a punição dos agentes de Estado criminosos — uma vez que a revisão da Lei de Anistia fora vedada pelo Supremo Tribunal Federal.

Em abril de 2010, o plenário da corte máxima do país rejeitou uma ação movida pela Ordem dos Advogados do Brasil (OAB) que pretendia rever o perdão concedido pela Lei de Anistia de 1979 a agentes do Estado acusados de tortura. Por sete votos a dois, os ministros do STF entenderam que o pacto gestado no governo Geisel e sancionado por João Figueiredo continuava válido para "crimes políticos ou conexos com estes", como está escrito na lei. A OAB recorreu, mas o caso jamais voltou à pauta. Também dormita nas gavetas do tribunal uma ação de 2014 para que seja cumprida sentença da Corte Interamericana de Direitos Humanos segundo a qual leis de anistia como a brasileira não podem se sobrepor a convenções internacionais sobre graves violações de direitos humanos, e que, portanto, o Brasil deve punir crimes como torturas e execuções cometidos na ditadura.

A conciliação à brasileira, um pacto entre militares e políticos que ao final resultou bem mais vantajoso para os primeiros, praticantes de uma violência de Estado incomparável com os crimes da luta armada contra a ditadura, é apontado por estudiosos como uma das causas primordiais da ausência de controle civil de fato sobre os militares, como ocorre nas democracias consolidadas.

Embora a concertação político-militar vista no Brasil não constitua caso único na América Latina — ao contrário, foi quase regra nos processos de transição de ditaduras a democracias na região —, o modelo brasileiro é sem dúvida o que menos avançou quanto à responsabilização criminal. Como apontam os pesquisadores Paulo Abrão e Marcelo Torelly, a impunidade dos crimes cometidos pela ditadura tem duas dimensões, uma relacionada à verdade (conhecimento dos crimes e de seus autores) e outra à justiça (sanções penais e civis). Em relação à primeira, escreveram em 2012, ano da instalação da CNV, a iniciativa brasileira representaria um avanço. O Brasil segue emperrado quanto à segunda.

E, neste aspecto, o Brasil diferenciou-se da tradição latino-americana de associar verdade e justiça. "No hay verdad sin justicia", expressa o Estado argentino que, em 2005, por meio de sua suprema corte, declarou a lei local de anistia inconstitucional. Com isso, foi possível abrir processos contra cerca de mil agentes da ditadura, sendo que 250 já foram condenados por crimes graves, entre outros, o ex-ditador Jorge Videla. O Chile, mesmo não revogando sua lei de anistia, reconheceu e cumpriu a jurisprudência da Corte Interamericana de Direitos Humanos para abrir investigações e condenar casos de graves violações aos direitos humanos que, como já dito, escapam ao alcance das leis de anistia. O Uruguai condenou Juan Bordaberry, seu último ditador, por atentado contra a democracia e por ser responsável por crimes de desaparecimento forçado, além de viver um intenso debate sobre a promoção de justiça ante a outras violações. O Peru indiciou e sentenciou Alberto Fujimori. A Guatemala abriu dois julgamentos por acusações de genocídio contra o ex-ditador Efraín Ríos Montt.[8]

Foi no ambiente conflagrado pela recém-concluída Comissão da Verdade que o conciliador Wagner recebeu a nomeação para o Ministério da Defesa. Antes mesmo de assumir, o petista tratara de sinalizar à caserna que sua gestão se esquivaria de confrontos com as cúpulas das Forças Armadas. Na solenidade de entrega do relatório parcial da Comissão Estadual da Verdade da Bahia, quando ainda era governador (mas já indicado para a nova função), ele criticou a ideia de revanchismo contra os militares e defendeu que a revisão histórica da ditadura fosse feita em "movimentos suaves".

Segundo Wagner, havia duas maneiras de lidar com o que chamou de "água suja" da ditadura: despejando a água toda fora ou colocando água limpa aos poucos até que a água suja fosse clareando. "Todo mundo que me conhece sabe que eu sou pela segunda forma", afirmou. Na mesma ocasião, o ministro indicado atenuou o papel dos militares no golpe e na ditadura. "É sonegador da verdade a gente não endereçar críticas duras a uma elite política, empresarial e jornalística que foi braço consolidador da ditadura e que se escondia atrás de quem tinha fuzil."[9]

Como aceno de que estava disposto a baixar a temperatura, na primeira reunião que fez a portas fechadas com os comandantes das Forças Armadas quando assumiu o Ministério da Defesa em 2015, Wagner os tranquilizou sobre as consequências do relatório final da Comissão da Verdade. O novo titular apressou-se em esclarecer que as recomendações mais sensíveis aos militares não sairiam do papel, que conversara a respeito com Dilma e que o governo não insistiria no assunto, deixando que amainasse naturalmente.

Semanas depois, no mesmo gabinete de Wagner no Ministério da Defesa, ocorreu a reunião para tratar da nomeação do futuro chefe do Estado-Maior do Exército. Eduardo Villas Bôas, o comandante, e Sergio Etchegoyen, seu indicado ao cargo, argumentaram com o ministro que a nota deste contra a Comissão da Verdade era uma atitude em caráter pessoal, tanto que o general não a assinara com a sua patente. Etchegoyen aproveitou para defender a integridade do pai ao longo da carreira militar. Lembrou que, para protegê-lo, chegara a ser preso.

Em 1983, Sergio Etchegoyen era capitão e ouvia uma palestra do comandante militar do Planalto, general Newton Cruz, que denunciava uma campanha para derrubar o governo. A certa altura, Cruz passou a desancar militares que haviam aceitado comparecer à Comissão Parlamentar de Inquérito da Dívida Externa, um flanco de críticas ao regime ("frouxos", "incompetentes", "maus-caracteres"). O capitão Etchegoyen se levantou e rebateu em voz alta: "General, entre os militares que vão depor à CPI está meu pai". Cruz respondeu que não sabia, e o capitão o confrontou: "O senhor não tem como não saber, pois todos os jornais noticiaram. E eu não admito que o senhor ataque a honra e a dignidade do meu pai, que é um homem de bem". O general deu imediatamente voz de prisão a Etchegoyen. Por defender a atitude do filho, Leo Etchegoyen, que já estava na reserva, também seria preso disciplinarmente.[10]

Tanto Jaques Wagner quanto Eva Chiavon relatam que, na cruzada para espantar o risco de veto ao seu nome, Etchegoyen rememorou a ida antecipada e voluntária de seu pai para a reserva naquele mesmo 1983, descrita como a atitude de um democrata humanista. "Ele contou que o pai não aguentava ver certas coisas no Exército", narra Wagner. "Quais eram essas coisas, esses exageros, ele não entrou em detalhes." Segundo Chiavon, em outra ocasião, ao relatar a mesma história sobre o pai, o general atribuiu a decisão de antecipar a ida para a reserva a discordâncias com a linha-dura militar. Dois anos antes, radicais do Exército que se opunham à abertura ainda promoviam atentados e incendiavam o ambiente político do país. Conforme o relato da auxiliar de Wagner, ao lembrar disso, Etchegoyen ficou emocionado e chegou a chorar. Wagner e Chiavon se mostraram intrigados com o fato de o general jamais ter repetido em público o que lhes confidenciou em privado.

Etchegoyen confirma a preocupação de que seu nome fosse vetado e que por isso se uniu a Villas Bôas para esclarecer o contexto da nota em defesa do pai. Mas nega que a causa de Leo Etchegoyen ter pedido para ir para a reserva antes do tempo tenham sido problemas relacionados aos excessos do Exército. Sergio diz que seu pai foi solidário ao irmão Cyro Etchegoyen, não promovido ao generalato.

> Teve a ver com um descontentamento dele com algumas coisas do governo Figueiredo, que eu não me lembro, não sei exatamente o que eram, mas basicamente o que o meu pai me disse na época foi isto: "Se os caras reclamaram do Cyro, se os caras não o aprovaram, ele era o meu subordinado, eu sou responsável, eu não vou ficar".

O próprio Leo Etchegoyen deu essa versão à época. Quando pediu passagem à reserva em 1983, ainda poderia ter sete anos no Exército, e alegou que saiu antes do tempo como protesto pela não promoção do irmão. "Sou um militar linha-dura, sempre fui. Como também sempre fui um revolucionário e vou ser até morrer. No entanto, meu pedido de transferência para a reserva teve razões puramente pessoais, não teve conotação política", disse a *O Globo*. Era uma época em que promoções de militares saíam diariamente nos jornais. Os principais veículos contavam com repórteres especializados em cobrir as Forças Armadas e olhar com lupa cada movimentação do *Almanaque do Exército*. Na mesma reportagem, Cyro também negava motivações políticas por trás do seu preterimento. "O coronel Etchegoyen era o primeiro na ordem do *Almanaque do Exército*, tanto dentro de sua Arma, a artilharia, como na ordem geral, e ficou colocado em 13º lugar na lista do Alto Comando do Exército", contou o diário carioca — que, no entanto, não informava por que Cyro fora rifado.[11]

Cyro Guedes Etchegoyen, tio de Sergio, teve papel importante na comunidade de informações e repressão da ditadura, como chefe da seção de contrainformações do Centro de Informações do Exército (CIE) de 1971 a 1974, auxiliar direto de Milton Tavares, o Miltinho, expoente da linha-dura da repressão. E, de acordo com o relatório final da Comissão da Verdade, Cyro Etchegoyen chefiou a Casa da Morte de Petrópolis, um dos principais centros de tortura e extermínio do regime militar, motivo pelo qual também aparece, no relatório da CNV, entre os acusados por crimes. Ele integrava uma corrente do

Exército cujo propósito, conforme definição própria numa entrevista em 1993, era "consertar este país. Na marra. [...] Durasse o que durasse. Quarenta anos, cinquenta anos, cem anos".[12]

Há pelo menos três versões para a cúpula do Exército ter preterido Cyro. Segundo *O Estado de S. Paulo*, a não promoção deveu-se a um veto do mesmo Newton Cruz que deu voz de prisão ao jovem capitão Sergio. "Os Etchegoyen são considerados revolucionários e ferrenhos anticomunistas, mas nunca aceitaram ser classificados como oficiais que praticaram a repressão, conforme acusações frequentes que vinham recebendo", registrou o *Estadão* — como numa première da situação que a família experimentaria mais de trinta anos depois.[13] Revolucionários, vale esclarecer, é como a imprensa então denominava os agentes do golpe militar e da ditadura.

Em depoimento a Maria Celina D'Araujo e Gláucio Ary Dillon Soares em 1992, o general Otávio Costa (veterano da Força Expedicionária Brasileira na Segunda Guerra que comandou a 6ª Região Militar, em Salvador, e ocupou postos de comando na cúpula do Exército entre fins dos anos 1960 e começo dos 1980) relatou que os irmãos Etchegoyen foram vitimados por uma disputa entre dois grupos internos, um favorável à abertura e outro dos radicais que queriam sabotá-la. Cyro era subordinado a Milton Tavares, comandante do II Exército, "que tinha sido o radical dos radicais, na condição de chefe do CIE [...] em sua fase mais dura". Mas sob Figueiredo, contou Costa, mudara de corrente e passara a apoiar a abertura.

> Como o general Milton não queria terrorismo de direita em sua área de comando, os radicais do SNI e CIE iam a São Paulo jogar bombas para atribuir a responsabilidade ao Milton Tavares. Começou, então, a haver um claro confronto entre os órgãos de informações do II Exército e os extremados do SNI e do CIE, que faziam esse tipo de ação.
>
> O Cyro participara da repressão, fora peça fundamental do Milton Tavares durante a fase mais aguda. No governo Figueiredo, já não havia mais essa guerra, tinha havido a anistia, e a prioridade era normalizar a vida do país. Então, o CIE do [ministro do Exército] Walter Pires e o SNI lutaram contra o Milton Tavares, a tal ponto que o Cyro, que prestara grandes serviços à Revolução, não foi promovido a general. [...] Como consequência imediata, o Leo, que já era general de brigada, pediu passagem para a reserva. Os dois Etchegoyen, homens de bem,

admirados e respeitados, foram vitimados por essa luta entre os órgãos de informações do II Exército e do CIE-SNI.[14]

Anos mais tarde, em 2014, os repórteres Chico Otavio e Marcelo Remigio revelaram que Cyro Etchegoyen era o militar por trás do codinome Doutor Bruno, chefe da Casa da Morte de Petrópolis — o que seria reafirmado dias depois no depoimento do coronel Paulo Malhães à CNV. A reportagem dizia ainda que Cyro não foi promovido a general como castigo por ter permitido que a guerrilheira Inês Etienne Romeu, única sobrevivente da Casa da Morte, fosse libertada, após avaliar equivocadamente que, mediante tortura, a teria convertido numa informante infiltrada a serviço do regime — uma "cachorra", na gíria dos porões. Etienne não virou delatora, e suas denúncias revelariam a existência do centro de tortura.[15]

Os irmãos Etchegoyen ajudaram a articular o golpe de 1964 no Rio Grande do Sul e aderiram à ditadura desde sua alvorada. Segundo Emílio Nina Ribeiro, na época líder do governo Lacerda na Assembleia Legislativa, encontravam-se nos arredores do Palácio Guanabara (sede do então governo da Guanabara) quando uma coluna de tanques que deveria proteger o presidente golpeado João Goulart no vizinho Palácio das Laranjeiras deixou o local rumo à sede do Executivo estadual, onde estava o governador Carlos Lacerda. Nina Ribeiro lembrou anos depois a cena:

> Em dado instante, todos os presentes estranharam a notícia de que alguns tanques se aproximavam do Palácio Guanabara. Decorridos alguns minutos foi esclarecido que eram filhos do general Etchegoyen que chegavam para entregar uma bandeira nacional ao senhor governador. A emoção tomou conta de todos. Um choro convulsivo explodiu de dentro do nosso ser; um choro que não envergonha porque é a alma lavada depois de uma longa vigília aflitiva e angustiante.[16]

Os Etchegoyen constituem uma linhagem de militares gaúchos envolvidos em insurreições desde o início do século passado. O pai de Cyro e Leo (e avô de Sergio), Alcides Etchegoyen, participou, ao lado do irmão Nelson, de um levante nos anos 1920 para tentar impedir a posse de Washington Luís. Na ditadura do Estado Novo, foi chefe da Polícia do Distrito Federal, sucedendo ao famigerado Filinto Müller. Presidiu, nos anos 1950, o Clube Militar, quando a instituição tinha grande peso e representatividade nas Forças Armadas e na sociedade, encabeçando uma chapa identificada a interesses dos Estados Unidos, contra a do nacionalista Newton Estillac Leal. Participou da Revolução de 1930 e do governo Vargas, mas nos anos 1950 trabalhou para derrubá-lo. Foi adversário do marechal Henrique Teixeira Lott — que chegou a prendê-lo por tentar se opor à deposição do presidente interino Carlos Luz em 1955 — e opositor de Juscelino Kubitschek. Segundo Ernesto Geisel, um grupo de oficiais que planejava derrubar JK já eleito (mas antes da posse) lhe contou que Alcides Etchegoyen seria o nome do Exército para o triunvirato que comandaria o país após o golpe. "Mas o Etchegoyen? É um homem correto, muito bom, mas reconhecidamente de poucas luzes!", retrucou Geisel na ocasião.[17]

Algumas décadas e gerações depois, Sergio Etchegoyen e família haveriam de escrever a nota de repúdio contra a inclusão do nome do patriarca no relatório da CNV e entrariam com uma ação na Justiça Federal para que a referência a Leo fosse retirada do documento. Pela alegação, o texto não prova que Leo Etchegoyen praticou atos ilícitos e, portanto, calunia, difama e injuria a memória do general. A família teve o pedido rejeitado em duas instâncias. Ainda que não houvesse participado diretamente de torturas e execuções, diziam em suma as sentenças tanto da 3ª Vara Federal de Porto Alegre quanto do Tribunal Regional Federal da 4ª Região (TRF-4), Leo Etchegoyen teria permitido que violações fossem cometidas nas unidades do Estado por ele administradas. O relatório da CNV, afinal, ressalta que "a responsabilidade estatal surge a partir da ação ou omissão dos agentes estatais, bem como da aquiescência ou conivência destes com a atuação de terceiros".

Foi descartada ofensa à honra e foram negados os pedidos de indenização por dano moral, de retratação pública e de alteração de registros documentais. "A conduta estatal, aqui, teve intuito meramente de informar e esclarecer, o que não gera dever de indenizar", escreveu em seu voto a relatora da apelação, desembargadora federal Vivian Josete Pantaleão Caminha. Foi seguida pela maioria dos colegas da 4ª turma do TRF-4. A decisão transitou em julgado, ou seja, os Etchegoyen não podem mais recorrer.

Todo o processo judicial ainda estava no início quando Villas Bôas foi com seu indicado ao gabinete do ministro da Defesa. Jaques Wagner se compadeceu com os argumentos. Considerou louvável que, mesmo diante de um superior, Sergio Etchegoyen tenha se arriscado para honrar o pai quando foi preso. Levou em conta o fato de ele não ter se valido da patente ao assinar a nota. E não impôs obstáculo à nomeação do general como chefe do Estado--Maior do Exército.

A decisão seria mais tarde alvo de críticas de aliados. Embora concordasse que o melhor foi não punir Etchegoyen pela nota contra a CNV, pois "não era o caso de fazer um tumulto em uma hora de transição de governo", Celso Amorim considera um erro a nomeação dele a um cargo estratégico: "Eu acho que não havia necessidade de fazer do Etchegoyen o chefe do Estado-Maior do Exército, até porque era uma pessoa que sabidamente tinha uma restrição, que ele não escondia, em relação à Comissão da Verdade".

Apesar do desfecho conciliatório, o malabarismo político da cúpula do Exército para garantir a nomeação de Etchegoyen e as desconfianças de parte a parte mostravam que a guerra fria entre a esquerda e os militares estava acesa como em raros momentos desde a redemocratização.

2. Eva entre os generais

Antes de ser o braço direito de Jaques Wagner no Ministério da Defesa, Eva Maria Dal Chiavon foi assessora dele como deputado federal e ministro do Trabalho no primeiro governo Lula. Eleito governador da Bahia em 2006, Wagner levou Chiavon para ser sua secretária-chefe da Casa Civil. Ela deixou Salvador para voltar a Brasília e ao governo federal (conta que partiu de Lula a sugestão, deixando Wagner desconsolado) como secretária-executiva do Ministério do Planejamento na gestão de Miriam Belchior. Seu nome começou a aparecer nacionalmente.

Catarinense de Chapecó, é enfermeira sanitarista, mas diz que gosta mesmo é de gestão pública. Faz mestrado na área na Fundação Oswaldo Cruz, com foco em saúde pública, ambiente e território. Eva Chiavon tem um sotaque que chama a atenção pelos erres muito pronunciados, arrrrroz, rrrrrótulo, rrrrresto. É casada com Francisco Dal Chiavon, o Chicão, da direção nacional do Movimento dos Trabalhadores Rurais Sem Terra (MST). "É o grande ponta de lança da produção de alimentos, do cooperativismo", diz, sobre o papel do marido. Quando Eva era a número dois do Ministério da Defesa, Chicão a acompanhava em eventos com militares e foi com ela visitar Villas Bôas depois que o comandante do Exército tornou público que sofria de uma doença degenerativa.

O fato de ser uma petista casada com um dirigente do MST, avalia Eva, criou de antemão a má vontade das Forças Armadas.

O estigma do MST é muito grande entre os militares. Se tem uma coisa que Etchegoyen conhece é a capacidade de mobilização do MST, eles sabem, a Abin sabe. Eles não são bobos, estudam. Se tem alguém que conhece os movimentos de esquerda são eles.

Tida como vigorosa e incisiva nas mesas de negociação quando o assunto era orçamento, Chiavon diz que brigou no limite do possível a fim de preservar verbas para projetos importantes das Forças Armadas, mesmo num cenário recessivo. O comandante da Aeronáutica no período, tenente-brigadeiro Nivaldo Rossato, classifica como decisiva a participação dela na liberação de recursos para a compra dos caças Gripen, um dos projetos prioritários da Força Aérea Brasileira (FAB) nas últimas décadas. "Eva brigou demais pelo Gripen. Temos aquele avião muito por insistência dela. O Joaquim Levy [então ministro da Fazenda] era reticente, por razões óbvias, mas Eva, Jaques Wagner e Dilma deram apoio", disse Rossato.

Para os militares, entretanto, em particular os do Exército, a maior marca da passagem de Eva Chiavon pelo Ministério da Defesa é outra. Em setembro de 2015, a secretária-geral foi pivô de uma crise que agravou as fissuras criadas pela Comissão da Verdade. No dia 3 de daquele mês, enquanto o ministro Jaques Wagner assistia a um desfile militar em Pequim pelos setenta anos da vitória na Segunda Guerra Mundial, a presidente Dilma Rousseff assinou o decreto nº 8515, que delegava "competência ao ministro de Estado da Defesa para a edição de atos relativos a pessoal militar". Em tese, o decreto reordenaria atribuições dos ministérios da Aeronáutica, do Exército e da Marinha, extintos com a criação do Ministério da Defesa, em 1999, e desde então num limbo jurídico. Muitas das funções dos antigos ministros militares haviam sido absorvidas na prática pelo ministro da Defesa, mas não na legislação.

Já no artigo 1º, o texto listava os atos cuja atribuição passara a ser do titular da pasta unificada: promoções de oficiais superiores, transferência para a reserva remunerada de oficiais superiores, intermediários e subalternos, reforma de oficiais da ativa e da reserva, entre outros. Ao mesmo tempo, o decreto revogava um outro, de 1968, que delegava competência aos ministros militares "para aprovar, em caráter final, [...] os Regulamentos das Escolas e Centros de Formação e Aperfeiçoamento, respectivamente, da Marinha de Guerra, do Exército e da Aeronáutica Militar".

Na interpretação dos comandantes militares, o texto esvaziava seus poderes, ao transferir ao ministro da Defesa algumas das competências tidas na caserna como inerentes — mais do que isso, sagradas — às próprias Forças Armadas, caso das promoções de oficiais e do controle do sistema de ensino militar, sobre os quais possuem total autonomia. Somente oficiais-generais dependem da nomeação do presidente da República, mas desde a redemocratização não se tem notícia de que algum vetou os nomes apresentados pelos militares. Nas democracias mais consolidadas, as nomeações de oficiais-generais costumam passar também pelo crivo do Senado, assim como ocorre em postos estratégicos de outras carreiras de Estado, como embaixadores.[1]

Junto com Dilma, assinava o decreto o comandante da Marinha, Eduardo Bacellar Leal Ferreira, que, com a viagem de Wagner, exercia o cargo de ministro interino — função na qual os chefes das três Forças Armadas se revezavam. Não demorou muito para Leal Ferreira ir a público dizer que não assinara o decreto.

Para completar, o Ministério da Defesa soltou uma nota informando que o teor do decreto fora negociado e aprovado pelos comandantes militares. Mas os comandantes militares negaram ter endossado aquele texto. "As Forças foram consultadas, emitindo parecer contrário, o que foi ignorado pelo Ministério da Defesa, mais especificamente pelo assessor jurídico da Secretaria-Geral do Ministério, sob a alegação de tratar-se de mero ato administrativo", contaria cinco anos depois o comandante do Exército, general Villas Bôas.[2]

O almirante Leal Ferreira também se manifestou:

> Eu procurei pessoalmente o Jaques Wagner e disse a ele que não concordava com aquilo, principalmente com a nota emitida pelo Ministério da Defesa dizendo que as Forças tinham estado de acordo com o decreto, o que não era verdade. Ele ligou para o assessor jurídico, que confirmou que as Forças tinham aprovado outra versão. Ele na hora reconheceu e pediu desculpas.

Na comemoração do Sete de Setembro, a crise invadiu o palanque das autoridades durante o desfile militar que marca a data. Os comandantes das Forças se queixaram a Jaques Wagner, que acabara de retornar da China. O ministro da Defesa prometeu que resolveria a questão.

No dia seguinte, na tribuna da Câmara, o deputado Jair Bolsonaro associou o decreto a uma investida da Comissão Nacional da Verdade para "mudar a história do Brasil". No Facebook, escreveu: "A presidente-terrorista pretende influenciar diretamente nos currículos escolares das Forças Armadas".[3]

Da Casa Civil, relatava a imprensa, viera a informação de que a redação do decreto coubera à Secretaria-Geral do Ministério da Defesa. Em sua coluna no jornal *O Globo* de 9 de setembro, um dia após o pronunciamento de Bolsonaro, Merval Pereira, interlocutor de fontes militares desde os anos 1970, levantava o que chamou de

> uma questão política delicada: por que a secretária-geral do ministério, a petista de raiz Eva Maria Chiavon, decidiu dar vida ao decreto quando o ministro Jaques Wagner estava em viagem à China, e sem consultar o ministro interino, o comandante da Marinha, almirante Eduardo Bacellar Leal Ferreira, que aparece no *Diário Oficial* como tendo assinado o decreto, mas garante que nunca o fez?

Então o colunista pregava de vez a estrela vermelha na testa da suposta responsável pela medida:

> Acontece que Eva Maria Chiavon é casada com Francisco Dal Chiavon, o principal executivo do MST, número 2 de João Pedro Stedile, encarregado de negociar a produção das cooperativas, e essa ligação está fazendo com que parte dos militares desconfie que o objetivo do decreto não era transferir tarefas burocráticas para o Ministério da Defesa, mas, sim, interferir na formação dos oficiais das três Armas.

Merval encerrava o artigo em tom de suspense:

> Os militares receberam a informação "com surpresa" e estão buscando uma forma de reverter o decreto. Pode ter sido apenas mais uma trapalhada do governo, sem maiores objetivos escondidos. Mas pode também ser uma tentativa de aparelhamento do ensino nas escolas e centros de formação militares.[4]

A pressão veio por todos os lados. Villas Bôas pediu ajuda a Nelson Jobim, ex-ministro da Defesa e ex-ministro do Supremo Tribunal Federal com trânsito entre a caserna e a política — e amigo de Etchegoyen. Num encontro com

Wagner, Jobim deixou clara a sua discordância com o teor do decreto, em sintonia com as queixas dos comandantes.

A solução imediata encontrada foi publicar em 10 de setembro (seis dias depois da publicação do decreto original), no *Diário Oficial da União*, uma retificação, autorizando "a subdelegação aos comandantes das Forças Armadas" da competência delegada ao ministro da Defesa para editar atos relativos aos militares e incluindo a assinatura de Jaques Wagner ao lado da de Dilma (e não mais a do almirante Leal Ferreira).

Dias depois, Jobim escreveu um artigo em que criticava o decreto e a gambiarra criada para estancar a crise. Lembrou que uma lei complementar de 1999 já dispunha "que os comandantes exercerão a direção e a gestão da respectiva força" e que "a Presidência [da República] não pode delegar ao ministro competência que [a] lei atribui aos comandantes". E encerrou com uma provocação: "O caminho escolhido foi tortuoso, ilegal e, ainda, reiterado. Incompetência no nosso Brasil?".[5]

Convocado para prestar esclarecimentos numa audiência pública na Comissão de Relações Exteriores e Defesa Nacional da Câmara dos Deputados, Wagner admitiu que fora "um erro do próprio Ministério da Defesa" e "um equívoco" dos departamentos jurídicos dos ministérios da Defesa e da Casa Civil, e negou má-fé ou interesse de afrontar competências dos comandantes militares. Presente à reunião, o deputado Jair Bolsonaro pediu que Eva Chiavon fosse punida e explorou politicamente o laço conjugal da secretária-geral.

> Logicamente Vossa Excelência não pode ter tudo nas mãos, saber de tudo o que acontece ali, mas [deixar] na mão de gente ligada ao MST a elaboração desses currículos? O PT entende que nós das Forças Armadas somos o último obstáculo para seu projeto de poder absoluto.

Nos anos seguintes, Bolsonaro voltaria a fulminar Eva Chiavon em várias ocasiões, inclusive já eleito presidente, sempre usando o casamento dela como aposto aos ataques.[6]

Apontada entre os militares como a responsável pelo decreto, Eva Chiavon sempre negou que a intenção fosse diminuir o poder dos comandantes e alterar o sistema de ensino militar. "Aquele decreto já estava na Casa Civil, era apenas uma adequação jurídica em relação ao período de criação do Ministério da

Defesa. [A crise] foi um circo montado com uma retórica de que nós queríamos tutelar os militares", ela afirma. E diz que o machismo, dominante no poder e muito mais latente nas Forças Armadas, contribuiu para transformá-la na vilã do decreto — assim como foi um dos dínamos culturais ocultos da conspiração que derrubou Dilma. Jaques Wagner também repele a ideia de uma armação sorrateira, atribuindo até hoje o problema a um erro de sua equipe. "Mas não vou ficar me penitenciando, porque erro você corrige e tchau e bênção."

O ministro da Casa Civil na época, Aloizio Mercadante, refuta a responsabilidade da pasta pelo teor do decreto, como apontado por Chiavon, ou mesmo a coautoria, versão de Wagner. "São os ministérios que encaminham [os textos] para a Casa Civil, e não o contrário. Não sai decreto na Casa Civil sem que o ministro aprove."

O decreto só foi revogado em 2016, no governo Michel Temer.

O cerco a Dilma ia se fechando. Na esteira da crise do decreto, a presidente moveu Jaques Wagner da Defesa para a Casa Civil. Ele só ficou cinco meses no novo cargo, de onde foi removido para dar lugar ao ex-presidente Lula, na tentativa de salvar o governo. Com a ofensiva da Lava Jato, o plano caiu por terra. Quando Moro, ao arrepio da lei, divulgou uma conversa entre Dilma e Lula grampeada fora do horário autorizado pela Justiça para a interceptação, incendiando ainda mais a mídia e as ruas já conflagradas contra a presidente, o ministro Gilmar Mendes, do Supremo, suspendeu a nomeação de Lula, e Dilma levou Eva Chiavon para ser ministra interina da Casa Civil. Ela ficou no cargo por menos de dois meses, até o afastamento da presidente no processo de impeachment.

Acusado de corrupção e tendo perdido o apoio do PT na votação para a cassação de seu mandato no Conselho de Ética, o presidente da Câmara, Eduardo Cunha, aceitou uma denúncia que imputava a Dilma crime de responsabilidade por descumprimento da Lei de Responsabilidade Fiscal. Com sua base parlamentar esfacelada, ela foi derrotada facilmente. A debilidade da denúncia e a ausência de provas que envolvessem a presidente em malfeitos cimentam a ideia de que sua fraqueza política e seu governo desastrado permitiram que fosse vítima de um golpe brando — urdido dentro da lei e das regras democráticas.

"Deixa em off ou põe em on?", o general Villas Bôas perguntou à equipe de auxiliares em torno da mesa de reuniões de seu gabinete no quartel-general do Exército, em Brasília, conhecido como Forte Apache. De supetão, o comandante decidiu promover uma enquete com seus homens de confiança para saber se deveria falar abertamente ou off-the-record — quando a origem da informação é ocultada numa reportagem.

Era novembro de 2017, e tratávamos da aproximação entre militares e política. Villas Bôas expunha os ressentimentos que a cúpula do Exército tem com o Partido dos Trabalhadores. O ponto mais sensível, que exaltou aos outros presentes à sala, em sintonia com ele, era um trecho de uma "resolução sobre conjuntura" assinada pelo Diretório Nacional petista em maio de 2016. No texto, publicado dias após o Senado autorizar a abertura do processo de impeachment de Dilma e determinar o seu afastamento da Presidência por 180 dias até a votação final, o partido aponta como deveria ter agido para evitar a queda e se queixa por não haver interferido no sistema de promoção das Forças Armadas nem ter alterado o currículo das escolas militares.

> Fomos igualmente descuidados com a necessidade de reformar o Estado, o que implicaria impedir a sabotagem conservadora nas estruturas de mando da Polícia Federal e do Ministério Público Federal; modificar os currículos das academias militares; promover oficiais com compromisso democrático e nacionalista; fortalecer a ala mais avançada do Itamaraty e redimensionar sensivelmente a distribuição de verbas publicitárias para os monopólios da informação,

diz o parágrafo que consta da resolução de dez páginas.[7] Logo que o documento veio a público, um ano e meio antes, Villas Bôas afirmou à jornalista Eliane Cantanhêde: "Com esse tipo de coisa, estão plantando um forte antipetismo no Exército".[8]

Daquela vez, além do comandante, estavam à mesa os generais Otávio Rêgo Barros, chefe do Centro de Comunicação Social do Exército (CCOMSEX); Tomás Miné Ribeiro Paiva, chefe de gabinete; e Ubiratan Poty, chefe do Centro de Inteligência do Exército, além dos coronéis Alberto Fonseca, assessor do gabinete do comandante responsável por análises de conjuntura, e Alcides de Faria Junior, chefe da Divisão de Relações com a Mídia do CCOMSEX. Foi a eles que Villas Bôas perguntou se deveria falar "em off ou em on" naquele trecho da entrevista. Todos sugeriram que o comandante abordasse o assunto "em on".

"Isso nos preocupa porque se, por um lado, nós somos instituições de Estado e não podemos participar da vida partidária, indica uma intenção de partidos interferirem no Exército", iniciou o comandante. O general Tomás o seguiu: "Isso para mim foi o maior erro estratégico do PT, foi uma coisa burra". "Essa é uma coisa que não é admitida pelas Forças Armadas, a intervenção em nosso processo educacional. Esquece", emendou o coronel Fonseca. "Isso nos fere profundamente. Está na nossa essência, no nosso âmago", concordou Villas Bôas.[9]

O episódio reacendeu na corporação os temores trazidos pelo decreto publicado e depois corrigido pelo Ministério da Defesa em 2015. Mais que uma desconfiança inicial, espraiou-se entre os militares a certeza de que o PT queria interferir nas suas promoções e em seus currículos — e voltaria a tentar logo que retomasse o poder. Mesmo entre as Forças Armadas tradicionalmente mais profissionais e menos políticas, a Marinha e a Aeronáutica, cujos comandantes do período elogiam a atuação dos governos do PT na área da Defesa, as resoluções do partido após a deposição de Dilma demarcaram uma linha. "Ali eles colocaram coisas que desagradaram muito às Forças Armadas e que até hoje me preocupam, como dizer que o PT tinha que escolher melhor [os] almirantes. Até essa época eu nunca tinha [me] preocupado, aí passei a me preocupar", recordaria o comandante da Marinha, almirante Leal Ferreira.

Em seu VI Congresso Nacional, entre 1º e 3 de junho de 2017, o PT incorporou parte das diretrizes que revoltaram os militares ao caderno de resoluções do encontro, espécie de bússola para os rumos da legenda. Era uma forma de alertar que aquela ideia não só prosperara dentro do partido, como havia ganhado lastro. Dizia um item do "caderno":[10]

> Esse processo de democratização inclui o fortalecimento e a reformulação do papel das Forças Armadas, com sua dedicação exclusiva à defesa nacional e a programas de integração territorial. Também são imprescindíveis a aplicação das recomendações prescritas pela Comissão Nacional da Verdade acerca dos direitos humanos e a alteração dos currículos das escolas de oficiais, expurgando valores antinacionais e antidemocráticos como o elogio ao golpe de 1964 e ao regime militar que então se estabeleceu.

A insistência quanto aos currículos é justificada com o fato de que até hoje as escolas e academias militares ensinam sua versão própria da história, na qual, por exemplo, não houve golpe em 64 — mas uma "revolução democrática", ou um "contragolpe" — e o regime militar marcou uma época de ouro no país.

Por outro lado, o trecho que mencionava interferência na promoção de oficiais foi suprimido. Ou seja, a reação militar e de comentaristas na mídia parece ter contribuído para um pequeno recuo dos petistas, mas nem tanto assim.

Na época, o presidente do PT era Rui Falcão, depois substituído por Gleisi Hoffmann, que comanda a legenda até hoje. Falcão justificou a preocupação do PT com o tema naquele mesmo 2017:

> Todas as vezes que as classes populares começam a avançar, há uma reação conservadora. Ganhamos o governo, mas não ganhamos o poder. Achamos que o trabalho que fazíamos bastava. É preciso então criar uma base de sustentação para dar apoio ao governo, para quando voltarmos não sermos derrubados. As resoluções são uma orientação sobre o caminho a seguir quando voltarmos. Nesse contexto, precisamos ter outro tipo de Forças Armadas no país. Neste momento, o golpe militar não tem sido necessário, porque descobriram o golpe midiático-parlamentar. Mas não que não possam voltar um dia, daí a gente querer refazer o ideário deles.

Ouvido novamente em julho de 2021 e confrontado com o que afirmara quatro anos antes, Falcão se disse impressionado com a imanência das próprias palavras. "Isso, isso mesmo. Como está atual!"

Em 2021, o general Villas Bôas lançou um livro de memórias, em formato de uma grande entrevista. Quando o antropólogo Celso Castro, que conduziu a conversa, lhe perguntou o que o governo Dilma mudara na relação com os militares, o ex-comandante do Exército listou três fatores que "causaram um afastamento e o crescimento de um sentimento até de aversão ao partido [PT]. Os cada vez mais evidentes indícios de corrupção, a evolução negativa da economia que nos legou um quadro de recessão e os moldes sob os quais trabalhou a Comissão da Verdade". E arrematou com uma figura de linguagem dramática: "A Comissão nos pegou de surpresa, despertando um sentimento de traição em relação ao governo. Foi uma facada nas costas, mesmo considerando que foi decorrência de antigos compromissos assumidos pela presidente Dilma".[11]

Uma das manifestações públicas mais explícitas de Sergio Etchegoyen sobre aquele período foi feita em junho de 2019, em palestra na Fundação Fernando Henrique Cardoso, ao lado do ex-presidente tucano e do ex-ministro Nelson Jobim. Segundo o general, as Forças Armadas "rapidamente entraram em rota de choque com o governo Dilma".

> Objetivamente, a forma como foi conduzida a Comissão da Verdade abriu um fosso monumental entre as Forças Armadas e a Presidência da República [...]. Quando inicia o segundo governo Dilma, claramente, das análises que nós fazíamos, o desastre estava anunciado. Não se imaginava que aquilo fosse durar.[12]

Etchegoyen ressaltou que os integrantes do Exército estavam a postos para cumprir o papel a que se arvoram desde o início da República, de tutores da sociedade:

> Houve uma percepção clara que nós mergulhávamos numa situação muito grave do ponto de vista da moralidade pública, de valores da sociedade, do ponto de vista até de costumes da sociedade. [...] Era perceptível pra nós que tinham sido ultrapassados alguns limites que a sociedade não aceitava, em costumes, valores, e principalmente na probidade, na moralidade, na integridade.

"Isso nos acendeu um primeiro alerta importante, a necessidade de esses valores estarem preservados em algum lugar, guardados em alguma geladeira. Porque a sociedade irá buscá-los em algum momento." E o libertador dos valores protegidos pelo Exército, finalizou o general, não tardaria a chegar. "Não imaginava que fosse tão cedo nem da forma como aconteceu, com a eleição do presidente Bolsonaro, que foi eleito a cavaleiro dessas questões."

3. Leônidas no comando

A Nova República é filha de um acordão. Traço cultural brasileiro desde a Independência, a opção por transições negociadas em vez de rupturas, preservando-se boa parte do poder dos que saem de cena, prevaleceu também ao final da ditadura. O pacto imposto pelos militares em 1979, com a revogação do AI-5 e a sanção da Lei da Anistia, prolongou-se nos primeiros anos do renascimento democrático, encontrando pouca oposição nas instituições fragilizadas e esgotadas por vinte anos de autoritarismo.

Iniciativas civis para esclarecer os crimes praticados pelo Estado na ditadura, como o projeto Brasil: Nunca Mais — coordenado clandestinamente por d. Paulo Evaristo Arns e outras lideranças religiosas, profissionais liberais e ativistas, que revelou milhares de casos de tortura por meio de processos da Justiça Militar —, foram exceção à regra condensada pela trinca conciliação, passividade e esquecimento.

Do lado dos políticos, em nome do término formal da ditadura, optou-se por escamotear as barbaridades com chancela oficial ocorridas nos porões. Era como se a vitória da ala do Exército liderada por Geisel e Golbery, infligindo sua abertura "lenta, gradual e segura" sobre Sylvio Frota e a linha-dura do regime — para citar —, fosse suficiente para aquele momento histórico. O acordão estava escancarado desde o Compromisso com a Nação, uma carta-documento assinada em 7 de agosto de 1984 por Tancredo Neves, Ulysses Guimarães, Aureliano Chaves e Marco Maciel, que compunham a Aliança Democrática, união entre o PMDB de Tancredo e Ulysses e a Frente Liberal de Aureliano e Maciel. "Este pacto político propugna a conciliação entre a sociedade e o Estado, entre o Povo e o Governo. Sem ressentimentos, com os olhos voltados para o futuro, propõe o entendimento de todos os brasileiros", dizia o texto.[1]

Tancredo não viveu para cumpri-lo. Escolhido pelo Colégio Eleitoral como primeiro presidente do Brasil redemocratizado, caiu doente na véspera da posse e morreu pouco mais de um mês depois. Assumiu seu vice, José Sarney, aliado fiel dos militares durante toda a ditadura, atuando pelos partidos de sustentação ao regime — primeiro na Arena e depois no PDS, e deste para a Frente Liberal (mais tarde PFL).

Por autodeclarada paúra, Sarney não queria virar presidente. Preferia que Ulysses, então recém-eleito presidente da Câmara dos Deputados, cumprisse o papel. Foi comunicado pelo ministro do Exército, Leônidas Pires Gonçalves, num telefonema às três da madrugada, de que o chefe do Executivo dali a poucas horas seria ele, e não Ulysses. O general recordaria anos depois:

> Telefonei para ele de madrugada e ele me disse assim: "Leônidas, estou muito constrangido amanhã de assumir sem o presidente Tancredo Neves". E eu disse: "Sarney, deu muito trabalho organizar todo este evento para amanhã e está previsto de acordo com a Constituição que você assuma, e portanto seu argumento acho que não vale. Boa noite, presidente".[2]

O gesto de Leônidas instaurava a tutela militar que caracterizaria o governo nascente.

Sarney manteve o ministério anunciado por Tancredo, mesclando algumas figuras novas e de resistência à ditadura a uma base majoritária cevada pelo regime vigente nos 21 anos anteriores. Conforme levantamento do brasilianista Ben Ross Schneider, entre 125 cargos relevantes do novo governo, 60% dos ocupantes eram remanescentes da gestão Figueiredo, um recorde, inclusive considerando as transições durante a ditadura.[3]

Até hoje Sarney admite sem subterfúgios a opção pela conciliação, e a defende com fervor. Em agosto de 2021, por exemplo, ele diria, numa entrevista:

Estabeleci com os militares que a transição seria feita com eles e não contra eles. O Tancredo já tinha deixado claro no manifesto que não ia ter revanchismo, e eu mantive. Graças a isso nós atravessamos a transição e o país foi redemocratizado. Além do mais, se eu sou comandante em chefe das Forças Armadas, o dever de todo comandante é zelar pelos seus subordinados.

(Já presidente, Jair Bolsonaro passaria a elogiar Sarney sempre que possível, inclusive usando em discursos a mesma formulação do cacique político maranhense, de que a transição foi feita "com os militares, não contra os militares".)[4]

Para o ex-presidente, a opção pelo revanchismo levaria a um retrocesso. "Teria jogado o país de volta numa situação de que nós tínhamos saído com muita dificuldade e uma grande engenharia política." Na compreensão de Sarney, ao optar pelo pacto, os políticos conseguiram que os militares saíssem do centro decisório da vida pública e voltassem aos quartéis. Mas a experiência do governo civil liderado por ele mostra que se trata de uma falácia: as Forças Armadas continuaram dando as cartas, mesmo estando formalmente fora do poder central. Liderados por Leônidas (para Sarney, "o melhor ministro do Exército que já tivemos"), os militares impuseram sua agenda na Assembleia Nacional Constituinte instalada em 1987 e, por extensão, na Constituição de 1988.

Já nos primeiros meses de governo, o poderoso Leônidas antecipara a posição dos militares na principal batalha que se travaria no Congresso Nacional sobre a intervenção das Forças Armadas na segurança interna do país, condensada na chamada "garantia da lei e da ordem", atribuição que lhes deram todas as Constituições brasileiras desde 1891, mas que, finda a ditadura, parecia fadada a caducar. Não para os militares. "É uma tarefa relevante do Exército participar do equilíbrio social e da estabilidade institucional, através da manutenção da lei e da ordem. [...] A destinação de nossas Forças Armadas é uma tradição que não necessita ser modificada", disse o general numa entrevista em setembro de 1985.[5]

Da Comissão de Sistematização, filtro das propostas da Constituição de 1988, saiu uma ideia, baseada no anteprojeto constitucional liderado por Afonso Arinos de Melo Franco, para eliminar a intromissão das Forças Armadas na ordem interna do país. Pela proposição, caberia ao Exército, à Marinha e à Aeronáutica garantir a independência e a soberania brasileiras e os poderes constitucionais — mas lhes seria retirado o papel de garantidores da lei e da ordem. O relator-geral da Constituinte, deputado federal Bernardo Cabral, do pmdb, encampou a proposta. O relator-geral adjunto era o senador Fernando Henrique Cardoso, líder do mesmo partido no Senado. "Eu disse ao Bernardo, isso aí vai dar confusão com os militares", relembraria fhc trinta anos depois.[6] E deu. Por pressão das Forças Armadas, o texto original foi alterado, sendo restabelecida a elas a responsabilidade por assegurar a lei e a ordem — conforme descrito no hoje famoso artigo 142 da Carta Magna.

Em depoimentos ao repórter Luiz Maklouf Carvalho, Sarney e Leônidas afirmaram que coube ao general impor o desejo dos militares em relação ao artigo. Chamado ao qg do Exército, Cabral, tido ali como traidor de um acordo prévio, ouviu de Leônidas: "Você só sai daqui quando a Constituição tiver com o texto que nós combinamos". O relator capitulou.[7]

Nos momentos de crise institucional no país, como os que se sucederam desde 2013, os militares e setores conservadores da sociedade, para assombrar a estabilidade democrática, recorrem a uma interpretação equivocada do artigo 142 — já repelida pelo Supremo Tribunal Federal[8] e pela Câmara dos Deputados[9] — de que as Forças Armadas podem intervir para pacificar conflitos entre os Três Poderes, atuando como poder moderador. Nem o texto da Carta nem a lei complementar que o regulamenta lhes dão essa atribuição. Os militares podem ser acionados somente se houver *ameaças externas* aos Poderes.

Fernando Henrique Cardoso, à época senador constituinte, foi o responsável, junto com o senador José Richa (pmdb-pr), pela redação final do artigo na Constituição de 1988. Quando se instalou o impasse sobre o papel constitucional dos militares, diante da resistência da caserna à redação original, recordaria o ex-presidente, ele e Richa foram à casa de Leônidas, "pra ver qual era a questão real [...] e era uma coisa óbvia: no Brasil, quando tem desordem, chama o Exército, chama as Forças Armadas".

Convencido da justeza da demanda dos militares, fhc recorreu a uma ideia de Afonso Arinos,[10] uma saída que os atendesse, mas não desagradasse tanto os constituintes progressistas, mantendo um verniz de avanço democrático: a garantia da lei e da ordem continuaria a ser atribuição castrense, mas as Forças Armadas só seriam acionadas para tal função por iniciativa de qualquer um dos Três Poderes constitucionais.

Principal defensor de tirar dos militares a atribuição de garantir a segurança interna, isto é, o papel de tutora da política e das instituições, o deputado federal petista José Genoino — ex-guerrilheiro preso e torturado no Araguaia e mais tarde um conhecedor de questões de Defesa próximo a oficiais das Forças Armadas — ainda apresentou um destaque para que fosse restabelecida a redação original da proposta. Na Câmara, fez um discurso didático contra o texto modificado por pressão militar:

> Quando falamos "ordem", estamos dando um sentido de que qualquer desordem pode justificar a intervenção das Forças Armadas — desordem social, desordem pública, desordem econômica — e isto quer dizer, em outras palavras, que as Forças Armadas podem cumprir [...] o trabalho que deve ser feito pela polícia e por outra instituição.[11]

FHC assumiu a palavra e ponderou que, historicamente, as instituições já recorriam às Forças Armadas com tal objetivo, lembrando o papel importante em garantir a segurança nas eleições, em rebeliões de PMs e em outras circunstâncias.

A questão central é quem dá a ordem, e as Forças Armadas hão de ser, na democracia, hierarquizadas, obedientes, silentes e fora do jogo político; obedecem à decisão que aqui, explicitamente, se diz que é de um dos Poderes constitucionais.

E encerrou:

> declaro enfaticamente que esse texto rompe com a teoria da tutela, dotando a nossa Constituição de um instrumento moderno, que não tapa o sol com a peneira, sabe que as Forças Armadas existem e que, em certos momentos, o poder civil precisa delas, mas que elas hão de ser silentes, obedientes e hierarquizadas ao poder civil, que se fundamenta no voto popular.

Foi saudado com palmas e gritos de "muito bem!", como registra a ata de comissões da Constituinte.

Mais tarde, a lei complementar nº 97, de 1999, deixou expresso que, não importa de onde parta a solicitação para emprego das Forças Armadas, cabe ao presidente da República a decisão de acioná-las.

Estudioso dos militares há décadas, o historiador José Murilo de Carvalho considera "chocante" que a atribuição desse poder intervencionista (e em última instância político) às Forças Armadas esteja em cinco das sete Constituições pós-

-Independência (menos na de 1824, a primeira, promulgada no Império, e na de 1937, durante a ditadura do Estado Novo, ambas não chanceladas por assembleias constituintes). Tão absurdo quanto, avalia Carvalho, é que desde a reabertura democrática os poderes constitucionais não tenham buscado alterar tal anacronismo:

> Parece haver um acordo tácito em torno da ideia de que a República ainda precisa dessa bengala. Não por acaso, chefes militares repetem sistematicamente que é seu dever constitucional intervir quando julgarem que as instituições correm risco. Cria-se, desse modo, um círculo vicioso: as Forças Armadas intervêm em nome da garantia da estabilidade do sistema político; as intervenções, por sua vez, dificultam a consolidação das práticas democráticas.[12]

Chefiados por Leônidas e por seus colegas ministros da Marinha, Henrique Saboia, e da Aeronáutica, Otávio Júlio Moreira Lima, os militares ganharam todas na Constituinte. Outras propostas alinhadas ao espírito da abertura democrática foram barradas por lobby das Forças Armadas, como a que ampliava a anistia a militares punidos e perseguidos na ditadura de 1964 (6591 oficiais e praças, segundo o relatório final da Comissão Nacional da Verdade) para além dos efeitos da lei de 1979 — permitindo a reintegração ou concedendo indenizações, por exemplo — ou a que estabelecia a criação do Ministério da Defesa, abortada no nascedouro e que só viria a se concretizar em 1999. Também teve êxito a investida castrense, decerto motivada pelo receio de futuras condenações na Justiça, para impedir que a tortura fosse considerada crime imprescritível — o termo chegou a figurar numa proposta de redação do inciso 43 do artigo 5º, mas terminou derrubado.

Quando a votação dos temas de interesse das Forças Armadas foi concluída, numa noite de terça-feira, 12 de abril de 1988, o general Werlon Coaracy de Roure, assessor parlamentar do Exército, um dos integrantes de uma tropa de choque montada para defender as pautas da caserna, sorriu aliviado. "Foi um trabalho cansativo, mas os parlamentares compreenderam perfeitamente o nosso objetivo", afirmou.[13] O deputado gaúcho Antônio Britto, vice-líder do PMDB que acompanhou a tramitação de temas militares na Constituinte, referendou a avaliação do general. "Os assessores parlamentares das Forças Armadas demonstraram competência, preparo e capacidade política. Se eu tivesse de formar uma empresa de lobby era o pessoal que eu contrataria", gracejou.[14]

4. Collor despreza, Itamar afaga

Primeiro presidente eleito de forma direta em três décadas, Fernando Collor de Mello assumiu o mandato em 1990, mas, acusado de corrupção, foi derrubado num processo de impeachment antes de completar três anos no cargo. Na tentativa de preservar os direitos políticos, o ex-governador de Alagoas renunciou, mas mesmo assim o Congresso consumou sua deposição.

Collor não alterou de modo significativo a transição tutelada iniciada com Tancredo/Sarney. Não avançou em batalhas perdidas pelos políticos para os militares na Constituinte, como as tentativas de criação do Ministério da Defesa, da ampliação da anistia e da indenização a civis e militares mortos/desaparecidos, cassados e perseguidos, ou ainda da abertura dos arquivos da repressão, este o único item em que houve, como se verá adiante, um progresso tímido e isolado. Rumores sobre intervenção militar continuaram a circular entre oficiais da ativa e da reserva. E, nos momentos de fraqueza política, Collor também fez agrados à caserna.

Ainda assim, o segundo governo desde a reabertura avançou bem mais que o de Sarney na tentativa de impor algum controle civil sobre os militares. No pesar da balança, Collor foi, entre os presidentes desde a redemocratização, um dos que mais contrariou os interesses das Forças Armadas, preservados mesmo com o fim da ditadura.

Em primeiro lugar, por um feito de notável simbolismo: a extinção do Serviço Nacional de Informações (SNI), aparelho estatal de inteligência que adquiriu tanto poder ao longo do regime militar que a certa altura o seu criador — general Golbery do Couto e Silva — admitiu que havia criado "um monstro". Máquina azeitada para controlar opositores, repassando informações aos órgãos de repressão responsáveis por torturas e execuções, contribuiu para conferir à ditadura brasileira fumos de regime totalitário. Como sintetizou Alfred Stepan ao comparar aparelhos de segurança e informações de diversos países, "o SNI brasileiro alcançou um grau extraordinário de prerrogativas legalmente sancionadas e de autonomia burocrática sem paralelo nas demais democracias ou nos demais regimes de modelo burocrático--autoritário". E, diferentemente do que costuma ocorrer quando ditaduras desmoronam — e os sistemas de informação ruem juntos —, no Brasil de Sarney e da Nova República o SNI permaneceu por cinco anos como um zumbi assustador.[1]

A extinção do SNI foi promessa de campanha de Collor, alvo de um dossiê do órgão (que o descreveu como "um Al Capone moderno e discípulo aplicado de Goebbels") preparado a pedido de Sarney, a quem o governador de Alagoas atacava sem trégua.[2] Collor repetia que a maior atividade do SNI era bisbilhotar a vida de adversários dos militares. Durante seu mandato de governador, o jovem político eleito com o ridículo epíteto de Caçador de Marajás — consagrado numa capa da revista *Veja* — se desentendeu com o então ministro-chefe do SNI, general Ivan de Souza Mendes, que cancelou de última hora uma audiência. Chamou o oficial de "generaleco". Anos mais tarde, Mendes definiria Collor como "cafajeste" e "pilantra".[3]

Se, por um lado, desbaratou oficialmente o que restava da abominável comunidade de informações da ditadura, por outro, a medida de Collor causou uma espécie de apagão no setor de inteligência do país até pelo menos a criação da Agência Brasileira de Inteligência (Abin), em 1999, no segundo governo FHC.

O presidente escolheu um time de chefes militares que mesmo adversários políticos reputavam como democratas. Parlamentar petista atuante na Constituinte, José Genoino classifica os ministros da Marinha (Mário César Flores), do Exército (Carlos Tinoco) e da Aeronáutica (Sócrates Monteiro) como os melhores comandantes militares da história recente da República. (Segundo Genoino — que mais tarde desenvolveria uma relação de amizade com Flores —, os três haviam sido sondados para assumir as mesmas funções caso Lula ganhasse a eleição, por serem tidos como legalistas distantes da linha-dura das Forças Armadas.) Ao mesmo tempo, Collor retirou o status de ministro dos chefes do Estado-Maior das Forças Armadas (EMFA) e da Casa Militar da Presidência.

E deu mais sinais de que não aliviaria tanto com os fardados. Vedete da linha-dura do Exército nos estertores do regime militar, o general Newton Cruz sugeriu, em maio de 1990, que Collor deveria dar um tiro na cabeça. O presidente ordenou imediatamente sua prisão — ficou detido por dez dias.

Em setembro do mesmo ano, Collor decidiu fechar uma cratera usada pela Aeronáutica para testes nucleares na serra do Cachimbo, no Pará. Convocou os ministros militares ao local e encenou o fechamento simbólico do buraco, jogando sobre ele uma pá de cal — literalmente. Não só a ideia em si, mas sobretudo a papagaiada da cena de marketing irritou os comandantes.

Outra animosidade viria com a demarcação da terra indígena Yanomami, a maior reserva do país (96,6 mil quilômetros quadrados, mais que o território de Portugal), no rastro de um período de extermínio acelerado daquele povo. Fruto de grande pressão internacional quando o Brasil estava prestes a abrigar a Eco-92, conferência das Nações Unidas para o clima e o meio ambiente, a demarcação se deu contra a vontade dos militares — mas, ironicamente, teve o apoio de um ministro da Justiça egresso da ditadura, o coronel da reserva Jarbas Passarinho. Mais tarde, acossado por denúncias de corrupção, Collor fez um agrado à caserna, condicionando a criação de novas reservas indígenas e unidades de conservação nessas terras à aprovação do Estado-Maior das Forças Armadas.[4]

Por mais que tenha representado apenas um ínfimo raio de luz na escuridão que reinava (e em muitos aspectos até hoje reina) no quesito, Collor foi o primeiro presidente a autorizar, em 1991, a abertura de arquivos da repressão, os dos Departamento de Ordem Política e Social (Dops) de São Paulo e Rio de Janeiro, que estavam então sob a guarda da Polícia Federal — algo reconhecido por militantes de direitos humanos.[5] A iniciativa se deu após pressão de familiares de desaparecidos e pedidos dos governos estaduais, e foi cercada de suspeitas de que os acervos foram alterados antes do acesso ao público.[6] Quanto aos documentos sigilosos das Forças Armadas, permanecem escondidos.

Embora Collor nada tivesse a ver com isso, foi no governo dele que veio à tona — graças ao aprimoramento do jornalismo de investigação iniciado com o fim da censura na segunda metade dos anos 1970 — um escândalo de corrupção envolvendo o Exército. Se em 1976 o jornalista Ricardo Kotscho, numa série publicada n'*O Estado de S. Paulo*, revelara as mordomias dos superfuncionários do governo ditatorial, em 1991 coube a outro jornalista, Ricardo Boechat, trazer à luz, nas páginas de *O Globo*, o caso da concorrência viciada, e com preços superfaturados, numa licitação para a compra de uniformes do Exército.[7] Em contraste, naquele início dos anos 1990, os maiores jornais do país ainda resistiam a chamar as coisas pelo seu nome: *ditadura* e *golpe militar* eram termos raros. A grande imprensa brasileira, como se sabe, apoiou em peso o golpe, e, mesmo depois de finda a ditadura, insistia na nomenclatura consagrada pelos militares. Na Nova República, a mudança no vocabulário se revelaria mais lenta e gradual que a própria abertura. Em 1º de abril de 1984, tanto *O Globo* quanto *O Estado de S. Paulo* ainda noticiavam os "20 anos da revolução". Nos anos 1990 observa-se uma transição: a "revolução" começa a rarear, passando a ser denominada *Movimento de 64*; e como "ditadura", inacreditavelmente, ainda não fazia parte do vernáculo jornalístico, usava-se no lugar *regime militar* ou *regime de 64*. Só na segunda metade dos anos 1990, durante o primeiro governo de Fernando Henrique Cardoso, a imprensa começaria a adotar *golpe* e *ditadura*, mas ainda de modo tímido, como se pecasse. Conforme bem lembrou em 2020 a jornalista Flavia Lima, então ombudsman da *Folha de S.Paulo*:

> A terceira versão do *Manual da Redação da Folha* — texto feito com o objetivo de traduzir em normas a sua concepção de jornalismo —, de 1992, trazia uma curiosa recomendação: não usar a expressão ditadura militar "para designar o movimento militar" ocorrido no Brasil entre 1964 e 1985. Em manual, a mudança só veio na versão seguinte, de 2001. Os jornalistas da *Folha* entraram o século 21 informados de que, "em textos noticiosos, pode-se [e aqui é importante frisar a possibilidade] usar a expressão ditadura militar para designar o regime que vigorou no Brasil de 1964 a 1985". Foi só na versão de 2018 que se assumiu de modo claro que "a expressão ditadura militar designa o regime que vigorou no Brasil de 1964 a 1985".[8]

Para completar uma relação difícil, Collor manteve, segundo oficiais-generais que conviveram com ele, uma postura arrogante e desdenhosa no contato com os militares, mesmo os de alto escalão. "Falava muito e ouvia pouco", segundo o ministro da Aeronáutica, brigadeiro Sócrates Monteiro. Nas palavras de Carlos Tinoco, ministro do Exército, o presidente se colocava "numa espécie de pedestal. Os oficiais-generais o cumprimentavam e ele não estendia a mão". O almirante Mauro César Rodrigues Pereira, ministro da Marinha no primeiro governo FHC, afirma que, entre a oficialidade da força naval, predominava a sensação de que Collor tentava deliberadamente "espezinhar" os militares, tratando-os com "um desprezo total" ou até "com a intenção de machucar".[9]

Os ministros militares chegaram a ser consultados por parlamentares para pedir que Collor renunciasse, mas dizem que não o fizeram. A postura dos comandantes de não se imiscuir no processo de impeachment foi elogiado por muitos como sinal de maturidade democrática. "Eles comunicaram ao Congresso, através do ACM [o senador baiano Antonio Carlos Magalhães, do antigo PFL], do Ulysses Guimarães, que não queriam conversar com ninguém sobre o impeachment. Que o impeachment era um assunto da Câmara e do Senado", recorda José Genoino. Já para outros analistas, como o cientista político Jorge Zaverucha, se não tivesse confrontado tanto os militares, Collor poderia ter conseguido se safar.[10]

Num intrigante prenúncio de uma situação que viria a ser reencenada 23 anos depois por Michel Temer enquanto Dilma Rousseff era empurrada para o cadafalso, Itamar Franco, o vice de Collor, se aproximou dos militares antes mesmo de assumir, quando percebeu que o apoio ao presidente eleito se liquefazia.

A principal ponte foi o almirante Mário César Flores, com quem Itamar manteve encontros secretos durante o processo de impeachment e que seria o único integrante do ministério de Collor a ser mantido pelo substituto no primeiro escalão, na Secretaria de Assuntos Estratégicos (SAE).[11] A afinidade era recíproca, uma vez que ainda na gestão de Collor os militares perceberam que o vice, se fosse mesmo entronizado graças ao impeachment do titular, lhes seria bem mais útil.

Em muitos aspectos, a gestão do experiente político mineiro foi uma continuidade do governo Sarney, e não do governo Collor — como se este fora, no meio do caminho, uma breve aventura malsucedida de um personagem alheio à política profissional. E, assim como Sarney, o político profissional Itamar pajeou os militares. Ao ser empossado, recompensou as Forças Armadas com poder. Chegaria a reunir nove oficiais da reserva em seu primeiro escalão: cinco nos ministérios militares de então (Marinha, Exército, Aeronáutica, Casa Militar e Estado-Maior das Forças Armadas) e outros quatro nas pastas de Transportes, Comunicações, Secretaria de Administração Federal e Secretaria de Assuntos Estratégicos. Militares também ocuparam diversos cargos de relevo no segundo escalão, como as chefias da Telebras, da Polícia Federal e da Companhia Nacional de Abastecimento (Conab).[12]

Itamar herdou um governo aos pedaços, e a crescente crise econômica — que não o impediu, no entanto, de conceder um generoso aumento dos soldos militares — transformou a maior parte do seu curto mandato de dois anos num suplício. Foi um terreno fértil para as viúvas da ditadura se ouriçarem sem cerimônia. Quando estourou o escândalo dos Anões do Orçamento, esmiuçado por uma CPI no Congresso, minando ainda mais a credibilidade de uma classe política já desacreditada pelos episódios de corrupção do governo Collor, grupos de militares da reserva pediram intervenção militar, sugerindo que Itamar fosse substituído pelo coronel Jarbas Passarinho. As negativas quanto a um retrocesso ocupavam com frequência as páginas da imprensa.

A ascendência dos militares sobre Itamar roçou o burlesco no episódio da calcinha na Sapucaí. No Carnaval de 1994, o chefe do Executivo foi fotografado ao lado de uma modelo (Lilian Ramos) sem a peça íntima em um camarote na passarela do samba carioca. O que numa democracia consolidada seria um fato risível foi tratado, por setores das Forças Armadas, como um escândalo de grandes proporções.

Em suas memórias, Fernando Henrique Cardoso, ministro da Fazenda de Itamar e condutor do Plano Real — que daria novo fôlego ao governo ao final do mandato do mineiro —, menciona esse período em termos pouco lisonjeiros para seu chefe de então. "Eu sempre disfarço isso, mas fui a ama-seca dele quando ele era presidente da República. Impedi mil crises, inclusive com os militares", registrou FHC.[13] Conforme o relato, logo após o episódio na Sapucaí, o general Romildo Canhim, ministro da Secretaria de Administração Federal, perguntou a FHC, supostamente transmitindo uma preocupação da caserna, se ele continuaria no Ministério da Fazenda caso Itamar fosse deposto pelo Congresso e Passarinho assumisse. "Eu disse ao Canhim que não, que nem um dia", escreveu FHC. Para baixar a fervura, Itamar entregou de bandeja a cabeça do seu ministro da Justiça, Maurício Corrêa, que, na mesma farra na avenida, tomara um pileque — destoante com o decoro do cargo, segundo os militares. A censura moral, porém, era cortina de fumaça para encobrir o motivo real da cizânia da caserna com Corrêa: num raro gesto de confronto às Forças Armadas no governo Itamar, o ministro cobrou ao Exército, à Marinha e à Aeronáutica informações e documentos sobre os desaparecimentos de presos políticos da ditadura. Não deu em nada, mas algo começava a se mover.[14]

5. Direito à memória e à verdade, pero no mucho

Eleito presidente em 1994 graças principalmente ao êxito do Plano Real, Fernando Henrique Cardoso fez, durante os seus dois mandatos (1995-2002), os movimentos mais concretos de um presidente desde a reabertura política para tentar estabelecer um controle civil sobre os militares.

A primeira mudança paradigmática foi a criação da Comissão Especial sobre Mortos e Desaparecidos Políticos, por meio da qual o Estado brasileiro admitiu sua participação no assassinato de opositores da ditadura, endossou uma lista de desaparecidos apresentada por parentes das vítimas e militantes de direitos humanos — o embrião do que quase vinte anos depois foi ampliado e aprofundado pela Comissão Nacional da Verdade — e se comprometeu a pagar indenizações às suas famílias.

Ao apresentar o projeto de lei da comissão, que reconhecia como mortas pessoas desaparecidas por participação (ou acusação de participação) em atividades políticas de 1961 a 1979, FHC foi o primeiro presidente a assumir como responsabilidade do Estado os crimes cometidos pelos governos da ditadura.

Em seu discurso, disse que a Lei de Anistia "não exime o Estado de suas responsabilidades", e que "culpado foi o Estado por permitir a morte na tortura em dependências suas", mas buscou um contraponto com os excessos da luta armada: "Culpados foram as tendências fundamentalistas, que, ao invés de reconhecer diferenças e procurar convergências, insistiam no maniqueísmo e viam em quem discordava um inimigo a ser eliminado".

FHC reconheceu que o Estado errou ao desprezar a lei e os direitos humanos na reação aos opositores da ditadura e acrescentou que a reparação material por tais violações, embora prestes a ser concretizada, valia menos que a reparação moral. "Hoje, como chefe de Estado e de governo — eleito pelo povo — e como comandante supremo das Forças Armadas, cabe a mim assumir, pelo Estado, a responsabilidade das transgressões cometidas à lei e aos direitos humanos", discursou, diante de Eunice Paiva, viúva do deputado federal Rubens Paiva, torturado até a morte pelo regime em 1971 e cujo corpo jamais foi encontrado.

Nas duas primeiras versões do discurso, escrito pelo próprio FHC, o presidente encerrava com um pedido de desculpas à nação: "É em nome da consciência de que só o estado de direito garante a liberdade que eu, ao enviar ao Congresso esta lei, escuso-me perante a nação, na qualidade de presidente da República e chefe de Estado, pelos abusos que foram cometidos". No pronunciamento, FHC desistiu das desculpas, substituindo-as por uma conclamação à nação "a virar esta página da história e a olhar o futuro com a convicção de que episódios semelhantes nunca mais se repetirão".[1]

A solenidade no Palácio do Planalto, em 28 de agosto de 1995 (a lei só seria sancionada no final daquele ano), produziu também uma imagem simbólica, que estampou a primeira página dos jornais no dia seguinte: um abraço entre Eunice Paiva e o general Alberto Mendes Cardoso, ministro-chefe da Casa Militar do governo.

Os primeiros passos para que o país reparasse as vítimas da ditadura e lhes assegurasse o direito à memória e à verdade eram, entretanto, curtos e suaves. A um exame mais detido, as novidades anunciadas no Planalto com gestos de grande expressão ritual e importância histórica revelavam entraves nascidos da resistência dos militares. Durante o evento, o ministro da Justiça, Nelson Jobim, fez questão de avisar que FHC vetaria qualquer proposta para aprofundar a apuração das mortes dos desaparecidos, isto é, que o reconhecimento do Estado se resumiria à concessão de atestados de óbitos e pagamento de indenizações. "Se vier dentro do texto da Câmara a determinação de se investigar as circunstâncias da morte, é inconstitucional e será objeto de veto", demarcou o ministro, evocando a Lei de Anistia.[2] Dali a dois anos, ele seria indicado pelo presidente para o Supremo Tribunal Federal. Um dos articuladores do acordo junto aos militares, o então chefe de gabinete de Jobim, José Gregori, que no segundo mandato de FHC seria também ministro da Justiça, deixou escapar a verdade inconveniente: "Fizemos o mínimo que as famílias precisam e o máximo que os militares aceitariam".[3] O poder civil continuava a pisar em ovos, e FHC logo foi cobrado pelas famílias das vítimas por não se empenhar na abertura dos arquivos militares nem em outras medidas que visassem esclarecer as mortes.

Algumas indenizações assumidas pela comissão provocaram agitação no Exército, sobretudo a de Carlos Lamarca, o ex-capitão que desertou e aderiu à guerrilha, considerado na caserna um traidor imperdoável. O órgão concluiu que Lamarca havia sido executado pelos militares depois de rendido, e não morto em combate, conforme a versão do regime. Por isso, um decreto de FHC garantiu à viúva do ex-capitão, Maria Pavan Lamarca, o direito de ser indenizada pelo Estado.

Na lenta caminhada cujo ritmo continuava a ser ditado pelos militares, surgiram outros gestos relevantes, como a suspensão da manifestação oficial das Forças Armadas pelo dia 31 de março de 1964, data escolhida pela caserna como aniversário da derrubada de Jango. Em 1995, pela primeira vez em 31 anos, a Ordem do Dia conjunta — espécie de carta autocongratulatória pela efeméride — não foi redigida. A novidade teria sido mais relevante se tivesse partido de uma determinação presidencial, mas foi gestada pelos próprios chefes militares. Para "apaziguar os ânimos, desarmar os espíritos", como explicaria mais tarde o brigadeiro Mauro Gandra, primeiro ministro da Aeronáutica de FHC, um dos que endossaram a sugestão feita pelo almirante Mauro César Pereira, ministro da Marinha.[4]

Gandra foi pivô da primeira das duas crises que levariam à queda de chefes da Força Aérea. Sem ter completado um ano no cargo, foi obrigado a pedir demissão depois que um grampo da Polícia Federal revelou sua relação de amizade com o representante no Brasil da empresa norte-americana Raytheon, principal fornecedora de equipamentos para o Sistema de Vigilância da Amazônia (Sivam), coordenado pela Aeronáutica. A queda do segundo comandante da FAB, brigadeiro Walter Bräuer, no final de 1999, ilustra bem os percalços da subordinação dos militares ao poder civil. Naquele ano, o Ministério da Defesa — cuja criação fora proposta por políticos desde a Constituinte e sempre terminara barrada pelo poder militar — virava enfim realidade. O preferido pelos militares para a função era o vice-presidente Marco Maciel, governador biônico de Pernambuco na ditadura, mas a ideia não vingou, em parte porque o próprio Maciel e seu partido (o PFL) a rejeitaram. Fernando Henrique teria gostado de nomear o diplomata Ronaldo Sardenberg, mas quem não gostou foram os militares. O presidente então escolheu como ministro um político recém-derrotado nas urnas, Élcio Álvares (perdeu a reeleição para o Senado pelo Espírito Santo em 1998), que assumiu sob o desprezo das Forças Armadas — em sua posse, nenhum dos comandantes militares o cumprimentou. Nos primeiros meses de sua gestão, a CPI do Narcotráfico, na Câmara dos Deputados, lançou suspeitas de que uma assessora de confiança de Álvares, e por tabela o ministro, teriam envolvimento com o crime organizado capixaba. Repercutindo publicamente a notícia, Bräuer — subordinado de Álvares — comentou que homens públicos deveriam ter "vida ilibada". Foi demitido pelo presidente.

Em resposta, oficiais da reserva organizaram, no Clube da Aeronáutica do Rio, um almoço em desagravo a Bräuer, que se transformou num libelo contra FHC. O presidente da entidade, brigadeiro Ércio Braga, chamou o governo de "ilegítimo" e disse que a demissão do colega atingira a "fronteira do inaceitável". Presente ao evento, o deputado federal Jair Bolsonaro afirmou que FHC cometia um crime contra o país e, portanto, "sua pena deveria ser o fuzilamento", repetindo uma incitação que já fizera naquele ano, sem maiores consequências — nem mesmo por parte da direção da Câmara.

Após ser demitido, Bräuer deu uma entrevista à *Veja* em que elogiou o líder nazista arquiteto do Holocausto: "Eu não defendo Hitler, mas também não posso criticá-lo. Se ele conseguiu mobilizar uma nação como a Alemanha, ele devia ter seu valor, claro. Era um homem carismático".

Pouco depois da queda de Bräuer, o próprio Élcio Álvares seria defenestrado. Além da inadequação para o cargo, da crise da CPI e da queda do comandante da Aeronáutica, entrou em conflito com ministros mais poderosos. FHC nomeou em seu lugar o então advogado-geral da União, Geraldo Quintão, que seguiu no cargo até o fim do segundo mandato do presidente.

A criação do Ministério da Defesa foi, no plano externo, uma tentativa do governo FHC de se colocar, mais de uma década após o fim da ditadura, como uma democracia consolidada, e nesse contexto reforçava o anseio brasileiro de buscar um assento permanente no Conselho de Segurança da ONU. Internamente, durante o longo processo político para viabilizá-la e sobretudo quando se tornou inevitável, a medida alimentou disputas de poder entre as três Forças Armadas. Como perderiam seus ministérios próprios, Marinha e Aeronáutica temiam ser eclipsadas pela força mais poderosa, o Exército, que por sua vez receava perder espaço para as coirmãs. E as três inquietavam-se com a possibilidade de, sem status ministerial, os comandantes ficarem mais suscetíveis a retaliações políticas.[5] O que se viu, contudo, foi a manutenção da autonomia dos militares nas questões que lhes interessavam, e ministros civis com ascendência mais teórica do que prática sobre os comandantes, um poder restrito a procedimentos burocráticos.

Em contraponto a progressos institucionais relevantes, em alguns aspectos os anos FHC se mantiveram presos ao passado. Houve, por exemplo, uma sinergia entre o governo tucano e os militares na percepção de que movimentos sociais e trabalhadores eram um inimigo interno a ser combatido, como o foram os "subversivos" da ditadura. Em 1995, para derrotar uma greve de petroleiros considerada abusiva pelo Tribunal Superior do Trabalho, o Palácio do Planalto enviou tropas do Exército para quatro refinarias da Petrobras. No campo, o governo, com respaldo do Exército, endureceu o enfrentamento sobretudo ao Movimento dos Trabalhadores Rurais Sem Terra, por vezes enviando tropas para impedir ou dispersar a ocupação de propriedades — inclusive uma fazenda do próprio FHC — e mantendo durante oito anos uma retórica de confronto ao tratar do MST. Na campanha pela reeleição de FHC, o tom subiu: o general Alberto Cardoso, ministro-chefe da Casa Militar e responsável pela área de inteligência do governo, disse que o MST não lutava pela reforma agrária, fazia política, e que se tratava de "um movimento que tem na sua essência a violência"; FHC insinuou que a organização colaborava com plantadores de maconha no sertão de Pernambuco. "Eu vi a Colômbia como começou", conjecturou o presidente.[6]

Mas a esporádica sintonia entre os poderes político e militar se tornou ainda mais rara nos estertores da era FHC. O governo que se desdobrou para garantir, no primeiro mandato e no início do segundo, orçamentos e aumentos salariais aos militares melhores que os da maior parte dos ministérios e do funcionalismo público, fechou a torneira para eles depois do ajuste fiscal provocado pela crise cambial de 1999.

Sem dinheiro, os quartéis passaram a adotar o meio expediente. O comandante do Exército, general Gleuber Vieira, se queixava em público da penúria. Em outubro de 2000, a revista *IstoÉ* publicou que, incomodado, FHC decidira demitir o comandante, mas, pressionado pela cúpula do Exército, teria recuado. O presidente negou a intenção. Pouco depois do episódio, num discurso na presença de FHC, em dezembro de 2000, Gleuber declarou que "a Marinha, o Exército e a Aeronáutica buscam forças, sabe Deus onde, em gigantesco esforço de superação, para atenuar os efeitos negativos da prolongada estiagem orçamentária".[7] A gota d'água que fez as Forças Armadas se apartarem de vez do governo foi uma medida provisória editada em 2001 que pôs fim a diversos benefícios da carreira, como o auxílio-moradia, a pensão para filhas de militares, o adicional por tempo de serviço e a promoção automática para quem passasse à reserva. Até hoje a MP é citada na caserna como o maior revés sofrido pela corporação depois da ditadura.

Em julho de 2002, por meio de um decreto, FHC dispensou 85% do contingente de recrutas (44 mil entre 52 mil) alistados quatro meses antes para o serviço militar obrigatório.[8]

Foi também no apagar das luzes do segundo governo que uma lei reconheceu a Comissão de Anistia do Ministério da Justiça e regulamentou a condição de anistiado político prevista na Constituição, permitindo avançar no reconhecimento e no pagamento de indenizações aos mortos e perseguidos políticos ou a suas famílias.

Duas décadas depois, Fernando Henrique Cardoso defende as medidas de contenção tomadas à época e não parece se afobar com a avaliação, corrente nas Forças Armadas, de que seu governo foi o mais danoso aos interesses da caserna desde a redemocratização. "Eu não sei se a crítica é injusta porque provavelmente os civis também achavam isso, foi a situação que obrigou. Não tinha dinheiro", disse o ex-presidente numa entrevista em setembro de 2021. "Precisava manter a economia funcionando, controlar a inflação, recuperar a capacidade produtiva. Os que vão sofrer as consequências da situação vão reclamar. Desde que não ultrapasse a lei, tudo bem."

Filho, neto e bisneto de generais, FHC afirma que nutre grande respeito pela carreira militar e que, enquanto foi presidente, procurou compensar os apertos orçamentários com mesuras e gestos de deferência. "Eu, como não tinha dinheiro, ia a tudo quanto era solenidade, desfiles, cantava hino, dava prestígio, é importante dar prestígio aos militares, que eles merecem. E o prestígio não deriva só do salário, deriva da consideração dada, eu dava consideração. Eu ia até a hasteamento de bandeira."

FHC conta que sua esposa, a antropóloga e professora Ruth Cardoso (morta em 2008), no começo tinha dificuldade de acompanhá-lo nas cerimônias ("ela não era de família militar, era paulista"), mas depois começou a ir também e se surpreendeu.

> Lembro que a Ruth voltou encantada de uma escola militar porque eles sabem muita coisa. Pensa que eles não sabem? Eles têm de tudo, eles estudam, levam a sério. Eles têm civilidade, aprenderam a conviver com as forças civis. No passado não era assim, eles eram caudilhos, muitos deles, que vêm de uma tradição de mandonismo, depois isso foi desaparecendo.

O pacto entre civis e militares na transição democrática tem até hoje a aprovação de FHC, para quem "é melhor ter acordão do que ter raiva das pessoas". As punições por violações do passado, segundo o ex-presidente, só criam dificuldades para o futuro. Ao mesmo tempo, ele considera inevitáveis nesse processo mecanismos de reparação, como as comissões de mortos e desaparecidos e de anistia criadas em seu governo, desde que sem revanchismo. FHC costuma ressaltar que nunca perseguiu militares. "Não tinha razão pra perseguir, minha mãe vivia de pensão militar."

Do convívio com os oficiais que serviram ao seu governo, ficaram algumas boas relações e até amizades, como com seu ex-ajudante de ordens Tomás Miné Ribeiro Paiva, hoje general de quatro estrelas, comandante militar do Sudeste e integrante do Alto Comando do Exército.

Militar mais influente durante os dois mandatos de FHC, o general Alberto Mendes Cardoso concentrou superpoderes em torno do que ele próprio define como "núcleo de segurança do Estado". Como ministro-chefe da Casa Militar (mais tarde Gabinete de Segurança Institucional), manteve ascendência ou influência sobre as áreas de inteligência (criou a Abin), de controle ao narcotráfico (instituiu a Secretaria Nacional Antidrogas e tutelou o órgão, motivo de crise e queda de braço com a Polícia Federal, vencida por ele), e até de segurança pública, elaborando uma política nacional para o setor.

Na contramão da má imagem de FHC entre seus pares, o general Cardoso afirma que a relação pessoal e funcional que manteve com o ex-presidente "foi sempre de respeito mútuo e até de apreço. Afeitos ao conceito de servidores do Estado, os membros da equipe tivemos uma experiência plena de satisfação profissional". Instado a comentar os problemas orçamentários e as perdas de benefícios de que se queixam os colegas, é lacônico: "Desconheço as razões para o aperto orçamentário na época".

Numa entrevista publicada em 2001, ele elogiou as medidas de reparação a vítimas da ditadura tomadas no início do governo FHC.

> A verdadeira transição foi feita no primeiro mandato do presidente Fernando Henrique — transição dos governos militares e de seus ideários para um governo de plena democracia. Um episódio como o da indenização às famílias foi a pedra de toque porque testou nossos valores militares.

Outro desafio aos "valores militares", ele disse na ocasião, foi o episódio da indenização concedida a Lamarca. Ambas as experiências, na avaliação do general, fortaleceram o Exército. "Inclusive internamente, na nossa autoestima."[9]

Em dezembro de 2021, entrevistado para este livro, o general exibiu uma posição mais crítica à Comissão de Mortos e Desaparecidos e às iniciativas que a sucederam, como a Comissão de Anistia e a Comissão da Verdade: "Criadas com propagado propósito humanista, foram submetidas a desvio de finalidade, em apoio a teses estigmatizantes das Forças Armadas". Questionado sobre a inflexão, Cardoso afirmou: "Lá se vão mais de vinte anos. O tempo tem me permitido outros enfoques, hoje já históricos".

Ex-comandante de Eduardo Villas Bôas, que o definiu em suas memórias como "ícone de liderança", o general Alberto Cardoso se tornou amigo e conselheiro do ex-chefe do Exército e diz ter por ele sentimentos recíprocos. "Nutro profunda admiração, respeito e amizade paternal pelo general Villas Bôas desde 1973, ele cadete e eu capitão, seu comandante na Academia Militar. Ícone de liderança é ele, como a vida veio mostrar a todos os brasileiros."

6. "Vocês eram meninos quando alguém mandou fazer"

Desde que despontou nacionalmente como líder de operários em greves no ABC paulista no final dos anos 1970, Luiz Inácio Lula da Silva se revelou um articulador político pragmático e conciliador. Nos estertores da ditadura, enquanto a oposição falava em anistia ampla, geral e irrestrita, direitos humanos, fim definitivo da censura e eleições livres, o presidente do Sindicato dos Metalúrgicos de São Bernardo do Campo e Diadema dizia que a anistia que mais lhe interessava era a da classe trabalhadora. "A gente fazia greve porque queria melhorar a qualidade de vida da gente. Depois, quando as pessoas vão ficando sofisticadas, podem dizer que faziam greve por outra coisa. Mas o dado concreto é que a única coisa que motivava a gente a fazer greve era que a gente queria melhorar de vida", declarou numa entrevista em 2014. "E isso deixava os entrevistadores [os interrogadores] um pouco indignados. Como é que essa peãozada faz tudo isso sem querer fazer uma revolução, só pra ter aumento de salário..."[1]

Assim como os veículos de imprensa (e quase todos os brasileiros da época), o Lula líder sindical chamava o golpe militar de 1964 de "revolução". Ressaltava em assembleias diante de milhares de companheiros a necessidade de não fazer baderna e não beber durante as greves, se concentrava nas reivindicações de melhorias trabalhistas e encerrava seus inebriantes discursos com a execução do Hino da Independência (*Brava gente brasileira/ Longe vá, temor servil/ Ou ficar a pátria livre,/ Ou morrer pelo Brasil*).

Durante as primeiras greves de metalúrgicos, em 1978, Lula tomou a iniciativa de procurar o comandante do então II Exército (hoje Comando Militar do Sudeste), general Dilermando Gomes Monteiro, para expor o ponto de vista dos trabalhadores e pedir que os militares não interviessem nas manifestações, como cobrava o empresariado. Acabaram se reunindo no quartel-general do Ibirapuera. "Tive uma audiência de três horas e ele me garantiu que, enquanto ele fosse comandante, não haveria interferência do Exército nas greves do ABC. E a verdade é que não houve, só depois que ele se afastou", relembrou Lula.[2]

Colocado à frente do II Exército por Ernesto Geisel quando o presidente demitiu do comando o general Ednardo D'Ávila Melo, na esteira do assassinato do operário Manoel Fiel Filho e da onda crescente de execuções de presos políticos em São Paulo divulgadas como "suicídio" pelo Exército, o general Dilermando promoveu uma abertura de diálogo com setores da sociedade até então perseguidos pela linha-dura do regime. Antes da mudança, em 1975, um irmão de Lula, José Ferreira da Silva, o Frei Chico, militante do Partido Comunista, havia sido preso pela repressão e torturado no DOI-Codi do II Exército.

Na mesma época da conversa de três horas no QG do Ibirapuera, o general Dilermando foi um dos escolhidos para fazer perguntas a Lula no programa *Vox Populi*, da TV Cultura. Dizendo-se preocupado com a "possibilidade de infiltração de ideologias extremistas, como é a ideologia comunista, no seio do operariado", o comandante do II Exército quis saber como Lula via "a possibilidade de impedir que haja essa infiltração nos sindicatos operários". A resposta do líder metalúrgico foi uma pérola de diplomacia política: "Eu sou contra o radicalismo tanto de esquerda quanto de direita. Eu acho que o radicalismo não leva a nada". Lula aproveitou para pedir que o general o ajudasse a "brigar pela liberdade sindical" e "contra qualquer um dos dois extremos".[3]

De fato, como destacou Lula, depois da saída de Dilermando do comando do II Exército, a repressão às greves aumentou, culminando com a prisão do próprio líder operário, em abril de 1980. Detido por agentes do DOI-Codi, Lula ficou na prisão por 31 dias.

Até hoje ele faz troça de sua aversão à política, encerrada com a criação do PT, em 1980. "Quando eu tava no sindicato, adorava encher a boca pra falar: não gosto de política e não gosto de quem gosta de política. A imprensa me adorava. Me chamavam de operário puro… Daí eu descobri que não dava pra fazer nada fora da política."[4] Ainda assim, a índole apaziguadora o acompanhou carreira política afora. E quando o ex-metalúrgico assumiu o poder, aflorou mais uma vez nos momentos em que teve de tratar com chefes militares sobre o passivo da ditadura. Se ministros e auxiliares diretos mencionavam a necessidade de que as Forças Armadas reconhecessem os crimes cometidos no período militar, Lula retrucava com uma cantilena: "Não torturei ninguém. Não matei ninguém. Como é que posso pedir desculpas por algo que não fiz?".

O próprio líder petista explicou publicamente como sua lógica se processava. "Em várias conversas que eu tive com comandantes, eu dizia: vocês precisam tirar das costas de vocês a responsabilidade de coisas que vocês não têm. Vocês eram meninos quando alguém mandou fazer. Não é porque o papa do século XV mandou fazer um erro que o papa Chico vai ser o responsável", disse Lula numa entrevista a integrantes da Comissão Nacional da Verdade em dezembro de 2014.[5] Na verdade, os generais que compuseram a cúpula das Forças Armadas quando Lula assumiu passavam longe de ser meninos quando foi dado o golpe em 1964. Estavam em sua maioria em postos intermediários da carreira e se tornaram oficiais superiores (majores, tenentes-coronéis e coronéis) ainda durante a ditadura. Se não eram da geração que deu o golpe nem foram protagonistas dos crimes que, por ação ou omissão, muitos cometeram, foram formados por estes ou aqueles.

Lula seguiu com o raciocínio: "Ou seja, se a instituição cometeu erro, não foram vocês. No fundo, no fundo, a instituição recebe ordem de quem? Do comandante. Então quem tem culpa na verdade é o comandante daquela ocasião", afirmou o petista. "Eu não vejo nenhum problema em admitirem isso. Mas eu sei que eles têm dificuldade. Não sei por quê, mas eu sei que têm dificuldade. E é preciso tratar isso com o carinho que o tema exige, porque eu acho que nós não estamos vivendo tempos fáceis."

No livro *Brasil: O amanhã começa hoje*, publicado em 2002, o general Oswaldo Muniz Oliva se propôs a enfrentar uma questão cabeluda: o país ainda pode dar certo? Amparado em teses de geopolítica e teoria do poder, Oliva passeia pela história nacional até aquele início de século XXI antes de responder que sim, o Brasil tinha jeito.

A terceira parte do livro, "A revolução de 64", é dedicada ao que o autor define como "este período fértil de nossa história", e ali ele conta sua participação na ditadura militar 1964-85. Ao derrubar Jango, o Exército agiu, escreve o general Oliva, "de forma radical, incisiva, firme e quase indolor". O "Movimento de 64" é comparado a uma gigantesca roda que de repente adquire velocidade e força próprias. "Quem fica à sua frente é esmagado, tenha ou não culpa maior." Há uma autocrítica quanto ao endurecimento em relação a estudantes que faziam oposição ao regime: "Erramos fragorosamente ao buscar combatê-los pela força". Não há menções a torturas, assassinatos e desaparecimentos. E a autocrítica logo se esvai, repassando aos oposicionistas a fatura pela violência. "Lamentavelmente, a agitação estudantil não retrocedia. [...] Não fomos nós que forçamos uma reversão."[6]

Oliva andou mais próximo do poder principalmente nos governos Costa e Silva e Médici, atuando no Conselho de Segurança Nacional, nas áreas de mineração, energia hidrelétrica e nuclear, políticas interna e externa. Nos anos 1970, comandou uma guarnição em Praia Grande e recebeu uma missão especial: "realizar exercícios no litoral sul de São Paulo para desfazer qualquer resquício maléfico que o traidor Lamarca pudesse por lá ter deixado na sua infeliz tentativa de guerrilha". Quando estava no topo da carreira (general de exército, quatro estrelas), Osvaldo Oliva comandou a Escola Superior de Guerra (ESG), centro formulador de doutrinas das Forças Armadas criado em 1949 por Eurico Gaspar Dutra e berço da Doutrina de Segurança Nacional — adaptação de teses de combate ao inimigo interno importadas dos Estados Unidos e que aqui ganhou corpo sob a batuta de Golbery do Couto e Silva (o inimigo interno, em ambos os casos, era a esquerda, ou o comunismo).

Em 1987, dois anos antes de concorrer pela primeira vez à Presidência, Luiz Inácio Lula da Silva participou, como presidente do PT, de um debate na Escola Superior de Guerra sobre partidos políticos, ao lado de Roberto Campos (PDS), Sandra Cavalcanti (PFL) e Mário Covas (PMDB). Quando assumiu a direção da escola, no ano seguinte, o general Oliva vetou encontros do tipo: "Aqui estudamos o Brasil e o mundo, e não política partidária".[7]

Ao analisar o governo Collor em seu livro, Oliva evoca o sentimento que o adversário derrotado pelo ex-governador de Alagoas no segundo turno das eleições de 1989 lhe despertava: "Em oposição, a candidatura de Lula, eivada de marxismo, era acolhida com reservas e, em algumas áreas, com temor".

Poucos meses após o lançamento de *Brasil: O amanhã começa hoje*, Luiz Inácio Lula da Silva seria eleito presidente (em sua quarta tentativa). Um dos filhos do general, o também petista Aloizio Mercadante Oliva, terminaria a campanha como o senador mais votado do país, por São Paulo. O pai dele já estava na reserva, mas, por causa do vínculo familiar, foi o principal elo entre Lula e as Forças Armadas.

Um pacto caseiro conseguiu driblar as diferenças políticas abissais que havia entre o general Oswaldo Oliva e seu filho petista. Líder estudantil na Universidade de São Paulo em meados dos anos 1970 — ou seja, opositor da ditadura sustentada por seu pai —, Aloizio Mercadante traçou com o general uma espécie de manual de convivência doméstica: "Eu tinha um acordo com meu pai, eu não falava publicamente da vida dele e nem ele falava da minha vida. Foi a forma que encontramos para conviver com respeito, e conseguimos preservar nossa relação por cinquenta anos".

Daí que a opção de Mercadante por adotar o sobrenome materno pareça ter sido uma proteção para minimizar constrangimentos públicos inevitáveis à situação. Mas não os eliminou. Num bate-boca com Antonio Carlos Magalhães no Senado, em 2005, Mercadante chamou o cacique baiano, apoiador da ditadura, de "golpista", e em troca ouviu que o então líder do governo Lula na Casa trazia "nas veias o sangue de 64". O filho do general rebateu com ironia: "Tivemos aqui a exposição de uma nova teoria genética, a de que ideologia e posicionamento político são transmitidos por herança hereditária".[8]

Se não herdou o viés linha-dura do general Oliva, Mercadante reconhece a influência paterna na sua extração nacionalista: "Fui formado para pensar o Brasil. Aos treze anos, meu pai me levou para visitar a Belém-Brasília. Depois Itaipu, produção de manganês no Amapá... Quando voltava, eu tinha de escrever um relatório. Sempre estudei o país, mas nunca aceitei a ditadura".

Economista graduado na USP e com mestrado e doutorado na Unicamp — referência acadêmica da esquerda brasileira na área —, o ex-ministro da Casa Civil, da Educação e da Ciência e Tecnologia nos governos Dilma contribuiu com programas de governo petistas, sobretudo na pauta econômica, mas ressalta que, por conta do parentesco, evita se meter em temas de defesa. Ainda assim, é tido por integrantes do partido como alguém com viés mais conservador no assunto.

Na eleição presidencial de 1989, diante da estratégia de Collor de imputar a Lula o estigma do medo (eficiente no eleitorado conservador, militares inclusos), o candidato petista pediu a Mercadante para marcar uma conversa com o pai general. O colega hesitou, mas tentou atender ao pedido. Teve em casa uma resposta fria. "Não entendi, você quer falar com seu pai ou quer falar com o general? Se quiser falar com o general, marque uma audiência", respondeu Oliva. Não havia ainda a conjuntura que levaria os militares a apoiar o ex-metalúrgico, como em 2002, e a conversa não vingou.

Na eleição seguinte, em 1994, Mercadante foi candidato a vice-presidente na chapa petista encabeçada por Lula. O general Oliva foi amaciando, à maneira dele. Para poder aproveitar os adesivos de campanha, recortava o nome de Lula e do PT e deixava somente "Vice — Mercadante". E disse ao filho que, em reverência à candidatura dele, não iria votar. "Para votar em você, eu teria de votar no Lula. Então, pela primeira vez na vida, vou me abster."

Só em 2002 o general Oliva capitulou. Decepcionado com as privatizações promovidas pelo governo FHC e sintonizado com a ojeriza da caserna ao tucano, o pai de Mercadante foi de Lula. "Pela primeira vez na vida, vou votar no PT. Por causa de você", disse ao filho. Já eleito, Lula voltou a pedir ao colega de partido para marcar uma conversa com o pai dele. Dessa vez o militar concedeu. "O general Oliva […] era tido como uma pessoa linha-dura do Exército, mas era tido também como uma pessoa séria. O que é que eu tinha que fazer? Eu tinha que procurar *alguém* pra conversar, *alguém*", recordaria Lula doze anos depois, atribuindo a intermediação à sua ausência de traquejo e de contatos naquele universo.[9] Era uma meia-verdade, uma vez que petistas como José Genoino e aliados como Aldo Rebelo tinham conhecimento e contatos com oficiais das Forças Armadas mais modernos e menos alinhados com a herança da ditadura.

A aproximação de Lula com os militares começa a ganhar corpo pouco antes de sua vitória em 2002, durante a campanha eleitoral. O programa nacional-desenvolvimentista do ex-metalúrgico e as críticas em comum contra o governo Fernando Henrique Cardoso possibilitaram uma improvável adesão de fardados ao candidato petista. Mas não foi só isso: assim como empresários, banqueiros, políticos e integrantes de um sem-fim de corporações, militares também são pragmáticos e gostam de poder. Além da repulsa a FHC, havia no horizonte a possibilidade concreta de uma vitória de Lula. Era melhor que estivessem por perto.

Menos de um mês antes do primeiro turno daquela eleição presidencial, Lula fez uma palestra a convite da Fundação de Altos Estudos de Política e Estratégia, vinculada à Escola Superior de Guerra, presidida então por Leônidas Pires Gonçalves, o ministro do Exército de Sarney e principal condutor dos interesses das Forças Armadas na transição democrática. Seis ex-ministros do período militar estavam na plateia. O candidato petista disse que um país só pode ser respeitado se for uma potência militar, defendeu a necessidade de reequipar as Forças Armadas, exaltou o diálogo e criticou o governo FHC. Leônidas elogiou o discurso de Lula, definido por outros oficiais presentes como "impecável".[10] Clubes militares também receberam o candidato durante a campanha.

Figuras importantes da caserna aderiram ao petista, como o último ministro-chefe do SNI, general Ivan de Souza Mendes (que mais tarde elogiaria o governo Lula), os brigadeiros Rui Moreira Lima, Tércio Pacitti e Sérgio Ferolla e os coronéis Amerino Raposo e Luiz Henrique Pires.[11]

Até oficiais que mais tarde se tornariam bolsonaristas radicais, como o coronel da reserva Carlos Alves — que xingou Rosa Weber e Gilmar Mendes às vésperas do segundo turno de 2018 e por determinação judicial teve de usar tornozeleira eletrônica —, aderiram em 2002 ao petista. Numa entrevista em 2020, Alves explicou a extensão da onda vermelha-verde-oliva: "O Lula era novidade, um trabalhador, não era um burocrata de Brasília, a gente sentia que havia sinceridade nele. […] Não só eu como toda a oficialidade da Academia Militar onde eu servia na época, sargentos, cadetes, que votam também, fomos com o Lula".[12]

Num discurso na Câmara em dezembro de 2002, com Lula já eleito, o deputado federal Jair Bolsonaro disse que o comandante do Exército, Gleuber Vieira, proibira militares da ativa de votar no primeiro turno para ajudar a forçar um segundo turno, "já que a massa dos militares da ativa votaria em Lula".[13] Bolsonaro, que votou em Ciro Gomes no primeiro turno, foi de Lula contra o tucano José Serra no segundo turno. Em algumas manifestações em favor do petista, afirmou que ele podia não ser culto, mas que era honesto. Noutra, disse ter certeza de que o ex-metalúrgico valorizaria o salário dos militares. Deu "nota dez" para um discurso de Lula na Comissão de Relações Exteriores.

Quando assumiu o poder, Lula já não tinha ilusões de que em um ou dois mandatos conseguiria transformar o perfil das Forças Armadas do país. Em sua primeira campanha à Presidência, em 1989, numa viagem à Espanha, ele se encontrara com o então premiê do país, Felipe González. O petista define o trecho da conversa entre os dois sobre a relação de um governante com militares como uma "lição de vida".

Ele falou assim para mim: "Ô, Lula, você está pensando de que forma você vai tratar as Forças Armadas, como é que você vai escolher seus comandantes?". Eu falei: "Olha, nós vamos discutir com o movimento e tentar fazer uma formação para eles serem mais democratas, pensar na educação desde a creche até...".

Ao relembrar a história, Lula gargalha, leva as mãos ao rosto e balança a cabeça negativamente, como se assumisse com bom humor sua própria ingenuidade pregressa.

"Aí o Felipe González falou assim pra mim: 'Ô, Lula, sabe quanto tempo você leva pra formar um general? No mínimo quarenta anos, Lula. O teu mandato é só quatro'" [Na época, eram cinco.] O petista volta a gargalhar de si mesmo. "Então você não vai conseguir formar o teu general democrático, Lula. Você vai ter que estabelecer uma relação de confiança com as Forças Armadas, com o que tem aí, não tem jeito."[14]

Foi com esse espírito resignado que, uma vez eleito, Lula procurou o general Oliva. Talvez evocando o conselho de González, e decerto graças também ao seu perfil de preferir o concílio ao conflito, optou por fazê-lo mesmo já tendo à época dentro do próprio partido e na esquerda outros interlocutores na caserna. "Eu respeito a escolha que o Lula fez, mas o PT tinha uma memória acumulada [no tema]. Não era só comigo, tinha com o Arlindo Chinaglia, tinha com o próprio Aldo [Rebelo], tinha com vários outros companheiros. O aconselhamento com o pai do Mercadante foi pela via conservadora", pondera Genoino.

Numa conversa com a presença ainda de Mercadante e do seu irmão coronel, o general Oliva deu ao recém-eleito um conselho elementar, como recorda Lula.

Ele foi muito preciso, ao dizer o seguinte: "Olha, presidente, nas Forças Armadas tem uma fila. Se o senhor levar em conta que nós ficamos 45, cinquenta anos esperando chegar a nossa vez e adotar o critério da fila, não haverá nenhum problema com o senhor, porque se for o primeiro da fila o escolhido, o segundo pode gostar ou não gostar, ele vai respeitar. Então se o senhor quer um conselho, eu lhe dou um: não fure a fila. Porque furar a fila sempre é muito ruim pra qualquer coisa".[15]

Respeitando a fila da antiguidade, Lula nomeou como comandante do Exército o general Francisco Albuquerque, então chefe do Comando Militar do Sudeste, onde tivera como auxiliar o coronel Oliva. A relação entre Albuquerque e os Oliva, pai e filhos, se estreitou nos quatro anos em que o general se manteve no posto.

O deputado Jair Bolsonaro defendeu para o Ministério da Defesa de Lula nomes como Aldo Rebelo, então no PCdoB, e até o petista José Genoino (a quem costumava provocar em plenário pelo passado na guerrilha). Chegou a ir à Granja do Torto para fazer campanha por Rebelo, mas não foi recebido por Lula.[16] Em seguidos discursos na Câmara, apoiou que um dos colegas deputados de esquerda assumisse o cargo.

> Apelo ao nosso presidente Lula, a quem respeito e admiro por seu passado e sua conquista, para que escolha um dos membros do PT, do PCdoB ou um oficial-general de quatro estrelas para ocupar o Ministério da Defesa, a fim de que possamos ter esperança nesse Ministério da Defesa, o mais importante em qualquer país sério do mundo.[17]

E fez campanha contra a nomeação do diplomata José Viegas, à época embaixador do Brasil em Moscou e que fora encarregado de negócios em Havana, associando-o a Clóvis Carvalho (ministro da Casa Civil no primeiro governo Fernando Henrique Cardoso) e lançando mão de suspeitas e denúncias sem comprovação: "Apelo para os companheiros do PT, do PCdoB, para pessoas de bom senso do futuro governo que digam não a José Viegas. [...]. Quero evitar uma crise militar, com a possível indicação, na cota de Fernando Henrique Cardoso, de mais um incompetente para o Ministério da Defesa".[18]

Lula optou exatamente por Viegas. Ainda que fosse filho de militar e tivesse estudado em colégios militares, o embaixador seria recebido com desdém e frieza pelas Forças Armadas — que, após considerarem infelizes as experiências de ministros civis nos governos FHC, continuavam a defender um oficial-general no comando do ministério. E o alerta de Bolsonaro — sobre o risco de uma crise militar — se concretizaria tal qual um vaticínio, ou uma praga, como se verá mais adiante.

No segundo ano de governo, Viegas e o general Albuquerque se uniram ao chanceler Celso Amorim para viabilizar uma cartada ousada, a liderança militar de uma missão de paz da ONU no Haiti, a Minustah. Lula adotara uma política externa agressiva, que procurava ampliar o protagonismo internacional do Brasil. E a campanha pela reforma do Conselho de Segurança da ONU e por um novo assento permanente para o país no colegiado — restrito aos Estados Unidos, à Rússia, à China, à França e ao Reino Unido — tornou-se uma das bandeiras do Itamaraty. Instado pelos Estados Unidos e pela França, o Brasil aceitou encabeçar o contingente militar da Minustah, certo de que o gesto ajudaria no intento diplomático. Os militares, por sua vez, viam a iniciativa como uma chance única para treinar e equipar as Forças Armadas brasileiras.

A reforma do Conselho de Segurança e a vaga do Brasil jamais viriam, mas a missão no Haiti não só virou realidade, como foi uma das marcas dos anos Lula nas áreas de Defesa e Relações Exteriores. A Minustah durou treze anos, de 2004 a 2017, com seu componente militar sempre liderado por generais brasileiros. O Brasil também foi o país que cedeu mais militares: 37 500, sendo 30 mil do Exército — o maior deslocamento de tropas ao exterior desde a Guerra do Paraguai, no século XIX. Quando a missão parecia se encaminhar para o seu término e cumprira o objetivo mais imediato de estabilizar um Haiti conflagrado por disputas políticas, em janeiro de 2010 um terremoto devastou o país e levou a uma extensão da missão de paz por mais sete anos, o que a transformou em uma das mais longas da história da ONU.[19]

Para os militares brasileiros, de todo modo a aventura haitiana foi um sucesso, proporcionando um treinamento que as tropas do país jamais haviam tido em tempos recentes, intercâmbio com Forças Armadas estrangeiras, boa remuneração e equipamentos revertidos ao Brasil ao fim da operação. Embora não se tratasse de uma guerra — as gangues haitianas poderiam ser enfrentadas com polícias bem treinadas —, os oficiais brasileiros assim a encararam. Primeiro *force commander* (líder da operação militar) no Haiti, o general Augusto Heleno cunhou uma metáfora para ilustrar a importância da Minustah: "Eu era um médico sem doente. A missão de paz foi o doente da minha carreira".[20] Heleno seria um dos muitos oficiais da missão mais tarde nomeados para o primeiro escalão do governo Bolsonaro.

Menos grandiloquentes, diplomatas como Celso Amorim também enxergam um saldo positivo na Minustah, com mais ganhos do que perdas, em especial o aumento da projeção global do Brasil. Do ponto de vista haitiano, por outro lado, a Minustah fracassou: foi um paliativo nos momentos de maior caos, mas pouco ajudou para resolver problemas estruturais do país ou reforçar suas instituições. Haitianos dos mais variados estratos até hoje veem a missão como sinônimo de colonialismo, violações de direitos humanos, truculência e abusos de toda sorte contra a população. E de cólera: tropas nepalesas da Minustah levaram o vibrião da doença ao país caribenho, provocando centenas de milhares de casos e cerca de 10 mil mortes. Depois de anos tentando negar responsabilidade na tragédia, a ONU assumiu que a epidemia se originou em uma de suas instalações — mas jamais indenizou as famílias das vítimas.

Embora a população local em geral associe os problemas da Minustah mais à ONU do que ao Brasil, muitas vozes relevantes criticam o papel brasileiro na missão. O advogado Mario Joseph, um dos principais defensores dos direitos humanos no Haiti, avaliou que, na busca pela vaga no Conselho de Segurança, o Brasil "traiu as batalhas do povo haitiano". Quando Lula foi preso, Joseph subscreveu um abaixo-assinado em que classificava a prisão como política. "Mas, como um advogado que luta por democracia, não posso aceitar que Lula tenha mandado tropas para o Haiti." O matemático Jacky Lumarque, reitor de uma conceituada universidade haitiana, a Quisqueya, comentou:

> Criou-se no Haiti uma expectativa muito grande quanto ao Brasil, de que se pudesse transferir para cá experiências de manejo com a violência social que vocês têm, mas isso não ocorreu. Ao final, há uma percepção de que a permanência prolongada da Minustah era artificial, não correspondia às necessidades do país, mas da ONU.[21]

No Haiti, ao combater as gangues que controlavam grandes áreas urbanas, as tropas brasileiras atuaram sob uma diretriz da ONU que permite o uso da força para além da autodefesa adotada nas primeiras missões de paz no século xx. Com a Minustah em andamento, as Forças Armadas brasileiras, sobretudo o Exército, passaram a ser acionadas por governos estaduais para atuar nas chamadas operações de Garantia de Lei e da Ordem (GLO) como permitido pelo célebre artigo 142 da Constituição. As restrições impostas pela legislação brasileira ao uso da força em ações do tipo incomodavam, e incomodam até hoje, os militares, que passaram a reivindicar regras menos rígidas — ou uma espécie de licença para matar, na visão dos críticos.

Desde a ocupação do Morro do Alemão, em 2010, o emprego de militares em operações de segurança pública se multiplicou nos governos Dilma Rousseff e Michel Temer — neste último, culminando com a intervenção federal na segurança no Rio em 2018. Multiplicaram-se também as mortes de civis, a maioria moradores de favelas pobres e inocentes, durante essas operações. No livro *Dano colateral* — eufemismo usado pelos militares para definir essas mortes —, a jornalista Natália Viana contou 35 vítimas civis em operações de GLO e revelou que, com a complacência de uma Justiça Militar parcial (onde os crimes são julgados), a impunidade é regra nesses casos.

Em entrevista durante a campanha eleitoral do mesmo ano, ao defender a não punição para policiais que matam bandidos, o então candidato Bolsonaro citou a experiência brasileira na Minustah como exemplo do que seria sua política de segurança pública. "Nós, no Haiti, tínhamos uma forma de engajamento: qualquer elemento com uma arma de guerra, os militares atiravam, dez, quinze, vinte, cinquenta tiros, e depois ia ver o que aconteceu. Resolveu o problema rapidamente", disse ele ao *Jornal Nacional*. Depois de eleito, Bolsonaro, Augusto Heleno e outros militares repetiriam como um mantra a ideia de que o modelo haitiano era o ideal caso os militares precisassem atuar na segurança pública.

"Essa é uma triste ironia para nós", lamenta Gilberto Carvalho, ex-chefe de gabinete de Lula e diretor da Escola Nacional de Formação do PT. Passadas quase duas décadas da decisão de enviar tropas ao país caribenho, Carvalho é uma das figuras históricas do partido a admitir que se tratou de um erro.

> Todo mundo sabe hoje que a experiência do Haiti é reconhecida como a ocasião que permitiu, de um lado, o aperfeiçoamento das técnicas de combate ao inimigo interno, na medida em que lá eles combatiam as gangues e o crime organizado, e de outro uma aproximação muito forte entre o generalato brasileiro e o americano.

Genoino compartilha da avaliação: "Nós tínhamos que ter dito que a solução para o Haiti era de política pública, não militar. [...] Nós fortalecemos as GLOs e alimentamos uma expertise militar que não era o caso".[22]

No front interno, houve sinais de que as coisas começavam a ficar calmas entre as Forças Armadas e o governo petista. Em 31 de março de 2004, nos quarenta anos do golpe de 1964, a Ordem do Dia do comandante do Exército, general Francisco Albuquerque, manteve a trégua iniciada por seus antecessores. O texto distribuído em todas as unidades da corporação pedia às tropas que a data fosse vista "como uma página de nossa história, com o coração livre de ressentimentos" e ressaltava "a importância de viver em uma sociedade cujos filhos não estão divididos pelas paixões ideológicas e não estão expostos às inquietações do passado". Já a nota divulgada pelo ministro da Defesa, José Viegas, afirmava que

> a sociedade brasileira reconhece o respeito incondicional das Forças Armadas ao poder político emanado das urnas, aos direitos humanos em todas as suas dimensões e à Justiça, assim como o seu propósito de trabalhar, com serenidade, em prol da defesa e da soberania do país e em apoio à inclusão social e à construção de uma nação mais forte, mais homogênea e mais solidária.[23]

A calmaria durou pouco. Em outubro do mesmo ano, reagindo a uma reportagem sobre a agonia de Vladimir Herzog antes de ser torturado e assassinado numa instalação militar (o DOI-Codi de São Paulo) em 1975, o Exército emitiu uma nota defendendo indiretamente a criação de centros de tortura na ditadura. Declarava que "as medidas tomadas pelas forças legais foram uma legítima resposta à violência dos que recusaram o diálogo" e que "dentro dessas medidas, sentiu-se a necessidade de criação de uma estrutura, com vistas a apoiar, em operação e inteligência, as atividades necessárias para desestruturar os movimentos radicais e ilegais".[24]

Albuquerque disse que estava fora do país e que o informe fora publicado sem seu conhecimento. Também pego de surpresa com a nota, Viegas não acreditou na versão do comandante e queria que ele fosse demitido. Lula segurou Albuquerque — chegou a ir a um churrasco na casa do general no meio da crise —, mas ordenou que ele fizesse uma nova nota se retratando. Albuquerque o fez, porém o processo o atritou ainda mais com Viegas, seu superior — meses antes, houvera queixas na caserna a uma nota do ministro determinando que militares não se manifestassem sobre questões salariais. Lula pensou em punir o chefe do Centro de Comunicação Social do Exército, general Antônio Gabriel Esper. Foi alertado por militares de que a reputação de Viegas no Exército não estava boa e que uma punição a Albuquerque, ou mesmo a Esper, abriria uma crise militar ainda maior. Desgastado pelo episódio e sentindo-se desprestigiado pelo presidente, Viegas se demitiu. Lula repetiu o roteiro dos governos que o antecederam: no primeiro grande embate com o comando civil, os militares levaram a melhor.

À época, a imprensa chegou a qualificar como iminente a queda de Albuquerque, e o apoio da família Mercadante Oliva foi tido como fundamental para manter e fortalecer o comandante no cargo, apesar do desgaste passageiro.

Partiu também dos Oliva, mais especificamente do coronel Oswaldo Oliva Neto, irmão de Mercadante, a indicação daquele que seria o militar mais próximo a Lula nos oito anos de governo: Marco Edson Gonçalves Dias. Conhecido como G Dias, era coronel quando foi nomeado chefe de segurança da Presidência, e na função foi promovido a general. Gilberto Carvalho relembra que, ao assumir, Lula se incomodou com a presença de militares na função de ajudantes de ordens. "Gilbertinho, eu quero tirar esses caras daqui, esse negócio de militar andar comigo dentro do carro pra onde eu vou, Deus me livre, eu não quero nem saber. Esses caras devem estar tudo cheio de escutas, devem ser tudo espião." Pediu a sério para o chefe de gabinete providenciar a retirada dos ajudantes de ordens.

Carvalho explicou que havia uma norma da Presidência regulando a função e defendeu que bastava aprender a lidar com os militares que a ocupavam. "Uns meses depois, ele não só esqueceu desse assunto, como passou a ter uma confiança absoluta nos caras, passou a admirá-los, não perdia oportunidade para elogiá-los, inclusive os comandantes", conta Carvalho. Mais que um auxiliar direto, o general G Dias se transformou em amigo de Lula.

Viegas saiu atirando. Em sua carta de demissão, escreveu que a nota do Exército exaltando a ditadura representava "a persistência de um pensamento autoritário, ligado aos remanescentes da velha e anacrônica Doutrina de Segurança Nacional, incompatível com a vigência plena da democracia e com o desenvolvimento do Brasil no Século 21". E exortava: "Já é hora de que os representantes desse pensamento ultrapassado saiam de cena".[25]

Ministro da Ciência e Tecnologia do primeiro gabinete de Lula — colega, portanto, de Viegas no primeiro escalão do governo —, Roberto Amaral, ex-presidente do PSB, Partido Socialista Brasileiro, definiria a demissão como um marco negativo nas administrações petistas. "A partir desse episódio, o governo perdia condições de comando das forças que constitucionalmente lhe deviam obediência. Se não sobreveio o desastre — a legalidade foi preservada, sabe-se —, ali se instalava a erosão do poder civil."[26]

Para o lugar de Viegas, Lula optou por uma solução caseira e cômoda, e nomeou para o Ministério da Defesa o vice-presidente José Alencar, um empresário de centro-direita. Ao discursar na posse de Alencar, Lula elogiou todos os presentes — o novo ministro, o que saía e as Forças Armadas — e conclamou a um utópico congraçamento entre atores cujo embate acabara de provocar aquela circunstância:

> [...] uma das coisas que eu gostaria que acontecesse quando terminasse o meu mandato é que não houvesse mais dicotomia entre o servidor civil e o servidor militar. Que ninguém fosse obrigado a pagar o resto da vida por coisas das quais muitas vezes nem participou; e que a gente pudesse terminar este governo mais irmanado do que em qualquer outro momento da nossa história, entre sociedade civil e os militares brasileiros.[27]

O presidente seguia driblando as crises. Sempre que podia, afagava as Forças Armadas e seus comandantes, que costumavam participar da festa junina anual que o chefe promovia na Granja do Torto, o Arraiá do Torto. Lula tinha como menina dos olhos o programa Soldado-Cidadão, por meio do qual jovens militares temporários tinham acesso a cursos profissionalizantes. Durante todo o primeiro mandato, o governo, em sintonia com os anseios dos militares e contra uma reivindicação histórica das famílias dos desaparecidos, recorreu de decisões judiciais que determinavam a abertura dos arquivos da Guerrilha do Araguaia. Lula se dizia convicto de que não havia documentos relevantes em poder das Forças Armadas, que teriam gradativamente destruído tudo. Por outro lado, ordenou a transferência de arquivos (do SNI e do

Conselho de Segurança Nacional, entre outros) até então sigilosos e em poder da Abin, para o Arquivo Nacional, onde passaram a ter acesso público. No segundo mandato, seu governo promoveu uma campanha conclamando a sociedade civil a colaborar com documentos e pistas que ajudassem a elucidar mortes e desaparecimentos de responsabilidade da ditadura.

Alencar se mostrou um ministro conveniente às Forças Armadas, boa-praça e próximo do poder. Que se nomeasse automaticamente o vice como titular da Defesa fora, aliás, uma ideia corrente na cúpula militar à época da criação da pasta. Em pouco mais de um ano no cargo, o empresário construiu a reputação de um líder civil que prestigiava cerimônias militares e evitava divididas, algo entre o folclórico e o indiferente, e cuja maior tarefa na função foi buscar uma saída para a crise das companhias aéreas nacionais. No começo de 2006, descontente com ruídos no governo — era um crítico contumaz das altas taxas de juros — e cogitando se candidatar a algum cargo nas eleições daquele ano caso Lula não o mantivesse na chapa (acabariam repetindo a dobradinha vitoriosa em 2002), pediu para sair.

Um esquerdista cassado pela ditadura o substituiu: Waldir Pires, que era consultor-geral da República do governo João Goulart deposto pelos militares no golpe de 64. Assim como seu antecessor, durou pouco no cargo, quase um ano e três meses. Queixava-se com colegas de ministério de que não era ouvido pelos comandantes das Forças Armadas e até hoje é lembrado mais pelo motivo de sua queda — o apagão aéreo. Demarcada por dois grandes acidentes com voos comerciais que causaram centenas de vítimas (um da Gol, em 29 de setembro de 2006, outro da TAM, em 17 de julho de 2007), a crise teve como combustíveis uma rebelião de controladores de voo e panes no sistema de controle, levando caos e fúria a aeroportos de todo o país. Sem pulso para lidar com o atoleiro, Pires foi demitido em julho de 2007.

7. Uma trégua breve e improvável

O início do apagão aéreo que derrubaria Waldir Pires marcou o fim do primeiro mandato de Lula e a reeleição do petista, que venceu o tucano Geraldo Alckmin no segundo turno da eleição de 2006. Com o novo mandato, Lula resolveu trocar os comandantes militares, mas se manteve cioso do critério de antiguidade. Saíram Francisco Albuquerque (Exército), Roberto de Guimarães Carvalho (Marinha) e Luiz Carlos Bueno (Aeronáutica), substituídos por Enzo Martins Peri, Julio Soares de Moura Neto e Juniti Saito. Ainda no primeiro semestre de 2007, o presidente promoveu uma reforma ministerial, que seria determinante para o rumo das relações civis-militares em seu novo governo. A troca na Defesa foi uma das últimas do pacote: no lugar de Pires, assumiu Nelson Jobim, que àquela altura, aos 61 anos, já se aposentara como ministro do Supremo Tribunal Federal e, filiado ao PMDB, era mais identificado politicamente com os tucanos que haviam governado por oito anos do que com os petistas que os substituíram.

A entrada em cena de Jobim inaugura um período de trégua entre política e caserna que culminaria, ao final do segundo mandato de Lula, com uma espécie de lua de mel improvável entre os militares e um governo de esquerda — não desprovida de conflitos, mas sem que aqueles dessem a tônica da relação, pelo menos nos anos iniciais da gestão. Na bonança econômica do período, as Forças

Armadas receberam seu quinhão do crescimento do PIB, refletido em aumento no orçamento e, principalmente, em investimentos. Ambos foram crescentes durante os anos do segundo governo de Lula, com o orçamento de defesa saltando de R$ 90,3 bilhões (em 2006) para R$ 122,1 bilhões (em 2010) e o investimento, de R$ 5,4 bilhões (em 2006) para R$ 19,1 bilhões (em 2010), em valores corrigidos pela inflação.[1] Entre 2008 e 2010, nasceram projetos como o Programa de Desenvolvimento de Submarinos (Prosub), da Marinha, parceria com a França para a construção de quatro submarinos convencionais e o primeiro submarino brasileiro com propulsão nuclear; o KC-390 (maior avião militar produzido no Brasil), da Aeronáutica, o Sistema Integrado de Monitoramento de Fronteiras (Sisfron) e o Projeto Guarani (substituição de blindados antigos por uma família projetada e produzida no país), do Exército.

Também no segundo mandato de Lula foi pela primeira vez elaborada uma Estratégia Nacional de Defesa, detalhando as medidas a serem tomadas para a aplicação de uma nova Política Nacional de Defesa. Junto com o Livro Branco da Defesa Nacional (espécie de banco de dados com o poderio e as diretrizes das Forças Armadas), esses documentos seriam, a partir de então, os norteadores do planejamento e das ações no setor — os três precisam ser renovados a cada quatro anos e submetidos ao Congresso Nacional. Entre os aliados de Jobim na formulação do arcabouço teórico estava o ministro da Secretaria de Assuntos Estratégicos, Roberto Mangabeira Unger, empossado na mesma época que o titular da Defesa — juntando-se ao governo do PT menos de dois anos depois de escrever que o governo do PT era "o mais corrupto de nossa história nacional".[2] Outro apoio crucial foi o de Sergio Etchegoyen, à época assessor especial de Jobim no ministério e um general em ascensão na cúpula do Exército.

A junção de orçamento favorável com a elaboração de políticas e estratégias de Defesa e um ministro mais respeitado na caserna que seus antecessores produziu elogios de chefes militares antes e depois do período. Em mais de uma ocasião, o general Eduardo Villas Bôas, comandante do Exército entre 2015 e 2018, reconheceu os méritos de Lula, Jobim e Mangabeira. "Vivemos períodos muito difíceis, e isso se estendeu até o governo FHC, com aqueles planos de ajustes que não atenderam algumas necessidades básicas das Forças Armadas. Isso, justiça seja feita, foi revertido pelo presidente Lula", me disse numa entrevista em 2017, em que definiu a Estratégia Nacional de Defesa como um marco porque, "pela primeira vez, um poder político disse aos militares como eles deveriam conduzir ou estruturar o sistema de defesa". Em seu livro de memórias, Villas Bôas escreveu:

> Concretamente, o presidente Lula adotou medidas positivas, e, até mesmo, inovadoras. Reverteu a tendência declinante dos orçamentos de defesa e adquiriu mais de 14 mil viaturas, para um Exército que andava a pé. [...] O ministro Jobim costumava contar que, quando foi nomeado, o presidente determinou-lhe colocar os assuntos de defesa na pauta de discussões nacional.[3]

O almirante Eduardo Bacellar Leal Ferreira, comandante da Marinha no mesmo período de Villas Bôas, faz eco ao colega:

> O PT contribuiu pra rearmar as Forças Armadas, reverteu o sucateamento que estava acontecendo, o PT teve essa percepção de que era importante renovar materialmente as Forças, então foi sempre um relacionamento muito republicano e muito profissional.

Incorporado ao governo no segundo mandato de Lula, o jornalista Franklin Martins, ministro da Secretaria Especial de Comunicação Social — ex-guerrilheiro militante do Movimento Revolucionário 8 de Outubro (MR-8) e um dos idealizadores do sequestro do embaixador americano Charles Elbrick em 1969 —, também apoiava Jobim e as políticas do governo para o setor:

> As Forças Armadas estavam no acostamento, e voltaram a se sentir parte do Estado brasileiro, e não estarem alijadas dele. Porque houve a ditadura, houve a anistia, mas depois as Forças Armadas ficaram escanteadas. Isso era um problema grave. Forças Armadas não podem ficar escanteadas, têm que participar do Estado, dentro das suas delimitações constitucionais. Foi algo muito positivo que isso acontecesse naquele momento.

Nos anos derradeiros da administração Lula, por outro lado, começou a ser travada a maior das batalhas na guerra entre os militares e os governos petistas em torno do passivo da ditadura: a da Comissão Nacional da Verdade. A ideia de um fórum que investigasse a fundo a questão dos mortos e desaparecidos da ditadura — cujo pontapé inicial fora dado pelo governo FHC — surgiu de demandas de familiares das vítimas e movimentos por direitos humanos. No primeiro escalão do governo federal, foi encampada por Paulo Vannuchi, ex-guerrilheiro da Ação Libertadora Nacional (ALN) preso pela ditadura, amigo de Lula desde os primórdios do PT e a partir de 2005 ministro da Secretaria Especial de Direitos Humanos. O diplomata Paulo Sérgio Pinheiro, que fora secretário de Direitos Humanos na gestão de FHC, teve papel importante ao reforçar para Vannuchi a necessidade de que o país tivesse uma Comissão da Verdade nos moldes das que haviam sido criadas em vários países do mundo após períodos ditatoriais. Lula até concordava que se investigasse o destino dos desaparecidos, mas resistia a encampar um clamor de entidades — o de julgar e punir os militares responsáveis por torturas e assassinatos. Para o presidente, a Lei de Anistia havia zerado o jogo e impedia revanchismos. Casos pontuais, avaliava, deveriam ser resolvidos pela Justiça.

Pouco após Jobim assumir, parecia que ele e Vannuchi trabalhariam afinados. No lançamento do livro *Direito à memória e à verdade*, que reunia o trabalho da Comissão de Mortos e Desaparecidos sobre crimes da ditadura, o recém-empossado ministro da Defesa mandou um recado duro aos militares, reagindo a queixumes vindos da caserna sobre a publicação: "Não haverá indivíduo que possa reagir [ao conteúdo do livro] e, se houver, terá resposta", discursou Jobim no Palácio do Planalto.[4] Após a fala, Vannuchi se aproximou do colega e cochichou: "Você hoje fundou o Ministério da Defesa". Clubes militares emitiram notas criticando o tom de Jobim, mas entreveros do tipo pouco se repetiriam nos anos seguintes.

A sinergia entre os dois ministros duraria pouco, até a pasta de Vannuchi elaborar uma terceira versão do Plano Nacional de Direitos Humanos, bem mais ampla e robusta que as duas primeiras criadas no governo FHC. O PNDH-3, como ficou conhecido o documento, incluía pautas sensíveis, como descriminalização do aborto, proibição de símbolos religiosos em espaços públicos da União e respostas à violação de direitos humanos na ditadura, com a criação de uma Comissão Nacional da Verdade. Trechos que prometiam "examinar as violações de direitos humanos praticadas no contexto da repressão política" desagradaram aos militares, para os quais a iniciativa tinha caráter revanchista e não previa investigar crimes praticados pelo "outro lado", os integrantes da luta armada.

O PNDH-3 dividiu o governo. Jobim entrincheirou-se ao lado dos militares para impedir qualquer chance de revisão da Lei de Anistia que abrisse brecha à punição de agentes do Estado e teve o apoio de colegas do primeiro escalão do governo, entre eles Franklin Martins e o ministro-chefe da Advocacia-Geral da União, o advogado José Antonio Dias Toffoli. Do outro lado, junto com Vannuchi, perfilou-se o titular da Justiça, Tarso Genro, para quem crimes como a tortura são imprescritíveis e não são crimes políticos, mas crimes comuns, posição amparada por tratados e decisões de cortes internacionais.

Às vésperas do Natal de 2009, explodiu uma crise: Jobim acertara com Lula uma redação para o decreto do PNDH-3 excluindo trechos mais sensíveis aos militares, mas, ao ser publicado no *Diário Oficial da União*, o texto veio com a mesma redação que o Planalto prometera atenuar a partir das queixas das Forças Armadas. Vannuchi conseguira convencer o presidente da importância histórica daquela pauta — e de seu apelo na militância dos direitos humanos, historicamente alinhada ao PT. Lula pagou para ver. Surpreendidos, Jobim e os comandantes militares ameaçaram se demitir. "Eu disse ao presidente que, se aquilo não fosse alterado, eu estava fora. Cheguei com o pedido de demissão pronto, com o ofício redigido", relata o ex-ministro. Lula se comprometeu a resolver esse assunto.

Primeiro foi improvisada uma gambiarra para baixar a temperatura da crise — um novo decreto criando um grupo de trabalho para debater o PNDH-3 —, mas o impasse se arrastou até maio de 2010, quando enfim foi publicada uma nova versão do plano, mantendo a criação da Comissão da Verdade, porém excluindo expressões como "repressão política" e "perseguidos políticos" e outros itens do texto original que desagradaram aos militares, como a proibição de nomear ruas e prédios públicos com o nome de representantes da ditadura e trocar os que já existissem. Por pressão de igrejas, a descriminalização do aborto e a proibição a símbolos religiosos em espaços públicos também ficaram de fora.

A disputa pela memória envolveu os Três Poderes da República. Paralelamente à crise do PNDH-3, o Supremo Tribunal Federal examinava o pedido da Ordem dos Advogados do Brasil para a revisão da Lei de Anistia. A OAB sustentava que o perdão concedido pela lei de 1979 a "crimes políticos ou conexos" não se estendia aos crimes comuns praticados pelos agentes da repressão contra opositores políticos — como a tortura. Em abril de 2010, a ação foi a julgamento no plenário da corte, e o trabalho conjunto dos militares, de Jobim (ex-presidente do STF) e de Toffoli surtiu efeito. O pedido foi rejeitado por sete a dois. Em seu voto, acompanhado pela maioria, o relator Eros Grau — um ex--militante de esquerda preso na ditadura — argumentou que o Supremo Tribunal Federal não poderia rescrever leis de anistia, uma função do Parlamento. "Nem mesmo para reparar flagrantes iniquidades o Supremo pode avançar sobre a competência constitucional do Poder Legislativo."[5] Os votos vencidos foram dos ministros Ayres Britto e Ricardo Lewandowski. O resultado representou uma ducha de água fria para o grupo encabeçado por Vannuchi. No ano seguinte, o Parlamento também vetou a possibilidade de revisão da Lei de Anistia, ao rejeitar, numa comissão da Câmara, um projeto nesse sentido da deputada federal Luiza Erundina (então no PSB).

Mas Lula, o conciliador, logo deixaria o Planalto. No lugar dele, eleita em 31 de outubro de 2010 ao derrotar José Serra no segundo turno, assumiu a ex-guerrilheira Dilma Rousseff, que nos anos 1960 integrou o Colina e a VAR--Palmares, organizações da luta armada contra a ditadura, tendo sido presa e torturada. Para muitos, foi o começo do fim da trégua entre os militares e os governos petistas. Lula fez questão de que Jobim fosse mantido no cargo, e o pediu expressamente à sucessora, que lhe atendeu.

A melhoria no orçamento prosseguiu no primeiro mandato de Dilma, quando foi desembolsada parte significativa da verba dos projetos estratégicos contratados no governo anterior — sacramentou-se, por exemplo, a compra de 36 caças suecos Gripen, cuja concorrência fora aberta nos governos Lula, um pleito antigo da Aeronáutica.

O bom momento nas contas não impediu o retorno de crises políticas. Jobim não teve com a presidente a mesma autonomia nem a mesma afinidade que tivera com Lula. "A Dilma não gostava de milico. Ela não tinha a visão que tinha o Lula em relação à finalidade das Forças Armadas. Ela tinha preconceito. Tanto é que eu acabei conflitando com ela", afirma Jobim. Conflitos que levariam o ex-ministro a duvidar que Dilma tenha sido torturada. Numa entrevista em setembro de 2022, ele afirmou que a convivência da ex-presidente com os militares foi dificultada porque "estava ainda na cabeça dela aquele negócio da tortura que ela diz que teve". Jobim seguiu o raciocínio:

Porque eu aprendi uma coisa: muita gente depois que caiu o regime militar... todo mundo inventou que tinha sido torturado. Vários amigos meus que nunca foram... vinham: "Não, eu já fui torturado". Eu fico olhando pra cara deles [gargalhada]. Era, digamos, um galhardão, era uma medalha ter sido torturado. Tu vê que a Dilma nunca contou como é que foi a tortura dela, ela te contou?

Ante a resposta de que sim, Dilma já havia contado em detalhes como foi torturada, o ex-ministro contemporizou: "Não, que ela foi, foi. Mas não sei bem que tipo de tortura foi... Na relação com os militares, a Dilma tinha esse problema da retaliação com o passado [...] tanto que eles não gostam dela. [...] o problema dela com os militares foi a Comissão da Verdade".

Jobim relata que, logo no início de 2011, começo do mandato, entregou à presidente um plano estrutural para a Defesa, com um sumário detalhando o que precisava ser feito em cada área. Até agosto, quando deixou o cargo, jamais recebeu um retorno de Dilma.

Nós nos dávamos bem, mas todas as vezes em que eu ia conversar com ela, para tratar de algum assunto, eu não conseguia, porque ela queria falar sobre filosofia, sobre música, sobre literatura. Eu não conseguia tratar de assunto vital que ela fugia, ou então evitava. Ou ficava discutindo literatura, jazz e o diabo a quatro.

Não melhorou a relação a revelação feita por Jobim de que votara em seu amigo Serra contra Dilma na eleição. E o ministro selou sua saída ao criticar duas colegas ministras — Gleisi Hoffmann e Ideli Salvatti. Quando Dilma o chamou para conversar sobre o assunto — na verdade, para demiti-lo —, ele já chegou com a carta de demissão pronta.

Integrantes do governo e do PT, como Franklin Martins e José Genoino — que foi por poucos meses assessor especial de Jobim na Defesa —, consideram a saída do ministro um erro estratégico, o marco de um período de atritos com os militares que poderiam ter sido evitados.

Em setembro de 2011, um mês e meio após a saída de Jobim, o Congresso — com apoio inclusive da oposição — aprovou a criação da Comissão Nacional da Verdade, que só seria instalada em maio do ano seguinte. "Com a finalidade de examinar e esclarecer as graves violações de direitos humanos" praticadas entre 1946 e 1988 (o período fixado por um artigo do Ato das Disposições Constitucionais Transitórias), a CNV tinha por finalidade "efetivar o direito à memória e à verdade histórica e promover a reconciliação nacional". A lei estabelecia como atribuições da comissão esclarecer casos de "torturas, mortes, desaparecimentos forçados, ocultação de cadáveres e sua autoria, ainda que ocorridos no exterior", "identificar e tornar públicos as estruturas, os locais, as instituições e as circunstâncias relacionados" às violações.[6]

Em contrapartida, conforme o acerto costurado ainda no governo Lula, o texto não abria brechas para punições, o que desagradou a parentes e militantes de direitos humanos. Com a possibilidade da revisão da Lei de Anistia derrubada no Supremo e no Congresso, restava viva, nesses setores, a esperança de que a nova comissão cumprisse esse papel. Mas, na nova batalha com os militares, o acerto de contas se daria em termos mais brandos.

Outra atribuição da CNV, de acordo com a lei, era recomendar a adoção de medidas e políticas públicas para prevenir violações de direitos humanos, assegurar sua não repetição e produzir um relatório esmiuçando todo o trabalho realizado, as conclusões e recomendações.

Caberia à presidente da República, ainda segundo o texto, designar os sete integrantes do colegiado, "dentre brasileiros, de reconhecida idoneidade e conduta ética, identificados com a defesa da democracia e da institucionalidade constitucional, bem como com o respeito aos direitos humanos"[7]. Os nomeados eram em sua maioria historicamente ligados à resistência contra a ditadura: os advogados José Carlos Dias e Rosa Maria Cardoso, que defenderam presos políticos, e José Paulo Cavalcanti Filho; o magistrado Gilson Dipp; o ex-procurador-geral da República Claudio Fonteles; a psicanalista Maria Rita Kehl; e o cientista político Paulo Sérgio Pinheiro.

Dessa composição surgiria uma das inúmeras queixas dos militares e de políticos que apoiavam suas críticas, como Nelson Jobim, para quem Dilma nomeou "ativistas, ou seja, pessoas não imparciais". O general Etchegoyen observa que a Comissão de Mortos e Desaparecidos instituída no governo FHC não produziu traumas semelhantes aos da CNV porque naquela houve o tempo todo um representante das Forças Armadas, o que é fato: "A Dilma nomeia só os que chegariam à conclusão que interessava a ela, uma comissão de juízes que tinham uma opinião formada. Quem era a pessoa que conhecia ou que podia falar pelo outro lado naquela Comissão? Não tinha ninguém ali que pudesse dizer: 'Não, peraí'".

Paralelamente, o governo Dilma sancionou a Lei de Acesso à Informação, a primeira do tipo no país. Além de assegurar a consulta pública a dados e documentos de órgãos dos Três Poderes, Ministério Público, autarquias e outras instituições, a LAI facilitou e agilizou o envio, ao Arquivo Nacional, de acervos da ditadura que não foram destruídos.

A repulsa das Forças Armadas se agravou quando, num dos seus primeiros atos, a CNV estipulou, na chamada Resolução nº 2 (de setembro de 2012), que investigaria as violações de direitos humanos praticadas "por agentes públicos, pessoas a seu serviço, com apoio ou no interesse do Estado".[8] Ou seja, a apuração de crimes cometidos pela luta armada — que fora aventada no período de Lula e Jobim, ora como promessa, ora como possibilidade, e cuja efetivação era incerta no texto original da lei — estava descartada.

A junção de um colegiado considerado enviesado com o veto à investigação do propalado "outro lado" está na essência do que mais tarde Villas Bôas chamaria de "facada nas costas".

> A segunda resolução é uma tremenda facada nas costas. Quando a Dilma vem com uma solução que ia ser a resposta que ela queria e a gente já sabia que era, da linha em que tudo ia correr, isso foi uma facada nas costas. A percepção que todo mundo tinha [entre os militares] era de que aquilo era uma coisa parcial, era sentar o Exército na cadeirinha do *Roda Viva* e pau nele,

protesta Etchegoyen — cujo juízo, vale lembrar, estava inflamado pela inclusão de seu pai no relatório final da CNV.

Jobim reforça o desagrado do amigo:

> Na primeira reunião que fizeram, eles disseram: "Não, a Comissão da Verdade não é para investigar os heróis que foram mortos, não é para investigar o que fez o pessoal da luta armada e da esquerda subversiva, é para investigar os militares". E botaram isso na ata e aí fizeram uma pesquisa completamente direcionada.

Substituto de Claudio Fonteles quando o procurador renunciou ao cargo em 2013, o advogado Pedro Dallari, último coordenador da CNV e responsável pelo relatório final, tem uma visão ponderada das querelas. "É importante porque o relatório nomina os autores. É algo que incomodou muito os militares. E por que o relatório faz isso? Porque a lei mandou", afirma. "Tem setores que queriam o Tribunal de Nuremberg. Mas a comissão não tinha mandato para isso. E tem setores, como os militares, que acham que ela exorbitou. Eu acho que ela cumpriu o que estava estabelecido para ela em lei."

Quanto a investigar "apenas um lado", embora não integrasse ainda a comissão quando foi assinada a Resolução nº 2, Dallari a defende com veemência.

> Nem se seria necessário de uma resolução para isso. Primeiro porque a lei fala em "graves violações de direitos humanos", e tecnicamente violação de direitos humanos é ato de Estado — isso no mundo inteiro. Segundo, os atos praticados pelos grupos que se opunham aos governos militares já haviam sido muito investigados, com uma quantidade enorme de IPMs [Inquéritos Policiais Militares] e de processos na Justiça Militar, que funcionou de uma maneira intensa e extensa no período. Milhares de pessoas foram julgadas, condenadas e cumpriram pena.

Sobre a queixa de que a CNV desprezou o período estipulado na lei (1946 a 1988) para se concentrar na ditadura em 1964-85, Dallari argumenta que o número de graves violações de direitos humanos é imensamente maior nesse período ("porque foi quando se converteram em uma política de Estado"), mas que a comissão apurou sim crimes de outros períodos, como o chamado Massacre de Ipatinga — assassinato de metalúrgicos em Minas Gerais em 1963 — e violações contra povos indígenas.

Da concepção à instalação da Comissão da Verdade, pairou sobre as relações civis-militares, em especial na parte civil, a esperança de uma alternativa que incluísse um pedido formal de desculpas por parte das Forças Armadas. Poderia vir a ser, senão a solução ideal para as famílias das vítimas, uma solução intermediária que diminuísse a indignação predominante até hoje. O próprio Paulo Vannuchi, emissário das demandas de entidades de direitos humanos, diz que jamais o propósito da CNV foi a punição de militares, mas a apuração e o reconhecimento dos crimes cometidos: "Apesar de a maioria estar protegida pela morte ou pela velhice, o mais importante é que o Supremo Tribunal Federal reconheça que houve violação sistemática de direitos humanos e determine que todos os responsáveis sejam condenados, mesmo sem punição".

* * *

O general Villas Bôas, ainda em suas memórias, conta que em várias ocasiões o Exército foi instado a pedir desculpas, mas que em nenhuma delas o pedido partiu do governo, mas de "pessoas ou grupos da esquerda". E explicou por que a corporação jamais considerou a sério essa possibilidade:

> Nós estudamos detalhadamente o desenvolvimento dos processos em andamento na Argentina e no Chile. Deles extraímos duas conclusões relevantes. A sequência dos eventos no Brasil estava repetindo o que se cumpriu naqueles países, desde as indenizações até a revisão da Lei da Anistia, passando pela Comissão da Verdade. Em um e outro, houve comandantes que apresentaram pedidos de desculpas, no pressuposto de que com essa atitude estariam colocando um ponto final nos processos. Pelo contrário: esses pedidos foram considerados confissão de culpa, motivando a intensificação dos procedimentos de investigação.

Prossegue Villas Bôas:

> Internamente, nos respectivos exércitos, isso afetou seriamente a autoestima institucional. Na Argentina, adotaram um critério por eles designado como "portadores orturaido" [sobrenome], segundo o qual os militares descendentes de alguém condenado por participação na repressão têm suas carreiras abreviadas, impedindo-os de exercer funções relevantes.[9]

Para Etchegoyen, o pleito por um pedido de desculpas nunca foi sincero, mas "uma jogada política inteligente, para que o assunto nunca encerrasse". E acrescenta: "Eles sabiam que isso nunca ia acontecer, tanto é que pediram. Eu não consigo entender quem toparia aparecer fardado na frente das câmeras para dizer: 'Desculpa'. Não consigo imaginar esse personagem. Quem ia topar levar essa para a biografia?".

A chegada do diplomata e ex-chanceler Celso Amorim para substituir Jobim no Ministério da Defesa, num ambiente conflagrado pela expectativa da Comissão da Verdade, ouriçou mais a caserna. Segundo um comandante militar do período, quase ninguém no comando das Forças Armadas gostava de Amorim; considerava-se que ele não conhecia o ministério nem se interessava por temas de defesa e que não havia empatia com a maioria dos oficiais-generais.

O diplomata estava havia apenas seis meses no cargo quando precisou administrar uma crise com as Forças Armadas. Em reação a manifestações das ministras dos Direitos Humanos, Maria do Rosário — que defendera numa entrevista a responsabilização judicial de agentes da ditadura —, e da Secretaria das Mulheres, a ex-presa política Eleonora Menicucci — que em seu discurso de posse exaltara sua luta contra a repressão junto com Dilma —, oficiais da reserva do Exército, da Marinha e da Aeronáutica publicaram um manifesto com críticas à presidente e suas duas auxiliares. Falavam pela reserva, mas nos bastidores tinham o apoio da alta oficialidade da ativa. Dilma não gostou e exigiu a retirada do manifesto do site do Clube Militar — o que foi feito, após conversa de Amorim com os comandantes. Logo em seguida, no entanto, foi publicada uma nova nota reafirmando o teor da primeira, subscrita, entre outros, por treze oficiais-generais da reserva.

Com o desenrolar da Comissão da Verdade, o clima ficou tão pesado que produziu maledicências. O general Sergio Etchegoyen afirma que num certo momento o comandante do Exército, Enzo Peri, rompeu relações com Amorim. O ex-chanceler se surpreende ao ouvir a diatribe. "Isso nunca existiu. O Enzo vem a minha casa até hoje, somos amigos", disse Amorim em dezembro de 2021.

> O Enzo, que é uma pessoa que prezo muitíssimo, tem um temperamento um pouco introvertido, e é possível que em algum momento ele tenha vivido uma dificuldade entre as pressões que sofria e sua relação comigo. Mas a relação comigo sempre foi ótima. Não teve nenhum problema, jamais.

Numa entrevista anterior, em outubro de 2018, às vésperas da eleição, Amorim classificou os militares brasileiros em três grupos: 1) os que compreendem e aceitam plenamente a subordinação ao poder civil; 2) os que compreendem e não querem envolver militares em repressão, mas, por um ranço da ditadura, acham que as Forças Armadas podem intervir se houver caos; e

3) os radicais. O ex-ministro da Defesa incluiu Enzo no primeiro grupo, assim como o general Joaquim Silva e Luna. Bolsonaro e Mourão foram associados por Amorim ao terceiro grupo.

A enorme insatisfação provocada pela CNV na alta oficialidade do Exército — militares que, cabe reiterar, não deram o golpe nem torturaram, mas foram formados pela geração que deu o golpe e torturou — contribuiu para produzir manifestações políticas de generais da ativa, algo muito raro nos quase trinta anos anteriores de normalidade democrática (sobretudo no período de 1995 a 2010).

Depois de ter sido o primeiro *force commander* da missão de paz da ONU no Haiti, e muito antes de ser nomeado ministro-chefe do Gabinete de Segurança Institucional do governo Jair Bolsonaro e virar um militante das ideias extremistas do chefe, o general Augusto Heleno Ribeiro Pereira foi pivô de duas dessas manifestações. Na primeira, no segundo mandato de Lula, era comandante militar da Amazônia quando se opôs à demarcação da reserva indígena Raposa Serra do Sol e classificou de "caótica" e "lamentável" a política indigenista brasileira. Foi obrigado a dar explicações ao ministro Nelson Jobim, e, como retaliação, o governo adiou por alguns dias o anúncio de um reajuste de soldos.[10] Em 2011, já no governo Dilma, às vésperas de entrar para a reserva, Heleno preparou uma palestra intitulada "A contrarrevolução que salvou o Brasil", para ser lida num evento em 31 de março, data em que as Forças Armadas comemoram o golpe de 64. A informação vazou, e Jobim ordenou que Heleno desistisse da palestra, que acabou cancelada.[11]

Em fevereiro de 2010, outro general de quatro estrelas, Maynard Marques de Santa Rosa, chefe do Departamento-Geral do Pessoal do Exército, integrante do Alto Comando da corporação, chamou a Comissão da Verdade — que nem sequer havia sido instalada — de "comissão da calúnia". Foi punido com a perda do cargo.[12]

O crescimento da crise do segundo governo Dilma, em 2015, ampliada entre os militares por causa da Comissão da Verdade, foi o cenário de mais um episódio, de novo com um general de exército. Em 17 de setembro de 2015, durante uma palestra no Centro de Preparação de Oficiais da Reserva (CPOR) de Porto Alegre, o comandante militar do Sul conclamou o país a "despertar para a luta patriótica". "A mera substituição da PR [presidente da República] não trará uma mudança significativa no status quo", mas "a vantagem da mudança seria o descarte da incompetência, má gestão e corrupção". Na mesma época, numa unidade sob a jurisdição do general, foi feita uma homenagem ao coronel Carlos Alberto Brilhante Ustra — chefe de um dos principais centros de tortura da ditadura, o DOI-Codi do II Exército, em São Paulo, e acusado por vários presos de torturá-los pessoalmente. O comandante perdeu o cargo.[13] Era um general de quatro estrelas conhecido e influente no Exército, mas ainda de projeção limitada fora dos quartéis. Chamava-se Hamilton Mourão, e pouco mais de três anos depois viria a ser eleito vice-presidente da República na chapa de Jair Bolsonaro. Mourão e Bolsonaro continuam a considerar Ustra um herói.

PARTE II
DE PÁRIA A LÍDER,
CONTRA A AMEAÇA VERMELHA

8. A invenção de um candidato nascido na Aman

De terno escuro, realçando sua presença no mar de uniformes de gala cinzentos, Jair Bolsonaro aproxima-se dos cadetes que naquele sábado, 29 de novembro de 2014, se formavam na Academia Militar das Agulhas Negras, sendo declarados bacharéis em ciências militares e aspirantes a oficiais do Exército após um curso de quatro anos. O deputado federal é seguido de perto pelo filho Eduardo. Antes mesmo de Bolsonaro se pronunciar, espocam gritos na rodinha: "Líder! Líder!".

Estão todos próximos à Seção de Educação Física da Aman, na ponte sobre o rio Alambari, um pedacinho da imensa área da academia, com cerca de 700 mil metros quadrados no município de Resende, interior fluminense. Inaugurada em 1944, é a principal escola de formação de oficiais do Exército Brasileiro. Sucedeu a Escola Militar do Realengo, no Rio de Janeiro — que por sua vez substituiu em 1913 a Escola Militar da Praia Vermelha, fechada em 1904, e sucessora da Academia Real Militar, criada em 1810 por d. João VI na então capital do Império português.

A euforia precede o grande fato do dia. O deputado adulava os cadetes numa espécie de camarim ao ar livre, no momento em que se preparavam (ou entravam em forma, no jargão militar) para iniciar a marcha até o pátio principal de formaturas, onde os esperavam centenas de convidados, entre os quais suas famílias e autoridades que não raro incluem presidentes da República e quase sempre comandantes militares e o ministro da Defesa. Naquela manhã, estavam o titular da pasta, Celso Amorim, e os chefes das três Forças Armadas — Enzo Peri (Exército), Julio Soares de Moura Neto (Marinha) e Juniti Saito (Aeronáutica).

Em seu rendez-vous com os cadetes antes da formatura, Bolsonaro discursa: "Parabéns pra vocês. Nós temos que mudar esse Brasil, tá o.k.? Alguns vão morrer pelo caminho, mas eu estou disposto, em 2018, seja o que Deus quiser, a tentar jogar para a direita este país". A última sentença é recebida com uma ovação, palmas e mais gritos de "líder".

O capitão do Exército continua seu comício:

> O nosso compromisso é dar a vida pela pátria, tá ok? E vai ser assim até morrer. Nós amamos o Brasil, temos valores e vamos preservá-los. Agora, o risco que vou correr, posso ficar sem nada. Mas eu terei a satisfação de dever cumprido. Esse é o nosso juramento, esse é o nosso lema. Brasil acima de tudo! Esse Brasil é maravilhoso, tem tudo aqui, o que está faltando é político. Há 24 anos eu apanho igual a um desgraçado em Brasília. Mas apanho de bandidos, e apanhar de bandidos é motivo de orgulho e de glória. Vamos continuar assim. Boa sorte a todos.[1]

Parecia somente mais uma fanfarronice de um deputado histriônico do baixo clero da Câmara dos Deputados, um happening familiar ao personagem e ao seu entorno. Na condição de autoridade, Bolsonaro já comparecera a muitas formaturas na Aman e voltaria a marcar presença em várias outras cerimônias do tipo, que reúnem seu potencial eleitorado. Até ali, entretanto, não se tinha notícia de um ato político tão explícito dentro de uma unidade militar, com a conivência da cúpula do Exército. Há outro fator a distinguir aquela ocasião das demais: eleito presidente da República em 2018, Bolsonaro passou a propagar, em seguidas manifestações públicas, a versão de que o comício improvisado em 2014 na Aman foi o lançamento de sua candidatura ao Planalto, o marco de sua campanha vitoriosa.

Num discurso a aspirantes em novembro de 2019, na mesma academia em Resende, o presidente "contou como, cinco anos antes, lhe surgiu 'a inspiração, uma vontade não sei de onde' de assumir um compromisso de mudar o destino do Brasil". Numa live em 2020, disse que decidira se candidatar a presidente em novembro de 2014 e em seguida narrou o episódio ao ministro da Economia, Paulo Guedes, que estava ao seu lado na transmissão. Bolsonaro reforçou a mitologia em torno daquela cena em publicações detalhadas nas redes sociais e em novas idas à Aman. Numa dessas vezes, diante de uma turma de cadetes, fez outro comício e evocou o de 2014, ladeado pelo comandante do Exército, Edson Leal Pujol, e pelo ministro da Defesa, Fernando Azevedo e Silva.

Mas sua versão de que a ideia da candidatura presidencial lhe veio como uma epifania dentro da Aman é simplesmente mentirosa. Em inúmeras entrevistas e manifestações ao longo de 2014, algumas das quais meses antes do evento em Resende, o deputado já anunciara que concorreria ao Planalto em 2018. Outra evidência de que a invenção da candidatura lançada na Aman foi posterior à vitória do capitão é a bio-hagiografia de Bolsonaro escrita pelo filho Flávio: lançada no segundo semestre de 2017, nem sequer menciona o acontecimento. A reiterada reconstituição do episódio, estrategicamente tornado por ele um estandarte de seu sucesso eleitoral, cumpre a clara função de mostrar que seu mandato é indissociável do Exército Brasileiro. É como se Bolsonaro avisasse aos seus semelhantes: eu nasci de vocês, o presidente que sou brotou aqui, nosso abraço não tem separação.

9. A outra anistia

"Tem que tirar aquela porcaria de carro de lá. Se for preciso, eu mesmo vou", queixa-se o ministro do Exército, Carlos Tinoco, aos seus auxiliares no palanque montado para a formatura militar. Os jornalistas que cobrem o evento, distantes cerca de dez metros da cena, ouvem o rompante do general. O ano agora é 1992, mas o cenário e o protagonista são os mesmos. A porcaria a que se refere Tinoco é um Chevette azul pertencente ao deputado federal Jair Bolsonaro. Ele havia parado o automóvel em frente ao portão de entrada da Aman, com a intenção de assistir a uma formatura de cadetes. Impedido de entrar, estacionou ali mesmo. Seguindo a ordem do ministro, um guincho foi providenciado. O major Luiz Eduardo Ramos, amigo do pivô do tumulto (e que décadas depois voltaria a auxiliá-lo no governo), foi acionado para negociar uma solução. Enquanto o carro era rebocado, Bolsonaro, sentado no capô, gritava: "Um governo corrupto e imoral só pode ter atos autoritários como este".[1]

Collor dava seus últimos suspiros rumo ao impeachment e o deputado pegava carona na crise. Mas ser repelido era uma rotina na vida de Bolsonaro naquela época. Por determinação do comando do Exército, o capitão reformado estava proibido de entrar em unidades militares, tido como um mau exemplo, uma excrescência, um pária. A proscrição começara quatro anos antes, motivada por uma série de atos de indisciplina cometidos pelo então capitão da ativa Bolsonaro.

Em setembro de 1986, ele escreveu um artigo na *Veja*, intitulado "O salário está baixo", reclamando dos soldos da tropa. Foi punido com quinze dias de prisão disciplinar, num quartel. Pouco mais de um ano depois, em outubro de 1987, uma reportagem da mesma revista revelou que Bolsonaro e um colega capitão apelidado Xerife (Fábio Passos da Silva, se saberia mais tarde) tinham um plano, batizado de "Beco sem Saída", para explodir bombas-relógio de dinamite em unidades militares do Rio — entre as quais a Aman e a Escola de Aperfeiçoamento de Oficiais do Exército (EsAO), onde ambos estudavam — caso o governo não concedesse reajustes salariais à altura do que esperavam. Seriam "só algumas espoletas", "apenas explosões pequenas, para assustar o ministro", explicou Bolsonaro, em tom de galhofa, à repórter Cássia Maria.

O ministro em questão era Leônidas Pires Gonçalves, o comandante do Exército, enxovalhado pelo capitão rebelde. As bombas cumpririam uma função, afirmou Bolsonaro à reportagem, "só o suficiente para o presidente José Sarney entender que o Leônidas não exerce nenhum controle sobre sua tropa". O capitão disse mais sobre seu superior: "Temos um ministro incompetente e até racista. [...] Nosso Exército é uma vergonha nacional, e o ministro está se saindo como um segundo Pinochet".[2]

Bolsonaro havia falado com a *Veja* sob sigilo, com a garantia de que a fonte da informação não seria revelada, mas, dada a gravidade da denúncia — o plano, afinal, constituía um crime —, a revista optou por quebrar o acordo. Leônidas reagiu à publicação, acusando *Veja* de ter inventado a reportagem, e num primeiro momento preferiu acreditar na versão dos dois subordinados — os quais, afirmou, "negaram peremptoriamente, da maneira mais veemente, por escrito, do próprio punho, qualquer veracidade daquela informação". "Quando alguém desmente — peremptoriamente — e é um membro da minha instituição, e assina embaixo, em quem vou acreditar? [...] Eu sei quem é minha gente", justificou.[3]

Veja então fez uma nova reportagem, mostrando que havia testemunhas das conversas de Bolsonaro com a repórter e publicando provas documentais dos encontros: dois croquis desenhados pelo capitão. Um deles mostrava como funcionava uma bomba-relógio igual às que seriam usadas na Operação Beco sem Saída. No desenho, eram reproduzidas tubulações da adutora de Guandu, que abastece o Rio — *Veja* explicou que só não publicara o croqui na primeira reportagem por acreditar que Bolsonaro fizera o esboço apenas para mostrar o mecanismo dos dispositivos que seriam colocados nos quartéis, mas não falara em explodir Guandu. O segundo croqui mostrava a localização da casa de outro capitão preso na época por queixas sobre soldos. A revista publicou os desenhos na nova reportagem para provar que Bolsonaro havia mentido a Leônidas.[4]

O ministro do Exército voltou atrás e empenhou-se para que o capitão fosse não apenas punido, mas varrido da corporação. Bolsonaro foi julgado por um Conselho de Justificação, espécie de tribunal militar de primeira instância, que por quase dois meses reuniu documentos e colheu depoimentos. O clima no decorrer do processo foi pesado. A repórter Cássia Maria contou que, instantes antes de depor, Bolsonaro a ameaçou de morte — a poucos metros, na mesma sala, fez o gesto de um revólver na direção dela — e passou a andar com escolta (de militares à paisana).

Em meio a tudo isso, uma guerra fria se desenrolava na Vila Militar do Rio. O prontuário de Bolsonaro do Centro de Informações do Exército mostra que cartas apócrifas desabonadoras ao capitão foram distribuídas em unidades militares do bairro, com relatos de traições, fofocas sobre a esposa dele à época e acusação de ilícitos como contrabando — acompanhadas de ameaças de revelar detalhes sobre tudo.[5]

Em 25 de janeiro de 1988, Bolsonaro foi condenado por unanimidade (três votos a zero) pelo Conselho de Justificação, composto por um coronel e dois tenentes-coronéis do Exército. Além dos depoimentos, fundamentaram a decisão duas perícias grafotécnicas atestando que os croquis publicados por *Veja* haviam sido feitos por Bolsonaro — como insistia a revista e negava o capitão. Os peritos do Exército responsáveis pelo primeiro laudo viram semelhanças entre a letra do acusado e as do esboço, mas não para assegurar que Bolsonaro era o autor — ou seja, o resultado foi inconclusivo. Uma segunda perícia realizada também pelo Exército teve o mesmo veredito. O Conselho de Justificação então encomendou à Polícia Federal um novo exame, cujo resultado foi assertivo: a autor dos croquis era Bolsonaro. A novidade forçou o colegiado a pedir um reexame aos técnicos do Exército que tinham conduzido a segunda perícia, mas agora com manuscritos adicionais de Bolsonaro colhidos para a análise da PF. O resultado foi alterado, e a segunda perícia deixou de ser inconclusiva para atribuir a Bolsonaro a autoria dos croquis.

O tribunal militar concluiu que Bolsonaro mentiu reiteradamente, "ao longo de todo o processo", e "revelou comportamento aético e incompatível com o pundonor militar e o decoro da classe, ao passar à imprensa informações sobre sua instituição". Por lei, o processo foi encaminhado a Leônidas, que o remeteu, endossando a condenação, ao Superior Tribunal Militar (STM), a quem caberia a palavra final — se confirmada a decisão, o capitão poderia perder a patente e/ou ser transferido compulsoriamente à inatividade.

O ministro agiu de maneira aberta para que isso ocorresse. Em 25 de fevereiro de 1988, um editorial intitulado "A verdade: um símbolo da honra militar" foi publicado na capa do *Noticiário do Exército*, veículo oficial da força terrestre, desancando os capitães Bolsonaro e Fábio — que, por faltarem com a verdade, "transgressão disciplinar grave", haviam se tornado "estranhos ao meio em que vivem e sujeitos tanto à rejeição de seus pares quanto a serem considerados indignos para a carreira das armas". O fecho do editorial era desmoralizante aos dois capitães: "O Exército tem, tradicionalmente, utilizado todos os meios legais para extirpar de suas fileiras aqueles que, deliberada e comprovadamente, desmerecem a honra militar. A verdade é um símbolo da honra militar".[6]

Numa entrevista coletiva, Leônidas fez um mea-culpa por ter defendido de início os subordinados. "Lamentavelmente, os desmentidos dele não procedem. A revista *Veja* estava certa, e o ministro estava errado."[7] Na edição em que noticiou a condenação dos oficiais (sob o título "Exército afasta por mentira capitães conspiradores"), em 27 de fevereiro de 1988, o *Jornal do Brasil* publicou um miniperfil de Bolsonaro, cuja última frase dizia: "Ambicioso, sonhava ser herói nacional ou deputado nas próximas eleições".

Apesar da campanha contrária de Leônidas, Bolsonaro foi salvo pelo STM, graças a uma interpretação esdrúxula dos ministros da corte superior sobre os mesmos laudos grafotécnicos que haviam sido cruciais para condenar o capitão em primeira instância, como explicou o repórter Luiz Maklouf Carvalho no livro *O cadete e o capitão* — baseado principalmente nas minúcias do processo e em mais de cinco horas de áudios do julgamento. Eram três laudos, dos quais o segundo foi retificado. A maioria dos integrantes do STM considerou, entretanto, que os laudos eram quatro, dois inconclusivos e dois atribuindo a autoria dos croquis a Bolsonaro. Por esse raciocínio, teria havido um empate e, seguindo o clássico princípio jurídico *in dubio pro reo*, a dúvida favorece o réu, absolveram o capitão. O equívoco foi considerar que um único laudo, o segundo — de início inconclusivo, mas depois retificado —, eram dois.

Nove ministros do STM votaram para absolver Bolsonaro, a começar do relator, general Sérgio de Ary Pires (ex-comandante do II Exército), e quatro pela condenação. Boa parte do julgamento foi dedicada a desacreditar e ridicularizar o trabalho da imprensa, a repórter Cássia Maria e a revista *Veja* e seus proprietários. Segundo Miguel Pires Gonçalves, filho de Leônidas, Ary Pires tinha desavenças anteriores com seu pai, e o resultado refletiu a influência do relator sobre os colegas. "A orientação do meu pai era contra o Bolsonaro. Mas o Sérgio Ary Pires, que tinha um problema pessoal com meu pai, conduziu para um outro lado, foi ele o responsável por absolver o Bolsonaro", me contou Miguel. Revelações surgidas anos depois do julgamento reforçam a versão. Jarbas Passarinho, oficial do Exército e factótum da ditadura, contaria em 2011 que o general Ary Pires era amigo de Bolsonaro, e que Leônidas rompeu de vez com o colega de patente por causa do episódio.[8] Já o brigadeiro Cherubim Rosa Filho, nomeado ministro do STM logo depois do julgamento, revelou que Leônidas tentou intervir no tribunal para que Bolsonaro fosse condenado, mas não obteve êxito.[9] Por fim, a boa relação do capitão insubordinado com outros figurões do Exército, como o general Newton Cruz, ex-chefe do SNI, também o ajudou.

Absolvido, Bolsonaro decidiu tentar carreira política, candidatando-se a vereador pelo PDC do Rio em 1988. A princípio se licenciou da atividade militar. À época, justificou sua guinada com o argumento de que, a exemplo de outras categorias de trabalhadores, os militares precisavam ocupar espaços de poder fora de seu ambiente corporativo: "Depois de perceber que tudo nesse país depende de uma decisão política, resolvi abdicar da carreira militar. [...] A classe militar foi a última a acordar. Você vê os metalúrgicos fazendo greve? Eles estão fazendo política".[10]

Desde a primeira eleição, seu eleitorado potencial, conforme descreve um informe do Centro de Informações do Exército, era "o público interno descontente com os vencimentos". Na campanha, vestia camisetas e distribuía adesivos com inscrições como "A crise é de homens" e "Companheiro, o futuro está em nós mesmos", panfletando na Vila Militar, onde continuou morando mesmo após ser reformado.[11] Ele se mudaria em seguida para o bairro vizinho de Bento Ribeiro, naquele trecho da Zona Oeste carioca coalhado de fardados justamente por ter como polo a Vila, maior guarnição militar do país.

Os modos de Bolsonaro causavam apreensão no Exército, como se percebe nos informes do CIE, como este de 29 de setembro de 1988:

Abordou um cabo da Esao, de serviço na área dos PNR [Próprio Nacional Residencial, jargão para as habitações militares], dizendo que está com excelente penetração no meio militar e que não se encontra só em seu "movimento". Deixou transparecer que pretende realizar alguma ação política na área residencial da Esao. Continua procurando militares, principalmente da BDA INF PQDT [Brigada de Infantaria Paraquedista].

Outro, de 3 de outubro, a pouco mais de um mês das eleições, registra: "Vem espalhando propaganda eleitoral nas caixas de correios, postes e telefone público do conjunto residencial da Esao. Foi procurado em sua residência por repórteres do *JB*, tendo a entrevista continuado em um bar em frente ao supermercado Barra, em Marechal Hermes".[12]

Em novembro de 1988, aos 33 anos, foi eleito vereador com 11 062 votos e, diplomado, passou automaticamente à reserva remunerada, conforme determina o Estatuto dos Militares. Seu gabinete na Câmara de Vereadores virou bunker para reunir candidatos à Câmara federal e assembleias legislativas pelo país.[13]

Já no início do mandato municipal, Bolsonaro começou a pôr na rua sua campanha para alçar voo a Brasília. A inteligência do Exército seguia vigilante e apreensiva. Um relatório de 8 de agosto de 1989 do CIE informava:

> A Diretoria de Especialização e Extensão (DEE) e seus estabelecimentos de ensino vêm sendo alvo de campanha política e eleitoreira por parte do nominado, que busca intitular-se defensor dos militares, inativos e pensionistas. Busca capitalizar simpatias para a próxima eleição, quando pretende candidatar-se a deputado federal.

No mesmo ano, o vereador e candidato a deputado era vice-presidente da Federação das Associações dos Militares da Reserva Remunerada, de Reformados e de Pensionistas das Forças Armadas e Auxiliares (Famir), entidade que tinha como objetivo, de acordo com a inteligência do Exército, "eleger militares da reserva para ocuparem cadeiras na Câmara dos Deputados e ter representantes na maioria das comissões daquela Casa, visando a neutralizar o trabalho dos elementos das esquerdas e atender os interesses dos militares". Bolsonaro despontou como o principal puxador de votos do grupo. Em seu debute nacional, foi o sexto deputado federal mais votado do estado do Rio nas eleições de 1990, escolhido por mais de 67 mil eleitores.

Em Brasília, continuou infernizando a cúpula da força terrestre. "O alvo preferencial do Exército Brasileiro, hoje, tem nome e sobrenome: Jair Bolsonaro, capitão da reserva e deputado pelo PDC do Rio", começava uma reportagem do *Jornal do Brasil* de 15 de abril de 1992 sobre o novato do barulho, sob o título "Pedra no coturno". "Desde Márcio Moreira Alves, pivô da crise que acabou no AI-5, nenhum nome causa tanta indignação no Alto Comando do Exército, em Brasília, quanto o do parlamentar", prosseguia o texto, que relatava a última do deputado: a despeito de estar vetado pelo ministro do Exército, Carlos Tinoco, de frequentar quadras residenciais de militares em Brasília, Bolsonaro não só fora à zona proibida como, num discurso atacando a defasagem salarial dos militares, chamou Tinoco de "banana". Generais ouvidos em sigilo pelo jornal lamentaram. "Isso é uma baixaria. Mas o Regulamento Disciplinar do Exército não se aplica a um parlamentar. Este é um problema para a presidência da Câmara resolver", disse um. "Este fulano fala o que fala e abusa de sua liberdade como deputado", queixou-se outro.[14]

Num encontro reservado com seis deputados de oposição ao governo Collor (a maioria do PT), o ministro-chefe do Estado-Maior das Forças Armadas, Antônio Luiz Rocha Veneu, pediu-lhes que tentassem conter Bolsonaro. O incendiário admitiu aos colegas que se excedera e prometeu controlar a língua, mas semanas depois liderou uma passeata com mulheres de militares em que voltou a xingar Collor e os ministros da caserna. Só três deputados se uniram a Bolsonaro na manifestação — dois eram do PT.

Os problemas do capitão reformado com os altos escalões militares iam muito além de Leônidas e Tinoco. O acúmulo de afrontas à cúpula do Exército levaria figurões históricos da corporação a criticar publicamente Bolsonaro, que virou sinônimo de indisciplina, anarquia e desonra à farda. Ao projetar que o desenvolvimento do país afastaria cada vez mais os militares da política, o general e ex-presidente Ernesto Geisel declarou em 1993: "Presentemente, o que há de militares no Congresso? Não contemos o Bolsonaro, porque o Bolsonaro é um caso completamente fora do normal, inclusive um mau militar".[15] Jarbas Passarinho foi outro a desancá-lo: "Já tive com ele aborrecimentos sérios. Ele é um radical, e eu não suporto radicais, inclusive os radicais da direita".[16]

Numa entrevista à jornalista Leda Nagle no primeiro ano do governo de seu pai, Carlos Bolsonaro, o segundo filho do capitão e comandante da máquina bolsonarista de destruir reputações por meio de desinformação, comentou que, diferentemente da maioria dos filhos de oficiais, ele e os irmãos não estudaram no Colégio Militar. "Ele não era muito bem-vindo dentro das Forças Armadas, exatamente pelo entendimento de ser uma pessoa reativa, fazer reivindicações ao que a classe almejava. [...] Um dos empecilhos para que nós estudássemos no Colégio Militar foi que os ministros [militares] da época dificultaram que isso acontecesse", disse Carlos. Segundo ele, desde 2009, aproximadamente, "os problemas do passado foram superados [...] e os militares entenderam a necessidade da existência de uma voz política dentro do Parlamento, e aquilo foi se avolumando a ponto de se tornar presidente da República do Brasil". Neste ponto da conversa, Carlos então contrai o pescoço e o maxilar, faz um esgar de incredulidade e arremata: "Caramba, quem diria", e gargalha.[17]

Integrantes de todos os níveis das Forças Armadas, especialmente do Exército, admitem ter aderido em massa à candidatura de Jair Bolsonaro em 2018. Assim, uma questão se impõe: como um capitão que por alguns anos foi considerado indigno da farda pela alta oficialidade do Exército acabaria ungido como líder pelo mesmo grupo que o deplorava?

O resumo feito por Carlos Bolsonaro sobre a reabilitação do pai não dá conta da extensão nem da duração do caminho percorrido até lá. Embora não seja a única, uma das chaves mais valiosas para compreender a operação é a atuação parlamentar do capitão, da qual os discursos são um bom termômetro. No segundo semestre de 1991, Bolsonaro reclamava na tribuna da Câmara por ser ainda persona non grata no Exército. Em setembro, leu um informe do Comando de Operações Terrestres (Coter) com diretrizes para barrá-lo nos quartéis:

> Com relação à entrada do deputado Jair Bolsonaro em organização militar, o procedimento a ser adotado deve ser o seguinte: a) Ao ser identificado pela guarda do quartel, deve ser conduzido ao gabinete do comandante; b) Deve ser recebido pelo comandante ou seu substituto eventual e interrogado sobre o que deseja; c) Deve, em seguida, ser conduzido de volta à saída do aquartelamento; d) Em nenhuma hipótese deve ser autorizada a visitação a qualquer outra dependência da organização militar ou permitir que o citado parlamentar se reúna com os militares no interior do quartel.[18]

A jornada rumo à anistia se inicia ainda nos anos 1990, de maneira tímida, dadas as feridas abertas pela guerra franca do começo da década, mas já com a anuência do sucessor de Tinoco no Ministério do Exército, Zenildo Lucena. O general Paulo Chagas, que se candidatou a governador do Distrito Federal em 2018 com o apoio de Bolsonaro e mais tarde tornou-se um crítico de seu governo, foi assistente de Zenildo quando o general comandou o Exército nos anos 1990. Segundo Chagas, Zenildo reclamava que Bolsonaro "enchia o saco", mas logo se convenceu de que as reivindicações que o deputado fazia também eram desejadas pelo generalato — a questão era a forma da cobrança.

Chagas se gaba de ter sido um dos responsáveis por convencer Zenildo a enxergar Bolsonaro como um parceiro, por volta de 1994.

> Eu dizia para ele: o que o Bolsonaro quer é tudo o que o senhor também quer. Agora, o único que pode fazer alguma coisa de fato é o senhor. Muito mais do que ele. Então por que que o senhor não bota ele do seu lado e o orienta, chama para trabalhar juntos? Ele aceitou a ideia e passou a conversar com o Bolsonaro.

Segundo o jornalista Marcelo Godoy, em meados dos anos 1990, o então tenente-coronel João Noronha Neto, o Doutor Nilo, do setor de inteligência do Exército, também ajudou a convencer a cúpula da corporação da necessidade de ter Bolsonaro como um aliado no Congresso.[19]

A reaproximação foi mantida pelos sucessores de Zenildo, generais Gleuber Vieira e Francisco Albuquerque — como de resto por todos os comandantes do Exército que se seguiram. Pautas sensíveis ao Alto Comando da força terrestre são encampadas com afinco por Bolsonaro, como a resistência castrense à criação do Ministério da Defesa. Em 1998, o deputado defendeu na tribuna da Câmara que a nova pasta seria "uma imposição norte-americana, visando, antes de tudo, retirar a participação dos militares nos assuntos mais importantes, ou seja, que tratam da segurança e soberania nacional".[20] Em agosto de 2001, Bolsonaro contou que vinha conversando com vários generais da ativa. "Eles são unânimes em não concordar com minha maneira de discursar na Casa sobre o assunto, mas concordam quanto ao mérito."[21]

Mesmo com a reaproximação, ainda havia limites. Em novembro do mesmo ano, o capitão se lamuriou ao microfone da Câmara:

Sr. presidente, haverá solenidade militar em Resende no próximo sábado — *e para variar não fui convidado* — em que 518 jovens cadetes serão declarados aspirantes a oficial [...]. Como aspirante a oficial daquela Casa [...], sinto-me honrado e orgulhoso com esse acontecimento, *mesmo não tendo sido convidado*. Não tem problema. O convite vem do coração de cada um daqueles militares que defendo nesta Casa, o que, infelizmente, os chefes militares não fazem. [...] *Estarei em Resende no sábado, mesmo sem ter sido convidado*.

E então contou que distribuiria no local o documento "Alerta aos cadetes", cujo objetivo era "incutir-lhes a coragem que seus chefes não estão tendo" sobre a defasagem salarial dos militares.[22]

Em 2003, já na gestão Albuquerque, Bolsonaro avançou novas casas, sobretudo ao vocalizar na Câmara a resistência da caserna à inclusão dos militares na reforma da Previdência realizada naquele ano. O governo Lula chegou a considerar acabar com o regime diferenciado de seguridade social para integrantes das Forças Armadas, mas, ante a chiadeira dos fardados, recuou. Na tribuna, o capitão reformado compartilhou com um colega parlamentar uma mudança de ventos:

Deputado Professor Irapuan Teixeira, tive a honra de ser convidado, pelo comandante do Exército, para a entrega de espadins, na Academia Militar de Resende, onde estive no sábado. Foi a 15ª solenidade consecutiva a que compareci. Na maioria das vezes, não fui convidado por diversos motivos.[23]

Em 2005, divulgou que o comandante Albuquerque recebera em audiência seu filho Flávio, então deputado estadual, em lobby pela liberação do uso da pistola ponto 40 aos policiais militares e civis do país. Naquele mesmo ano, recebeu outro sinal concreto: foi agraciado com a Ordem do Mérito Militar, mais alta condecoração do Exército. Em 2009, quando o chefe da força terrestre era Enzo Peri, o deputado relatou mais uma vez ter ido à Aman "convidado pelo comandante". Enzo mais tarde o convidaria para conversar em pelo menos uma ocasião.

É nos anos 2000 que Bolsonaro faz um movimento muito importante no seu processo de redenção: as pazes com o general Leônidas, chefe militar que seguiu respeitado no Exército mesmo após passar à reserva e que tentara, sem sucesso, defenestrá-lo duas décadas antes. Já presidente, num discurso improvisado na posse do ministro da Defesa, Fernando Azevedo e Silva, Bolsonaro contou que virou amigo de Leônidas "a partir de 2002" e que "muito conversava com ele, inclusive em sua residência". O momento exato da reconciliação não é preciso, uma vez que, em 2009, em sessão solene do Congresso comemorativa ao Dia Nacional da Força Aérea Brasileira e ao Dia do Aviador, o mesmo Bolsonaro trombeteara que a improvável amizade era recente: "Há pouco tempo, reatei contato com o então ministro Leônidas Pires Gonçalves — e tenho muito orgulho disso — na busca do entendimento para o melhor de todos".[24] Quando Leônidas morreu, em 2015, o deputado federal esteve no funeral e abraçou familiares do general, inclusive sua viúva. "Bolsonaro veio falar comigo no velório, me disse: 'Olha, eu tive muitos problemas com teu pai, mas quero te dizer que ele seguramente foi o maior líder militar dos últimos cinquenta anos no Brasil'", revelou o filho Miguel.

Eleito presidente, Bolsonaro citou Leônidas em diversas ocasiões, numa delas declarando que o general se tornara "um grande amigo", e repetindo especialmente uma reflexão do ex-ministro do Exército de que o povo é quem dá o norte às Forças Armadas e é ao povo que os militares devem lealdade absoluta.

Para Miguel Pires Gonçalves — executivo do mercado financeiro e ex-diretor financeiro da TV Globo —, por mais simbólica que seja, a bênção do pai ao ex-proscrito não teria, isoladamente, força para alçar um parlamentar de baixo clero à ribalta da política. De fato, mas sem a recomposição com a cúpula do Exército dificilmente Bolsonaro teria unido as Forças Armadas em torno de si da forma avassaladora ocorrida em 2018. Coincidência ou não, a reconciliação com Leônidas ganha força no mesmo período em que, pelos cálculos de Carlos Bolsonaro, "os problemas do passado foram superados, [...] e os militares entenderam a necessidade da existência de uma voz política dentro do Parlamento".

Em 2009 também cresce o empenho do capitão reformado para colocar dinheiro nas Forças Armadas. Defender os militares durante o mandato significava não somente compartilhar os mesmos valores e pautas, mas também batalhar por verbas. Um exame das emendas individuais do deputado Jair Bolsonaro na Câmara dos Deputados de 1995 a 2019 — no seu último ano de mandato, em 2018, ele propôs emendas ao orçamento de 2019 — revela um parlamentar devotado também a essa missão. No período, o total em emendas individuais aprovadas por Bolsonaro foi de R$ 197,7 milhões (em valores nominais, R$ 352,5 milhões em valores corrigidos pela inflação), dos quais 52% foram destinados a órgãos e instituições militares, principalmente na área da saúde. Os beneficiários das emendas eram em geral os comandos das três Forças Armadas (para ações como estruturação e modernização de unidades de saúde militares ou assistência médica e odontológica).

De 1995 a 2008, o total em emendas nunca chegou a R$ 10 milhões por ano — e por quase uma década, entre 1996 e 2004, não houve nenhum recurso alocado para os militares. A partir de 2009, a soma é sempre maior que R$ 10 milhões e, na maioria dos anos, pelo menos metade do valor das emendas do capitão vai para as Forças Armadas. Em 2012 e 2013, dos R$ 30 milhões em emendas ao Orçamento indicadas por Bolsonaro (R$ 15 milhões em cada ano), 80% foram destinados aos militares (o equivalente a R$ 50 milhões somando os dois anos, em valores corrigidos pela inflação).[25]

Em paralelo à atuação parlamentar corporativa, Bolsonaro, normalmente acompanhado dos filhos políticos (Flávio, Carlos e Eduardo), cumpria um périplo por formaturas, cerimônias e eventos de toda sorte relacionados a militares das três Forças. A partir dos anos 2010, quando as principais redes sociais se massificam no Brasil, os integrantes do clã passam a utilizá-las antes, e com maior impetuosidade, que a maioria dos políticos, divulgando freneticamente em seus canais nesses veículos cada uma dessas atividades.

Em 23 de agosto de 2011, por exemplo, Bolsonaro publica um vídeo sobre a celebração do Dia da Artilharia. Em 11 de julho de 2012 é a vez de um filmete sobre a inauguração da quadra poliesportiva da 1ª Brigada de Infantaria Paraquedista, "emenda individual de autoria do deputado Jair Bolsonaro", como avisa um letreiro no começo da exibição. Em 30 de agosto de 2014, posta uma foto ao lado do primogênito e de três militares: "Jair Bolsonaro e Flavio Bolsonaro na 'Festa do Pai Veterano', realizada pela Associação de Veteranos do Corpo de Fuzileiros Navais, na Casa do Marinheiro. Adsumus!!!!" (encerra com o lema dos fuzileiros navais, uma expressão em latim que significa algo como "aqui estamos" ou "estamos presentes"). Em 19 de junho de 2015, acompanhando uma foto com o filho Eduardo e uma saudação mais detalhada aos formandos, escreve: "Formatura de Sargentos da Aeronáutica (Guaratinguetá-SP). Com o deputado federal @BolsonaroSP". São dezenas de publicações do tipo ao longo daquela década e da seguinte.

É nessa época, mais exatamente em 14 de setembro de 2015, em meio à derrocada do governo Dilma Rousseff, que Bolsonaro anuncia em suas redes um encontro que seria estratégico para a adesão em massa dos integrantes das Forças Armadas, sobretudo do Exército, à campanha presidencial que estava nascendo. "Hoje almocei com o general Augusto Heleno, ex-comandante do Comando Militar da Amazônia. Um brasileiro que ainda pode contribuir muito com o Brasil", escreveu ao lado de uma foto com o oficial de quatro estrelas. Heleno passara à reserva quatro anos antes, mas permanecia como uma figura muito respeitada e algo mítica no Exército, como todo "tríplice coroado" — aquele que termina em primeiro lugar nos concursos para as principais escolas de formação de oficiais, a Aman, a EsAO e a Eceme. Era instrutor na Aman quando Bolsonaro cursou a academia. Anos depois, o capitão já como um político profissional, moravam próximos um do outro na Barra da Tijuca, no Rio, mantinham boa relação e se encontravam esporadicamente. Heleno foi o primeiro general com alta influência no Exército a aderir à aventura bolsonarista rumo ao Planalto.

Três anos depois Heleno me diria, com Bolsonaro já eleito:

Com essa postura de brigar muito pelas reivindicações das Forças Armadas, ele foi se impondo, ganhando esse espaço. Nem é ganhar, no caso é conquista mesmo. Ele foi conquistando esse espaço. Foram percebendo que ele era milico, ele gostava do que fazia, gostava da formação dele, ele tinha orgulho da formação dele. E foi pouco a pouco mostrando que era um camarada que tinha uma aproximação muito grande com o meio militar.

10. Ressuscitando o inimigo favorito

A decisão tomada por Dilma de, a partir da Comissão Nacional da Verdade, buscar esclarecer crimes de Estado na ditadura despertou fantasmas ideológicos temporariamente adormecidos. O esgarçamento da relação entre a política e a caserna, que se equilibrou sobre bases frágeis desde a redemocratização, está relacionado a dois fenômenos complementares e devastadores: o colapso da política e dos políticos e a percepção sobre o monstro da corrupção. Este último, amplificado pelas lentes justiceiras da Lava Jato e de uma cobertura jornalística acrítica e parceira da operação, transformou-se, para parcela expressiva da população (e para a maioria esmagadora dos conservadores), no mal maior do país, a causa de todos os problemas que enfrentávamos. Estava formado o caldo de cultura perfeito para reavivar o inimigo preferido dos militares, um espectro que há mais de um século ronda os quartéis aqui e alhures — o espectro do comunismo.

A Revolução Russa de 1917 inaugura um movimento anticomunista mundial, que tem reflexos no Brasil sobretudo a partir da consolidação do Partido Comunista do Brasil (PCdoB) nos anos 1930. Mas é com a revolta comunista de 1935 — pejorativamente denominada pelos militares de "intentona" — que o anticomunismo verde-amarelo adquire escala monumental e tintas épicas, graças principalmente ao Exército.

Pouco antes do levante, o governo de Getúlio Vargas havia posto na ilegalidade a Aliança Nacional Libertadora, frente política de esquerda que ungira como seu presidente de honra o líder comunista Luís Carlos Prestes. Apoiada pela Internacional Comunista e de forma desorganizada, a ANL preparou uma reação armada para derrubar Getúlio. Iniciado em Natal e no Recife, e dias depois estendido ao Rio, o levante foi debelado sem grande dificuldade pelas tropas do governo.

Como sintetiza o historiador Rodrigo Patto Sá Motta no seu *Em guarda contra o perigo vermelho*, a revolta comunista de 1935 foi "a maior responsável pela disseminação e consolidação do anticomunismo no Brasil". A partir dela, escreve o professor da Universidade Federal de Minas Gerais, foram criadas

> bases para o estabelecimento de uma sólida tradição anticomunista na sociedade brasileira, reproduzida ao longo de décadas seguintes por meio da ação do Estado, de organismos sociais e mesmo de indivíduos, cujo zelo militante levou à constituição de um conjunto de representações sobre o comunismo, um verdadeiro imaginário anticomunista.

Eleito de forma indireta para um novo mandato no ano anterior à rebelião, Getúlio Vargas a reprimiu com mão de ferro, decretando estado de sítio, expurgando militares de esquerda das Forças Armadas e criando um Tribunal de Segurança Nacional em que milhares foram condenados.[1] A "intentona" também criou as condições para a golpe de Estado que implantou a ditadura do Estado Novo em 1937, a partir do famigerado Plano Cohen, um documento inventado por militares para fazer crer que os comunistas tinham um esquema pronto para tomar o poder.

Getúlio cria uma homenagem anual aos heróis mortos no episódio, com rituais militares no mausoléu do cemitério São João Batista, no Rio — três décadas depois, seria inaugurado um monumento na praia Vermelha. Ao mesmo tempo, governo e Exército alimentam mistificações, sendo a mais consagrada a de que os bárbaros revoltosos comunistas assassinaram a sangue-frio colegas de farda que dormiam, versão até hoje sem comprovação documental — o inquérito policial, por exemplo, não menciona o episódio — ou mesmo testemunhal. Provavelmente, observa Sá Motta, a versão fantasiosa distorceu um fato real — a execução por um rebelde comunista de um oficial que estava preso e desarmado no interior de um carro.

O antropólogo e historiador Celso Castro aponta que a revolta de 1935 forma, ao lado do culto a Caxias como patrono e da Batalha dos Guararapes como marco fundador da instituição, o tripé dos símbolos fundamentais para *A invenção do Exército brasileiro* (título do livro em que desenvolve essa tese) — isto é, representações, pregações e rituais que construíram e mantêm sua identidade social e cultural.

O Brasil foi ponta de lança no anticomunismo turbinado pela Guerra Fria, com o governo do marechal Eurico Gaspar Dutra iniciando a perseguição ao Partido Comunista e rompendo relações com a União Soviética, sendo que mesmo os Estados Unidos as mantiveram.[2] Dutra se mostrara contrariado quando, em 1941, Getúlio anunciou que o Brasil entraria na Segunda Guerra ao lado dos Aliados, revertendo uma tendência inicial, exposta no ano anterior, de seguir a Alemanha nazista e os países do Eixo. Não apenas Dutra. O general Pedro Aurélio de Góis Monteiro, o outro oficial mais poderoso do período, o líder militar da Revolução de 1930, também se revelou contrariado com a ideia de abandonar os nazifascistas.

E Getúlio, que alimentou fartamente o anticomunismo brasileiro, acabaria tragado por ele: ao criar o trabalhismo, no final do Estado Novo, foi considerado uma ameaça de esquerda pelos militares. Os mesmos Dutra e Góis Monteiro que bancaram sua ascensão ao poder em 1930 e foram coautores da ditadura instaurada em 1937 o derrubariam em 1945. Ou seja, os ícones da modernização do Exército Brasileiro, os pais da doutrina em que se desenvolveu a corporação, plantaram sementes anticomunistas que até hoje frutificam.

O anticomunismo foi a mola mestra para os golpes que impuseram as mais longas ditaduras da história republicana brasileira, a do Estado Novo e a instituída a partir de 1964. Foi também pretexto para incontáveis ensaios de ruptura democrática, como as três tentativas de golpe, todas por parte dos militares, da segunda metade dos anos 1950 — a liderada pelo coronel Jurandir Bizarria Mamede e abortada pelo então general (depois marechal) Henrique Teixeira Lott, em 1955, e as revoltas de Jacareacanga, em 1956, e Aragarças, em 1959. Ou ainda a que tentou impedir Jango de assumir o poder em 1961 após a renúncia de Jânio Quadros, sob a alegação de que o vice era um agente a serviço do comunismo internacional.

No golpe de 64, o Exército recorreu aos mesmos subterfúgios. Depois de abandonar Jango, a quem fora leal até poucos dias antes, o general Amauri

Kruel, comandante do II Exército, enviou uma nota às emissoras de rádio e redações de jornal do Rio em que dizia:

> O II Exército, sob o meu comando, coeso e disciplinado, unido em torno de seu chefe, acaba de assumir atitude de grave responsabilidade, com o objetivo de salvar a pátria em perigo, livrando-a do jugo vermelho [...]. O objetivo será o de romper o cerco do comunismo, que ora compromete e dissolve a autoridade do governo da República.[3]

Diferentemente da versão vigente até hoje entre os militares, não havia nenhum dado concreto de que Jango preparava um golpe para implantar o comunismo no país nem de que algum grupo de esquerda tivesse condições para isso.

Maior representante da linha-dura do Exército que se opôs à abertura arquitetada por Geisel e Golbery, o general Sylvio Frota foi um anticomunista fervoroso. A ponto de considerar que Geisel, que o demitiu em 1977 do cargo de ministro do Exército, liderava um governo de "centro-esquerda", dominado por "criptossocialistas" com "pendores marxistas".[4] O mesmo Geisel que, segundo documento secreto do Departamento de Estado dos Estados Unidos trazido à luz em 2018 pelo pesquisador Matias Spektor, logo ao assumir a Presidência (em 1974), deu sinal verde à execução sumária de opositores, desde que "apenas" os "subversivos perigosos".[5] O mesmo Geisel que lançou mão da ameaça vermelha para relativizar um crime como a tortura: "Acho que a tortura em certos casos torna-se necessária, para obter confissões. [...] Não justifico a tortura, mas reconheço que há circunstâncias em que o indivíduo é impelido a praticar a tortura, para obter determinadas confissões e, assim, evitar um mal maior".[6]

Os militares tomaram emprestado aos dois grandes conflitos mundiais os apelidos dos maiores embates entre os integrantes radicais e moderados (ou menos radicais) do Exército na ditadura. Com a escolha de Costa e Silva como sucessor de Castello Branco, a linha-dura (ou "os zurrapas",[7] como certa vez Geisel os definiu) ganhou a *Primeira Guerra*. Levou o troco na *Segunda Guerra* — a sucessão de Geisel e a disputa entre o endurecimento/continuidade ou a abertura do regime.

O fim da ditadura marca o início de um confronto diferente, a guerra pela memória. Desde a abertura política, vigora na caserna a ideia de que os militares perderam — para a historiografia, as universidades, a imprensa, a sociedade civil como um todo — as primeiras batalhas desse conflito. Até hoje é onipresente entre altos oficiais fardados a certeza de que, graças a essas derrotas na esteira da redemocratização, a maior parte dos brasileiros sem farda nutre em relação às Forças Armadas uma postura revanchista pelo ocorrido na ditadura.

(Cumpre aqui relembrar que até hoje os militares brasileiros negam que o que houve em 64 foi golpe de Estado: usam denominações como "revolução", "revolução democrática", "contragolpe" e "contrarrevolução democrática" ou eufemismos como "movimento de 64"; e negam ou minimizam fatos comprovados como a tortura e o assassinato de opositores — quase sempre lançando mão da alegação, esta verdadeira, de que houve apoio popular e do establishment da época à derrubada de Jango, como se uma coisa pudesse justificar as outras.)

Na busca por espalhar sua versão histórica do período, os militares começaram sua guerra cultural muito antes de a expressão ganhar impulso com conservadores dos Estados Unidos no início dos anos 1990. Trata-se de disputar o poder não pelas armas, mas pela retórica, uma atualização do anticomunismo centrada no combate ao "marxismo cultural" — teoria conspiratória baseada numa interpretação deturpada da obra do marxista italiano Antonio Gramsci de que a revolução deveria ocorrer em espaços e instâncias como universidades, imprensa, igrejas, manifestações artístico-culturais etc. Uma década à frente de nomes como Michael Minnicino, William Lind e Pat Buchanan difundirem nos Estados Unidos o conceito de guerra cultural, militares brasileiros já faziam isso na prática.

Em 1980, a Biblioteca do Exército, editora oficial da corporação, publicou o livro *Ocidente traído: A sociedade em crise*, de Jorge Boaventura, professor da Escola Superior de Guerra. Trata-se, como destaca a apresentação, de um "libelo violento e bem fundamentado contra o comunismo internacional, ateu e apátrida, que, fiel à sua funesta premissa de expansionismo, violenta a dignidade humana, oprime consciências e submete povos" (para prefaciar a obra, Boaventura convidou Gilberto Freyre, notório entusiasta da importância do Exército como fator de coesão e pilar da identidade nacional, mas em seu texto o sociólogo mesclou elogios a críticas sobre exageros da noção de "ocidentalismo traído" do autor). Em 1984, num documento para o Centro de Informações do Exército, o tenente-coronel Romeu Antonio Ferreira revelou seu desconforto com a revisão histórica da ditadura em curso por parte das "organizações subversivas". Ferreira citava uma expressão usada por Boaventura em seu livro, "interferência cultural", uma ação "que, além de modificar os valores, procura criar novas noções e conceitos, de acordo com a ótica marxista". E apontava caminhos para fazer frente aos "antigos terroristas" que "estão se tornando os heróis de hoje": "Há que se escrever a história verdadeira, a história dos vencedores, a nossa história", conclamava.[8]

Era o pontapé inicial de *Orvil* (livro, de trás para a frente): *Tentativas de tomada do poder*, o projeto secreto do Exército para se contrapor às evidências, surgidas com o fim da ditadura, que derrubavam a história oficial. Em 1985, quando foi publicado *Brasil: Nunca mais*, documentando torturas e crimes diversos cometidos por integrantes das Forças Armadas, o ministro do Exército, Leônidas Pires, se convenceu de que valia a pena reunir num livro a versão dos militares sobre o combate à esquerda. Designou o coronel Agnaldo Del Nero Augusto, chefe da Seção de Informações do CIE, para coordenar o projeto. No final de 1987, ficou pronto, com quase mil páginas, o compêndio anticomunista radiografando as organizações "terroristas" e os crimes cometidos pela "subversão". *Orvil* descreve as três "tentativas de tomada de poder" pelo comunismo frustradas pelos militares (a "intentona" de 1935, o projeto de um golpe de esquerda em 1964 e a luta armada) e alerta para uma quarta tentativa, "a mais perigosa", a da conquista da opinião pública por meio do gramscismo.

Por decisão de Leônidas e José Sarney, o livro não foi publicado — em plena abertura, com a Assembleia Nacional Constituinte em curso, não havia espaço. Mas circulou, em cópias xerocadas, por quartéis e redações de jornais, tornando-se algo mítico sobretudo entre ex-integrantes da chamada comunidade de informações e órfãos da linha-dura em geral. Como chefe do CIE no final dos anos 1980, o general Sérgio Augusto de Avellar Coutinho passou a usar os Relatórios Periódicos Mensais do centro para difundir o material do livro secreto — e alterou inclusive o formato dos boletins, com vistas a ampliar a sua repercussão em meio à tropa.[9]

Orvil gerou vários subprodutos editoriais, sendo o mais elaborado de autoria de Del Nero, *A grande mentira* (2001). Avellar assinou dois: *A revolução gramscista no Ocidente* (2002) e *Cadernos da liberdade* (2003). Algumas características comuns aos volumes: todos foram publicados pela Biblioteca do

Exército, sendo *Cadernos da liberdade* republicado em 2010, numa edição ampliada, sob o título *Cenas da nova ordem mundial*, e *A revolução gramcista no Ocidente* ganhou nova edição em 2012. *A grande mentira* e *Cadernos/Cenas* foram prefaciados por Jarbas Passarinho. Os três citam como referência um colunista do jornal *O Globo* nos anos 2000, que desde a década anterior dava palestras em instituições militares: Olavo de Carvalho. Em todos esses fóruns, o futuro guru do bolsonarismo mais radical alertava para o domínio da esquerda nas universidades, na imprensa e no mercado editorial, "instalando aí sua principal trincheira".[10] Olavo já atuara como redator na coleção O Exército na História do Brasil, publicada em 1998 pela Biblioteca do Exército em parceria com a construtora Odebrecht.[11]

Com a instalação da Comissão Nacional da Verdade, em 2012, *Orvil* foi publicado por uma pequena editora comercial. Dois oficiais do Exército apareciam como organizadores, o tenente-coronel Lício Maciel — que ficaria conhecido por sua atuação na Guerrilha do Araguaia, onde matou guerrilheiros e levou um tiro de uma guerrilheira — e o tenente José Conegundes Nascimento. A apresentação coube ao coronel Carlos Alberto Brilhante Ustra, o chefe do terrível centro de torturas do DOI-Codi do II Exército, em São Paulo, e herói de Bolsonaro e Mourão. Para se defender das acusações de que fora torturador e apontar crimes dos "terroristas", Ustra àquela altura já publicara dois outros irmãos de *Orvil*: *Rompendo o silêncio* (1987) e *A verdade sufocada* (2006).

Em seu texto para o ex-livro secreto do Exército, ele escreveu:

> O fim do regime militar e a Lei de Anistia não trouxeram a pacificação desejada. Crédulos, os militares voltaram às suas atribuições, confiantes na reconciliação de todos os brasileiros. As mãos foram estendidas em sinal de paz, por um dos lados — as mãos dos vencedores da luta armada —, porém, para os vencidos, o combate continuou. Os derrotados trocaram as armas pelas palavras, fazendo questão de não deixar cicatrizar as feridas que procuram manter abertas até os dias de hoje. [...] Aos poucos, a maioria dos "perseguidos políticos" ocupava cargos públicos, setores da mídia e universidades. Bons formadores de opinião, passaram a usar novas técnicas na batalha pela tomada do poder e pela tentativa de desmoralização das Forças Armadas. [...] Passou a predominar no país a versão dos derrotados, que agiam livremente, sem qualquer contestação.[12]

Qual um cruzado obstinado, Jair Bolsonaro encampou — no Congresso Nacional, em quartéis e espaços conservadores Brasil afora — a contestação cobrada por Ustra, tornando-se, na política, o principal soldado na batalha para restaurar a versão oficial sobre o golpe de 1964 que três décadas de normalidade democrática haviam se encarregado de desmoralizar. E foi, no Brasil do século XXI, o grande catalisador do sentimento anticomunista militar.

A cada 31 de março, a data em que os militares celebram o golpe, Bolsonaro realizava uma performance. Em 2004, fincou cruzes no gramado da Esplanada dos Ministérios, em Brasília, para lembrar colegas de farda mortos na ditadura. Ao discursar na tribuna da Câmara, ajoelhou-se para "reverenciar a memória dos militares que, em 1964, evitaram [que] fosse instalada no país [uma] ditadura totalitária de esquerda". Em seguida leu trechos de um editorial assinado por Roberto Marinho no jornal *O Globo*, em 1984, em que o dono e diretor de redação do diário carioca justificava o apoio ao golpe de 64 — Bolsonaro recorreria a esse texto em diversas ocasiões, inclusive na campanha eleitoral de 2018, quando o citou, de memória, ao ser entrevistado ao vivo no *Jornal Nacional*. Em 2010, enunciou que em 1964 "o Brasil deu início a vinte anos de glória, período em que o povo gozou de plena liberdade".[13]

Se àquela altura as pazes já estavam seladas, a Comissão Nacional da Verdade foi a argamassa que cimentou a reaproximação entre o Exército e seu antigo patinho feio. Na sessão da Câmara que aprovou a criação da CNV, em 21 de setembro de 2011, Bolsonaro constituiu-se em voz isolada, mas não por isso menos estridente, contra o projeto — apoiado inclusive por partidos de direita que faziam oposição ao governo Dilma, como o Democratas. Naquela mesma noite, a Câmara votou a urgência para a tramitação da proposta. Primeiro Bolsonaro apelou para o adiamento da votação, recorrendo à mesma figura de linguagem que seria empregada quase dez anos depois pelo general Villas Bôas. "Essa urgência vai abrir uma ferida, apenas, nas Forças Armadas. [...] Não apunhalem as Forças Armadas pelas costas", pediu ao microfone, em meio à algaravia da sessão.

> Não façam isso com os militares. Por favor, não façam isso. Eu apelo para os colegas: não votem essa urgência. [...] Eu trarei militares aqui para depor. Vamos fazer aqui uma audiência conjunta, senhor presidente. Não vamos aceitar isso aí. É uma imposição. É um golpe nos militares. Não pode fazer isso.[14]

Derrotado duplamente naquela noite — com a rejeição do pedido de adiamento e a aprovação da criação da CNV —, Bolsonaro transformaria a oposição à comissão em uma de suas principais bandeiras, sobretudo pelos três anos seguintes, período de instalação e desenrolar dos trabalhos do colegiado. Quando Dilma designou os sete integrantes da CNV, ele passou a comparar a presidente a uma cafetina que escolhera sete prostitutas para escrever sua biografia. "E o relatório final das prostitutas era de que a cafetina deveria ser canonizada. Esta é a Comissão da Verdade de Dilma Rousseff."[15] Proferia discursos inflamados associando a CNV ao PT, batia boca com militantes de direitos humanos e deputados progressistas e defendia os chefes militares. Em 2014, entidades pediram a cabeça do comandante do Exército, Enzo Peri, quando uma reportagem revelou uma ordem do general para concentrar em seu gabinete quaisquer informações solicitadas aos quartéis sobre violações de direitos humanos na ditadura. "Aqui a nota pede a saída do comandante Enzo e diz que 'o que está em jogo é a democracia do país'. Ah! Vão catar coquinhos! [...] Não estou falando em nome do comandante do Exército; nem ele me pediu que falasse, nem eu lhe pedi para falar. Mas é que fiquei indignado, como capitão do Exército, ao ver esta matéria aqui", discursou Bolsonaro.[16]

Aquele mesmo ano marcou o cinquentenário do golpe de 64, e Bolsonaro se empenhou com ânimo redobrado na guerra pela memória. Fez uma mise-en-scène com disparo de rojões em frente ao prédio do Ministério da Defesa, na Esplanada dos Ministérios. Seu pronunciamento na ocasião está registrado num vídeo: "Trinta e um de Março de 1964. Data da segunda independência do Brasil. Estamos aqui comemorando os cinquenta anos da gloriosa contrarrevolução de 31 de março de 64. O grande líder da esquerda Luís Carlos Prestes, em 63, já disse, num seminário de apoio a Cuba, que o seu grande sonho era fazer com que o Brasil seguisse o exemplo da nação de Fidel Castro. Esse sonho não se concretizou. A nossa liberdade e a nossa democracia devemos em especial aos militares, que evitaram que o Brasil fosse comunizado em 1964". Atrás dele, uma grande faixa amarela celebrava: "Parabéns militares — 31/março/64 — Graças a vocês o Brasil não é Cuba" — esta última palavra pintada em vermelho.

Bolsonaro fez ainda, naquele 2014, um requerimento ao presidente da Câmara, Henrique Eduardo Alves, do PMDB, para realizar uma sessão solene em homenagem ao 31 de março. Na justificativa, escreveu que os militares possibilitaram "ao longo de vinte anos a consolidação da democracia, o respeito aos direitos humanos e um inegável progresso na geração de empregos e direitos sociais".

Havia outros pedidos de sessão solene para lembrar a data, mas a fim de atacar o golpe e a ditadura. O presidente da Câmara deferiu o pedido de Luiza Erundina, então no PSB, e rejeitou o de Bolsonaro. Alves, na ocasião, discursou:

> Vou, de forma democrática, indeferir o requerimento do parlamentar Bolsonaro, porque esta Casa jamais poderia homenagear uma revolução que cassou 173 deputados federais, fechou esta Casa por três vezes e, durante o período em que esta esteve fechada, editou praticamente por um ato, por uma emenda outorgada, uma nova Constituição. Aquela revolução não mereceu nem merece o respeito desta Casa.

Quando Bolsonaro subiu à tribuna para discursar, deputados e manifestantes viraram as costas para ele e exibiram cartazes com fotos de desaparecidos na ditadura. "Vocês vão ser torturados com algumas verdades aqui. Deixe-os de costas, presidente, por favor", disse Bolsonaro a Amir Lando, que comandava a sessão. Alegando que a atitude feria o regimento da Câmara, Lando pediu que o grupo se virasse de frente para ouvir o colega ou então se retirasse. Como não foi atendido, encerrou a sessão.[17]

Bolsonaro captou o espírito do tempo com sagacidade. A revisão histórica da ditadura era um tópico importante na guerra cultural, mas a agenda de costumes regressiva (uma espécie de atualização do lema fascista "Deus, pátria e família" do começo do século XX e dos valores por trás da Marcha da Família com Deus pela Liberdade, de 1964) seria também fundamental na construção de sua figura pública. Um golpe baixo, mas eficiente, nesse processo, foi a invenção do "kit gay", expressão com que o deputado batizou o material educativo do programa Escola sem Homofobia, lançado em 2011 pelo Ministério da Educação liderado por Fernando Haddad. Em pautas do tipo, Bolsonaro atuava em parceria com a bancada evangélica, e nesse caso a ofensiva do grupo foi brutal: naquele 2011, deputados federais de direita atacaram o "kit gay" em 47 discursos.[18] Acossada por líderes evangélicos, Dilma caiu na esparrela. Embora o material do programa fosse voltado a professores, para auxiliá-los em atividades de combate à discriminação por orientação sexual ou identidade de gênero, a presidente vetou o material e deu até declaração que parecia ter saído da boca de um fundamentalista religioso: "Não aceito propaganda de opções sexuais. Não podemos intervir na vida privada das pessoas".[19]

Tímida nos seus primeiros anos como deputado, dominados pela pauta sindicalista militar, a cruzada moral e cívica conquistou espaço no penúltimo mandato de Bolsonaro. Palavras e expressões da agenda dita identitária e progressista, como *direitos humanos*, *gays*, *PT*, *tortura*, *Cuba* e *esquerda* só aparecem 41 vezes em discursos do primeiro mandato de Bolsonaro (1991-5) e explodem na legislatura 2011-5, com 297 aparições.[20]

Como a tática lhe garantisse espaço em novas frentes eleitorais, Bolsonaro explorava à farta as falas preconceituosas. Alegando estar em combate ao "politicamente correto" — clichê da direita que já era então uma febre entre militares e conservadores em geral —, destilava impropérios homofóbicos, machistas, sexistas e racistas. Coisas como: "Jamais ia estuprar você porque você não merece" (para a deputada Maria do Rosário, durante uma discussão); "Seria incapaz de amar um filho homossexual. [...] prefiro que um filho meu morra num acidente do que apareça com um bigodudo por aí"; ou "Não é porque o cara faz sexo com o órgão excretor que ele vai ser melhor que os outros" (para criticar o projeto de criminalização da homofobia). O circo grotesco do deputado recebeu espaço generoso em programas popularescos na TV aberta, como *Ratinho*, *SuperPop*, de Luciana Gimenez, *Pânico*, *CQC*, *The Noite*, de Danilo Gentili, e *Raul Gil* — mas também em outros ditos sérios, como o *Programa do Jô*, de Jô Soares.

Ao mesmo tempo, o deputado colocou-se como inimigo número um do PT, a nova "ameaça comunista". Num discurso em maio de 2015, afirmou:

> Nunca a nossa liberdade e a nossa democracia esteve [sic] tão ameaçada como está no momento por esse partido que está no poder. É um partido que nos divide o tempo todo para governar. Joga brancos contra negros, homossexuais contra heterossexuais, pais contra filhos, nortistas contra sulistas, ricos contra pobres. [...] Há algo mais grave do que a corrupção acontecendo, podem ter certeza disso: a questão ideológica. Em livros escolares de muitas escolas deste Brasil, em especial das escolas públicas, prega-se abertamente que o capitalismo é o inferno e o socialismo é o paraíso.[21]

Para se beneficiar do antipetismo crescente potencializado pela Operação Lava Jato, Bolsonaro exagerava o papel que o partido de esquerda lhe concedia. Na bio-hagiografia que escreveu do pai (*Mito ou verdade*), o primogênito Flávio relata que, em seu v Congresso Nacional, em 2015, o PT colocou Bolsonaro como "inimigo número 1 da esquerda e pede sua cabeça".[22] Na verdade, o nome de Bolsonaro aparece uma única vez no Caderno de Teses de uma tendência menor do partido, a Articulação de Esquerda, onde defende que, em um "Congresso conservador e sob a presidência de Eduardo Cunha", vários temas sensíveis "e mesmo a cassação do deputado Jair Bolsonaro só terão chance de êxito se houver intensa pressão social".[23]

Mas se vender como antipetista radical rendia frutos. Bolsonaro foi catapultado por uma maré alta — a tempestade perfeita para Dilma e o PT — e despontou como o político mais bem posicionado para surfar a onda de direita que se formava no país. Com mais de 464 mil votos, foi o deputado federal mais votado do Rio de Janeiro e o terceiro mais votado do país na eleição de 2014 — quase quatro vezes mais do que no pleito de quatro anos antes. Menos de dois meses depois, ele faria o comício aos cadetes da Aman em Resende. Nos anos seguintes, com o aumento gradativo do poder de Bolsonaro, a guerra cultural iniciada por Jorge Boaventura, Romeu Ferreira, Leônidas Pires, Agnaldo Del Nero, Sérgio Avellar Coutinho e Olavo de Carvalho ganharia fôlego.

11. "Eles são formidáveis"

"Eu queria dizer aos senhores e às senhoras que o meu compromisso com este programa é tão grande que eu escolhi meu vice-presidente para coordenar as ações dentro do governo."

Em junho de 2011, início do seu primeiro mandato na Presidência, Dilma Rousseff lançou, com uma cerimônia no Palácio do Planalto, o Plano Estratégico de Fronteiras, para coibir crimes como contrabando e tráfico de drogas nas regiões limítrofes a países vizinhos. Dividida em duas frentes, as operações Ágata e Sentinela — a primeira a cargo do Ministério da Defesa, a segunda de responsabilidade do Ministério da Justiça —, a iniciativa, como informou Dilma em seu discurso, seria liderada por Michel Temer. Estavam também presentes à solenidade o ministro da Defesa, Nelson Jobim, e os comandantes das Forças Armadas.

O lançamento ocorreu num momento sensível do novo governo: acusado de enriquecimento ilícito, o ministro da Casa Civil, Antonio Palocci, deixara o cargo um dia antes, e em seu lugar assumia Gleisi Hoffmann. Na interpretação dos jornais, o pacote das fronteiras era parte de uma agenda positiva criada pelo Planalto para sair das cordas e mostrar ação na esteira do escândalo que tragara em apenas seis meses um dos auxiliares mais poderosos de Dilma. A indicação de Temer para coordená-lo, por sua vez, seria um afago no PMDB, o partido do vice e uma das principais forças da base governista no Congresso.[1]

A função de coordenador do Plano de Fronteiras foi um dos poucos aperitivos de Temer como representante do governo — mais tarde, na célebre carta em que rompe com Dilma, ele reclamaria por ter sido um "vice decorativo". Mas, antes do divórcio, o cacique do PMDB se afeiçoou da tarefa delegada pela presidente. Gostou sobretudo de supervisionar a Ágata, tendo ido ao lançamento de quase todas as etapas da operação. Comparecia aos eventos acompanhado de chefes militares e do ministro da Defesa, fazia discursos, dava entrevistas a veículos regionais.

Em maio de 2012, Temer participou de um giro por estados do Norte para lançar a Ágata 4. Em Roraima, exaltou "a chegada do Estado para [as] populações ribeirinhas e das fronteiras", "a integração das três Forças Armadas com outros setores da administração" e com "os próprios estados" e a "eficiência extraordinária" das chamadas ações cívico-sociais executadas pelos militares — numa delas, um barco da Aeronáutica foi adaptado para servir de hospital. O vice-presidente informou a emissoras locais que conversara com o então ministro da Defesa, Celso Amorim, para incentivar novas investidas do tipo "enquanto não tivermos médicos e dentistas em todas as fronteiras".[2] Em Manaus, num vídeo publicado pelo canal oficial do Exército no YouTube, Temer surfou no slogan da corporação: "É a somatória exatamente do Braço Forte e da Mão Amiga que faz o sucesso da Operação Ágata e especialmente o sucesso das Forças Armadas".[3]

Ao lançar a Ágata 7, num evento em Foz do Iguaçu (PR), em 2013, Temer não disfarçou seu entusiasmo pelo andamento da operação.

> Há coisas na vida que nós incluímos no currículo e outras que não incluímos. Não incluímos no currículo aquelas em que nós fomos malsucedidos. E eu quero dizer que essa operação das fronteiras eu vou colocar em primeiro lugar no meu currículo.[4]

No ano seguinte, acompanhando mais uma etapa do plano, dessa vez em Oiapoque (AP), com os comandantes militares e Amorim, registrou em seu discurso "a honra de estar presente nas oito operações Ágata", e, em nome de Dilma, agradeceu às Forças Armadas e deu parabéns pelo trabalho realizado.[5]

Embora tenha mantido, em seus cinco anos de poder, uma relação respeitosa com comandantes das Forças Armadas, Dilma Rousseff não demonstrava vontade alguma de participar de cerimônias militares nem de visitar guarnições pelo país, conforme o relato de políticos e fardados que conviveram com a presidente. Michel Temer sempre foi o oposto. Costumava e costuma criticar quem faz distinção entre civis e militares, com os quais cultivou ótimo trânsito ao longo dos anos. E, como fica explícito nas calorosas manifestações sobre o Plano Estratégico de Fronteiras, tinha e tem uma empatia genuína com a caserna. Ao encarregar Temer de uma função tão próxima dos militares, Dilma involuntariamente ajudou o vice a exercer uma vocação natural e a garantir o apoio das Forças Armadas à sua ascensão ao poder.

Não surpreende, portanto, que tenha sido Temer, e não Dilma, a autoridade acionada pelos militares quando vieram a público as primeiras versões do programa de governo do PT na campanha para a reeleição da presidente em 2014. Uma das propostas mais sensíveis para as Forças Armadas era a que defendia a revisão da Lei de Anistia, "incluindo punição para os crimes praticados por agentes do Estado durante a ditadura militar".[6]

Comandante do Exército, o general Enzo Martins Peri pediu a Etchegoyen, então chefe do Departamento-Geral do Pessoal da corporação, que conversasse com Nelson Jobim em busca de uma solução — isto é, da retirada daquele item do programa petista. Jobim saíra do governo estremecido com Dilma, mas se mantinha influente em Brasília. Amigo de Temer e de Etchegoyen, o ex-ministro da Defesa procurou o vice-presidente, que se dispôs a conversar com o general. Receoso de que a reunião vazasse, Etchegoyen solicitou ao comandante Enzo duas garantias para provar que ele cumpriria a missão em nome do Exército, e não em caráter pessoal: a primeira, que o acompanhasse no encontro o chefe do Estado-Maior da força terrestre, general Adhemar da Costa Machado Filho; a segunda, que Enzo enviasse um presente para Temer, num sinal de que o portador era apenas um emissário. Ambas foram atendidas.

Numa conversa de quase uma hora, Temer prometeu aos dois generais que se empenharia para convencer seus parceiros de coligação a desistir da ideia — seu PMDB, afinal, era o aliado mais poderoso do consórcio liderado pelo PT. E se empenhou. É mais plausível supor, entretanto, que a pressão de figuras como Lula e o clima já então carregado pela reação dos militares à Comissão da Verdade tenham tido muito mais influência na decisão de Dilma de enterrar a proposta. Em setembro, às vésperas do primeiro turno, a presidente determinou ainda que não houvesse mais divulgação de nenhum programa de governo.[7]

Temer e Etchegoyen tinham sido apresentados por Jobim numa situação menos formal, e a empatia fora recíproca. A reunião no meio da campanha de 2014 seria a primeira de muitas que ocorreriam nos meses seguintes. Cerca de um ano depois, às vésperas do início do processo de impeachment de Dilma, oficiais-generais das Forças Armadas voltaram a procurar Temer, dessa feita para mostrar contrariedade com o decreto que na visão da caserna esvaziava o poder dos comandantes militares ao transferir para o Ministério da Defesa competências das Forças Armadas — aquele atribuído à secretária-geral do Ministério da Defesa, Eva Chiavon, e revertido após as queixas. A reunião aconteceu no gabinete do vice-presidente no anexo do Palácio do Planalto, mas jamais foi divulgada. Temer levou a demanda a Dilma, porém avalia que a presidente fez pouco-caso do assunto. Até hoje ele tem convicção de que o episódio foi fundamental para envenenar a relação entre Dilma e o PT e os militares.

Na condição de vice, e já no segundo mandato de Dilma — ou seja, no período da debacle da presidente —, Temer manteve pelo menos mais dois encontros privados com os principais dirigentes do Exército, o comandante Eduardo Villas Bôas e Sergio Etchegoyen, então chefe do Estado-Maior. Foram jantares, um na casa de Villas Bôas, outro na casa de Etchegoyen, ambas numa área nobre do Setor Militar Urbano de Brasília reservada a residências dos generais — conhecida como *Fazendinha* ou, na versão jocosa, *Cemitério dos Elefantes*. Os encontros seriam revelados só depois de Temer ter deixado a Presidência, no livro *A escolha*, suas memórias sobre o período com base em entrevistas ao filósofo e amigo Denis Rosenfield — amigo também de vários militares poderosos.

Temer rejeita que as tertúlias configurassem uma conspiração para derrubar Dilma. "Foi uma coisa natural, me convidaram para jantar, para trocar umas ideias", disse numa entrevista em seu escritório paulistano, em agosto de 2021.

> Quem derruba presidente é o povo nas ruas, não é nem o Congresso Nacional. Porque é o povo nas ruas que sensibiliza o Congresso. No meu caso, houve dois pedidos de impeachment [em 2017], havia quórum e não aconteceu nada, sabe

por quê? Porque no dia do julgamento não tinha um cidadão em frente ao Congresso. Então quem derruba o presidente é o povo. Ou, claro, militares num golpe de Estado. Mas não militares em uma atividade política.

O vice tornado titular admite, no entanto, que o deputado Eduardo Cunha, presidente da Câmara e timoneiro do impeachment, contribuiu "muito" para derrubar Dilma ao abrir o processo de impedimento — uma retaliação ao PT, que votou contra ele no Conselho de Ética. Cunha era acusado de esconder contas secretas no exterior e de ter mentido a respeito do tema em uma CPI. "Daí ele falou: 'Bom, não vou segurar mais'", recorda Temer.

Entre os caciques do PMDB, o vice-presidente da República era um dos mais ligados a Cunha. No célebre diálogo em que o senador Romero Jucá, outro figurão do partido, afirma a Sérgio Machado, ex-presidente da Transpetro, que é preciso "mudar o governo pra poder estancar essa sangria" — referindo-se às investigações da Lava Jato —, o colega diz que "a solução mais fácil era botar o Michel", aludindo a Temer. E Jucá retrucou: "Só o Renan [Calheiros] que está contra essa porra. Porque não gosta do Michel, porque o Michel é Eduardo Cunha". Ainda assim, Temer afirma que sua participação no golpe parlamentar contra Dilma foi nula. "Nenhuma, zero."[8]

Na conversa entre Jucá e Machado — cuja revelação, pelo repórter Rubens Valente na *Folha de S.Paulo*, custou ao primeiro o cargo de ministro do Planejamento do governo interino de Temer apenas doze dias depois de empossado —, duas instituições são mencionadas como estratégicas para garantir o estancamento da sangria. Machado diz: "É um acordo, botar o Michel, num grande acordo nacional". E Jucá emenda: "Com o Supremo, com tudo". O senador informa então ao colega que dialogava com ministros da corte, segundo os quais a crise só teria fim se Dilma deixasse a Presidência, e em seguida acrescenta: "Estou conversando com os generais, comandantes militares. Está tudo tranquilo, os caras dizem que vão garantir. Estão monitorando o MST, não sei o quê, para não perturbar". Alguns dos principais chefes militares do período negam ter tratado do tema com Jucá.

Numa passagem do livro sobre o período de Temer na Presidência, o entrevistador Denis Rosenfield relembra que, após uma viagem para conhecer o o Sistema Integrado de Monitoramento de Fronteiras, na companhia de Villas Bôas e Etchegoyen, o entrevistado lhe fez um comentário entusiasmado a respeito dos militares: "Denis, eu não sabia, mas eles são formidáveis!". Temer comenta a lembrança:

> É isso mesmo, é a síntese de quando você conhece o trabalho real e verdadeiro deles. O que mais me impressiona, nestas figuras todas que você mencionou, é o apreço que têm pela Constituição! Somos todos servos do texto constitucional. Não vejo isto sempre em outros setores.[9]

Numa entrevista para este livro, em agosto de 2021, Temer voltou a dissertar sobre o comportamento dos "formidáveis" durante a derrocada de Dilma.

> Acho que os militares tinham, eu creio, uma certa sensação, aqui toda modéstia de lado, de que eu faria um bom papel. Simplesmente isso. Agora eu não sei se eles tinham uma oposição radical em relação à presidente. Isso eu não sei dizer.

Em maio de 2016, o Senado aprovou a admissibilidade do processo de impeachment, repetindo o sinal verde dado pela Câmara no mês anterior. Dilma Rousseff foi afastada por 180 dias, e Michel Temer assumiu a Presidência no período. Pouco antes disso, o substituto convocou os três comandantes das Forças Armadas nomeados havia menos de um ano e meio — Eduardo Villas Bôas, do Exército, Eduardo Leal Ferreira, da Marinha, e Nivaldo Rossato, da Aeronáutica — e lhes garantiu que eles seriam mantidos nos cargos em sua gestão, não apenas nos seis meses da interinidade, mas em todo o restante do mandato, caso o impeachment fosse confirmado.

A sintonia com os militares não impediu que, ao buscar fazer política numa área acostumada a autorregular-se, Temer derrapasse, criando uma breve indisposição com a caserna. Na partilha de cargos do primeiro escalão, o interino franqueou à bancada mineira do PMDB a indicação para o Ministério da Defesa. O grupo escolheu o deputado Newton Cardoso Jr., então com 36 anos, sem experiência na área e amparado na credencial de ser filho de Newton Cardoso, ex-governador de Minas. A assessoria de Newton Jr. divulgou uma nota o anunciando como ministro da Defesa de Temer, e veículos de imprensa chegaram a noticiar a indicação como fato consumado.[10] A reação na alta oficialidade das Forças Armadas foi a pior possível, levando o presidente recém-empossado a negar a escolha e divulgar que se tratara de um mal-entendido.

Sergio Etchegoyen, benquisto pelo novo presidente e com a bênção de Nelson Jobim e de Villas Bôas, foi nomeado para o Gabinete de Segurança Institucional, o substituto do Gabinete Militar dos tempos da ditadura, que Dilma havia extinto e Temer decidiu recriar com status de ministério. "Eu o nomeei porque verifiquei nele lealdade absoluta, eu percebia que ele seria lealíssimo, como de fato ele foi", diz Temer sobre Etchegoyen. O GSI renasceu mais poderoso, incorporando a Abin — que Dilma subordinara à Secretaria de Governo. Mais tarde, com poder e prestígio no governo Temer, Etchegoyen turbinaria a estrutura e as atribuições de inteligência e contrainteligência do ministério.

A trinca Jobim/Villas Bôas/Etchegoyen seria responsável pela indicação de Raul Jungmann para o Ministério da Defesa, especialmente Etchegoyen, amigo de longa data do político pernambucano. Mas Jungmann — ex-ministro do Desenvolvimento Agrário no governo FHC e ex-integrante, como deputado, da Comissão de Relações Exteriores e de Defesa Nacional da Câmara — contaria com outros padrinhos poderosos, como a indústria bélica nacional. Numa carta enviada a Temer, o Sindicato Nacional das Indústrias de Materiais de Defesa (Simde) — apresentando-se como entidade filiada à Federação das Indústrias do Estado de São Paulo (Fiesp) e "legítima interlocutora das empresas do setor de defesa e segurança junto ao governo federal" —, revelava sua preocupação com o "colapso de segurança pública que atravessa o Brasil em geral e o estado do Rio de Janeiro em particular" às vésperas da Olimpíada de 2016. E comunicava que, diante da especulação de nomes na mídia para o Ministério da Defesa, tinha seu preferido: "A este respeito, de forma colaborativa, o Simde manifesta-se favoravelmente ao nome do deputado Raul Jungmann, o qual tem relevantes contribuições para o tema da defesa nacional [...]".[11]

A menção à Fiesp, porta-voz do empresariado mais rico e poderoso do país, não é lateral: Paulo Skaf, o líder imperial da entidade (que presidiu por dezessete anos), foi levado ao PMDB por Temer. Instalou militares em cargos bem remunerados na Fiesp, fez parcerias e convênios, injetou recursos em projetos importantes da força terrestre, como o do Colégio Militar de São Paulo — reforçando uma sintonia que remonta ao apoio da federação empresarial paulista ao golpe militar de 1964 e à ditadura. Mais que isso, Skaf e a Fiesp tiveram papel central na derrubada de Dilma, financiando uma campanha nacional com esse objetivo, cujo símbolo era um pato amarelo, e apoiando manifestantes pró-impeachment.

Em 31 de agosto, com Dilma defenestrada de vez pelo Senado e Temer efetivado no cargo, a comunhão com os militares ganhou novo impulso. Como prometera, o presidente manteve os três comandantes das Forças Armadas. E fez reiterados movimentos para fortalecê-las. A começar pelo cofre. O orçamento do setor, que alcançara um recorde em 2014, no final do primeiro mandato de Dilma, mas havia se depauperado sob a recessão iniciada no início do segundo mandato, foi recomposto. As despesas discricionárias (não obrigatórias por lei) do Ministério da Defesa, que haviam despencado para R$ 11,5 bilhões em 2016, passaram a ser de R$ 15,3 bilhões em 2017, já sob Temer, apesar da forte recessão do período.[12]

Por onde se olhe, o substituto de Dilma deu aos militares um poder jamais visto em 21 anos — semelhante, embora ainda maior, ao ocorrido na gestão Itamar Franco, justamente um vice tornado presidente graças a um impeachment.

Temer atendeu a um pedido antigo das Forças Armadas ao sancionar uma lei determinando que militares envolvidos em crimes contra civis durante operações de segurança pública sejam julgados pela Justiça Militar. Com a explosão do emprego das Forças Armadas em atividades do tipo nas operações de GLO, a medida era reivindicada como uma garantia para atuar contra o crime organizado em algumas áreas. Para o Exército, os contingentes empregados nessas ações estão ali como tropas militares, e eventuais "danos colaterais" com vítimas civis são contingências da situação, nunca dolo. Para entidades de direitos humanos, uma vez que a Justiça Militar é historicamente leniente com crimes cometidos por militares, a lei sancionada por Temer funciona na verdade como uma espécie de licença para matar.

A violência urbana foi a justificativa usada por Temer para decretar a intervenção federal na segurança pública do Rio de Janeiro em fevereiro de 2018. Havia, no entanto, outros motivos, não declarados. Inédita no país desde a ditadura, a intervenção nasceu para tirar o foco da derrota iminente do Palácio do Planalto na reforma da Previdência e dar sobrevida a um governo que estava marcado para morrer — dez meses antes do término do seu mandato. A delação do empresário Joesley Batista, da JBS, no ano anterior, atingira o presidente em cheio. Ele gravou clandestinamente Temer insinuando apoiar a compra do silêncio de Eduardo Cunha na cadeia e montou com o Ministério Público e a Polícia Federal uma arapuca na qual um assessor direto do presidente recebeu uma mala com R$ 500 mil em propina. Denunciado duas vezes por Rodrigo

Janot, procurador-geral da República, Temer foi salvo pela Câmara dos Deputados, que rejeitou enviar essas denúncias ao Supremo. Reflexo sobretudo das suspeitas de corrupção, a popularidade presidencial estava no chão — mais de 70% dos brasileiros reprovavam sua gestão e menos de 10% aprovavam.

Etchegoyen, o auxiliar de Temer que melhor conhecia o tema e já havia mencionado a intervenção como alternativa de choque à situação no Rio de Janeiro, juntou-se aos colegas Raul Jungmann, ministro da Defesa, e Moreira Franco, da Secretaria-Geral, para operacionalizar o plano.

O general Walter Souza Braga Netto, chefe do Comando Militar do Leste, foi nomeado interventor a contragosto. Informado por Jungmann e Villas Bôas sobre a ideia do Planalto, mostrou contrariedade: a intervenção, disse Braga Netto, era uma medida para casos de maior gravidade, um remédio extremo e amargo, e a situação no Rio poderia ser controlada por meio de outras ações, como a operação de Garantia da Lei e da Ordem já em vigor na cidade. A rigor, desde que se tornaram febre no país, anos antes, as próprias operações de GLO eram malvistas pela cúpula do Exército.[13]

Em 2017, em audiência na Câmara, o comandante Villas Bôas afirmou aos deputados: "Eu quero deixar bem claro que nós não gostamos de participar desse tipo de operação". E então contou uma experiência que viveu no complexo de favelas da Maré, no Rio, em 2015.

> Eram onze horas da manhã ou meio-dia de um dia normal. E o nosso pessoal, muito atento, muito preocupado, muito crispado e armado, estava patrulhando a rua onde passavam mulheres e crianças. Falei: "Somos uma sociedade doente. O Exército está apontando armas para brasileiros". Isso é terrível.

O comandante prosseguiu com a queixa.

> O pior é que essa concepção de emprego das Forças Armadas [...], eu lhes digo, é inócua, porque nós passamos catorze meses nas favelas da Maré e, na semana seguinte à nossa saída, todo o status quo anterior tinha sido restabelecido, absolutamente todo. Por quê? Porque nesse tipo de situação o que obtém a solução [...] não são as Forças Armadas. Elas são empregadas apenas para criar uma condição de estabilidade e segurança para que os outros braços do governo desenvolvam ações [...]. Gastamos R$ 400 milhões, e devo dizer que foi um dinhei-

ro absolutamente desperdiçado. Então, reconheço como positivo o governo estar repensando esse tipo de emprego das Forças Armadas, porque ele é inócuo e, para nós, é constrangedor.

Se operações de GLOs não compensavam no custo-benefício e por isso eram malquistas na caserna, a intervenção era pior ainda. Na época, Villas Bôas disse isso, expressamente, a auxiliares diretos e em indiretas públicas (mais tarde, em seu livro de memórias, mudou o discurso, afirmando que "apesar da visão crítica em relação à GLO, entendíamos que a segurança da população era prioritária. Em relação ao Rio de Janeiro, pela gravidade, estava tomando o contorno de uma questão de segurança nacional, tornando inevitável nosso emprego").

Temer e seu núcleo duro deram de ombros ao que pensava o Exército. O Carnaval propiciou as circunstâncias que o grupo palaciano necessitava para a intervenção. Antes da festa, Jungmann e o governador do Rio de Janeiro, Luiz Fernando Pezão, disseram em entrevistas que não viam necessidade de convocar as Forças Armadas para o período carnavalesco. Pezão foi para o interior e o prefeito do Rio, Marcelo Crivella, viajou para a Europa.

Na segunda-feira, o *Jornal Nacional* começou destacando: "O Rio de Janeiro tem um Carnaval marcado pelos arrastões; moradores e turistas reclamam da falta de policiamento". Na terça-feira, a queixa se repetiu, e a escalada (nome que se dá às chamadas que abrem o telejornal) exibiu um saque num supermercado da Zona Sul carioca e tiroteios em outros pontos da cidade. Na Quarta-feira de Cinzas, um derrotado Pezão dizia diante das câmeras que o governo não estava preparado para o policiamento no Carnaval ("Não dimensionamos isso"). Crivella, por sua vez, aparecia em seu giro europeu repetidas vezes no noticiário da Globo, claramente ridicularizado.

Na própria quarta, Temer reuniu os comandantes militares para alertá-los do que viria. Na quinta, Jungmann e Moreira Franco foram ao Rio acertar com Pezão a intervenção. O governador, àquela altura, não tinha cacife para manifestar resistência. À noite, o governo bateu o martelo num encontro no Palácio da Alvorada. Como diria Etchegoyen dias depois, "ficou claro que estava esgotada a capacidade de gestão do Rio de Janeiro na área de segurança pública".

Apesar das imagens fortes exibidas na tevê, os índices de violência registrados no Carnaval se mantiveram estáveis em relação aos anos anteriores — a maioria caiu, segundo a Secretaria de Segurança Pública.

Generais do Alto Comando do Exército avaliaram que o comportamento da mídia, em especial da Rede Globo, foi decisivo para o governo decretar a intervenção. Antes de se reunir com Temer no Planalto, Braga Netto foi abordado por jornalistas, que perguntaram se a crise do Rio era muito grave. Ele fez que não com o dedo e afirmou: "Muita mídia".[14]

Na audiência com Temer, Villas Bôas e Braga Netto reivindicaram que o governo pressionasse a Justiça a autorizar mandados coletivos de busca e apreensão, e a assegurar regras mais flexíveis de atuação das tropas, entre as quais a permissão para atirar em civis "com intenção hostil". Era o que eufemisticamente o Exército chamava de "segurança jurídica" para poder atender à convocação palaciana. Mesmo que meses antes Temer tivesse sancionado a lei garantindo que crimes de militares durante operações de GLO seriam julgados pela Justiça Militar, a força terrestre pedia uma salvaguarda adicional. Villas Bôas chegou a dizer que cobrava uma "garantia para agir sem o risco de surgir uma nova Comissão da Verdade".[15] Foi como se pedisse um salvo-conduto para repetir nas favelas cariocas crimes cometidos durante a repressão. Um auxiliar do comandante definiu a declaração como "uma frase infeliz".

Nos dias seguintes, o Planalto passou a testar a reação da sociedade às solicitações dos militares, e a acolhida não foi boa. O Ministério Público Federal e entidades de defesa dos direitos humanos alertaram que a intervenção não poderia atropelar garantias individuais asseguradas pela Constituição.

Ao fim do encontro no Planalto, ao lado de Jungmann e de Etchegoyen, Braga Netto participou de uma entrevista coletiva na qual se manteve sério e em silêncio a maior parte do tempo. Em sua primeira grande aparição ao país, o interventor nomeado a contragosto deu respostas especialmente monossilábicas. Não podia falar nada, disse com uma sinceridade cortante, pois acabara de receber a missão e não sabia ainda como tocá-la. Mais de três anos depois, em 2021, Etchegoyen me contou os bastidores do episódio:

> Antes da coletiva, eu disse para o Braga Netto: "Tu não vai responder nada. Tudo eu vou chamar para mim". Eu estava com medo de ele não saber o que responder e ficar ruim para ele. Ele não queria ser o interventor de jeito nenhum. Mas recebeu uma ordem. Não tinha alternativa. Ou ele aceitava ou ia para a reserva.

Mas os idealizadores do plano tampouco tinham respostas convincentes para perguntas que se acumularam na esteira do anúncio: se há estados brasileiros em que a violência é maior do que no Rio, por que intervir primeiro lá? Se o uso das Forças Armadas na segurança pública já se mostrara inócuo em várias outras ocasiões, em especial no Rio, por que insistir nessa opção? Se o governo estadual se dispunha a cooperar, por que intervir em vez de buscar modalidades menos radicais de socorro?

A intervenção no Rio sob o comando do Exército coroava um fenômeno de fortalecimento da imagem dos militares entre os brasileiros, num momento em que a política e os políticos eram escorraçados pela opinião pública. Pesquisa do Datafolha em 2017 mostrou que as Forças Armadas eram a instituição em que a população declarava ter mais confiança: 40% dos brasileiros diziam confiar muito e 43% afirmavam confiar um pouco; na direção oposta apareciam os índices de confiança no Congresso Nacional (3% e 31%), na Presidência (3% e 31%) e nos partidos políticos (2% e 28%). Àquela altura, Jair Bolsonaro já ocupava a segunda colocação nas pesquisas para a Presidência na eleição do ano seguinte, atrás somente de Luiz Inácio Lula da Silva, que um ano depois seria impedido pelo Supremo de concorrer e terminaria na cadeia.

Foi nesse caldo de cultura que prosperou o recurso aos militares na segurança pública, com as operações de GLO e a intervenção federal do setor no Rio. Temer sentiu-se à vontade para uma cartada inédita. Na contramão da ideia central de qualquer Ministério da Defesa numa democracia moderna — a subordinação do poder militar ao poder civil—, o substituto de Dilma nomeou, pela primeira vez desde a criação da pasta em 1999, um militar como ministro. O escolhido foi o general Joaquim Silva e Luna, secretário-geral do ministério na gestão de Raul Jungmann. O político, por sua vez, foi deslocado para o Ministério Extraordinário da Segurança Pública, criado no embalo da intervenção. As trocas confirmaram a influência de Etchegoyen e Villas Bôas no governo. Alojar um general do Exército na Defesa, aliás, foi uma ideia que desagradou à Marinha e à Aeronáutica, por desequilibrar a isonomia entre as três Forças Armadas.

Temer nomeou ainda generais da reserva para postos estratégicos do segundo escalão, como a presidência da Funai (Franklimberg de Freitas), a Secretaria Nacional de Segurança Pública (Carlos Alberto dos Santos Cruz) e a chefia de gabinete da Casa Civil (Roberto Ramos). O número de militares em altos cargos de confiança no governo federal saltou de quarenta, no governo Dilma, para 125 na gestão Temer.[16]

No dia em que Temer assinou o decreto arquitetado com a ajuda crucial de Etchegoyen, um auxiliar direto de Villas Bôas sintetizou a contrariedade do comandante: "Na adversidade é que ele se fortalece". Já o ministro-chefe do GSI defendia um plano integrado de segurança como solução possível ao quadro do Rio de Janeiro. Durante um seminário sobre segurança pública em 2017, Etchegoyen atribuiu o fracasso da cidade no setor à carga ideológica de acadêmicos que pesquisam o tema:

> Dependendo do governo e da abordagem, nós tínhamos alguma ideologia, [...] um "ismo" qualquer, que tentava interpretar o fato social "crime" a partir de uma visão ideológica, muitas vezes dogmática. E que, por ser dogmática, adaptava a realidade a uma compreensão da realidade, e não buscava entender a realidade a partir dela mesma. Produzimos teses, produzimos dissertações, produzimos monografias e eu pergunto: quanto reduzimos da criminalidade?

O general expôs sua receita, já com uma vacina para os inevitáveis *danos colaterais*:

> Nós precisamos agir. Nós precisamos fazer. Existem dois fatores críticos para o sucesso disso: a adesão da sociedade no Rio de Janeiro e a compreensão que a mídia terá do que será feito. Isso é fundamental porque vamos ter insucesso, vamos ter incidentes. Estamos numa guerra. Vai acontecer, é previsível que aconteçam coisas indesejáveis, inclusive injustiças. Mas ou a sociedade quer ou não quer.[17]

Ao menos em seu início, portanto, a intervenção federal na segurança pública do Rio opôs os então dois militares mais poderosos do país — e dois amigos de infância. Um intervalo de três meses separa o nascimento de Villas Bôas (novembro de 1951) e Etchegoyen (fevereiro de 1952), na mesma cidade, Cruz Alta, noroeste do Rio Grande do Sul. As mães dos dois eram amigas desde meninas, e os pais, oficiais do Exército. Tratam-se ainda hoje pelos prenomes, Eduardo e Sergio. O primeiro da infantaria, o segundo da cavalaria, seguiram trajetórias de sucesso na carreira e sempre se mantiveram próximos — proximidade que cresceu quando, ao assumir como comandante, Villas Bôas nomeou Etchegoyen chefe do Estado-Maior do Exército.

Vencido (ou convencido) por Temer e Etchegoyen da necessidade da intervenção, Villas Bôas trabalhou junto com Braga Netto para que a medida trouxesse mais investimentos ao Exército — é esse, de resto, um aspecto que julgam positivo nas operações de GLO. Os dois também alinharam o discurso de que os militares estavam prontos a se sacrificar pelo sucesso da intervenção, desde que as outras partes envolvidas ("poderes constitucionais, instituições e, eventualmente, a população", conforme descrição no informe oficial enviado a todos os integrantes da corporação) também estivessem dispostas ao sacrifício.

A parceria desejada não foi tranquila. Seja porque algumas das primeiras medidas da intervenção — como a de fichar, fotografar e revistar moradores de favelas — provocaram reações negativas, seja porque Braga Netto, antes mesmo de anunciar seu plano de ação, teve de lidar com um passivo de operações militares no Rio que resultaram em desgraça.

Em novembro de 2017, oito pessoas foram assassinadas durante uma operação conjunta do Exército e da Polícia Civil no Salgueiro, conjunto de favelas em São Gonçalo, região metropolitana do Rio. Segundo a autópsia, todas foram baleadas pelas costas. As tropas estavam subordinadas a Braga Netto, então chefe do Comando Militar do Leste. O episódio, que ficou conhecido como "chacina do Salgueiro", até hoje não foi esclarecido. A organização Human Rights Watch acusou Braga Netto de obstruir as investigações. Graças à lei de Temer garantindo o foro da Justiça Militar para crimes cometidos por integrantes das Forças Armadas em operações de segurança pública, o caso foi investigado pelo Ministério Público Militar, e o inquérito, arquivado, isentou as tropas do Exército. A investigação do Ministério Público do Rio de Janeiro quanto à conduta da Polícia Civil teve o mesmo destino. O repórter Rafael Soares, no entanto, revelou que documentos do próprio Exército corroboraram o depoimento de uma testemunha descrevendo roupas e equipamentos usados pelos autores da chacina — os mesmos das Forças Especiais do Exército empregadas naquela operação.[18]

A intervenção federal durou dez meses e meio e se encerrou em 31 de dezembro de 2018. No período, Braga Netto teve como braço direito o general Richard Fernandez Nunes, nomeado secretário estadual de Segurança Pública.

Menos de um mês depois de os interventores iniciarem seu trabalho, a vereadora Marielle Franco, do PSOL, foi executada. Durante a gestão dos interventores, não foi desvendada a autoria do crime. Somente em março de 2019, a Polícia Civil e o Ministério Público prenderam o policial militar reformado Ronnie Lessa e o ex-PM Élcio Queiroz, acusados de serem os assassinos — o primeiro atirou, o segundo dirigiu o carro. Até setembro de 2022, mais de quatro anos depois do episódio, as investigações não conseguiram apontar os mandantes do crime.

O governo Temer e o Exército julgaram que a intervenção foi um êxito, ou ao menos cumpriu seu papel de estancar o caos que vigorava no setor. Ao final, foram apresentados dados de redução de alguns crimes, principalmente roubo de cargas. Com a injeção de R$ 1,2 bilhão em recursos federais, o estado do Rio conseguiu comprar equipamentos para suas polícias sucateadas — novas armas, novos veículos, computadores, material de informática. Os interventores também destacaram impactos indiretos, como a melhoria no turismo, com incremento da ocupação da rede hoteleira.

O balanço feito por observadores independentes mostra um quadro bem diferente. Em seu relatório final sobre a operação, o Observatório da Intervenção, grupo de especialistas criado na Universidade Candido Mendes para fiscalizar os trabalhos, concluiu que as medidas "não produziram mudanças significativas na segurança pública do Rio". Os pesquisadores listaram reflexos do alegado fracasso:

> Os altos números de mortes violentas, que durante esses dez meses permaneceram no patamar de anos anteriores; o aumento da violência por parte de agentes do Estado; a ocorrência de crimes traumáticos e sem solução, como o assassinato de Marielle Franco e numerosas chacinas; o elevado custo das operações; e a proliferação dos tiroteios, que impactaram a vida da população, particularmente em favelas e periferias.

Até trunfos comprovados por estatísticas, como a queda no roubo de cargas, foram relativizados como algo episódico, que voltou a crescer com o fim da operação.

Profundo conhecedor da segurança pública no Rio, o delegado da Polícia Civil Vinícius George avalia que a intervenção nem foi o sucesso apregoado pelo governo e pelos militares nem o fracasso pintado por ONGs e acadêmicos. "Eles vieram fazer um mandato-tampão, de março a dezembro. Pegaram o Rio falido, sem governador, [com] escândalos de corrupção. Isso se refletiu em todos os setores, inclusive na polícia — que estava uma zona, sem pagar fornecedores", disse George numa entrevista em 2020.

> Eles deram um tiro de curto prazo, impuseram como missão não saírem queimados, fazer o feijão com arroz, arrumar a casa, no estilo militar. Deram uma organizadinha, uma controladinha na polícia, uma arrumada no orçamento, fizeram umas comprinhas [de equipamentos para as polícias], muitas só chegaram no ano seguinte. Fizeram um trabalho direitinho dentro do que se propuseram e com as limitações que tinham. Deram uma administrada na situação no curto prazo. Mas nada brilhante.

Seja como for, a intervenção federal na segurança do Rio revelou ao país dois generais que ganhariam poder dali em diante: o interventor Braga Netto viria a ser chefe do Estado-Maior do Exército e, depois, um dos oficiais nomeados para o governo, primeiro como ministro da Casa Civil, depois como ministro da Defesa (e por último candidato a vice na chapa de Jair Bolsonaro nas eleições de 2022); e o secretário de Segurança Richard Nunes, que em 2021 seria promovido a general de exército assumindo o Comando Militar do Nordeste, passou a integrar o Alto Comando da força terrestre.

Fortalecido por Temer, Etchegoyen rejeitou uma sondagem para ser candidato a presidente da República pelo MDB — ideia levada a cabo pelo deputado federal Carlos Marun quando líder da tropa de choque do novo governo na Câmara. O general rejeitou de pronto. "Não é meu talento, não é minha vocação. É uma coisa contrária à minha natureza. É uma mosca que não me morde e se morder não me entusiasma." Etchegoyen afirmaria ainda, numa entrevista no final de 2017:[19]

> Na minha convicção, a solução do Brasil é política, o Brasil precisa de um político, não de um outsider. Eu não me enquadro nisso. Me olho no espelho e não vejo esse cidadão. Conseguimos avançar tanto na consolidação de instituições e

da democracia que qualquer coisa que desviar disso na solução de que precisamos vai trazer muito mais solavancos.

Isso, no entanto, não impediu que o general defendesse a geração de militares responsáveis pelo golpe de 1964. Foi, segundo ele, uma geração capaz de formar discípulos legalistas. "Tu tens hoje uma liderança militar — o general Villas Bôas, o Alto Comando do Exército — com uma convicção republicana e democrática muito forte. Isso não se adquiriu num insight, numa experiência mística coletiva. Quem nos formou foi a geração que fez 64, é isso que vocês têm de se dar conta", declarou. "Essas pessoas, que podem ter cometido equívocos e exageros aqui e ali, tinham a honestidade de propósitos difícil de tu encontrar hoje em dia em qualquer instituição."

Mas e os excessos e os crimes que aquela geração cometeu não interferiram na formação desta?

"No quê? A sociedade brasileira hoje tem tantos equívocos, tantos segmentos cometendo equívocos, que tu olha para um quartel e vê que ele está protegido de tantos equívocos. Acho que foram pessoas com muita honestidade de propósito. E nos educaram."[20]

Outro general educado pela geração do golpe foi Hamilton Mourão. Depois de exonerado do Comando Militar do Sul por associar o governo Dilma a incompetência, má gestão e corrupção, ele voltaria a defender um golpe militar em caso de agravamento da crise política. Em palestra numa loja maçônica de Brasília, ao ser indagado se as Forças Armadas não deveriam intervir para pôr fim à corrupção no governo Michel Temer, Mourão disse que poderia chegar "o momento em que ou as instituições solucionam o problema político, pela ação do Judiciário, retirando da vida pública esses elementos envolvidos em todos os ilícitos, ou então nós teremos que impor isso".

Etchegoyen na época minimizou o caso, rejeitou o risco de golpe e defendeu o colega, "um homem bom, leal, um soldado respeitado". "Os militares estão quietos há tanto tempo que quando um general fala, vira um escândalo. Acho que foi um episódio supervalorizado", disse. Segundo o ministro do GSI, "a instituição que mais se comprometeu integralmente com o processo democrático foram as Forças Armadas. Em nenhum momento tu tens nenhuma história para contar de que os militares trouxeram alguma truculência ao processo democrático. Imaginar que vão passar a ser agora?".

Etchegoyen se fortaleceu no Planalto num momento crítico da crise que engolfou o governo na época da delação da JBS. Em maio de 2017, pouco depois de Temer ser alvejado por denúncias de corrupção, uma manifestação contra as reformas trabalhista e da Previdência terminou com quebra-quebra e violência na Esplanada dos Ministérios. Para contê-la, o governo convocou as Forças Armadas, assinando um decreto que permitia aos militares atuar com poder de polícia por uma semana. Houve, na ocasião, muitas críticas. Pressionado, Temer revogou o decreto um dia depois de tê-lo assinado.

A despeito desse recuo, o ministro do GSI ganhou pontos com o chefe durante o episódio. Segundo Etchegoyen, a convocação dos militares se deveu a um incêndio que atingiu o prédio do Ministério da Agricultura, com feridos. As forças policiais e os bombeiros, relatou, não conseguiriam chegar em número suficiente à Esplanada para conter a situação.

"Ali só tinha duas opções: ou irmos para casa lamentando as vítimas que teriam morrido queimadas, mas politicamente satisfeitos por não termos empregado as Forças Armadas, ou não termos vítimas e irmos dormir aguentando a crítica de ter empregado as Forças Armadas", argumentou Etchegoyen. O ministro estava ao lado de Temer no Planalto no momento em que a decisão foi tomada. E de quem foi ela? "A decisão é sempre do presidente. O assessoramento é meu."[21]

Anos após deixar o poder, Temer ainda lembra com carinho e gratidão do seu principal auxiliar militar: "Você sabe que quando [fui] presidente, ele me esperava às 8h30, nove horas? Eu chegava ao Palácio, ele me dava todo o quadro, sabe? Tudo que estava acontecendo. Foi de uma lealdade absoluta comigo. Eu pressentia isso quando o nomeei, e depois senti concretamente".

A harmonia entre Temer e os generais mais poderosos do país foi sacramentada em boa parte porque o presidente se empolgou com a cruzada do comandante do Exército para aumentar o papel político institucional da corporação no debate público — o que, por tabela, aumentou também a interlocução dos chefes militares com lideranças dos Três Poderes.

Temer, aliás, reclama para si essa transformação, que Villas Bôas se atribui:

> Não é porque é militar que tem que ficar em absoluto silêncio. Eu acho que é extremamente útil essa abertura dos militares para toda a sociedade. E eu creio que esse papel até se iniciou no meu governo, com toda a franqueza. Eu acho que

é uma coisa derivada das conversas que nós tínhamos... Para não tornar os militares um grupo isolado da sociedade brasileira. Mas, ao contrário, um grupo atuante. E atuante, volto a dizer sempre, em obediência ao sistema constitucional, e eu ficava muito tranquilo em relação a isso e acho que foi útil para o país.

O comandante correspondia. Refere-se ao ex-presidente como "um cavalheiro, educadíssimo e extremamente gentil". "A principal qualidade a destacar nele, entre outras, era a lealdade para conosco."[22] Os chefes militares das outras Forças Armadas durante o governo Temer juntam-se a Villas Bôas nas loas ao político. "Extremamente hábil, muito educado, nunca falou um palavrão", segundo o ex-comandante da Aeronáutica, Nivaldo Rossato. "Sempre contribuiu muito, uma pessoa extremamente atenciosa com as Forças, muito educado, resolvia muito, chamava muito pra despachar com ele", de acordo com o ex-comandante da Marinha, Eduardo Leal Ferreira.

Ao dar às Forças Armadas poder e prestígio quando sucedeu Dilma Rousseff, Michel Temer pavimentou a estrada em que os militares marcharam de volta a Brasília. O apoio de Bolsonaro à agenda econômica neoliberal de Temer ajudou a aproximar o empresariado e o mercado financeiro do candidato de extrema direita, ungido pelo establishment na eleição de 2018.

Na noite de 23 de maio de 1999, o deputado Bolsonaro deu uma entrevista ao programa *Câmera Aberta*, da TV Bandeirantes. Embora já fosse conhecido no Congresso como um símbolo do baixo clero mais extremista, o capitão reformado do Exército se superou naquela ocasião, desfilando diante do apresentador Jair Marchesini um festival de barbaridades passíveis de processos e cassação de mandato em qualquer democracia saudável:

"Eu sou favorável à tortura, tu sabe disso, e o povo é favorável a isso também. [...] Essa porcaria que a gente vive hoje em dia é o que esse pessoal lá de cima chama de democracia"; "Através do voto, você não vai mudar nada neste país. Nada, absolutamente nada. Você só vai mudar, infelizmente, quando um dia nós partirmos para uma guerra civil aqui dentro. E fazendo um trabalho que o regime militar não fez. Matando uns 30 mil, começando com FHC. Não deixar ir pra fora, não. Matando. Se vai [sic] morrer alguns inocentes, tudo bem. Tudo quanto é guerra, morre inocente"; "[Caso fosse presidente,] daria golpe no mesmo dia. [...] Não funciona. O Congresso hoje em dia não serve pra nada"; "Conselho meu e eu faço. Eu sonego tudo que for possível, se eu puder não pagar [...], eu não pago, porque o dinheiro só vai pro ralo".[23]

A entrevista, naturalmente, causou revolta no Congresso. O então presidente do Senado, Antônio Carlos Magalhães, defendeu a cassação do mandato de Bolsonaro por pregar o fechamento do Parlamento e o assassinato de FHC. O presidente da Câmara, a Casa que poderia abrir um processo do tipo contra o deputado, era Michel Temer. Nada aconteceu. Temer minimizou as declarações de Bolsonaro e defendeu apenas uma advertência verbal ao colega.[24] Sete meses depois, no evento de desagravo ao brigadeiro Walter Bräuer no Clube da Aeronáutica do Rio, o capitão voltou a exortar o fuzilamento de FHC, e, embora o próprio presidente da República tenha cobrado providências à Câmara,[25] mais uma vez nada lhe aconteceu.

Quando Bolsonaro assumiu o poder, a lealdade, a fidelidade e a sintonia com Temer se revelariam intactas e até fortalecidas. Enquanto outros políticos de centro-direita, como João Doria e Eduardo Leite, diante do desastre que se revelou a gestão bolsonarista, se penitenciavam do apoio dado ao capitão no segundo turno da campanha de 2018, o cacique do MDB jamais se arrependeu do seu apoio.

> Eu não recuso voto não, eu posso fazer observações críticas a uma ou outra coisa dele, mas é com muito cuidado, por uma razão singela: você sabe que ele jamais criticou o meu governo, pelo contrário, ele ressalta o meu governo. Ele diz: "Se não fosse o Temer ter feito a reforma trabalhista, se não fosse o Temer ter enfrentado a questão da Previdência, é que o impediram de fazê-la naquele momento. Se não fosse ele ter feito o teto de gastos públicos…". Ele só elogia o meu governo, então eu tomo muito cuidado.

A admiração recíproca mais tarde seria revigorada, com Bolsonaro recorrendo a Temer para salvar seu governo num momento em que o mundo político de Brasília cogitou buscar abrir um processo de impeachment contra o presidente.

12. Anatomia de um tuíte

Era uma noite de muita chuva, para alívio dos moradores de Brasília, que acabavam de enfrentar a pior crise hídrica da história da cidade. Naquela terça-feira, 7 de novembro de 2017, o general Eduardo Villas Bôas, comandante do Exército, completava 66 anos. Sua família resolveu preparar-lhe uma festa-surpresa na ampla casa onde moravam, na área da Fazendinha. A esposa do comandante, Maria Aparecida Haas Villas Bôas, a Cida, levou o marido para o quarto e aconselhou-o a descansar, pois o irmão dele, o único convidado, demoraria a aparecer. Pouco depois, voltou ao quarto anunciando a chegada do cunhado. Conduziu casa adentro a cadeira de rodas, que o marido passara a usar desde que uma doença neurodegenerativa o impediu de andar, até uma entrada lateral, onde se escondia o primeiro presente da noite: o cantor e deputado federal Sérgio Reis. Acompanhado de um violeiro (que era também seu assessor de imprensa), ele cantou "Menino da porteira", clássico do cancioneiro sertanejo, o gênero preferido de Villas Bôas.

O segundo agrado ao comandante seria a presença de dezenas de convidados, entre os quais o presidente Michel Temer, o ministro-chefe do GSI, general Sergio Etchegoyen, e o ministro da Defesa, Raul Jungmann. Foi contratada uma dupla sertaneja de Luiziânia (GO) — o terceiro mimo —, posicionada num ponto estratégico da área com churrasqueira nos fundos da casa, onde os convidados tentavam abstrair-se da chuva que não parava de cair.

O dono da casa passou boa parte da noite num bate-papo com o ídolo Sérgio Reis. Durante a conversa, sem que o assunto precisasse ser interrompido, volta e meia um dos fisioterapeutas do Exército que acompanhavam a todo instante o comandante se postava atrás da cadeira de rodas e massageava seu tórax, para estimular a musculatura do local e a atividade pulmonar do general, comprometidas pela enfermidade.

Em meados de 2016, Villas Bôas começou a se queixar de dores nas costas e fraqueza muscular nos braços e nas pernas. Eram os primeiros sintomas. A progressão foi rápida. Num vídeo compartilhado no Facebook em outubro daquele ano por uma filha do comandante, ele aparece de pé, durante uma palestra do médico Beny Schmidt, contando para uma plateia de militares que recebera o diagnóstico, quatro meses antes, de "uma doença neuromuscular".

Ao saber da gravidade do mal que o acometia, Villas Bôas solicitou uma audiência com Temer e colocou seu cargo à disposição. "General, não preciso do seu físico, o que mais preciso do senhor é de sua cabeça e de sua liderança", respondeu o presidente. O comandante continuou na função.

Pouco depois, em março de 2017, Villas Bôas tornou público oficialmente seu problema: durante uma entrevista ao programa *O Comandante Responde*, no canal do Exército no YouTube, relatou que sofria de uma "doença neuromotora de caráter degenerativo". Já tinha então, como relatou, dificuldades para caminhar.

São muitas as chamadas doenças do neurônio motor, e a Esclerose Lateral Amiotrófica (ELA) é uma das mais graves e de diagnóstico mais difícil. A enfermidade ataca as células nervosas responsáveis pela atividade muscular, afetando funções vitais como a respiração, a fala, a deglutição e a locomoção. As doenças do neurônio motor em geral devastam progressivamente o corpo, sem causar danos ao cérebro. Passaram-se mais de dois anos desde os primeiros sintomas até Villas Bôas afirmar com todas as letras ser portador de ELA — a mesma doença enfrentada por anos pelo físico britânico Stephen Hawking. No final de 2017, quando indagado a respeito, o general respondeu: "Não. É da família da ELA. Na verdade, os médicos não têm até hoje um diagnóstico absolutamente definido". Benny Schmidt, o convidado de Villas Bôas para dar uma palestra a militares no vídeo compartilhado em 2016, foi um dos primeiros médicos a atender o general. Professor de patologia neuromuscular da Escola Paulista de Medicina, da Universidade Federal de São Paulo (Unifesp), Schmidt no início defendia que Villas Bôas não tinha ELA, mas outra doença do neurônio motor.

O médico tratou o general com o que chama "inteligência neuromuscular", mesclando vários tipos de fisioterapias (aquática, motora, respiratória, funcional) com terapia ocupacional. Villas Bôas, relatou, corria oito quilômetros na esteira. "Aí ele ganhou uma bengala, e eu comecei a perdê-lo", afirmou Schmidt.

Uma das passagens mais dramáticas do martírio público do comandante ocorreu em 19 de abril de 2017, durante a cerimônia de comemoração do Dia do Exército em Brasília. Diante de Temer e diversas autoridades civis e militares, Villas Bôas foi ao microfone ler a Ordem do Dia alusiva à data. Como já estivesse debilitado pela doença, havia ensaiado o ritual para saber se teria condições e, ignorando as dificuldades e os pedidos da família, resolveu arriscar.[1] Com as pernas fracas, apoiou as duas mãos no púlpito para sustentar o peso do corpo. À sua esquerda, quase como uma sombra, um auxiliar o resguardava. Villas Bôas abriu o discurso com uma exaltação à Batalha dos Guararapes, "gênese de nossa nacionalidade", queixou-se de que "a aguda crise moral, expressa em incontáveis escândalos de corrupção, nos compromete o futuro" e lançou um aceno legalista: "Não há atalhos fora da Constituição!".[2] Conseguiu concluir a fala, mas, ao tentar voltar caminhando para a sua cadeira, faltaram-lhe pernas, e o general foi ao chão. Um auxiliar o amparou, e Temer em seguida lhe fez um afago no braço e elogiou seu discurso.

À sorrelfa, pairava nas fileiras do Exército certo incômodo em ter um comandante sem condições plenas para comandar. Temer não deu bola. O presidente já gostava de Villas Bôas mesmo antes de assumir, pelos contatos frequentes que tivera com o general em solenidades públicas e nos encontros reservados na época do impeachment — num deles, aliás, pouco antes de a sorte de Dilma ser selada, o comandante afirmara que o Exército não se imiscuiria no processo. Temer ficou ainda mais impressionado por causa de um episódio no começo de 2017, quando já ocupava o poder. Uma série de rebeliões se espraiou por presídios de todo o país. O presidente convocou o ministro da Defesa, Raul Jungmann, os comandantes militares e solicitou apoio das Forças Armadas às polícias militares para operações de varredura nas penitenciárias. Na reunião, Villas Bôas pediu a palavra: "Presidente, o senhor é o comandante supremo das Forças Armadas, diga o que nós devemos fazer e nós faremos". Elementar, mas Temer encantou-se com aquilo.

Também se mostrava muito grato a Villas Bôas pela forma (equilibrada e correta, na avaliação do presidente) como o comandante conduziu os episódios em que o general Hamilton Mourão, então integrante do Alto Comando do Exército, se manifestou politicamente, afrontando o Regulamento Disciplinar da corporação. Foram duas ocasiões na gestão de Temer, depois daquela que lhe ocasionou a perda do Comando Militar do Sul em 2015, por criticar o governo Dilma. O da loja maçônica de Brasília, em que Mourão cogitou um golpe militar se o Judiciário não varresse da vida pública os "elementos envolvidos em todos os ilícitos" e assegurou ter o endosso de seus colegas do alto--comando, ficou impune. Villas Bôas, na época amigo de Mourão havia mais de quarenta anos, minimizou o caso. Numa entrevista ao programa *Conversa com Bial*, da TV Globo, logo após a declaração golpista do colega, definiu Mourão como "um grande soldado, uma figura fantástica, um gauchão".

O comandante convenceu o ministro da Defesa, Raul Jungmann, defensor da punição, que castigar Mourão naquele momento poderia provocar reação interna e cindir a coesão do Exército. Esse aspecto, portanto, se sobrepôs aos dois outros que, numa entrevista em novembro de 2017, o comandante disse ter levado em conta na decisão — a manutenção do princípio da autoridade e a coerência com o discurso que ele transformou num mantra-slogan, de que o Exército atuaria com base no tripé legalidade-estabilidade-legitimidade.

> Nós concordamos que, no momento que estávamos vivendo no país, o mais importante era a manutenção da coesão. Já tinha havido um episódio anterior com o general Mourão [quando criticou Dilma e perdeu o posto] e aquele episódio praticamente não repercutiu, mas esse teve uma forte repercussão, mostrando a diferença do ambiente, do clima que o país estava vivendo. Então não era momento de exacerbação.

Houve quem enxergasse ali uma trinca no discurso legalista do comandante. Seus fãs — e Villas Bôas na época já os tinha às pencas — negaram que ele fora condescendente com o golpismo, interpretando a atitude como um lance habilidoso para não encrespar os radicais, como ele mesmo se encarregara de propagar. Foi a mesma avaliação de Temer, que compareceu à festa-

-surpresa preparada pela família de Villas Bôas na condição de amigo e admirador do general.

Em dezembro de 2017, menos de três meses depois da fala na loja maçônica, Mourão deu outra palestra, dessa vez no Clube do Exército de Brasília. Ao traçar perspectivas para 2018, afirmou: "Nosso atual presidente vai aos trancos e barrancos, buscando se equilibrar, e, mediante um balcão de negócios, chegar ao final de seu mandato". No dia seguinte, uma sexta-feira, com sua fala estampada nas manchetes, Mourão foi chamado à tarde à casa de Villas Bôas — e de lá saiu sem punição. A decisão para a exoneração foi tomada diante da insatisfação no Palácio do Planalto. "Eu disse: 'Jungmann, não preciso dizer que isso aqui é inadmissível no governo. É uma ofensa à hierarquia das Forças Armadas'", relembra Temer. "Não pode acontecer, até em função da preservação da própria indenidade das Forças Armadas. Ele estava na ativa."

Villas Bôas fez divulgar uma nota anunciando que Mourão seria exonerado do cargo de secretário de Economia e Finanças do Exército. Foi uma punição para inglês ver. O general reincidente estava em vias de entrar para a reserva. Por quase três meses depois de publicada a suposta punição, o general continuou cumprindo normalmente suas funções, e assim participou inclusive de uma reunião do Alto Comando do Exército. A alegação da corporação foi que o trâmite interno para a troca de cargo era mesmo demorado, podendo levar mais de dois meses.[3]

Filho de um militar paulista e uma professora gaúcha, Eduardo Dias da Costa Villas Bôas nasceu e passou os primeiros anos no interior do Rio Grande do Sul, mas mudou-se ainda na infância para Campinas (SP) cidade natal do pai. Seu avô paterno era um telegrafista dos Correios nascido em Aracaju e transferido para o interior de São Paulo. Seu pai foi oficial de artilharia e, conforme relato do próprio comandante, soprava em casa a chama do anticomunismo.[4] Aos quinze anos, Villas Bôas entrou para a Escola Preparatória de Cadetes do Exército de Campinas. Em 1970, ingressou na Academia Militar das Agulhas Negras, em Resende (RJ). Dos 365 cadetes de sua turma que concluíram o curso, no final de 1973, somente quatro chegaram a general de exército, o posto máximo. A turma se chamava Marechal Artur da Costa e Silva.

O jovem Villas Bôas foi nadador e jogou polo aquático pelo Exército. Nas horas vagas, gostava de tocar violão ou viola caipira. Optou pela arma da Infantaria e ocupou postos de instrução na Aman durante os anos 1980. Na década seguinte foi adido militar adjunto na embaixada do Brasil na China. Durante três anos, no início dos 2000, então coronel, foi chefe da Assessoria Parlamentar do Gabinete do Comandante do Exército. Anos mais tarde, já na reserva, Villas Bôas explicou sem rodeios como funciona o lobby da corporação no Congresso:

> As estratégias de atuação iam desde a solicitação a um parlamentar ligado a nós, para que assumisse a relatoria de um projeto, em paralelo ao convencimento do presidente e demais integrantes da correspondente comissão. O ato de "fazer um relator" implica, em contrapartida, assegurar que o resultado será favorável, evitando-se o desgaste ou o desprestígio para o parlamentar. Logicamente, até chegarmos a esse grau de amizade e confiança, um longo caminho de aproximação precisa ser percorrido, independentemente do partido de filiação.

Prossegue o ex-comandante sobre o trabalho da Assessoria Parlamentar do Exército:

> Uma eficiente ferramenta para o estreitamento de laços eram as viagens para conhecer nossas atividades mais relevantes. Normalmente, elencávamos a Amazônia, o sistema de ensino, as unidades dedicadas à ciência e tecnologia, o Calha Norte e os projetos estratégicos. Logicamente que essa receptividade, muitas vezes, exigia algumas contrapartidas, que vinham em forma de pedidos. A maioria relacionava-se com inclusão ou exclusão do serviço militar. Mais complexos eram aqueles que, por limitações impostas pela legislação ou por ferirem preceitos éticos, nos víamos impedidos de acatar: matrículas em escolas militares, transferências e promoções. A prática nos ensinou, contudo, que, mais importante do que o atendimento do mérito, era a atenção que prestávamos ao solicitante; nenhum pedido ficava sem resposta.[5]

Deputados e senadores que conviveram com Villas Bôas nessa época se recordam dele como um assessor que se relacionava bem com todos os partidos, atendia a convites e pedidos sem distinção e era muito aberto ao diálogo.

A promoção a general de brigada viria em 2003 (assinada por Lula) e a general de exército, em 2011 (assinada por Dilma), quando foi nomeado comandante militar da Amazônia. Nessa função, exercida por quase três anos, mostrou habilidade em questões espinhosas, como na mediação de um conflito com mortes entre indígenas da etnia tenharim e moradores da cidade de Humaitá (AM), no final de 2013, caso que ganhou visibilidade nacional.

Ao assumir seu segundo mandato, em 2015, Dilma trocou os chefes das três Forças Armadas. Villas Bôas estava entre os generais da lista tríplice enviada pelo Exército ao ministro da Defesa, o petista Jaques Wagner, que entrevistou os três e submeteu o resultado à presidente, a quem cabia a nomeação. Embora o mais comum seja priorizar a ordem de antiguidade, naquele ano o general escolhido foi o mais novo da lista.

É fato que Dilma guardou boa impressão de Villas Bôas por sua atuação no conflito em Humaitá — e numa operação sigilosa de troca de reféns com guerrilheiros das Farc em solo brasileiro —, e pesou ainda o bom traquejo político adquirido por ele nas atividades no Congresso (o general teve padrinhos poderosos, como o senador e então ministro de Minas e Energia, Eduardo Braga, ex-governador do Amazonas). Mas a escolha também se deu por eliminação: o quatro estrelas mais antigo da lista tríplice era Sinclair James Mayer, chefe do Departamento de Ciência e Tecnologia do Exército, que foi preterido por ter um perfil "de gabinete", burocrático e distante da tropa. O segundo da lista, Adhemar da Costa Machado Filho, se adequava mais ao que Dilma e Wagner, após consultas entre oficiais, pensavam para o cargo; era chefe do Estado-Maior do Exército e antes fora comandante militar do Sudeste. Mas o general Adhemar resistiu à nomeação, alegando questões pessoais. Em diálogos gravados por um subordinado, anos antes, fez declarações homofóbicas e ameaçadoras contra um casal de sargentos gays, entre outras manifestações no mínimo constrangedoras; para integrantes do governo, o general Adhemar tinha receio que o episódio fosse ressuscitado caso aceitasse o cargo e acabasse fritado antes de assumir. Villas Bôas, o terceiro, que era então chefe do Comando de Operações Terrestres, acabou escolhido.

Quando o general descobriu seu problema de saúde, corria o processo de impeachment de Dilma. Enquanto os sintomas evoluíam, avançava junto a crise política do país. Dilma foi apeada do poder, e em seu lugar assumiu Michel Temer, que logo se tornaria o primeiro presidente brasileiro no exercício do mandato a ser denunciado por corrupção. O ápice da crise no governo Temer coincidiu com o agravamento da doença de Villas Bôas. Em maio de 2017, quando veio à luz o áudio da conversa entre Joesley Batista e o presidente no Palácio do Jaburu, o general acabara de começar a se locomover de cadeira de rodas. Sites de temas militares publicaram que o comandante seria exonerado do cargo dali a pouco. O Exército viu-se obrigado a soltar uma nota oficial para desmentir a informação, e o próprio general tuitou um desmentido: "Esclareço que não há fundamento nas notícias sobre minha substituição no comando do Exército e que sigo na missão que me foi confiada".

À medida que a instabilidade crescia, gerando atritos entre os Poderes, a sombra dos militares voltou a pairar sobre a política brasileira — com o crescimento das intenções de voto em Jair Bolsonaro, as declarações golpistas de Mourão, o respaldo recorde das Forças Armadas na opinião pública e a utilização crescente de militares na segurança pública.

Esses e outros assuntos eram tratados pelo comandante Villas Bôas em entrevistas frequentes à imprensa e — uma novidade no Exército Brasileiro — em manifestações via redes sociais, especialmente em seu perfil pessoal no Twitter, onde multiplicou seguidores com desenvoltura de *influencer*. Sob o comando do general, um entusiasta da comunicação, todas as redes sociais do Exército foram turbinadas.

A boa interlocução com parlamentares adquirida como assessor parlamentar da força terrestre no Congresso foi aprimorada quando Villas Bôas virou comandante. O general passou a ser uma presença assídua em audiências nas comissões de Relações Exteriores e Defesa Nacional tanto da Câmara dos Deputados quanto do Senado Federal. São encontros que duram horas e, no caso de Villas Bôas, eram recheados de mesuras e brincadeiras entre o militar e os políticos.

Numa audiência em 5 de julho de 2017 na Câmara, foi elogiado por Jair Bolsonaro (então no PSC) e por parlamentares do PCdoB (Jô Moraes), PSOL (Edmilson Rodrigues), PT (Arlindo Chinaglia e Luiz Sérgio), PSDB (Bruna Furlan, presidente da comissão, e Luiz Carlos Hauly) e PV (Evandro Gussi). Villas Bôas sabia o nome de cada parlamentar e demonstrou familiaridade com muitos. Ao saudar Jô Moraes, disse que a deputada do PCdoB — uma entusiasta de temas de Defesa — entendia mais de Exército do que ele próprio. Em retribuição, na sua fala Jô Moraes afirmou que o general contribuía "não só para as questões discutidas na comissão, mas também para o Brasil".

Com Bolsonaro, a troca de afagos ganhou tração. O deputado, já um aspirante ao Planalto, discursou:

> Senhor comandante, o meu sonho é não vê-lo mais como comandante em 2019, mas, sim, como ministro da Defesa. Essas não são palavras de afago a Vossa Excelência, mas de reconhecimento pelo trabalho que realizou na história recente do nosso Brasil. [...] Um dia a história mostrará o trabalho de Vossa Excelência pela manutenção da democracia no Brasil.

Em retribuição, Villas Bôas chamou Bolsonaro de "nosso eterno capitão e amigo de muito tempo".

No Senado, ocorreram situações parecidas. Numa audiência em junho de 2017, o general ouviu elogios de senadores do PP (Ana Amélia), PMDB (Roberto Requião), PT (Jorge Viana e Lindbergh Farias), PSD (Lasier Martins) e PTC (Fernando Collor, presidente da comissão). Durante o debate, o comandante do Exército revelou o apreço àquele ambiente: "Eu atribuía a minha maior preparação para o exercício do cargo de general à minha convivência nesta Casa. Entendi que, assim como o Exército, ela corresponde a um corte vertical da sociedade brasileira e expressa todas as suas virtudes e idiossincrasias".

As crises provocadas pelo fantasma da intervenção militar, o drama pessoal de uma doença degenerativa, o deslumbramento do general com as novas mídias — tudo somado, Villas Bôas foi o comandante mais pop e midiático desde a redemocratização. Um contraste abissal em relação ao seu antecessor potencializava o magnetismo do personagem. Nos oito anos em que comandou o Exército — 2007 a 2015, os quatro primeiros no segundo mandato de Lula, os quatro restantes no primeiro mandato de Dilma—, Enzo Martins Peri se notabilizou pela discrição e pelo silêncio. Seguiu à risca o ensinamento deixado pela Missão Francesa que treinou a força terrestre brasileira na primeira metade do século XX, de que o Exército deveria ser "um grande mudo".

O conceito, aliás, aparece no título de um livro de 2021, comemorativo dos quarenta anos do Centro de Comunicação Social do Exército. Na apresentação de *A evolução do grande mudo*, o então chefe do centro, general Richard

Nunes — o mesmo designado em 2018 como secretário de Segurança durante a intervenção federal na área no Rio — recorda que autores militares clássicos, como Samuel Huntington, e líderes históricos do Exército, caso de Góis Monteiro e Rondon, apontaram a mudez e a discrição como características essenciais ao ofício, e que o cenário da guerra fria consolidou tal postura como uma "estratégia de gestão da comunicação institucional". Escreve o general Richard:

> Eis que as avassaladoras transformações culturais e tecnológicas advindas da Queda do Muro de Berlim e da fragmentação da União Soviética impuseram [...] radicais modificações no modo de comunicar das instituições. [...] No complexo e caótico ambiente informacional que se estabelecia, conformar-se com a existência de espaços não preenchidos significa, por um lado, permitir que ataques à imagem permanecessem irrefutados e, portanto, amplificassem-se. Por outro lado, representava abrir mão, em muitos casos, de um meritório protagonismo. O grande mudo precisava começar a falar.

Villas Bôas foi o megafone dessa guinada. "Estabeleci como meta que o Exército voltasse a ser ouvido com naturalidade. Teríamos de romper um patrulhamento que agia toda vez que um militar se pronunciava, rotulando de imediato como quebra da disciplina ou ameaça de golpe", conta o general.[6] O braço operacional era o chefe do CCOMSEX, general Rêgo Barros, que mais tarde viraria porta-voz do governo Bolsonaro. "Com o tempo, a experiência mostrou ser muito mais proveitoso atuar junto aos jornalistas e aos âncoras dos programas do que junto à direção das empresas de comunicação. Rêgo Barros tinha grande habilidade e carisma, o que resultou em laços de amizade com vários deles", descreve Villas Bôas.

O comandante relata ainda que estimulou os generais de exército "no sentido de serem proativos e ocuparem os espaços de comunicação nas áreas ou setores de atividade". Tal estímulo parece ter contaminado a tropa, com oficiais de diversas patentes formando uma brigada de ativistas políticos em redes sociais bem no ano da eleição, como se verá mais adiante.

No caso do próprio Villas Bôas, era uma via de mão dupla: se o comandante queria falar, a imprensa parecia ávida para dar-lhe espaço e, mais que isso, embevecia-se com o que ouvia. Quase quatro décadas após o fim da ditadura — período em que as Forças Armadas recebiam cobertura exaustiva, com espaço diário garantido nos principais jornais do país —, os veículos de comunicação tinham se acostumado com um Exército que de fato respeitava a mudez e cujos generais pareciam recolhidos aos quartéis. Era como se, tanto tempo depois e com um passivo da repressão tão mal resolvido, fosse algo exótico ter um comandante dando opiniões nos jornais, na TV, no rádio e na internet. Assim, a reputação que Villas Bôas construiu entre políticos — de um general equilibrado e democrata — era compartilhada pelo jornalismo e pela academia. Em 2018, o professor João Roberto Martins Filho, da Universidade Federal de São Carlos — pesquisador respeitado na área, autor de um trabalho referencial sobre as correntes que atuavam politicamente nas Forças Armadas durante a ditadura —, situava Villas Bôas como um moderado dentro do Exército.[7]

Durante muito tempo, o comandante deu motivos para tal. Em maio de 2015, disse que quem falava em intervenção das Forças Armadas na crise política do governo Dilma precisava "compreender as normas da democracia brasileira antes de propor soluções sem fundamentação legal". Tal intromissão, afirmou, "não tem nenhum fundamento. O Exército é uma força de sustentação do Estado Democrático de Direito e deve obediência à presidente da República, que é nossa comandante em chefe".[8]

Na ocasião, o blogueiro Miguel do Rosário, jornalista de esquerda que nas gestões petistas costumava ser convidado para as entrevistas coletivas dirigidas a veículos pró-governo, escreveu, em seu *O Cafezinho*, que Villas Bôas acabara de "aplicar um cala boca histórico nos irresponsáveis que desejavam repetir o golpe de [19]64". O fato de nenhum grande veículo do país ter repercutido as declarações do comandante, dadas a um portal de Mato Grosso durante uma visita ao interior do estado, seria, segundo Rosário, "a prova do golpismo de nossa imprensa". "Ou seja, após a cobertura intensiva das marchas em prol do impeachment e da intervenção militar, a mídia se recusa, inacreditavelmente, a noticiar a posição definitiva do comandante do Exército Brasileiro, de que não compete às Forças Armadas intervir no processo democrático."[9]

Bobagem. Levaria pouco tempo para que a chamada grande imprensa (ou o PIG, Partido da Imprensa Golpista, como a chamavam os blogueiros governistas) passasse a destacar o Villas Bôas democrata. No final de 2016, numa entrevista a *O Estado de S. Paulo*, o general definiu como "malucos" e "tresloucados" os manifestantes que pediam intervenção militar.[10] Eram grupos isolados, mas recorrentes desde as passeatas pelo impeachment de Dilma, além de cada vez mais estridentes e extremistas. Menos de um mês antes da declaração, quase cinquenta pessoas invadiram o plenário da Câmara dos Deputados e ocuparam a mesa diretora, conclamando a um golpe militar.

Na primeira entrevista que fiz com o general, para a *Folha de S.Paulo*, em julho de 2017, Villas Bôas afirmou que a saída da crise política deveria vir da eleição de 2018, que "o Brasil e suas instituições evoluíram e desenvolveram um sistema de pesos e contrapesos que dispensa a tutela por parte das Forças Armadas" e que a Constituição deveria prevalecer: "Todos devem tê-la como farol a ser seguido". As declarações me levaram a escrever, na apresentação da entrevista, que o general era uma "voz moderada em meio à cacofonia histérica de extremos ideológicos que marca a crise, na qual volta e meia grupelhos clamam por intervenção militar".[11]

Em alguns casos, a complacência por vezes beirava a tietagem. Ao apresentar o comandante do Exército em seu programa de entrevistas na TV Globo, em setembro de 2017, Pedro Bial se derramou:

> Posso resumir a carreira de nosso convidado de hoje dizendo que sua história se resume a uma promoção atrás de outra até alcançar o posto máximo da hierarquia do Exército Brasileiro, dois anos atrás, onde vem deixando sua marca. Com talento de comunicador, criou um canal de YouTube, é ativo no Twitter, demonstra senso de humor e espírito democrático, não costuma fugir de controvérsia e enfrenta corajosamente em praça pública uma séria doença neuromotora degenerativa. Este ano é seu jubileu no Exército: são cinquenta anos de farda.

O apresentador toma um ar e, com um semblante que na última frase da abertura vai da placidez à apologia, arremata: "Aplaudam o comandante do Exército Brasileiro, Eduardo Dias da Costa Villas Bôas, o general Villas Bôas".[12]

Dos vários oficiais que auxiliaram Villas Bôas em seu período no comando do Exército, dois se destacam. O primeiro é obviamente Sergio Etchegoyen, de quem o ex-comandante se declara parente por afinidade ("sempre nos tivemos como primos"). Mais do que tê-lo como amigo do peito e nomeá-lo seu chefe de Estado-Maior em meio à crise da Comissão da Verdade, Villas Bôas nutriu ao longo da vida uma grande admiração intelectual por Etchegoyen.

Militares que trabalharam com os dois quando o primeiro era comandante da Amazônia e o segundo, chefe do Departamento-Geral do Pessoal relatam que já naquela época Etchegoyen escrevia discursos para Villas Bôas e o ajudava a calibrar posicionamentos. Era como se os dois atuassem todo tempo numa mesma direção, mas geralmente guiados por Etchegoyen.

No livro de memórias em forma de entrevista lançado em 2021 por Villas Bôas, do qual Etchegoyen foi revisor, ninguém é tão mencionado e louvado quanto o velho amigo, que a todo instante surge como modelo de virtude. Sobre diplomatas nomeados ministros da Defesa: "Como dizia o general Etchegoyen, praticavam um discurso não coincidente com a linguagem da defesa"; quanto ao papel do Exército a partir da Nova República: "O general Etchegoyen costuma dizer que, desde a redemocratização, o Exército não foi responsável por nenhum problema para o país, por mínimo que seja"; acerca de inovações de sua gestão: "Inspirados pelo general Etchegoyen, criamos a função de adjunto de comando (*sargent major* em outros exércitos). [...] Os comandantes foram unânimes em reconhecer o quão essencial se tornou o espaço ocupado pelos adjuntos".

Os dois conversavam muito durante o governo Temer, quando cada qual ocupou uma posição de poder? "Muito. Amigos desde guris em Cruz Alta, guardamos uma grande identidade na maneira de pensar e agir. Sergio tem uma capacidade enorme de interpretar um fato com perspicácia, extraindo os aspectos essenciais, e de apresentar com extrema objetividade e oportunidade as conclusões e sugestões mais pertinentes." Seguem-se elogios de Villas Bôas à capacidade do amigo para "promover o diálogo com interlocutores relevantes de interesse do governo", à sua "acurada visão de Estado e sobre tudo que se relacionava à segurança institucional" e ao seu "papel proeminente na administração da crise decorrente da greve dos caminhoneiros". O autor chega a reproduzir o trecho de um discurso de Etchegoyen homenageando a "doce coragem e suave determinação" dos "verdadeiros anjos" que são as esposas de militares.[13]

Os discursos dos generais de quatro estrelas de Cruz Alta são tão afinados que algumas obsessões por certos temas pontuam as trajetórias de ambos na vida pública — talvez a ojeriza ao "politicamente correto" seja a maior delas. Como aponta o pesquisador Eduardo Costa Pinto, professor de economia política e brasileira do Instituto de Economia da Universidade Federal do Rio de Janeiro, militares e olavistas — dois dos principais núcleos que sustentam o bolsonarismo — têm entre seus pontos de contato as teorias dos *paleoconservatives* da extrema direita norte-americana que associam o "politicamente correto" ao "marxismo cultural".[14] Isso vale também para Villas Bôas. Em *Conversa com o Comandante*, quando o entrevistador Celso Castro lhe pergunta se o anticomunismo nas Forças Armadas ganhara, entre o fim do governo Dilma e a eleição de Bolsonaro, um caráter institucional, o general sugere que sim, apontando como "determinante" para tal tendência "o fato de a esquerda, com pautas esvaziadas desde a queda do comunismo, ter aderido ao 'politicamente correto'" e reclama que "esse conjunto de pensamentos espraiou-se por nossa sociedade, estimulado pela militância da esquerda".

Mas, nas memórias de Villas Bôas, o conceito cumpre um efeito mais amplo. Ao falar de uma visita à hidrelétrica de Três Gargantas, na China, ele comenta:

> Hoje, diante do pensamento que impera entre nós, dominado pelo politicamente correto, constato que aquela obra jamais seria levada a efeito no Brasil. Os chineses deslocaram mais de 1 milhão de pessoas e cerca de mil sítios arqueológicos. Gostemos ou não, foi assim procedendo que lograram fazer com que 800 milhões de pessoas ultrapassassem a linha da pobreza.

O espectro ressurge toda vez que Villas Bôas fala sobre a Amazônia, um de seus temas prediletos, quando costuma culpar "formas contemporâneas de imperialismo, movidas pelo grande capital, corporações, organismos internacionais e as ONGs" como indutoras de um discurso eivado de "ideologia". Aí sobra também para a Rede Globo, na qual "alguns setores são dominados pelo politicamente correto. Em consequência, expõem os assuntos sob um enfoque desconectado da verdade".

A obsessão de Villas Bôas pelo tema, é óbvio, se estende à política. Desde quando era comandante do Exército, o general associava a força de Jair Bolsonaro a uma reação da sociedade brasileira ("que é conservadora") ao "pensamento politicamente correto em suas várias vertentes". Assim, vigora uma lógica mirabolante: "Quanto mais se implanta um pensamento de preocupação ambiental, mais nós temos tido danos ambientais e desmatamento"; "Quanto mais indigenismo se tem no Brasil, mais os coitados dos índios estão abandonados. Porque os índios ficaram reféns desses slogans ideológicos e não conseguem expressar suas reais necessidades" etc. "Então, quando surge alguém que se contrapõe a esse pensamento, com coragem e capacidade de expressar isso, ele consegue representar uma parte grande da sociedade, que se sente até acuada, imobilizada diante dessa pressão tão grande. Daí o crescimento de uma candidatura como a do Bolsonaro", disse Villas Bôas em 2017. Em 2021, complementou: "Bolsonaro deu ênfase ao combate ao politicamente correto, do qual a população estava cansada. A Globo, o reino do politicamente correto, foi o mais importante cabo eleitoral do presidente".

Outro oficial eleito por Villas Bôas, sua maior aposta para o futuro, foi o general Tomás Miguel Miné Ribeiro Paiva, nomeado seu chefe de gabinete e que ocupou uma posição de pupilo brilhante. Villas Bôas foi instrutor de Tomás na Aman e, em suas memórias, reservou ao ex-cadete passagens abonadoras. "Tomás é certamente, num círculo bem estreito, o mais completo oficial que eu conheci", escreveu. Desde a academia, quando foi escolhido pelos colegas para presidir uma entidade representativa dos cadetes, "já se encontrava a semente da liderança que o caracterizaria por toda a vida". O ex-comandante descreve ainda o antigo subordinado como "um oficial mente aberta, culto, com grande capacidade de relacionamento, além de ter percorrido uma trajetória de carreira bem diversificada".

Uma passagem dessa trajetória até hoje mencionada quando se fala sobre Tomás com integrantes do Exército é seu período como ajudante de ordens do presidente Fernando Henrique Cardoso. Foram duas oportunidades — uma por dois anos no primeiro mandato, e depois por um ano e meio no segundo mandato —, que criariam uma relação de amizade. Afirma o general sobre FHC:

> É um homem muito educado, tinha um trato diferenciado comigo. Somos amigos, eu o visito, conversamos, mas é uma relação respeitosa. Tenho respeito pela pessoa, mas não concordo com tudo, pelo contrário, sempre expus meus pontos de vista. Trato bem e sou bem tratado, mas ele nunca me tratou como partidário ou correligionário.

A conexão não impede que Tomás concorde com seus colegas de farda na avaliação do segundo mandato de FHC como o pior período para os militares desde a redemocratização, dados o achatamento salarial, o corte no orçamento e a proposta que extinguiu benefícios dos fardados. "Ele diz que não tinha outra opção, porque a prioridade era a estabilidade da moeda", pondera o ex-ajudante de ordens.

Em novembro de 2014, o já general de exército Villas Bôas, à frente do Comando de Operações Terrestres, disse a seu amigo Tomás, então general de brigada, que sua chance de virar comandante do Exército era de 0,01%. Como soube-se meses depois, Villas Bôas — ou por charminho ou por ceticismo genuíno — estava totalmente errado no cálculo, e foi nomeado para chefiar a corporação. Quando Tomás ouviu a previsão pessimista, era comandante da Academia Militar das Agulhas Negras. Exatamente naquele novembro de 2014, Jair Bolsonaro fez o comício para cadetes na Aman, aquele que mais tarde uma estratégia de propaganda transformaria no lançamento de sua candidatura à Presidência.

Numa entrevista em setembro de 2021, então general de exército e comandante militar do Sudeste, Tomás minimizou a gravidade do episódio. Contou que Bolsonaro se recusou a participar do coquetel oferecido pela direção da Aman às autoridades em cerimônias do tipo.

> Como ex-concludente, ele conhece o ritual todo. Na hora do coquetel, ele disse não, e começou a percorrer a área. Ele foi espontaneamente ao local do rio Alambari, aí foi aquela festa. Não foi planejado nem havia proibição. Quando saiu o vídeo, o chefe do Departamento de Educação e Cultura me perguntou como aconteceu, eu disse que foi espontâneo. Não teve nada autorizado nem deliberado, mas não era proibido.

Aos poucos, em paralelo à não punição de Mourão, surgiram outros sinais de que o general Villas Bôas talvez não fosse tão moderado assim. Em 23 de março de 2016, o senador Ronaldo Caiado, líder do DEM e um dos mais estridentes defensores do impeachment de Dilma Rousseff no Congresso, publicou numa rede social uma mensagem alarmista:

> Recebemos informações de que [o] governo estaria consultando possibilidade de decretar "Estado de Defesa", conforme prevê [a] Constituição [no] Art. 136. O PT, Dilma e Lula querem criar clima de conflito e tensão para decretar uma medida excepcional que restringe direitos a: a) reunião, ainda que exercida no seio das associações; b) sigilo de correspondência; c) sigilo de comunicação telegráfi-

ca e telefônica. Trata-se de manobra para desviar das graves e inexplicáveis denúncias. Promovem suposta insurgência para desestabilizar o país. Estamos de olho.

Caiado não citou fontes nem levou o caso a órgãos de investigação, mas o boato se espalhou pelo submundo da internet que alimentava a campanha para derrubar a presidente. Um site direitista chamado Brasil Verde e Amarelo, que ganhava dinheiro com notícias falsas e mais tarde seria retirado do ar pelo Google por violar políticas de conteúdo da empresa, inventou que Dilma pretendera decretar estado de defesa, mas o plano fora abortado pelos militares. O título: "Exército abre a caixa-preta e revela bastidores do golpe armado pelo PT. Confira!". Tendo por base o tuíte de Caiado, essa mentira travestida de notícia foi reproduzida por blogs e sites da corrente que mais adiante ganharia a denominação de bolsonarismo. Alguns faziam análises próprias, do tipo: "Como o comandante Villas Bôas impediu um golpe de Estado do PT e de Dilma".

Nada disso ocorrera. Na realidade, no início de 2016, diante da escalada da turbulência política, o secretário-geral do Ministério da Defesa, general Joaquim Silva e Luna, sugeriu ao titular da pasta, Aldo Rebelo, que fosse preparado um estudo com o arcabouço constitucional sobre estado de sítio ou estado de defesa. A ideia era que o ministro estivesse preparado para se posicionar, caso a crise se agravasse e essa hipótese fosse cogitada. Mas tanto Aldo como Silva e Luna sabiam que não era o caso naquele momento, e jamais houve demanda nesse sentido por parte do Planalto. O estudo, em quatro folhas de papel almaço, foi elaborado pelo general Juan Carlos Orozco, chefe de gabinete de Silva e Luna. Aldo o recebeu e pediu aos auxiliares que todos os registros fossem apagados.

Mas a teoria conspiratória levantada por Caiado circulou nas falanges digitais de extrema direita por mais de um ano. Eis que, em abril de 2017, numa entrevista à *Veja*, Villas Bôas ressuscitou a história do estado de defesa. Fiel ao panfleto antipetista e lavajatista em que a revista se transformara, a capa daquela edição trazia uma foto do rosto de Lula rasgado sob a inscrição "ACABOU", e o subtítulo: "Em audiência com o juiz Sergio Moro, o empreiteiro Léo Pinheiro, da OAS, revela que recebeu ordens de Lula para eliminar provas".

(Mais tarde, mensagens de integrantes da força-tarefa da Lava Jato, vazadas pelo site The Intercept e publicadas em parceria com a *Folha de S.Paulo*, revelaram que ao longo das investigações nem os próprios procuradores confiavam nas informações da delação de Pinheiro, e que o empreiteiro, cujo depoimento foi crucial para a prisão do petista, só ganhou crédito ao mudar diversas vezes sua versão sobre o tríplex do Guarujá atribuído ao ex-presidente.[15] Com as decisões do Supremo anulando os atos de Moro, o caso foi arquivado pela Justiça.)

Villas Bôas era o entrevistado das "Páginas Amarelas" daquela edição da *Veja*, sob o título "O protagonista silencioso", retirado de uma resposta em que o comandante dizia buscar tal papel para o Exército — o que àquela altura já começava a soar como falácia. Questionado sobre o rumor do estado de defesa no período pré-impeachment, afirmou que "esse episódio realmente aconteceu", mas amenizou seu teor. Segundo o general, a assessoria parlamentar do Exército no Congresso fora sondada "por políticos de esquerda" sobre como a corporação receberia uma decretação do estado de defesa. "Isso nos alarmou. Percebemos que se poderia abrir a perspectiva de sermos empregados para conter as manifestações que ocorriam contra o governo", disse Villas Bôas. E o que fez então o comandante? "Procurei o ministro da Defesa, Aldo Rebelo (PCDOB), o senador Ronaldo Caiado (DEM-GO) e o senador Aloysio Nunes (PSDB-SP). Isso de imediato provocou desmentidos, e o tema nunca mais foi tratado." Contou ainda ter sabido do estudo do Ministério da Defesa e do seu contexto. No entanto, por inação ou má-fé, tratou a "sondagem dos políticos de esquerda" como algo à parte e de maior gravidade.

Corta para 2019. Em nova entrevista, dessa vez ao jornal *O Globo*, Villas Bôas repetiu a história dos "dois parlamentares de partidos de esquerda" sondando o Exército e reiterou a preocupação que tivera à época. Agregou um atenuante: "Contudo, corre uma versão de que a presidente Dilma teria me chamado e determinado a decretação do estado de defesa, e eu teria dito que não cumpriria. Isso não aconteceu. Mas que houve a sondagem, ela de fato houve".[16]

Seja como for, a insistência do general em lançar suspeitas sobre supostas intenções golpistas do governo suscitou uma resposta dura de Dilma. Em nota à imprensa, a ex-presidente cobrou que o general apresentasse o nome dos dois parlamentares de esquerda que sondaram o Exército e explicasse por que não informara às autoridades superiores (ministro da Defesa e presidente da República) sobre essa sondagem. "Por que não buscou esclarecer se a iniciativa dos deputados contava com respaldo da comandante das Forças Armadas? Não respeitou a hierarquia?", escreveu Dilma. "A intervenção militar contra a democracia é um golpe. A minha vida é prova do meu repúdio político e repulsa pessoal a essa etapa da história do país. Jamais pensei, avaliei, considerei, fui sondada para qualquer possibilidade ou alternativa, mesmo que remota, a esse tipo intervenção antidemocrática. [...] O senhor general deve à República, a bem do Estado Democrático de Direito, esses esclarecimentos."

Em suas memórias, em 2021, Villas Bôas volta à questão, repetindo sua versão, mas dessa vez somando uma informação insólita: ao saber da "sondagem", resolveu "tratar com discrição" e não levar ao seu superior, o ministro da Defesa Aldo Rebelo. Em vez disso, pediu ao senador Ronaldo Caiado (o mesmo que divulgara o boato) para fazer um pronunciamento em plenário, o que, nas palavras do general, "foi suficiente para evitar que o tema fosse retomado". O ex-comandante conta ainda que, como ele reiterasse aquela versão em entrevistas, Dilma (além da nota) lhe telefonou pedindo que desmentisse ter partido dela qualquer iniciativa naquele sentido — o que ele diz ter feito.

O chefe da assessoria parlamentar do Exército na época referida por Villas Bôas, general Marco Aurélio Almeida Rosa, afirmou que não recebeu sondagem de parlamentares de esquerda quanto à eventual receptividade do Exército a um decreto de estado de defesa — o que havia, disse, era "fofocada" e "conversas de corredor" por parte da "raia miúda" do Congresso, mas jamais um "fato efetivo".

Corta para 19 de abril de 2022. Com a doença em estado avançado, sem condições de falar nem de articular qualquer movimento havia muitos meses, Villas Bôas está em sua cadeira de rodas, como convidado, no mesmo palco do quartel-general do Exército onde cinco anos antes, na mesma cerimônia do Dia do Exército, caíra após discursar. Dessa vez, o presidente Jair Bolsonaro faz um discurso sobre o papel do Exército "em todos os momentos difíceis que a nossa nação atravessou" contra "as tentativas de tomada de poder" — não por acaso a mesma sentença do subtítulo de *Orvil*, o livro secreto do Exército responsabilizando a esquerda pelas rupturas institucionais no país, e usada à farta em outras publicações do tipo, como *A grande mentira*, de Agnaldo Del Nero Augusto. O presidente então lista os tais "momentos difíceis": 1922 (Tenentismo/Revolta do Forte de Copacabana), 1935 (Revolta ou "Intentona" Comunista), 1964 (Golpe Militar), 1986 (transição para a Nova República, "com a participação ativa do então ministro do Exército, Leônidas Pires Gonçalves, feita com os militares e não contra os militares", mesmas palavras usadas por José Sarney). E arremata: "Também agora em 2016, em mais outro momento difícil da nossa nação, a participação do então comandante do Exército, Villas Bôas, marcou a nossa história". Muita gente não entendeu, mas era ao caso do estado de defesa que o presidente estava se referindo.

Oficiais que participaram de cenas daquela quadra turbulenta da história brasileira conjecturam que Villas Bôas amplificou o episódio, pintando o monstro muito mais feio que era, para valorizar seu papel de "fiador da democracia" ou, nas palavras dele próprio, de "protagonista silencioso" — e o uso que, anos mais tarde, Jair Bolsonaro continuou fazendo do episódio mesmo depois de eleito seria o indício mais robusto dessa hipótese.

Durante o mandato de Villas Bôas, acumulavam-se amostras de que o comandante legalista não passava de uma miragem. Enquanto o general chamava de tresloucados os que pediam intervenção militar, a esposa dele, Cida, compartilhava no Facebook publicações que pediam intervenção militar. Uma delas, de 19 novembro de 2017, afirmava: "Intervenção militar não é golpe — Não é a volta da ditadura — Não é golpe na democracia — Intervenção militar é a garantia da democracia com a saída imediata dos políticos que destruíram nossa nação!".

Cida Villas Bôas ecoava um sentimento que havia anos tomava vulto na "família militar" — como os fardados gostam de se referir ao universo que abarca ativos, inativos, pensionistas e parentes. O caso de Mourão ganhou vulto por se tratar de um general de quatro estrelas da ativa a vocalizá-lo, mas, desde as Jornadas de Junho de 2013, sobretudo na época do impeachment de Dilma e durante a crise no governo Temer, detonada pelo caso Joesley/JBS, os militares da reserva do Exército andavam agitados. Em outubro de 2017, o general Luiz Eduardo Rocha Paiva escreveu um artigo n'*O Estado de S. Paulo* defendendo que uma intervenção militar seria "legítima e justificável, mesmo sem amparo legal", se a crise descambasse para a "falência dos Poderes da União, seguida de grave instabilidade institucional com risco de guerra civil, ruptura da unidade política, quebra do regime democrático e perda de soberania pelo Estado". E prosseguiu:

> Em tal quadro de anomia, as Forças Armadas tomarão a iniciativa para recuperar a estabilidade no país, neutralizando forças adversas, pacificando a sociedade,

assegurando a sobrevivência da nação, preservando a democracia e restabelecendo a autoridade do Estado após livrá-lo das lideranças deletérias.[17]

Seria só mais uma fanfarronice da "brigada do pijama", mas Rocha Paiva era amigo de Villas Bôas, tido como um dos alunos mais brilhantes da turma de ambos na Aman, formada em 1973. Poucos dias antes de escrever o artigo, ele participou de um almoço, no gabinete de Villas Bôas no quartel-general do Exército em Brasília, com a turma da academia. Foi o escolhido para ler uma saudação ao anfitrião, que ele mesmo escreveu e que levou ambos às lágrimas. Parece improvável, portanto, que o artigo tenha sido publicado sem o conhecimento do comandante.

O almoço da turma de 1973 não foi a única reunião de inativos no Forte Apache naquele período turbulento. Villas Bôas recebeu algumas vezes oficiais da reserva insatisfeitos com os rumos do país. Uma delas, em junho de 2017, com os generais Alberto Cardoso, Augusto Heleno, Carlos Bolivar Goellner e Rocha Paiva — definidos pelo comandante como representantes da "reserva pró-ativa" do Exército —, chegou a ser divulgada no perfil de Villas Bôas no Twitter. Outra juntou Heleno e alguns integrantes da turma da Aman de 1969, como os generais Luis Carlos Gomes Mattos (ministro do Superior Tribunal Militar) e Rui Monarca da Silveira. Houve ainda um encontro maior, mesclando oficiais da ativa e da reserva, na sede do Comando Militar do Leste, no Rio de Janeiro, em 26 de setembro — onze dias depois das declarações golpistas de Mourão na loja maçônica de Brasília. Na publicação em que a divulgou, Villas Bôas justificou que a reunião visava "orientar, pessoalmente, os integrantes do Exército", adicionando à mensagem a hashtag #coesão. Os inativos também se reuniam com movimentos civis de direita que haviam participado da campanha pelo impeachment de Dilma.

A temperatura aumentava à medida que se aproximava o julgamento do futuro de Lula no Supremo Tribunal Federal. Os advogados do ex-presidente haviam entrado com um pedido de habeas corpus para que ele continuasse em liberdade até o trânsito em julgado do processo do tríplex de Guarujá, pelo qual já tinha sido condenado em duas instâncias, a 13ª Vara Federal de Curitiba e o Tribunal Regional Federal da 4ª Região. Caso deferido, o habeas corpus seria o primeiro passo para que o petista tentasse concorrer nas eleições daquele ano, para as quais era o favorito, conforme todas as pesquisas. O desfecho, de todo modo, ainda dependeria do Tribunal Superior Eleitoral (TSE), uma vez que, conforme a Lei da Ficha Limpa (numa cambalhota do destino, sancionada em 2010 pelo próprio Lula), o ex-presidente, em tese, estava inelegível — exatamente por já ser um condenado em segundo grau.

Para ativos e inativos da "família militar", fechada com o espírito da Operação Lava Jato, a prisão do petista e sua exclusão do processo eleitoral eram inegociáveis. A eventual concessão do habeas corpus a Lula, dizia-se na caserna, jogaria por terra a percepção de que havia combate à impunidade. Os mais alarmistas apostavam que haveria convulsão social e necessidade de emprego das Forças Armadas — por meio do artigo 142 da Constituição, aquele que atribui aos militares a garantia da lei e da ordem e cuja distorção pela extrema direita leva à interpretação fantasiosa de que os fardados podem exercer um poder moderador em casos extremos.

O julgamento foi marcado para 4 de abril, uma quarta-feira. Vigorava no país um clima de alta tensão. Na semana anterior, dois ônibus de uma caravana de Lula ao Sul foram atingidos por quatro tiros no Paraná, perfurando a lataria de um dos veículos — o ex-presidente estava num terceiro ônibus da comitiva, não atingido.

Em meio à crispação, o general de exército da reserva Luiz Gonzaga Schroeder Lessa, que fora comandante militar do Leste e da Amazônia, ateou gasolina à fogueira:

> Sempre fui contra e continuo sendo contra a intervenção militar. [...] Mas eu acho que há um limite de tolerância, e eu tô achando que nós estamos chegando nesse limite de tolerância inteligente. Quero crer que, do jeito que estão indo as coisas, se o STF continuar desafiando a sociedade brasileira, nós corremos o risco, e aí a responsabilidade é toda do STF, de uma confrontação nacional. Não será pacífica.

A declaração foi feita numa entrevista à Rádio Bandeirantes de Porto Alegre. Lessa prosseguiu em sua afronta golpista-catastrofista:

> Uma intervenção militar vai ter derramamento de sangue. Infelizmente, é isso que a gente receia, mas ela não vai ser pacífica. Ela não vai ser resolvida na palavra, [...] ela vai ser resolvida na bala, com mortes, com feridos, e o STF está

sendo um grande estimulador desse estado de coisas para um homem que já está condenado a doze anos.

Na véspera do julgamento, o general repetiu o teor das declarações em entrevista a *O Estado de S. Paulo*. Caso Lula fosse autorizado a concorrer e vencesse a eleição dali a seis meses, disse Lessa, um golpe militar seria inevitável: "Se acontecer tanta rasteira e mudança da lei, aí eu não tenho dúvida de que só resta o recurso à reação armada. Aí é dever da Força Armada restaurar a ordem. Mas não creio que chegaremos lá".[18]

Em reuniões com o Alto Comando do Exército e com a turma de incendiários da reserva, Villas Bôas já ouvira sugestões para demonstrar a posição da caserna quanto ao julgamento de Lula. Uma delas era mandar reservadamente um recado ao Supremo sobre o transe que dominava a "família militar" — por meio de um telefonema ou uma reunião fora da agenda com integrantes do tribunal. O comandante mantinha uma ótima relação com vários dos ministros, em especial com a presidente da corte, Cármen Lúcia, além de Luiz Fux, Ricardo Lewandowski e Gilmar Mendes. Mas optou por uma solução radical.

O texto que resultaria num tuíte de Villas Bôas coagindo o Supremo começou a ser esboçado dias antes pelo comandante, com o auxílio sobretudo do general da reserva Alberto Cardoso, seu "ícone de liderança". A versão original deixava claro que o Exército seria contrário a uma eventual concessão do habeas corpus a Lula — e não subentendido, como por fim foi publicado. Em conversas entre si e com Villas Bôas, os generais Cardoso e Joaquim Silva e Luna (então ministro da Defesa) ajudaram a moderar o teor da mensagem. Sua edição final, naquela terça-feira fatídica, mobilizou o gabinete pessoal do comandante do Exército, formado pelos generais Tomás (chefe de gabinete), Rêgo Barros (Comunicação) e Ubiratan Poty (Inteligência) — todos da turma de 1981 da Aman. Numa reunião iniciada às seis da tarde, da qual participou também o chefe do Estado-Maior, Fernando Azevedo e Silva, foi batido o martelo sobre a publicação e o teor da mensagem. Tomás deixou o Forte Apache e se preparava para um jantar na casa do almirante Flávio Rocha, então chefe de gabinete do comandante da Marinha, Leal Ferreira. Às 19h50, recebeu uma ligação de Villas Bôas, que leu para ele a versão final depois de mais alguns pequenos ajustes. Tomás elogiou o resultado e em seguida ligou para Rêgo Barros, autorizando a publicação.

Às 20h39, o general Otávio Rêgo Barros, chefe do Centro de Comunicação Social do Exército e o auxiliar direto que tinha a senha do perfil oficial de Villas Bôas no Twitter, disparou dois tuítes em sequência. "Nessa situação que vive o Brasil, resta perguntar às instituições e ao povo quem realmente está pensando no bem do País e das gerações futuras e quem está preocupado apenas com interesses pessoais?", dizia o primeiro, preparando o terreno para o tiro de advertência logo a seguir: "Asseguro à Nação que o Exército Brasileiro julga compartilhar o anseio de todos os cidadãos de bem de repúdio à impunidade e de respeito à Constituição, à paz social e à Democracia, bem como se mantém atento às suas missões institucionais".

O *Jornal Nacional* da TV Globo chegava ao fim, mas o apresentador William Bonner teve tempo para, instantes antes do boa-noite que fecha o programa, ler a notícia urgente: "E uma última informação: sem citar o julgamento do habeas corpus de Lula pelo Supremo amanhã, o comandante do Exército, general Villas Bôas, fez um comentário em repúdio à impunidade numa rede social". Então leu na íntegra os dois tuítes.

No mesmo Twitter, choveram respostas de aprovação à mensagem de Villas Bôas, vindas inclusive de generais da ativa: "Estamos juntos meu COMANDANTE!!! Na mesma trincheira firmes e fortes!!!! Brasil acima de tudo!!! Aço!!!", escreveu o comandante militar do Sul, Geraldo Antônio Miotto. "Mais uma vez o comandante do Exército expressa as preocupações e anseios dos cidadãos brasileiros que vestem fardas. Estamos juntos, comandante", emendou o chefe do Comando Militar do Oeste, José Luiz Dias Freitas. Cristiano Pinto Sampaio, comandante da 16ª Brigada de Infantaria de Selva (em Tefé, Amazonas), celebrou citando um notório integralista e antissemita: "Como disse o consagrado historiador Gustavo Barroso: 'Todos nós passamos. O Brasil fica. Todos nós desaparecemos. O Brasil fica. O Brasil é eterno. E o Exército deve ser o guardião vigilante da eternidade do Brasil'. *Sempre prontos Cmt!!*". Entre a "turma do pijama" houve manifestações tão ou mais estrambóticas, como a do general Paulo Chagas, então pré-candidato a governador do Distrito Federal: "Caro comandante, amigo e líder, receba a minha respeitosa e emocionada continência. Tenho a espada ao lado, a sela equipada, o cavalo trabalhado e aguardo suas ordens!!".

Naquele momento, manifestantes em várias cidades do país pediam a prisão de Lula. No maior ato, em São Paulo, oito quarteirões da avenida Paulista foram ocupados. No asfalto e em carros de som de movimentos como

MBL, Vem pra Rua e Endireita Brasil, os participantes escorraçaram o líder petista, exaltaram o juiz Sergio Moro, representado por bonecos de super-herói, e pressionaram a ministra Rosa Weber a votar pela não concessão do habeas corpus ao ex-presidente.[19] Sabia-se que o tribunal estava rachado na questão e que seria um julgamento apertado, porque seis ministros já haviam se declarado contrários à prisão sem que se esgotassem todos os recursos, enquanto cinco defendiam sua legalidade logo após a condenação em segunda instância. Rosa Weber estava no primeiro grupo, mas dizia-se que poderia se juntar ao segundo — o voto dela era a maior incógnita da sessão.

No dia do julgamento, o país acordou atordoado com a rosnada do comandante do Exército. Oficialmente, o presidente Temer — que mais tarde diria não ter sido informado previamente por Villas Bôas sobre a publicação — fingiu que nada acontecera, mas procurou dar um recado. Numa cerimônia no Palácio do Planalto, discursou que a democracia é "o melhor dos regimes" e que ele, Temer, era "quase escravo" da Constituição. Os presidentes da Câmara, Rodrigo Maia, e do Senado, Eunício Oliveira, também pediram respeito à Carta Magna e à democracia — Maia observou que os generais deveriam ter tido "um cuidado maior".

A Anistia Internacional divulgou uma nota afirmando que as declarações de Villas Bôas eram "uma grave afronta à independência dos poderes, ao devido processo legal, uma ameaça ao Estado Democrático de Direito" e sinalizavam "um desvio do papel das Forças Armadas no Brasil". Entidades como Ordem dos Advogados do Brasil, Associação Nacional dos Procuradores da República e Associação dos Juízes Federais também repudiaram a atitude do comandante.

No calor da hora, o líder do PT na Câmara, Paulo Pimenta, famoso pela retórica mercurial, parecia desorientado: considerou a manifestação de Villas Bôas "muito serena" e avaliou que nela o general reforçava "a defesa da Constituição". Pimenta escreveu no Twitter que "infelizmente alguns de seus [de Villas Bôas] subordinados ficaram ouriçados com uma interpretação beligerante que me parece totalmente equivocada". Na direção oposta, o senador Lindbergh Farias, também petista, definiu o tuíte como "inaceitável", "manifestação inoportuna e desastrosa, [que] abriu a porteira para um sem-número de atrocidades vociferadas por generais descompensados e inimigos da democracia" e "a maior chantagem à Justiça desde a época da ditadura militar". Partiu do governador do Maranhão, Flávio Dino, uma das reações mais lapidares: "No estado de direito, cada um tem o seu papel institucional: ao comandante do Exército não cabe interpretar a Constituição nem dizer o que é impunidade. Para isso existem os Três Poderes, especialmente o Supremo Tribunal Federal".[20]

Jair Bolsonaro acabara de mudar de partido, trocando o PSC pelo PSL, uma legenda que alugara com seus aliados para a aventura presidencial. Era o candidato que mais crescera na disputa e, em segundo lugar nas pesquisas (atrás apenas de Lula), seria o maior beneficiado com o impedimento do petista de concorrer naquelas eleições. O capitão naturalmente festejou: "O partido do Exército é o Brasil. Homens e mulheres, de verde, servem à Pátria. Seu comandante é um soldado a serviço da democracia e da liberdade. Assim foi no passado e sempre será. Com orgulho: 'Estamos juntos general Villas Boas'".

O Ministério da Defesa soltou uma nota elogiando "a coerência e o equilíbrio" do comandante do Exército e sua "mensagem de confiança e estímulo à concórdia". Os homólogos da Marinha e da Aeronáutica, no entanto, não foram consultados por Villas Bôas antes dos tuítes. Tampouco gostaram da atitude. O chefe da Força Aérea, brigadeiro Nivaldo Rossato, procurou demonstrar isso já no dia seguinte, ao distribuir entre seus comandados uma nota que, nas entrelinhas, discrepava das mensagens do colega:

> É muito importante que todos nós, militares da ativa ou da reserva, integrantes das Forças Armadas, sigamos fielmente a Constituição, sem nos empolgarmos a ponto de colocar nossas convicções pessoais acima daquelas das instituições. Os poderes constituídos sabem de suas responsabilidades perante a nação e devemos acreditar neles. Tentar impor nossa vontade ou [a] de outrem é o que menos precisamos neste momento.

Mais tarde, o comandante do Exército confessaria a pelo menos um dos seus homólogos: "Não contei a vocês porque sabia que vocês seriam contra".

Adepta da tese de autorizar a prisão em segunda instância e alvo de pressões por todos os lados, Cármen Lúcia havia pautado o julgamento quando Rosa Weber — o fiel da balança — já dera pistas de que votaria com o grupo dela, ou seja, adotando o argumento desfavorável a Lula. Rosa avisara que não mudaria jurisprudência em habeas corpus; que, em casos específicos como aquele, seguia o "princípio da colegialidade", a orientação da maioria, e dois anos antes a maioria decidira pela prisão após a segunda instância — o quadro se alterara desde então porque Gilmar Mendes mudou de posição nesse ínterim. (Quando, anos depois, a questão voltou a ser apreciada, dessa vez numa Ação Declaratória de Constitucionalidade, Rosa Weber, seguindo sua lógica, mudou o voto.)

Após quase onze horas de sessão, na madrugada da quinta-feira, 5 de abril, o habeas corpus de Lula foi rejeitado por seis votos a cinco. Votaram pela tese vencedora Alexandre de Moraes, Cármen Lúcia, Edson Fachin, Luís Roberto Barroso, Luiz Fux e Rosa Weber. Celso de Mello, Dias Toffoli, Gilmar Mendes, Marco Aurélio e Ricardo Lewandowski foram vencidos.

Cármen Lúcia ficará marcada pela tibieza diante da pressão de um chefe militar sobre a suprema corte do país. Ao abrir a sessão, a presidente tão somente lembrou que o Supremo era o "responsável pela guarda da Constituição e que atua no seu cumprimento de maneira independente e soberana".[21]

Coube ao então decano da corte, Celso de Mello, reagir à intimidação de Villas Bôas, aproveitando seu voto para lembrar que "as intervenções pretorianas [em outro momento preferiu "intervenções castrenses"] têm representado momentos de grave inflexão no processo de desenvolvimento e de consolidação das liberdades fundamentais" — e, "quando efetivadas e tornadas vitoriosas", provocam "danos irreversíveis ao sistema democrático, à possibilidade de livre expansão da atividade política e do exercício pleno da cidadania".

E arrematou, antes de iniciar seu voto: "Tudo isso é inaceitável, senhora presidente, porque o respeito indeclinável à Constituição e às leis da República representa limite inultrapassável a que se devem submeter os agentes do Estado".[22]

Sergio Moro teve pressa. Horas depois da decisão do Supremo, o juiz da Lava Jato determinou a prisão de Lula. Passados mais dois dias, e uma novela que envolveu uma vigília na sede do Sindicato dos Metalúrgicos do ABC e a incerteza sobre o cumprimento do mandado, o petista se entregou, pegou um avião e foi encarcerado na Superintendência da Polícia Federal em Curitiba, de onde só sairia 580 dias mais tarde.

Numa entrevista sete meses depois do acontecido, Villas Bôas disse que publicou o tuíte para conter radicalismos e evitar um mal que, no entanto, não soube nominar.

Ali, nós conscientemente trabalhamos sabendo que estávamos no limite. Mas sentimos que a coisa poderia fugir ao nosso controle se eu não me expressasse. Porque outras pessoas, militares da reserva e civis identificados conosco, estavam se pronunciando de maneira mais enfática.

Ele avaliou que tinha valido a pena, apesar das críticas recebidas por interferir na política, garantir a "estabilidade, porque o agravamento da situação depois cai no nosso colo. É melhor prevenir do que remediar".[23] Mesmo assim, o ex-comandante afirmou, em 2019, não crer que a ministra Rosa Weber tenha mudado o voto por causa do recado dele. E comentou que a reação de Celso de Mello não o surpreendeu: "Eu sabia que havia riscos desse tuíte [...]. Eu sabia que alguma reação corporativa deveria haver e até achei que ficou barato".[24] Ao longo dos anos, o general agregou justificativas: a concessão do habeas corpus poderia ter desencadeado um "processo de impunidade"; que ele quis "manifestar o pensamento do Exército, [...] de conformidade com a vontade da população".

Saltam aos olhos certas incongruências e buracos nas versões do general. Vejamos algumas passagens de suas memórias. Villas Bôas diz que o Exército se preocupava com

> as consequências do extravasamento da indignação que tomava conta da população. Tínhamos aferição decorrente do aumento das demandas por uma intervenção militar. Era muito mais prudente *preveni-la* do que, depois, *sermos empregados para contê-la* [grifos meus].

Mas quem detonaria uma intervenção militar que o Exército poderia ser empregado para conter, senão os próprios militares?

O cenário esboçado pelo general, no entanto, logo é completamente descartado por ele mesmo. "Nos lugares por onde andava, pessoas se aproximavam para agradecer pelo que estávamos fazendo pelo país, ou para sugerir a intervenção. Quanto a militares da ativa ou da reserva, nunca houve essa hipótese."[25]

Em suma, se a cadeia de comando do Exército estava intacta e preservada, como assegurou Villas Bôas, a ameaça à estabilidade usada como justificativa seria um mero estratagema?

O ex-comandante no mínimo dissimula ao relatar que o ministro da Defesa não foi informado previamente de que as mensagens seriam publicadas.

Até se confunde ao dizer que o titular da pasta era Raul Jungmann. O ministro na ocasião era o general Joaquim Silva e Luna, que não só soube antes como ajudou a atenuar o tom dos tuítes.

Ao contrário do que Villas Bôas sugeriu quando afirmou que os integrantes do Alto Comando do Exército residentes em Brasília participaram da formulação da mensagem, os generais de quatro estrelas do colegiado não tiveram nenhuma ingerência na decisão de publicá-la e quase nenhuma em seu teor. O texto lhes foi enviado, para conhecimento, pelo chefe do Estado-Maior, Fernando Azevedo e Silva — mais para tentar construir um consenso do que como uma consulta ou enquete. Conforme certa vez explicou o general Etchegoyen (falando em tese, não deste caso específico):

> Na liturgia militar, falar com o Alto Comando é transmitir a sua decisão, pra que eles não fiquem sabendo por outro que não o comandante. O comandante quando liga para o Alto Comando num caso sensível, ele liga pra dar a decisão dele. Consulta ele terá feito antes, com os auxiliares mais próximos.

Mas tampouco houve oposição declarada no Alto Comando à decisão do chefe, conforme tentou-se difundir mais tarde, depois da péssima repercussão do gesto. A decisão de rosnar para o Supremo, em suma, foi de Villas Bôas, influenciado por uma espécie de "conselho pessoal" (seu mestre Alberto Cardoso à frente) e pelas pressões que recebia de oficiais da reserva como Augusto Heleno. E teve aval do Alto Comando do Exército. O ministro da Defesa, Joaquim Silva e Luna, vinha tratando o tema com Cardoso, e ambos compartilhavam a opinião de que qualquer pronunciamento oficial deveria ser subliminar. Numa conversa telefônica com Villas Bôas na tarde da terça-feira em que foi publicado o tuíte, Silva e Luna sugeriu ao comandante baixar o tom da mensagem, o que acabou sendo feito. O general Cardoso confirmou ter sido procurado por Villas Bôas e disse que, dado o grau de amizade e respeito entre os dois, a consulta era "natural". "Ele me relatou sua decisão, a qual apoiei. Mais uma vez, a vida veio demonstrar que suas preocupações tinham razão de ser", resumiu-se a comentar.

Pela relação que mantinha com Etchegoyen — que desde sempre integrou seu "conselho pessoal" —, soa inverossímil a versão, apresentada por ambos, de que o então ministro-chefe do GSI não teve conhecimento prévio da mensagem. Mas Etchegoyen se manifestaria diversas vezes sobre o episódio. Numa delas, em 2019, afirmou que o comandante fez aquilo "para que a gente evitasse cair num cenário ruim". E justificou:

> Qual é o grau de confiança e prestígio na nossa Justiça nas pesquisas? É baixo. O Congresso? É baixo. A Presidência da República? É baixo. Tinha uma instituição que tinha credibilidade. E essa instituição em determinado momento o que podia fazer era falar. Vamos esperar que agora, superada aquela fase, ela volte à mudez.[26]

Em outra oportunidade, defendeu que de forma alguma o tuíte poderia ser encarado como uma ameaça de ruptura constitucional, uma vez que continha a expressão "respeito à Constituição" e que "jamais teria a força de intimidar algum ministro do STF ou mesmo modificar seu voto, a menos que tivéssemos juízes covardes na nossa Suprema Corte, o que está fora de questão".[27]

Jaques Wagner integrava o numeroso time de admiradores de Villas Bôas na esquerda. Numa entrevista no início de 2018, não poupou elogios ao comandante:

> Um homem empolgado pelo Exército e pelo Brasil. Um militar clássico, um brasileiro nacionalista e respeitador das leis. De bom trato. Destemido. Democrático. Onde chefiou sempre se transformou num líder porque é afável, corajoso e motivador, um construtor de equipes.

Teve mais:

> Afastado de qualquer viuvice do passado, um cara olhando pra frente. Sempre teve uma visão muito profissional do Exército, sempre pugnou por Forças Armadas cumprindo dispositivos constitucionais. Qualquer movimento nesse sentido [de intervenção] não encontraria nele um estimulador.

Um dos líderes petistas mais próximos de Lula, Wagner era na época secretário de Desenvolvimento Econômico do governo da Bahia. Naquele mesmo ano, seria eleito senador pelo estado.

Mais que admirador, Jaques Wagner virou amigo de Villas Bôas quando este era comandante e aquele, ministro da Defesa (e seu chefe). Mantiveram uma relação afetuosa mesmo depois de trabalharem juntos, se telefonavam nos aniversários, suas esposas trocavam mensagens por WhatsApp.

Numa outra conversa, em setembro de 2021, Wagner manteve o respeito por Villas Bôas. "Fui visitá-lo, ele já em cadeira de rodas, e ele me disse que sabia que eu o compreendia, que ele segurava a 'turma do pijama' mais radical." Mas, escaldado pela pressão do general sobre o Supremo no julgamento do habeas corpus de Lula e pela adesão em massa dos militares a Bolsonaro, o petista se revelou algo decepcionado com o que interpretou como "uma dose de ingratidão" de um comandante, afinal, escolhido pelo governo petista.

Os ecos do tuíte se fizeram sentir em vários setores da vida pública nacional. O sucessor de Cármen Lúcia na presidência do Supremo Tribunal Federal, ministro Dias Toffoli, pôde escolher entre seguir a leniência da predecessora diante da afronta de Villas Bôas ou adotar a contundência de Celso de Mello. Optou pela primeira alternativa. Antes de assumir, visitou o general no Forte Apache. Um dos propósitos do encontro logo veio à tona: Toffoli foi pedir a Villas Bôas a indicação de um militar com vivência na caserna para assessorá-lo na presidência do tribunal, recebeu-a e acatou-a: ao tomar posse, nomeou o general Fernando Azevedo e Silva para a função.

Mas, segundo relato das repórteres Monica Gugliano e Tânia Monteiro, Toffoli aproveitou a visita para assegurar ao comandante que, sob a gestão dele na corte, os militares não teriam contratempos — nem quanto a uma revisão da Lei de Anistia nem em relação a Lula. No que dependesse dele, Toffoli, a decisão tomada em abril não seria modificada até o final do ano — e Lula estaria mesmo impedido de disputar a eleição de 2018.[28]

Os gestos em direção aos fardados continuaram depois que ele assumiu. Num dos mais simbólicos, durante seminário na Faculdade de Direito da Universidade de São Paulo às vésperas da eleição de 2018, Toffoli disse que preferia definir a ruptura institucional que houve em 1964 como "movimento", em vez de golpe de Estado.

Celso de Mello ficou indignado com a subserviência do colega às Forças Armadas e, até se aposentar, em outubro de 2021, foi o principal crítico e obstáculo no tribunal à escalada contra a democracia e o estado de direito empreendida por Jair Bolsonaro.

* * *

A intrusão de Villas Bôas no Judiciário encontra explicação na ciência política e na boa pesquisa acadêmica. Grosso modo, todos os governos pós--redemocratização poderiam se encaixar no que o cientista político polonês Adam Przeworski denominou de "democracias tutelares", em que as Forças Armadas, após imporem e conduzirem governos autoritários, voltam aos quartéis, mas "continuam a pairar como sombras ameaçadoras, prontas a cair sobre qualquer um que vá longe demais na ameaça a seus valores ou seus interesses".[29]

Para o cientista político brasileiro Jorge Zaverucha, seguindo a linha de raciocínio do colega polonês, a inexistência de golpes militares no país desde 1985 não significa que tenha sido criado um controle civil das Forças Armadas. Quando têm seus interesses ameaçados, aponta Zaverucha, elas costumam mostrar o tacape, e o poder civil cede. "Ou seja, a democracia é tão conservadora para com os interesses castrenses que os militares não se sentem impulsionados a golpeá-la. [...] Em suma, os militares brasileiros mostram-se satisfeitos em não terem de carregar o ônus de ser governo e, simultaneamente, usufruem o bônus de ser poder."[30] Foi escrito em 2000, mas segue atual.

A ascensão de Bolsonaro e a ocupação indiscriminada do governo federal por militares viriam a confirmar a argumentação de ambos — com uma retrógrada sofisticação, conceito que o mesmo Przeworski chamou de "autoritarismo furtivo": a corrosão da democracia a partir de elementos internos da própria democracia.

13. Onda verde-oliva

Quando o comandante Villas Bôas pôs a baioneta no pescoço do Supremo Tribunal Federal, já estava envolvido com Bolsonaro de um modo irreversível, mas os sinais só se tornariam mais claros a partir do meneio lançado via rede social. Nos meses seguintes, o general seria o líder não nomeado de uma onda verde-oliva nas eleições de 2018.

Os indícios da adesão do Exército ao militar indisciplinado que Geisel e tantos generais haviam deplorado no passado seguiram a todo vapor depois do tuíte. Em 5 de junho, Jair Bolsonaro fez uma visita ao comandante Villas Bôas no quartel-general da força terrestre em Brasília. O encontro durou duas horas e meia, e teve a participação de integrantes do Alto Comando do Exército. Na comitiva do candidato de extrema direita estavam o general Augusto Heleno e o deputado federal Onyx Lorenzoni, ambos coordenadores de sua campanha. "Foi uma reunião amigável, de troca de sugestões, impressões, sobre o momento do país, sobre geopolítica. Foi um movimento importante para o Jair", contaria depois Onyx.[1] O capitão, por sua vez, teve ali mais uma prova de que sua reabilitação no Exército estava consolidada de uma vez por todas.

Ocorre que o encontro não constava na agenda oficial de Villas Bôas, e só veio a público porque Onyx publicou no Twitter uma foto ao lado de Bolsonaro e do general no gabinete deste no Forte Apache. Diante de questionamentos da imprensa, o Exército não explicou por que o encontro não constava da agenda do comandante e soltou uma nota pródiga em malabarismos retóricos, segundo a qual Villas Bôas recebera Onyx "para uma visita de cortesia" e que "o mesmo estava acompanhado do deputado federal Jair Bolsonaro". Era apenas mais um exemplo, informava o Exército, da cultura do comandante de recepcionar autoridades dos Três Poderes para tratar de assuntos de interesse da corporação. Tanto que, prosseguia a explicação, dois outros pré-candidatos à Presidência já haviam estado com o general: o senador Alvaro Dias e o deputado federal Rodrigo Maia, presidente da Câmara — cuja pretensão não se consumaria. À diferença do que ocorreu com Bolsonaro, ambos os encontros constaram da agenda oficial de Villas Bôas.[2]

Mas foi só na nota em resposta à visita de Bolsonaro — e diante do receio de que a opinião pública associasse o encontro a um apoio institucional à candidatura do capitão — que o Exército mencionou o plano de convidar os principais candidatos à Presidência para discutir temas nacionais e de interesse da força. A ideia partiu do general Tomás Ribeiro Paiva, chefe de gabinete de Villas Bôas. E, à exceção dos nanicos, todos os candidatos atenderam ao convite, inclusive os de esquerda, como Fernando Haddad, do PT, Ciro Gomes, do PDT, e Manuela d'Ávila, do PCdoB — quando ainda não tinha desistido da candidatura própria para virar vice de Haddad.

Como parecesse no mínimo esquisito um comandante do Exército se envolver numa campanha eleitoral, Villas Bôas reservou uma edição do programa *Conversa com o Comandante*, no canal oficial do Exército no YouTube, só para esclarecer a iniciativa. "Somos uma instituição de Estado, portanto essa abordagem, esse relacionamento com os candidatos não tem nenhum caráter político-partidário. Pelo contrário. E nós não pretendemos absolutamente fazer uma sabatina com os candidatos, porque realmente não nos cabe", disse à entrevistadora oficial do programa. E contou que priorizara nas conversas temas de defesa, segurança pública e a reconstrução de um projeto nacional com base na geopolítica e ênfase na valorização da Amazônia.[3]

A visita de Bolsonaro ao quartel-general do Exército ocorreu dias depois de mais uma prova de fogo para a democracia brasileira naquele ano turbulento. Em 21 de maio, caminhoneiros de todo o país entraram em greve por causa de seguidos aumentos no preço do diesel. Exigiam redução nos impostos que incidem sobre combustíveis e no valor dos pedágios, além de um piso para fretes e outras reivindicações.

Os grevistas bloquearam rodovias Brasil afora, provocando um temor generalizado de desabastecimento. Filas serpenteavam em postos de gasolina. Após alguns dias, alimentos começaram a escassear nas prateleiras dos supermercados em algumas cidades.

Firme no cargo, sem ter sofrido punição ou advertência do presidente Michel Temer por sua afronta ao Judiciário, o comandante do Exército foi incumbido de lidar com o evento de potencial explosivo. O Ministério da Defesa montou um gabinete de crise liderado pelo chefe do Estado-Maior Conjunto das Forças Armadas, almirante Ademir Sobrinho, mas couberam à força terrestre as tarefas mais espinhosas para debelar o risco de uma revolta popular. No Executivo, quem liderou o enfrentamento à agitação foi o ministro-chefe do Gabinete de Segurança Institucional, Sergio Etchegoyen — que recebeu críticas de que a inteligência sob seu comando não teria municiado o governo a tempo de conseguir evitar a greve. Assessores palacianos se queixaram que a Abin de Etchegoyen deixara o presidente "vendido" e "no escuro",[4] ao que o general reagiu afirmando que a Abin agira sim, e o público só não tivera conhecimento porque, "pela própria natureza da atividade", a agência era "obrigada à discrição".[5]

Como Villas Bôas e seus colegas de farda gostam de ressaltar, cidadãos em várias partes do país foram para a frente de quartéis pedir intervenção militar. Segundo o general Tomás, não houve esse risco. "Mas a situação ficou perto de sair do controle, por uma junção de fatores preocupantes: governo fraco, movimento em rede, liderança pulverizada, apoio da população, desabastecimento de combustível...", recorda. "Aquilo poderia afetar a estabilidade. Se faltasse comida, as pessoas poderiam ir às ruas, ter convulsão social, saques."

Se a caminhada de Jair Bolsonaro à Presidência ganhou novo impulso com o tuíte de Villas Bôas, ela se fortaleceu ainda mais com a greve/locaute dos caminhoneiros. O capitão captou bem a temperatura da rua — 87% dos brasileiros apoiavam a paralisação, mostrou o Datafolha — e se jogou de cabeça no movimento, ecoando os pleitos dos grevistas e culpando o governo Temer. "Preço do pedágio, indústria da multa, valor do frete, condições das estradas, roubo de cargas. E, agora, talvez o mais grave: preço dos combustíveis, óleo diesel", ele afirmou num vídeo gravado na ocasião.

De há muito os caminhoneiros buscam soluções para esses problemas, que na verdade interessam para todos os 200 milhões de brasileiros. Não têm encontrado eco no Legislativo. Sobrou-lhes o Executivo, que teima a [sic] se omitir. Assim sendo, apenas a paralisação prevista a partir de segunda-feira poderá forçar o presidente da República a dar uma solução para o caso.[6]

Em grupos de WhatsApp, os grevistas não escondiam sua preferência política. "Sabe que todo caminhoneiro vota no Bolsonaro, né?", destacou um dos líderes.[7]

Depois de incendiar a audiência e esticar a corda, recorrendo a um estratagema que mais tarde seria sua marca como presidente, o então candidato recuou, quando viu que as coisas podiam sair de controle e até prejudicar seu projeto político: "Não adianta o Brasil quebrar, porque, na atual situação, vai quebrar. Passou do limite. [...] Peço sabedoria para que tudo volte à normalidade antes que a situação piore e caia na conta de vocês o que é de total responsabilidade do governo", afirmou aos grevistas.[8]

Temer assinou um decreto de Garantia da Lei e da Ordem, e as Forças Armadas começaram a atuar para desbloquear as estradas. Pressionado por todos os lados, o governo cedeu depois de seis dias, atendendo às principais reivindicações dos grevistas, e anunciou redução do preço do diesel na bomba e congelamento da tarifa por sessenta dias, preço mínimo para fretes e isenção de cobrança de pedágio por eixo suspenso em todas as rodovias para caminhões trafegando vazios. Como não houve consenso entre as tantas lideranças do setor, levou-se mais alguns dias até a situação se normalizar.

Bolsonaro saiu fortalecido, conforme pesquisas detectaram na época.[9] Os caminhoneiros também cresceram, a ponto de nos anos seguintes repetirem em diversas oportunidades as ameaças e criarem canal direto com o Palácio do Planalto e o ministro da Infraestrutura — parte da categoria aderiu ao bolsonarismo mais radical, sendo, no terceiro ano de governo, uma das protagonistas de uma tentativa de golpe no feriado de Sete de Setembro. E o Exército saiu igualmente por cima. Foram principalmente as tropas da força terrestre que desbloquearam as rodovias. Villas Bôas exerceu mais do que nunca seu traquejo político, contatando ministros do Supremo, a procuradora-geral da Republica (Raquel Dodge), o presidente da Câmara (Rodrigo Maia) e os comandantes da Marinha (Leal Ferreira) e da Aeronáutica (Nivaldo Rossato). "Foi o principal momento de atuação do Exército Brasileiro sob o comando de Villas Bôas", avaliou o general Tomás. "Aqui, partidos políticos não existem. Com a corrosão dos políticos e uma crise de representatividade, a autoridade moral do comandante do Exército se exacerbou."

Até o governo do marechal Castello Branco, o primeiro da ditadura militar inaugurada com o golpe de 1964, os oficiais de alta patente podiam permanecer por anos na ativa e transitar sem impedimento entre os quartéis e a vida política. O brigadeiro Eduardo Gomes começou no Exército, passou à FAB quando esta foi criada, em 1941, disputou duas eleições presidenciais pela UDN, perdeu em ambas, mas seguiu sua carreira militar, sendo promovido depois das aventuras eleitorais. O general Pedro Aurélio de Góis Monteiro — homem forte do Exército no Estado Novo e um dos militares mais poderosos do século XX no país — foi um dos fundadores do PSD, o partido pelo qual se elegeram Dutra e JK, disputou a eleição presidencial indireta de 1934 (perdeu), elegeu-se senador em 1947, não conseguiu se reeleger em 1950 e voltou normalmente à farda, tendo sido chefe do Estado-Maior do Exército.

O marechal Cordeiro de Farias, governador biônico e interventor do Rio Grande do Sul (de 1938 a 1943) e governador eleito de Pernambuco (de 1955 a 1958), em seguida continuaria a ocupar cargos estratégicos no Exército. O também marechal Henrique Teixeira Lott foi derrotado por Jânio Quadros na eleição presidencial de 1960. Outros militares que no século XX ocuparam a posição máxima na hierarquia das Forças Armadas tiveram intensa atuação política, como Juarez Távora, Newton Estillac Leal e Odílio Denys. Além, claro, do marechal Eurico Gaspar Dutra, que presidiu o Brasil de 1946 a 1951 — e depois continuou fazendo política, mas pelo menos já na reserva.

Ou seja, o Brasil viveu entre 1930 e 1964 "um sistema civil com forte componente militar", nas palavras do cientista político, diplomata e brasilianista francês Alain Rouquié.[10] Todas as eleições diretas e razoavelmente democráticas no Brasil até o golpe de 1964 — ou seja, as cinco disputas ocorridas após a instauração da República Nova, em 1945 — tiveram militares entre os candidatos mais competitivos. Em 1945, um deles foi eleito, Dutra, batendo outro oficial-general, o brigadeiro Eduardo Gomes. Em 1950, Getúlio Vargas se elegeu tendo como principal oponente o mesmo brigadeiro Gomes.

Com a chamada Lei da Inatividade, de 1965, Castello Branco fez alterações no sistema de promoção de militares, assegurando a renovação na cúpula do Exército — extinguindo os generais eternos —, e criou entraves à politização dos seus quadros. Entre as mudanças, estipulou que um general não poderia ultrapassar treze anos no posto e fixou prazos para que ascendessem dentro dessa patente, de tal modo que cada um dos graus (brigada, divisão e exército) atualizasse anualmente seus quadros: um general de brigada que não fosse promovido em quatro anos a general de divisão, por exemplo, iria compulsoriamente para a reserva, e assim por diante.

Os militares com pretensões políticas também foram afetados: uma vez eleitos, passaram a ser transferidos para a reserva, automaticamente, no ato da diplomação. Castello criou ainda o mecanismo do domicílio eleitoral como condição para que um candidato pudesse ser elegível, inviabilizando, nas eleições estaduais de 1966, as candidaturas dos então generais Lott, Amaury Kruel, Justino Alves Bastos e Jair Dantas Ribeiro aos governos da Guanabara, de São Paulo, de Pernambuco e do Rio Grande do Sul.[11]

Mesmo os fardados convocados para cargos civis temporários só poderiam ficar no máximo dois anos nessas funções — do contrário passariam automaticamente à reserva.

Parecia ter funcionado. Tanto que a candidatura de um militar à Presidência, ainda que um militar inativo, como Jair Bolsonaro, constituiu uma novidade no cenário brasileiro pós-redemocratização.

Ao passar para a reserva após 44 anos no Exército, em 2014, o general Roberto Peternelli foi provocado por amigos a seguir uma carreira política. Bolsonaro o apresentou ao presidente do PSC, pastor Everaldo, e ele foi candidato a deputado federal pelo partido, por São Paulo. Obteve 10 953 votos e não ficou nem próximo de ser eleito.

Com a guinada de direita no país impulsionada pela derrubada de Dilma Rousseff e a assunção de Michel Temer, a sorte de Peternelli começou a mudar. Seu nome, até então restrito aos círculos militares — comandara a Aviação do Exército e a 2ª Região Militar, ambas no estado de São Paulo, e fora secretário-

-geral do Gabinete de Segurança Institucional da Presidência no governo Dilma, quando o ministro-chefe do GSI era o general José Elito Siqueira —, apareceu com mais destaque na imprensa durante o mandato interino de Temer, em 2016. Indicado pelo PSC para a presidência da Funai, foi descartado pelo Palácio do Planalto diante da reação negativa de indígenas e indigenistas e da exposição, na imprensa, de que era mais um militar apologista da ditadura.[12]

O revés não desanimou Peternelli. Percebendo a onda bolsonarista que se desenhava, decidiu não apenas concorrer novamente à Câmara Federal, mas iniciou um levantamento sobre colegas de farda com interesse semelhante. "Primeiro fiz uma pesquisa informal, depois montei uma tabela com nomes em todos os estados", ele relata. Um grupo de WhatsApp mantinha os participantes em constante intercâmbio.

Além de Peternelli e dos colegas de patente Augusto Heleno e Girão Monteiro — e de Jair Bolsonaro, evidentemente —, outro articulador de candidaturas militares foi Hamilton Mourão, o general que desde 2015 aparecera algumas vezes no noticiário por opiniões políticas e ameaças golpistas. Seus agitos o haviam transformado numa coqueluche entre os tresloucados que, nas manifestações pelo impeachment de Dilma, pediam intervenção militar — em Brasília, um desses grupos levava um boneco gigante inflável de Mourão para a Esplanada dos Ministérios. Ao passar para a reserva, em 28 de fevereiro de 2018, o general assumiu o papel de catalisador dos militares pretendentes a políticos. "Teremos muitos candidatos oriundos do meio militar — senão em todos, em grande número de estados. Embora concorrendo por diferentes lugares, eles terão uma linha-mestra de ação e um discurso mais ou menos aproximado com os interesses da nação e dos militares. Eu serei um articulador disso aí", anunciou na ocasião.[13] Mourão foi logo em seguida eleito presidente do Clube Militar do Rio e transformou a entidade num "polo aglutinador" da onda verde-oliva.

Cinco meses depois, ele seria escolhido candidato a vice-presidente na chapa de Bolsonaro — foi a quinta opção, depois que o senador Magno Malta, o general Augusto Heleno, a advogada Janaina Paschoal e o atual deputado Luiz Philippe de Orleans e Bragança saíram da parada. O general e Bolsonaro se conheciam, mas nunca foram amigos. Os dois cursaram a Academia Militar das Agulhas Negras — Mourão concluiu o curso em 1975, e Bolsonaro, dois anos mais novo, em 1977. Apenas nos anos 1980 viriam a ficar mais próximos, no 8º Grupo de Artilharia de Campanha Paraquedista, no Rio. Ambos eram capitães — Mourão mais experiente que Bolsonaro — e moravam na Vila Militar, na Zona Oeste carioca. À boca miúda, circula até hoje em rodas de militares o rumor de que, nessa época, Mourão e Bolsonaro tiveram um entrevero que chegou às vias de fato. O vice nega — diz que conviveu com Bolsonaro no 8º GAC por apenas poucos dias.

Em 2015, Bolsonaro foi a Porto Alegre avisar a Mourão que seria candidato a presidente. Um ano depois, voltou a procurá-lo e disse que poderia precisar dele como vice. Quinze dias antes de Mourão entrar para a reserva, num terceiro contato, o pré-candidato à Presidência reafirmou que queria ter o general ao seu lado e pediu para que ele se filiasse a algum partido. Ainda que Mourão não fosse o vice dos sonhos de Bolsonaro — a prioridade era coligar-se a um partido mais robusto —, desde o início o titular da chapa quis garantir o general como um "plano B" seguro, caso as outras tentativas fracassassem. Foi o que ocorreu.

Mourão foi apresentado por um general amigo ao presidente do PRTB, Levy Fidelix, figura excêntrica da política brasileira que, como Bolsonaro, era pré-candidato à Presidência. E foi a esse partido nanico, sem nenhum representante no Congresso, que Mourão se filiou e ficou à espera. Em 5 de agosto, último dia para a definição das chapas, o celular do general tocou às seis e meia da manhã. Era Bolsonaro. "Ele me disse: 'É você, tá okay?', e eu respondi: 'Tô pronto, vamos lá, pô'." A conversa entre os dois não durou um minuto.[14]

Batalhões de militares, de todos os tipos, procedências e patentes, surfaram na onda verde-oliva eleitoral. Em abril, a lista de Peternelli somava 45 candidatos das Forças Armadas. Numa reunião em maio em Brasília, cuja estrela foi Heleno, contaram-se 71 postulantes.[15] Em julho, a lista de Peternelli já reunia 117 militares-candidatos, do Exército, da Marinha e da Aeronáutica — um crescimento de 160% em três meses.[16] Incluindo as forças de segurança, como polícias militar, civil, federal e rodoviária e bombeiros, foram mais de 1300 candidatos pelo Brasil.[17]

Dois generais da reserva — ambos apologistas da ditadura militar, naturalmente — concorreram a governos estaduais. Ambos perderam. No Ceará, Guilherme Theophilo, o quatro estrelas lançado por Tasso Jereissati para tentar interromper a hegemonia da aliança entre o PT e a família Gomes, ficou em segundo lugar, mas, com apenas 11% dos votos, não alcançou nem o segundo turno — o petista Camilo Santana foi reeleito com 80%. No Distrito Federal, o três estrelas Paulo Chagas — aquele que respondeu ao tuíte de Villas Bôas anunciando que tinha "a espada ao lado, a sela equipada, o cavalo trabalhado" e aguardava as ordens do comandante para o golpe que por fim foi só retórico — terminou em quarto lugar, com 7% dos votos.

Os parlamentos federal e estaduais, entretanto, assistiram a um desfile militar inédito na história recente do país. Foram eleitos 73 militares (incluindo os das forças de segurança), quatro vezes mais que na eleição anterior, de 2014.[18] Na Câmara dos Deputados, Bolsonaro era, até 2018, o único parlamentar oriundo das Forças Armadas — representantes de forças de segurança, sobretudo da Polícia Militar, eram muito mais comuns. A eleição que levou o capitão ao Palácio do Planalto também conduziu à Câmara seis novos deputados federais egressos das Forças Armadas. Entre eles estavam os generais-articuladores Peternelli e Girão Monteiro, mas também o subtenente Hélio Lopes, que se valeu de uma amizade antiga e usou na campanha o apelido de Hélio Bolsonaro, terminando como o deputado federal mais votado no estado do Rio de Janeiro, com 345 mil votos — apenas dois anos antes, nas eleições municipais de 2016, usando o apelido de Hélio Negão, obtivera míseros 480 votos para vereador. E o major Vitor Hugo de Araújo Almeida, um aluno brilhante nas academias militares por onde passou — primeiro de sua turma na Aman — e ex-integrante das Forças Especiais do Exército, acabou eleito por Goiás. Sem experiência parlamentar anterior, foi escolhido por Bolsonaro como líder do governo na Câmara.

A adesão de integrantes das Forças Armadas e das forças de segurança à candidatura de Jair Bolsonaro na campanha eleitoral de 2018 foi imensa, com uma característica marcante, descrita assim por um ex-diretor-geral da Polícia Federal: quanto mais farda, maior o apoio; à medida que diminui a farda, diminui o apoio. Ou seja, a onda bolsonarista seduziu com enorme força membros do Exército, da Marinha e da Aeronáutica, além da Polícia Militar, e em menor escala os das polícias Civil e Federal — ficando no meio do caminho a Polícia Rodoviária Federal, por exemplo, uma corporação meio civil, meio fardada. Foi assim na época da eleição, mas durante o governo quase todas as polícias se "bolsonarizaram" (ou melhor, foram "bolsonarizadas"), inclusive as menos fardadas, como a PF e a PRF.[19]

No caso das Forças Armadas, o bolsonarismo grassou tanto por parte de militares da ativa quanto da reserva — mas estes, graças ao salvo-conduto da inatividade, na época demonstravam sua preferência muito mais do que aqueles. Mais tarde, com a eleição ganha, todos admitiriam seu apoio sem subterfúgios. Oficiais de variadas patentes das três Forças Armadas calculam que, grosso modo, houve uma adesão de algo entre 70% e 80% dos militares a Bolsonaro no primeiro turno, se aproximando de 100% no segundo turno, quando o adversário foi o petista Fernando Haddad, o candidato da "ameaça vermelha", o espectro "comunista".

"Em 2018, não foi o Bolsonaro que venceu, foi o PT que perdeu. Creio que uma parcela razoável dos integrantes do Exército não votou nele por ele, mas para não votar no PT. Do tipo: PT, não. Em que pesem os investimentos e outras ações positivas dos governos petistas, há muito receio do PT. Existe sim um antipetismo, por vários motivos", afirma o coronel da ativa Antoine de Souza Cruz, ressaltando se tratar de opinião "puramente pessoal". Entre os fatores da rejeição, ele destaca o documento do Diretório Nacional do PT de 2016 em que o partido se arrepende de não ter atuado mais para alterar os currículos das escolas militares e as promoções de oficiais — dois pilares sagrados, mesmo para os mais jovens, menos afetados pelas repercussões do regime militar.

Segundo o general da reserva Márcio Tadeu Bergo, presidente do Instituto de Geografia e História Militar do Brasil e da mesma geração de Bolsonaro (formou-se na Aman em 1974; o presidente, em 1977), o maior marcador da adesão maciça dos fardados ao capitão foi o antipetismo:

> Chegou-se numa encruzilhada, em que ou você tinha o PT ou Bolsonaro. A esmagadora maioria [dos militares] foi com ele. Não só militar do Exército, também da Marinha, da Aeronáutica, policiais federais, policiais militares... Ficou do outro lado o pessoal de sempre, que é principalmente aquele pessoal que vivia mamando nas tetas.

Então, explica o general Bergo, deu-se o voto por eliminação.

> Você tinha PT, PSDB, PCdoB, essas coisas todas de um lado e o resto do outro. Esse resto que ficou do outro lado não tinha grandes lideranças. Chegou-se a uma conclusão, e eu pensei assim também: não tem tu, vai tu mesmo. Se não ficarmos com ele, nós vamos ficar com quem?

O antipetismo enraizado no Exército era mais visível fora dos quartéis, mas às vezes o preconceito e a discriminação resultantes do fenômeno ultrapassavam os muros das organizações militares. Uma ação civil pública movida pelo Ministério Público Federal contra a União revelou que soldados de um batalhão em Jataí, interior de Goiás, foram torturados e sofreram maus-tratos e perseguição por manifestarem simpatia aos direitos humanos ou por terem vínculos com movimentos sociais. No inquérito foi anexado um vídeo em que um soldado deitado é pisoteado na cabeça e nas costas por outro militar, que ainda joga areia no rosto do subordinado. Entre os abusos estava a obrigatoriedade para que os alistados que chegavam à unidade preenchessem um questionário — chamado de "Ficha de Entrevista de Conscrito" — com perguntas sobre a participação em movimentos sociais, políticos e religiosos. Nas entrevistas, indagava-se aos recrutas se eram "petistas ou defensores dos direitos humanos".

Um dos autores das denúncias que motivaram o inquérito do MPF relatou no processo que, após saber que ele no passado integrara o Movimento dos Trabalhadores Rurais Sem Terra, um superior lhe gritou: "É você, né? Você que ajuda guerrilheiro a entrar dentro dos quartéis pra roubar fuzil, você que é petista, que é do sem-terra, do MST, você vai sair nem que seja a última coisa que eu faça, mas eu vou te ensinar como é que se faz, vou mudar sua ideologia, vou mudar sua mente aqui dentro". O depoente acrescentou: "Então [...] ele disse que eu tava na merda e que fez isso assim pra toda a companhia ver, entendeu?".[20]

Recheada de moralismo, conspiração e desinformação, a campanha de Bolsonaro potencializou exponencialmente, portanto, um antipetismo que já era latente nos meios militares e em outros setores conservadores do país — e que na verdade não passava do velho anticomunismo com um novo verniz aplicado pela Operação Lava Jato.

Nesse contexto, os bolsonaristas exploraram à farta uma faceta ascendente do conhecido fenômeno: o antipetismo cultural, ou a exploração de temas religiosos e comportamentais associados à família, à moral e aos *bons costumes*. Ancorado na ascensão dos evangélicos — e na vultosa adesão desses fiéis a Bolsonaro —, o antipetismo cultural soube manejar eleitoralmente valores caros à enorme fatia conservadora da população. Mas também manipulou, distorceu e inventou fantasmas, como no caso do chamado "kit gay", na pregação de que alunos das escolas brasileiras sofriam doutrinação marxista — ecoada no fundamentalismo do projeto Escola sem Partido, de censura a professores — a aberrações como a "mamadeira de piroca" — a mentira, que se espalhou pelas redes sociais, de que, para combater a homofobia e a discriminação de gênero, prefeituras do PT haviam distribuído em creches mamadeiras com bico em formato de pênis e, caso eleito, Fernando Haddad replicaria o programa em todo o país.

Estudioso do antipetismo desde os anos 1990, o cientista político Cesar Zucco considerou o antipetismo cultural a grande novidade da campanha de 2018 e detectou a conexão entre o fenômeno e a fidelidade da crescente massa evangélica brasileira a líderes religiosos alinhados à extrema direita bolsonarista.[21]

Imersos nesse caldo de cultura, inúmeros militares da ativa perderam a cerimônia e transgrediram o regulamento disciplinar e o Estatuto dos Militares para fazer campanha pró-Bolsonaro. Levantamento do jornalista Marcelo Godoy mostrou que, do tuíte de Villas Bôas até a eleição, oficiais proibidos de se manifestar politicamente mandaram a disciplina às favas e usaram freneticamente as redes sociais como cabos eleitorais. "Verdadeiros influenciadores digitais, postaram opiniões, compartilharam memes e opiniões de políticos, propaganda do governo e de partidos" em favor da candidatura do capitão, escreveu Godoy.

Para medir a influência do tuíte do comandante nos meses seguintes à postagem, o repórter analisou o comportamento de 115 militares da ativa com contas no Twitter — alcançadas a partir de 23 oficiais seguidos por Villas Bôas na rede social, dentre os 51 perfis que ele acompanhava ao todo na época da pesquisa. Chegou a um resultado estarrecedor:

> Das contas de oficiais da ativa, 82 apresentavam posts de caráter político-partidário, de propaganda pessoal de Bolsonaro e do governo ou de crítica à oposição. [...] A influência de Villas Bôas nesse processo pode ser medida pelo fato de 31 (37,8% do total) dos 82 militares da ativa que se manifestaram politicamente só abrirem suas contas após os tuítes famosos do comandante.[22]

Conforme o levantamento, que se estendeu até abril de 2020, o comportamento continuou depois que Bolsonaro foi eleito. A situação, aparentemente, só melhoraria depois que o sucessor de Villas Bôas no comando do Exército, general Edson Leal Pujol, baixou normas regulamentando o uso de redes sociais pelos integrantes da força terrestre — isto é, colocando uma tranca depois de a porta ter sido arrombada.

* * *

Mas, no calor da campanha, a adesão do generalato a Bolsonaro não era tão evidente. Se logo cedo pareceu claro que nos estratos inferiores e médios das Forças Armadas ele era o escolhido, algumas evidências prejudicam a tese de que Villas Bôas e seus colegas do Alto Comando do Exército ungiram desde o início o capitão como seu candidato nas eleições de 2018. Quem, a partir de 2017, quando a pré-campanha ganhou corpo, acompanhava os bastidores do Forte Apache, sabia que a cúpula da corporação paquerava ao mesmo tempo uma opção de direita menos radical que o outrora tóxico oficial. O próprio comandante dava sinais públicos do que considerava paradigmas de figuras públicas: naquele mesmo 19 de abril de 2017 em que caiu após discursar, por exemplo, ele condecorou com a Ordem do Mérito Militar, principal honraria do Exército, o juiz Sergio Moro e o apresentador Luciano Huck, que alimentava a fantasia de uma futura candidatura presidencial e de quem o general tornou-se amigo. Políticos ainda hoje próximos a generais de quatro estrelas com poder naquela época asseguram que Geraldo Alckmin era o preferido de Villas Bôas e de pelo menos dois outros integrantes do Alto Comando. Ciro Gomes era outro que tinha o respeito do comandante. No alto escalão da força terrestre havia ainda quem visse com simpatia o ultraliberal João Amoêdo e o lava-jatista Alvaro Dias.

A versão de que, no começo de 2018, o candidato de Villas Bôas para o primeiro turno era Alckmin não foi, porém, alimentada por amigos do general por puro diversionismo. Primeiro, a exemplo do que ocorreria em 2022, jamais surgiu na campanha um candidato competitivo de centro-direita, um conservador moderado (como almejava o comandante) com chances reais de derrotar o PT como as tinha Bolsonaro. Outra explicação para as pistas dúbias vindas do Forte Apache é que, assim como o empresariado brasileiro — setor ao qual os oficiais se uniram em momentos cruciais do século xx e com o qual ainda hoje mantêm ligação estreita (onde antes havia Ipes e Ibad hoje há Fiesp) — e representantes do capital financeiro em geral, os militares sabem que, numa eleição presidencial, não é bom negócio colocar todos os ovos numa única cesta.

Mesmo reabilitado pelo Exército, Bolsonaro pode não ter sido o plano A da alta oficialidade desde o início, mas nunca deixou de ser uma opção. Quando as candidaturas antipetistas de centro-direita e de direita moderada deram sinais de que fariam água, o ex-pária tornou-se ainda mais palatável, mas ainda não era unanimidade.

Aí veio a facada.

Na tarde de 6 de setembro de 2018, uma quinta-feira, durante uma caminhada de campanha em Juiz de Fora (MG) um lunático enfiou uma faca de cozinha no abdome de Jair Bolsonaro, perfurando seu intestino e uma artéria e provocando uma hemorragia grave. Levado à Santa Casa da cidade mineira, o candidato do PSL foi submetido a uma cirurgia de emergência e, no dia seguinte, transferido a um hospital de ponta em São Paulo. Ficou internado por mais de três semanas e, ao receber alta, foi proibido pelos médicos de fazer esforço físico. Decidiu cancelar as atividades de campanha e se negou a participar de debates tanto na reta final do primeiro turno quanto no segundo turno, contra Fernando Haddad. Mas fez, no período, sete transmissões ao vivo nas redes sociais, deu inúmeras entrevistas (numa delas levantou a camisa e mostrou a cicatriz da cirurgia e a bolsa de colostomia que teve de usar), gravou programas eleitorais e participou de um evento com seus apoiadores no Rio.[23] Sua convalescença recebeu uma superexposição nas emissoras de TV, na internet e nos veículos de imprensa em geral.

Cinco dias após o atentado, Bolsonaro cresceu cinco pontos percentuais na pesquisa espontânea do Datafolha. O episódio insuflou sua militância em todos os estratos. Se havia, entre os integrantes das Forças Armadas brasileiras, uma minoria que ainda hesitava em cravar nas urnas o 17, número de Bolsonaro, ela se reduziu a pó já na noite de 6 de setembro.

Um dos mais destacados entre os *force commanders* brasileiros da Minustah, a missão de paz da ONU no Haiti liderada militarmente pelo Brasil, o general Carlos Alberto dos Santos Cruz estava com a comitiva de Bolsonaro em Juiz de Fora naquela tarde. À noite, já em Brasília, gravou e publicou um vídeo sobre o acontecido. Começa contando que conhece Bolsonaro desde a época de tenente, quando participaram de equipes esportivas do Exército. Lembra que o candidato era líder nas pesquisas e que tinha "sua plataforma baseada no combate à corrupção, no combate ao roubo do dinheiro público e na recuperação dos valores e do patriotismo brasileiro" e deseja que ele possa "liderar essa reação da nossa sociedade para a recuperação dos nossos valores e da nossa honestidade".[24]

Então Santos Cruz fala sobre Adélio Bispo de Oliveira, o autor da tentativa de assassinato: "Não é nenhum louco, [...] formado em curso superior, participante ativo em organizações políticas, comunista declarado nas redes sociais". Adélio, provariam laudos médicos, era sim louco — disse que cometeu o atentado a mando de Deus. Não era formado em curso superior. E, embora tivesse sido filiado ao PSOL (não era mais à época), jamais fora um militante ativo do partido.

Por fim, o general define o atentado como um "crime premeditado aonde provavelmente o criminoso não estava sozinho". De fato, foi premeditado, mas a suposição de que Adélio seria o agente de uma trama coletiva era um chute — ele de fato agiu sozinho, concluiria a Polícia Federal.

Quatro meses depois, Santos Cruz foi nomeado ministro da Secretaria-Geral do governo Bolsonaro.

A facada também revigorou o ativismo político do comandante Villas Bôas. Generais convictos de que o atentado era um golpe da esquerda para impedir a eleição de Bolsonaro passaram a cobrar dele uma reação — alguns sugeriram até mesmo uma intervenção militar.[25] Numa entrevista publicada três dias depois do ataque, o golpismo que surgira nas entrelinhas do tuíte de 3 de abril reapareceu mais desavergonhado. "Qual o efeito do atentado para o momento eleitoral?", perguntou a repórter Tânia Monteiro. "O atentado confirma que estamos construindo dificuldade para que o novo governo tenha uma estabilidade, para a sua governabilidade, e podendo até mesmo ter sua legitimidade questionada", respondeu Villas Bôas, que logo tentou justificar o injustificável: "Por exemplo, com relação a Bolsonaro, ele não sendo eleito, ele pode dizer que prejudicaram a campanha dele. E, ele sendo eleito, provavelmente será dito que ele foi beneficiado pelo atentado, porque gerou comoção. Daí, altera o ritmo normal das coisas e isso é preocupante".[26]

Entre os candidatos, Ciro Gomes reagiu mais bruscamente à nova investida intimidatória do comandante. "No meu governo, militar não fala em política. Ele estaria demitido e provavelmente pegaria uma cana. Ele está fazendo isso para tentar calar a voz das cadelas no cio que estão se animando", disse o representante do PDT. As cadelas seriam os radicais do Exército que, na visão do candidato, Villas Bôas tentava acalmar ao dar declarações do tipo — o próprio Ciro, afinal, já elogiara o comandante e até então o considerava um moderado. Seja como for, só aí ficou claro que a simpatia que Villas Bôas nutria pelo ex-governador do Ceará era vidro — e se quebrou no episódio. "Ciro nos deixou muito tristes com a deselegância e a insensatez. O próprio comandante o achava um bom quadro, mas agora…", disse na ocasião um auxiliar direto de Villas Bôas.[27]

Sem citar o nome de Villas Bôas, o petista Fernando Haddad o criticou indiretamente. Primeiro atacando Temer: "O comandante em chefe das Forças Armadas é o presidente da República. [...] Quando você tem um presidente que não tem nenhuma autoridade, fala todo mundo pelos cotovelos. Quando tem uma autoridade constituída, legitimada pelo voto, [...] a voz do presidente é que organiza a tropa".

Em seguida, instado a comentar um trecho do seu programa de governo sobre o tema (segundo o qual a Constituição seria "aplicada de maneira imediata e firme contra quem ameaça a democracia com atos e/ou declarações"), afirmou:

> Quem estiver sob o comando da Presidência da República vai ter que defender a democracia. Não vai ter acordo com quem quiser sabotar a democracia no Brasil, [...] nem com gestos nem com declarações. Se for cargo de confiança, está na rua no dia seguinte. [...] Se for um militar da ativa, [será enquadrado por] ato disciplinar.[28]

Candidato pelo PSDB, Geraldo Alckmin foi suave, dando combustível aos que o apontavam como uma das opções iniciais de voto do comandante. "Sou admirador do general Villas Bôas. Eu não vi que ele tenha dito nada fora do comum, ele não falou nenhum impropério. Ele é um democrata, é correto", aliviou o então tucano.[29]

A recuperação de Bolsonaro não refreou a inquietação na caserna. No intervalo entre o primeiro e o segundo turno, o general Ajax Porto Pinheiro, outro ex-*force commander* no Haiti, também gravou um vídeo, bem mais longo e incisivo que o de Santos Cruz, em que exortava sem rodeios soldados de todo o país a impedir a volta do PT ao poder. "Esta eleição do dia 28 [de outubro] não é uma eleição como outra qualquer. [...] O principal componente [...] é a ideologia, são duas ideologias distintas que vão entrar em choque. [...] Tenho certeza, eles voltam com sede de vingança. Se eleitos, nós do Exército seremos as principais vítimas", começava Ajax. Então evocava o cargo de diretor de educação superior militar que ocupara no passado para contar que tivera de explicar, "por várias vezes [...] o porquê de o currículo das nossas escolas militares incluir certos assuntos".

> Eles tentaram nos governos do PT influenciar os nossos currículos, não conseguiram. Mas não tenham dúvida, se voltarem ao poder, eles tentarão fazer o que a sua ideologia fez em países [...] como a Venezuela, em que o Exército é completamente dominado pelo poder político e seus currículos são influenciados por eles.

O general afirma que as pesquisas eleitorais haviam sido manipuladas para derrotar Bolsonaro, até chegar ao ápice da performance como cabo eleitoral:

> Até lá [dia 28], seja um ativista do país, não ache que a eleição está ganha. [...] Se você convencer um amigo, um indeciso, a votar no lado que tem ideal, que tem fé, que eu acredito que dará um destino melhor para o país, você decide as eleições, sim, um voto decide eleições. Participe de carreatas, passeatas, caminhadas, adesive seu carro, fale com seu vizinho, entre nos sites e discuta — bote seu nome, mas discuta com argumentos, com lógica, não com fake news. [...] Aliás, o comunista é especialista em acusar o seu adversário daquilo que ele é. Ele chama o adversário de fascista quando o fascista é ele, mentiroso quando o mentiroso é ele. Isso é uma técnica comunista usada há muitos anos.

Por fim, ao comentar a proposta de Haddad de debater com Bolsonaro numa enfermaria, Ajax sugere ao "candidato fantoche" e "boneco de ventríloquo" que passe antes na cela de Adélio Bispo, "estripador esquerdista" e peça-lhe para fazer com ele, Haddad, o mesmo que fez com Bolsonaro, pois só assim "os dois debateriam em condições de igualdade".[30]

Menos de dois meses depois, o general Ajax foi nomeado assessor especial do presidente do Supremo Tribunal Federal, Dias Toffoli, em substituição ao general Fernando de Azevedo e Silva, que assumiu o cargo de ministro da Defesa do governo Bolsonaro. A nova indicação a Toffoli também partiu do comandante Villas Bôas. No último ano do governo Bolsonaro, após ter sido também assessor da presidência do Superior Tribunal de Justiça, o general Ajax se diria arrependido pela peça de campanha: "Eu não faria mais aquilo. Hoje eu já vejo essa ameaça, entre aspas, menos grave do que eu via naquele momento. Não deveria ter falado. Reconheço que não precisava. Não contribui em nada. […] Eu me arrependo".

Michel Temer declarou ter convicção de que a tragédia de Juiz de Fora, ocorrida durante seu mandato presidencial, selara irreversivelmente o abraço dos militares ao capitão. Numa entrevista em setembro de 2021, instado a comentar a evolução dessa adesão, ele disse:

> Eu acho que foi uma transformação vagarosa, e que foi acentuada pela punhalada que ele levou. Acho que nesse momento houve uma certa — é interessante, pelo menos eu acompanhei um pouco isso —, uma certa intensificação da ideia [dos militares] de apoiá-lo. Não foi uma coisa, digamos, no momento em que ele saiu candidato, todas as Forças Armadas vieram e disseram: ele é o nosso candidato. Isso não houve. Não houve uma coisa corporativa. Eles foram muito discretos até, penso eu, e nesse sentido hábeis para revelar um apoio.

Enquanto Bolsonaro avançava nas pesquisas rumo a uma vitória iminente, surgiram outros ensaios golpistas por parte dos militares. A seis dias da eleição, o coronel da reserva Carlos Alves gravou um vídeo com ofensas e ameaças aos ministros do Supremo Tribunal Federal e do Tribunal Superior Eleitoral, em particular à ministra Rosa Weber, que presidia este último — chamada de "salafrária", "corrupta" e "incompetente". O mote para o surto golpista do coronel foi uma ação que seria julgada no TSE sobre disparos em massa de mensagens via aplicativo de celular contra Haddad para beneficiar a candidatura de Bolsonaro. No dia seguinte, o coronel Alves voltou à carga, publicando outro vídeo, em que acusava mais uma vez os ministros de corruptos e mirava principalmente Gilmar Mendes: "Não mexa comigo! Se você mexer comigo, um fio de cabelo meu, eu juro pela minha honra, pela minha espada de Caxias, que a minha guerra contra você vai ser tirana".[31]

Na noite de 23 de outubro, houve uma reunião tensa na sala da presidência do TSE entre Rosa Weber, Luís Roberto Barroso, Luiz Fachin (ministros daquele tribunal integrantes também do Supremo), o ministro-chefe do Gabinete de Segurança Institucional da Presidência, general Sergio Etchegoyen, e o diretor-geral da Polícia Federal, Rogério Galloro, além de outros ministros e autoridades — depois reconstituída em detalhes pelos jornalistas Felipe Recondo e Luiz Weber.[32]

Barroso exigiu a prisão imediata do desordeiro. Etchegoyen argumentou que o coronel era um militar inativo, da reserva, não tinha poder, e que, ademais, o Exército já tomara as medidas cabíveis, acionando o Ministério Público Militar contra o oficial — cujas grosserias, lembrou, haviam mirado inclusive o comandante Villas Bôas. O impasse não foi resolvido na reunião. Alves não foi preso nem naquele dia nem depois, mas seria obrigado, por determinação da Justiça Federal do Rio de Janeiro, a usar tornozeleira eletrônica e impedido de viajar a Brasília.

Em 28 de outubro de 2018, Jair Bolsonaro foi eleito presidente com 57,8 milhões de votos (55,1%), batendo Fernando Haddad, que obteve 47 milhões de votos (44,9%).

Levou pouco tempo para surgirem da caserna os sinais de uma nova era. Em 25 de novembro, marco da Revolta ou "Intentona" Comunista de 1935, Villas Bôas, sempre no Twitter, escreveu: "Determinei ao Exército que rememore a Intentona Comunista ocorrida há 83 anos (27 nov 1935). Antecedentes, fatos e consequências serão apreciados para que não tenhamos nunca mais, irmãos contra irmãos vertendo sangue verde e amarelo em nome de uma ideologia diversionista".

Dias depois, comandante e presidente eleito participaram de uma cerimônia reservada na Escola de Aperfeiçoamento de Oficiais do Exército, centro de formação de capitães da corporação. Era uma formatura particular para Bolsonaro, que — segundo foi divulgado — cumprira os créditos do curso, mas não obtivera o diploma correspondente ao de um mestrado — a equivalência só seria aprovada por lei anos depois da saída dele. Villas Bôas definiu assim a operação-agrado: "[Bolsonaro] Concluiu o ano letivo, o que constatei quando no comando da EsAO; ele me pediu para verificar o que constava a respeito. Depois de eleito presidente, solicitou que recebesse o diploma, o que foi feito em uma cerimônia simples".[33]

As mesuras do Exército ao presidente eleito continuaram até a posse. Em dezembro, Bolsonaro foi condecorado com uma das principais honrarias da corporação, a medalha do Pacificador com Palma, por ter salvado um soldado de se afogar em 1978. Segundo decreto, a medalha é concedida aos que "tenham se distinguido por atos pessoais de abnegação, coragem e bravura, com risco de vida", e as condições para a concessão precisam "estar claramente comprovadas em sindicância ou inquérito policial militar". O capitão reformado havia requerido a comenda em 2012, como uma forma de refutar acusações de que era racista — o colega que foi salvo é negro —, e desde então não a conseguira. Como num passe de mágica, o pedido foi atendido logo após a sua eleição.

O paulista Jair Bolsonaro, que construiu sua carreira política no Rio de Janeiro, foi o primeiro presidente eleito oriundo das Forças Armadas a receber a faixa presidencial em 73 anos. Antes dele, somente o gaúcho Hermes da Fonseca (1910-4) e o mato-grossense Eurico Gaspar Dutra (1946-50), ambos marechais, chegaram ao poder pelas urnas. Hermes fez um governo tido como desastroso, que culminou com o país em estado de sítio, mas Dutra deixou o cargo com alta popularidade e pavimentou o caminho para a volta da democracia — foi sucedido por Getúlio Vargas, eleito em 1950. Todos os demais militares que comandaram o Executivo o fizeram por meio de ditaduras.

O último militar presidente antes dele, general João Batista Figueiredo, se recusou a passar a faixa presidencial para seu sucessor civil, José Sarney. Figueiredo deixou o Palácio do Planalto pelos fundos, e Sarney só viria a receber a faixa em 4 de junho, após a morte de Tancredo Neves, ocorrida em abril.[34]

A festa da posse do capitão foi repleta de práticas, cacoetes e signos militares. O esquema de segurança e as restrições de circulação em Brasília em 1º de janeiro de 2019 superaram em números e severidade os de cerimônias anteriores. Os bloqueios nos acessos à Esplanada dos Ministérios e à Praça dos Três Poderes foram reforçados por barreiras em vias adjacentes a esses acessos. Pelo menos 10 mil homens e mulheres, sendo aproximadamente 3 mil do Exército e o restante de órgãos como polícias Militar e Civil do Distrito Federal, Polícia Federal, Polícia Rodoviária Federal, Corpo de Bombeiros, Marinha e Aeronáutica foram mobilizados no esquema. Na posse de Dilma Rousseff, em 2014, o contingente de segurança foi de 3,8 mil pessoas, menos da metade.[35]

A imprensa teve seu trabalho prejudicado. Pela primeira vez numa posse desde a redemocratização, os jornalistas foram impedidos de circular entre os locais da cerimônia — Congresso Nacional, Palácio do Planalto, Praça dos Três Poderes. Os repórteres credenciados tiveram que escolher um dos três lugares e foram obrigados a ficar confinados ali.

Na cerimônia do Palácio do Planalto, os futuros comandantes militares foram alojados em cadeiras na primeira fila. O general Edson Leal Pujol (Exército), o almirante Ilques Barbosa Junior (Marinha) e o tenente-brigadeiro do ar Antonio Carlos Moretti Bermudez (Aeronáutica) ficaram no mesmo espaço reservado a presidentes de outros poderes. Pela primeira vez desde a redemocratização, uma das versões da foto oficial do ministério reuniu os comandantes das Forças Armadas e do Estado-Maior Conjunto das Forças Armadas.

Nos discursos, o presidente eleito defendeu valores conservadores e prometeu mais segurança para a população, a liberalização da posse de armas e o restabelecimento da "ordem" no país. Disse que trabalharia para "unir o povo, valorizar a família, respeitar as religiões e nossa tradição judaico-cristã, combater a ideologia de gênero, conservando nossos valores". Definiu o dia de sua posse como aquele em que "o povo começou a se libertar do socialismo [e] da inversão de valores, do gigantismo estatal e do politicamente correto".

O clímax ficou para o final de um discurso de quase nove minutos no parlatório do Palácio do Planalto, seu último pronunciamento público do dia. De improviso, Bolsonaro pegou a bandeira do Brasil que havia tirado, instantes antes, do próprio bolso, segurou-a com a ajuda do vice-presidente Hamilton Mourão e berrou: "Esta é nossa bandeira, que jamais será vermelha. Só se for preciso nosso sangue para mantê-la verde e amarela".

PARTE III
MEU EXÉRCITO

14. Um governo de (e para) militares

É um jantar na residência do embaixador do Brasil em Washington, DC, Sergio Amaral. Em torno do principal personagem da noite — o presidente Jair Bolsonaro, empossado há menos de três meses — estão porta-vozes do conservadorismo norte-americano, como o professor Walter Russell Mead, o crítico Roger Kimball, o lobista Matt Schlapp, presidente da Coalizão de Ação Política Conservadora, e Steve Bannon, estrategista-chefe de Donald Trump na vitoriosa campanha presidencial de 2016. Bannon participou do governo republicano, mas foi demitido sete meses depois. Mais tarde seria preso sob a acusação de envolvimento na invasão do Capitólio, em 6 de janeiro de 2021.

A grande mesa oval no centro do salão foi enfeitada com castiçais de prata e arranjos de flores, elementos que, junto com a louça, os talheres e as taças de vinho e de água denotam a sofisticação do evento. Encontram-se ali também os ministros da Fazenda, Paulo Guedes, e da Justiça, Sergio Moro, dois dos principais fiadores da eleição do presidente brasileiro fora da caserna — o primeiro, no *mercado*; o segundo, no então pujante *lavajatismo*. E um convidado especial, o ex-astrólogo e professor de filosofia on-line Olavo de Carvalho.

De terno escuro, gravata azul e cabelos penteados com esmero, Bolsonaro está sentado entre Bannon e Olavo. Abrindo os trabalhos daquela noite de domingo, 17 de março de 2019, ele se levanta, aciona o microfone à sua frente e faz um discurso de improviso. Comenta da satisfação em estar nos Estados Unidos e revela que se sente "quase em casa". Dali a dois dias, seria recebido por Trump na Casa Branca.

Em seu léxico lacunar e sua prosódia tortuosa, o presidente segue adiante: "Sempre tive muita admiração pra com o povo americano. Pra mim, em muitas coisas sempre serviu como exemplo. Confesso que a Presidência aconteceu". Talvez para ajudar a quebrar o gelo, admite que nem sua esposa acreditava que sua eleição fosse possível, produzindo risadas — há tradução simultânea, os convidados estrangeiros estão todos com fones de ouvido.

"O que eu sempre sonhei foi libertar o Brasil da ideologia nefasta de esquerda. Um dos grandes inspiradores meus está aqui à minha direita", e aponta para Olavo, que agradece acenando com a cabeça e pousando a mão direita do lado esquerdo do peito. "Professor Olavo de Carvalho, que é o inspirador de muitos jovens no Brasil. Em grande parte devemos a ele a revolução que estamos vivendo." E então Bolsonaro chega ao momento culminante de sua fala:

> Prezado Olavo de Carvalho, o Brasil não é um terreno aberto onde nós pretendemos construir coisas para o nosso povo. Nós temos que desconstruir muita coisa. Desfazer muita coisa. Para depois então começarmos a fazer. Que eu sirva para que, pelo menos, eu possa ser um ponto de inflexão, já estou muito feliz. O nosso Brasil caminhava para o socialismo, para o comunismo. Quis a vontade de Deus, entendo dessa maneira, que dois milagres aconteceram: um é minha vida, outro a eleição.

A louvação de Bolsonaro a Olavo não foi fortuita: arquitetar a destruição do marxismo supostamente entranhado na cultura brasileira — e sobretudo dos sujeitos que o difundirem — sempre foi um dos pilares das diatribes em vídeo do ídolo intelectual do bolsonarismo. (Como ilustrou durante uma aula do seu famoso Curso On-line de Filosofia (COF), aconselhando os pupilos: "Não puxem discussão de ideias. Investiguem alguma sacanagem do sujeito e destrua-o. Essa é a norma de Lênin: nós não discutimos para provar que o adversário está errado. Discutimos para destruí-lo socialmente, psicologicamente, economicamente".)[1]

No breve discurso de quatro minutos no banquete em Washington, Bolsonaro achou uma brecha para falar de outro assunto relacionado indiretamente ao catequizador. "Nós sabemos que quando a diplomacia não dá muito certo, na retaguarda tem as Forças Armadas. O caminho é sempre o mesmo, sempre estamos juntos. Parece até que estamos de lados opostos, mas não — estamos do mesmo lado." Podia soar como uma dicotomia deslocada naquele ambiente, mas não soou. As Forças Armadas brasileiras estavam sob ataque... de Olavo de Carvalho.

Num evento em Nova York na véspera do jantar em DC — uma sessão privê do documentário biográfico sobre Olavo, *O jardim das aflições*, organizada por Steve Bannon —, o baderneiro favorito do bolsonarismo falara cobras e lagartos do governo que começava ("Se tudo continuar como está, já está mal. Não precisa mudar nada para ficar mal. É só continuar assim. Mais seis meses, acabou.") e atribuíra o desastre à "mentalidade golpista" de oficiais das Forças Armadas integrantes da nova gestão, "um bando de cagões". "Ele [Bolsonaro] não escolheu duzentos generais. Foram duzentos generais que o escolheram. Esse pessoal quer restaurar o regime de 1964 sob um aspecto democrático. Eles estão governando e usando o Bolsonaro como camisinha."[2]

Paulo Guedes também fez uma saudação a Olavo de Carvalho no jantar, definindo o polemista como "o líder da revolução" liberal que o Brasil começava a vivenciar sob Bolsonaro. Alarmado com o que lera sobre o encontro da véspera, Guedes depois esclareceu que sua frase teve um tom de cobrança a Olavo, por causa justamente da paulada contra o governo que o polemista desferira na véspera. "Como o Olavo sempre havia apoiado o presidente, perguntei por que o líder dispara contra a revolução que inspirou", explicou o ministro da Fazenda.[3]

Na primeira formação do governo, nomes indicados por Olavo ou discípulos do polemista ocuparam desde ministérios importantes (Educação, Ricardo Vélez, e Relações Exteriores, Ernesto Araújo) a postos de prestígio no Planalto (Filipe G. Martins, assessor especial da Presidência) e na Economia (Adolfo Sachsida, secretário de Política Econômica). Em outra frente, ainda mais numerosa, um exército quase literal, composto por integrantes das Forças Armadas, se espraiou por repartições do Executivo federal, de estatais e autarquias.

Os três filhos políticos de Bolsonaro (Flávio, Carlos e Eduardo, mas sobretudo os dois últimos) perfilaram-se do lado dos olavistas, até porque o são. Como exercem considerável influência sobre o pai — para desagrado dos generais que têm ascendência, ou acham que têm, sobre o presidente —, as escaramuças trariam em pouco tempo baixas dos dois lados.

Bolsonaro se elegeu por um partido de aluguel, o PSL. No ajuntamento que o conduziu ao poder, mal havia quadros partidários. Ele mesmo nunca passou de um extremista do baixo clero da Câmara dos Deputados que ao longo da carreira política transitou por várias siglas fisiológicas, como PDC, PPB, PP e PSC — o PSL foi seu oitavo pouso —, sem criar raiz ou história partidária. Vitorioso, cumpriu a promessa de campanha de montar um ministério cheio de militares. Mas foi além, nomeando integrantes da ativa e da reserva das Forças Armadas para cargos comissionados em todos os escalões do governo, numa ocupação jamais vista em períodos democráticos.

Na leitura do jornalista Alon Feuerwerker, analista e diretor de política da agência de comunicação corporativa FSB (que trabalhou para todos os últimos governos, incluindo o Bolsonaro), os militares foram puxados para a Esplanada por um "vácuo de pessoal". Com a destruição do sistema político a partir de 2014, observa Feuerwerker, o capitão precisou improvisar três núcleos para se manter no jogo: o militar, o do mercado (entregue a Paulo Guedes) e o da Lava Jato (entregue a Moro). O que mais saltou aos olhos da opinião pública foi o primeiro, graças à novidade com cheiro de anos 1970 e à escala do aparelhamento. Antes de terceirizar o poder ao Centrão, o que só ocorreria em 2021, diante do risco de perder apoio parlamentar, o presidente cometera o mesmo erro de antecessores que tentaram governar subestimando a política — Collor e Dilma, ambos depostos em processos de impeachment. Há mais de quarenta anos trabalhando com comunicação e poder, Feuerwerker aprendeu que todos os governos dependem de políticos para sobreviver. Uma vez que Bolsonaro não tinha, logo de saída, como montar uma equipe com muitos políticos, até porque fora eleito com um discurso antipolítica, restou-lhe angariar quadros entre confrades da caserna.

Raposas das Forças Armadas gostam de dizer que os integrantes da alta oficialidade militar, principalmente no caso do Exército, são talhados para cumprir também funções políticas. Comandantes de batalhões no meio da Amazônia, nas fronteiras com vizinhos sul-americanos ou no sertão do Nordeste, por exemplo, precisam lidar com prefeitos, vereadores, deputados, magistrados, empresários, comerciantes e líderes religiosos. O traquejo político, assim, é de fato um requisito para o bom desempenho de suas funções. Em Brasília, entretanto, em que política é o ar que se respira e o óleo que move a engrenagem da relação entre o Executivo e os demais poderes, o buraco é mais embaixo. "Sugados para o governo, os militares começaram a aprender a pilotar o avião em pleno voo", compara Feuerwerker.

Quando começou a aventura, seis dos 22 ministros de Bolsonaro eram oriundos das Forças Armadas — com a ressalva de que três deles há muito tinham largado a farda e abraçado a carreira civil. Em 2020, o número de ministros de extração militar subiu para dez, quase a metade do gabinete presidencial.

A cessão de integrantes das Forças Armadas para exercer funções de natureza civil está contemplada no Estatuto dos Militares, que regula obrigações, deveres, direitos e prerrogativas dos membros do Exército, da Marinha e da Aeronáutica. Ali consta que o prazo máximo para essa espécie de empréstimo, a chamada "agregação", é de dois anos. Depois disso, o militar "agregado" precisa voltar para a corporação a que pertence ou ser transferido obrigatoriamente para a reserva. Antes mesmo de Bolsonaro assumir, as cúpulas das Forças Armadas ficaram baratinadas diante da sanha militarista do presidente eleito. Um oficial da ativa do Exército afirmou, na alvorada do governo, que a força terrestre estava "vivendo um mundo novo" com tantas funções fora da corporação, e ninguém sabia ainda como seria feito para manter aquela movimentação frenética entre o governo e a caserna.

Entre 2019 e 2022 foram produzidos inúmeros levantamentos para tentar mensurar a dimensão do fenômeno em todos os escalões da gestão pública federal, com diferentes metodologia e/ou variações nas bases de dados e microdados. Uma dessas investigações coube ao Tribunal de Contas da União, a pedido do ministro Bruno Dantas, e identificou a presença de 6157 militares exercendo funções civis na administração pública federal em 2020, contra 2957 em 2016, um aumento de 102,2%. Noticiado com destaque pela imprensa e reverberado pela oposição, o boom era real, mas os números do TCU devem ser relativizados porque contemplam a contratação de 1969 militares inativos para funções temporárias no INSS, bem como fardados acumulando cargos civis na saúde (1249) e na educação (179). Ainda assim, mesmo excluindo esses casos excepcionais, os 2643 militares restantes ocupando cargos comissionados de natureza civil em 2020 representavam um salto de 34,5% em relação a 2016.[4]

O levantamento do TCU, entretanto, teve a limitação de usar como marco 2016, ano em que o fenômeno já tinha começado, pois, como se sabe, seu detonador foi Michel Temer. O exame de um período mais elástico revela uma explosão ainda maior da militarização na Esplanada. Realizado pela Lagom Data para este livro, um cruzamento entre a lista de servidores federais civis e a relação de militares da ativa e da reserva de janeiro de 2013 a dezembro de 2021 revela que, se no final do governo Dilma havia 3500 fardados ocupando cargos civis, ao final de 2021 eles já passavam dos 5 mil — um salto de 43%.

Em uma nota técnica analisando dados do mesmo período (2013 a 2021), a pesquisadora Flávia de Holanda Schmidt, do Instituto de Pesquisa Econômica Aplicada (Ipea), verificou um aumento de 59% de militares em cargos e funções comissionadas (de 1909 para 3041).[5]

Um recorte da Lagom Data examinando apenas os mais altos postos comissionados da administração federal — cargos de natureza especial, caso dos ministros; Direção e Assessoramento Superiores (DAS) 4, 5 e 6; Funções Comissionadas do Poder Executivo (FCPE) 4 e 5; e Cargo de Gerência Executiva (CGE) I, II e III — revela que a militarização atinge com maior força a elite do funcionalismo público. Durante os governos Dilma, 186 diferentes militares, da ativa e da reserva, ocuparam esses altos cargos, pouco mais da metade deles lotados em nichos tradicionais das Forças Armadas (como GSI, Gabinete de Segurança Institucional, e Defesa). No governo Bolsonaro, até dezembro de 2021 foram 717 nomes diferentes, um aumento de 285%. E apenas um em cada cinco deles estava em pastas tradicionalmente ligadas à caserna.[6]

Oriundos das Forças Armadas ou de onde quer que fossem, os novos comissionados chegavam para ocupar o lugar daqueles que os novos governantes consideravam inimigos. Uma das primeiras medidas do ministro da Casa Civil, Onyx Lorenzoni, foi demitir os funcionários que ocupavam cargos em comissão. "É importante para retirar da administração todos os que têm marca ideológica clara. Sabemos do aparelhamento que foi feito nos quase catorze anos que o PT aqui ficou. É fazer a despetização do governo federal", justificou.[7] Mais tarde, o general Augusto Heleno, ministro-chefe do GSI, afirmou que a esquerda havia "[mobilizado] o governo com vários funcionários que têm como objetivo sabotar o governo federal". "É muito difícil eliminar isso totalmente", pontuou Heleno, porque isso foi uma realidade ao longo desses últimos anos, houve realmente a contaminação da máquina federal em prol de movimentos de esquerda. Mas aos poucos vai se conseguindo aproveitar os funcionários que foram aprovados por seus méritos e que trabalham pelo país, e [há] aqueles que continuam manobrando para destruir o governo federal, para principalmente causar mossas dentro do bloco executivo mais elevado, que é a Presidência da República.[8]

Os benefícios financeiros, privilégios e agrados dos mais variados a integrantes das Forças Armadas foram um sintoma adicional da militarização da gestão pública federal sob Jair Bolsonaro, mostrando que não se tratava somente de um governo *de* militares, mas também de um governo *para* militares. O alto escalão foi agraciado com um precedente que criou salários nababescos, acima do teto constitucional, para generais-ministros. Segundo a Carta Magna, nenhum salário de servidor público pode superar os vencimentos de ministros do Supremo Tribunal Federal (de R$ 39,2 mil em 2021, época da manobra). Mas, graças a um lobby bem-sucedido do Ministério da Defesa,[9] uma portaria do Ministério da Economia autorizou que o cálculo do teto para militares "aposentados" que acumulassem cargos comissionados fosse aplicado para cada vencimento, e não sobre sua soma.[10] A artimanha criou supersalários para Bolsonaro, Hamilton Mourão e vários dos militares em altos postos na Esplanada. Enquanto o presidente (que passou à reserva como capitão) aumentou seu salário em mais de R$ 10 mil (de R$ 30,9 mil para R$ 41,6 mil), generais palacianos, como Mourão, Augusto Heleno, Braga Netto e Luiz Eduardo Ramos ("aposentados" com o salário do topo da carreira), começaram a ganhar mais de R$ 60 mil por mês.[11]

As aspas em "aposentado" se devem a uma idiossincrasia militar que, com a farra dos supersalários, foi posta a nu. Como bem notou o economista Pedro Fernando Nery,[12] os militares, para se livrar de regras previdenciárias iguais às dos civis, sempre argumentaram que não se aposentam. Diferentemente do restante da população, não contribuem com a Previdência para seu período de inatividade, que é bancado pela União. A justificativa é que estão sempre à disposição e não têm os mesmos direitos do trabalhador da iniciativa privada, como FGTS, hora extra, greve, sindicalização etc. O que eles pagam é para custear a pensão de dependentes em caso de morte. Por isso, o déficit com seu sistema de proteção cresce num ritmo maior do que o de servidores civis.[13] Mas, em seu bem-sucedido lobby pelos supersalários, os fardados jogaram fora o que sempre defenderam e, para driblar o teto, argumentaram que são aposentados e, portanto, poderiam ser contemplados por decisões do Supremo Tribunal Federal e do Tribunal de Contas da União. Ambos abriram precedentes para o chamado "teto dúplex".

Em apenas um ano após a assinatura da portaria liberando os supersalários aos militares, os generais do governo Bolsonaro já haviam recebido R$ 350 mil a mais. Ministro da Secretaria-Geral (depois de ser titular da Secretaria de Governo e da Casa Civil), o general Luiz Eduardo Ramos foi o principal beneficiado, recebendo R$ 350,7 mil a mais do que teria ganhado sem o precedente (de um total de R$ 874 mil em vencimentos). Os rendimentos do ministro-chefe do Gabinete de Segurança Institucional da Presidência, general Augusto Heleno, somaram R$ 866 mil, R$ 342 mil acima do teto constitucional. Os generais Hamilton Mourão (vice-presidente) e Braga Netto (ex-ministro da Casa Civil e da Defesa, e vice na chapa de Bolsonaro à reeleição) receberam em um ano, respectivamente, R$ 318 mil e R$ 306 mil a mais.[14]

Os militares também receberam apoio do governo para aprovar no Congresso uma reestruturação da carreira e a alteração das regras de seguridade social do pessoal do Exército, da Marinha e da Aeronáutica, pleito antigo na caserna. A nova legislação compensou os militares por perdas de uma medida provisória do governo Fernando Henrique Cardoso que havia derrubado vários benefícios da carreira. O efeito foi a criação de adicionais que elevam os vencimentos dos militares, em especial os de generais, almirantes e brigadeiros — os chamados oficiais-generais. Por causa disso, as mudanças foram criticadas por representantes dos chamados praças ou graduados, militares de patentes mais baixas que as dos oficiais.[15]

Os tentáculos militares se espalharam por estatais, autarquias e empresas públicas controladas pela União. O general Floriano Peixoto assumiu a presidência dos Correios e alojou fardados por toda parte. Em agosto de 2018, a estatal, seu fundo de pensão Postalis (cujo presidente passou a ser um general de quatro estrelas, Paulo Humberto de Oliveira, ex-chefe do Estado-Maior do Exército) e sua operadora de plano de saúde Postal Saúde (comandada pelo general José Orlando Cardoso) reuniam pelo menos catorze oficiais das três Forças Armadas em cargos de alto escalão.[16] Na Empresa Brasileira de Serviços Hospitalares, que passou a ser presidida pelo general Oswaldo de Jesus Ferreira — um dos coordenadores do grupo de militares que se reuniu em 2018 para elaborar propostas à campanha de Bolsonaro —, o salto no número de fardados foi de 81% (dezesseis para 29) de 2018 a 2021, e de 1350% (dois para 29) tomando como marco 2013.[17]

Apesar de ser uma estatal de economia mista e capital aberto, sujeita à interferência dos acionistas minoritários, a Petrobras não escapou à tendência, graças a seu acionista majoritário, o governo brasileiro. Descontente com a política de preços da petrolífera, em fevereiro de 2021 Bolsonaro demitiu o economista Roberto Castello Branco da presidência e nomeou para o cargo o general Joaquim Silva e Luna (então no comando de outra estatal, Itaipu). Até ser também defenestrado por não se submeter às pressões do Planalto, Silva e Luna ao menos triplicou o número de militares em postos de comando na Petrobras — que já tinha oficiais em cargos estratégicos desde o início do governo Bolsonaro, mesmo na gestão de Castello Branco, como o almirante Leal Ferreira (ex-comandante da Marinha) na presidência do Conselho de Administração, o coronel Ricardo Silva Marques na gerência executiva de Inteligência e Segurança Corporativa e o capitão-tenente Carlos Victor Guerra Nagem como assessor da presidência.[18]

Os casos de Silva Marques e Nagem ilustram como, mais do que a origem profissional, o compadrio revelou-se também uma credencial poderosa para nomeações. Nagem era funcionário de carreira da Petrobras e trabalhava no setor de segurança da companhia em Curitiba. Amigo de Bolsonaro, foi indicado no começo do governo para um cargo de gerente executivo na estatal, mas foi reprovado numa avaliação interna. Terminou nomeado assessor da presidência, com salário de R$ 55 mil.[19] Silva Marques, por sua vez, é da mesma turma de Bolsonaro na Aman, a de 1977, da mesma arma do presidente, artilharia, e igualmente paraquedista. Ao ser nomeado gerente executivo, tinha salário-base de R$ 70 mil, que com benefícios podia atingir R$ 130 mil.[20] Silva Marques reapareceria no noticiário em 2021, quando repassou a Bolsonaro um documento falso atribuído ao Tribunal de Contas da União e usado pelo presidente para difundir mentiras sobre a causa das mortes na pandemia de covid-19.[21]

A turma da Aman de 1977 é uma peça importante para compreender a enorme assimilação de Bolsonaro no Exército. Se sua reabilitação já estava consumada antes das eleições de 2018 e ganhou tração com a campanha daquele ano, o processo foi coroado com a chegada ao cume do poder de seus contemporâneos da Academia Militar das Agulhas Negras. Por um capricho do destino, na hora em que um dos 384 integrantes da turma batizada de Tiradentes virou presidente da República, quatro dos seus colegas exerciam o posto máximo da carreira militar: os generais Carlos Alberto Neiva Barcellos, Edson Leal Pujol, Mauro Cesar Lourena Cid e Paulo Humberto Cesar de Oliveira. Todos haviam sido promovidos a general de exército (quatro estrelas) pela presidente Dilma Rousseff.

Leal Pujol, como se sabe, seria nomeado comandante do Exército por Bolsonaro, que seguiu o critério de antiguidade. Durante a campanha, o general minimizou o extremismo do colega candidato. "O Bolsonaro tem uma personalidade muito pitoresca. Se ele perdesse um pouco dessa identidade, talvez não tivesse tantos eleitores. A gente conhece ele de perto, sabemos que é um pouco da imagem política dele. [...] Talvez seja um pouco difícil mudar a personalidade, a coisa caricata no bom sentido. Ele não vai deixar de ser a pessoa Bolsonaro."[22]

Os outros três passaram logo em seguida para a reserva e se juntaram ao governo. Cid foi nomeado chefe do escritório em Miami da Agência Brasileira de Promoção de Exportações e Investimentos (Apex), e em tal função lhe coube atender a um pedido de Bolsonaro para acolher com um emprego público na representação da cidade litorânea da Flórida um médico pessoal do presidente.[23] Um filho do general, o tenente-coronel Mauro Cesar Barbosa Cid, se tornaria conhecido como ajudante de ordens e braço direito de Bolsonaro — e seria investigado no inquérito do Supremo para apurar vazamento de dados sigilosos sobre as urnas eletrônicas. Paulo Humberto virou presidente do Postalis, o fundo de pensão dos funcionários dos Correios. E Barcellos assumiu, em Genebra, o posto de conselheiro militar junto à representação do Brasil na Conferência do Desarmamento da ONU.

Conforme a ascensão do coronel Silva Marques na Petrobras deixa claro, as boas relações de integrantes da turma Tiradentes com o Executivo federal se estenderam para além do seleto grupo dos quatro estrelas. Sócio de empresas com contratos com o governo, o general de brigada da reserva Cláudio Barroso Magno Filho, por exemplo, revelou-se um ativo lobista de mineradoras brasileiras e canadenses com interesses em exploração em áreas indígenas, tendo sido recebido pelo menos dezoito vezes no Planalto.[24]

Já o coronel Jorge Otávio Moraes Gomes — frequentador da casa de Bolsonaro na Vila Militar na época em que o capitão planejou atentados contra unidades militares que o fariam ser condenado no Conselho de Justificação do Exército — foi nomeado coordenador regional em Porto Velho da Superintendência da Zona Franca de Manaus (Suframa), órgão dirigido por outro oficial do Exército, o general Algacir Antonio Polsin.

Numa entrevista em janeiro de 2022, Moraes Gomes disse que o fato de ser amigo de academia do presidente da República não tinha relação com sua nomeação. "Nenhuma, nenhuma, nenhuma. Bolsonaro nunca age dessa maneira. Eu fui nomeado pra cá porque eu tinha saído da Poupex [Fundação Habitacional do Exército] em 2020, estava aqui a não fazer nada e eles precisavam de alguma pessoa com o meu perfil para a Suframa." Logo em seguida, diante de menções sobre a época em que Bolsonaro era malvisto pela cúpula do Exército e eles andavam juntos, o coronel complementou: "Ei: meu amigo Bolsonaro do meu coração. Eu jamais o abandonei, mormente nesses assuntos em que ele teve... nesses assuntos que você sabe melhor do que eu, e eu não poderia abandonar meu amigo".

Embora projetos antigos do Exército tenham enfim começado a sair do papel — como uma nova e mais completa escola de formação de sargentos e o Colégio Militar de São Paulo —, essas realizações pontuais, os cargos e agrados aos militares não se fizeram acompanhar de um orçamento maior para as Forças Armadas. Menos ainda em se tratando de investimentos, quando são excluídos os gastos correntes com custeio, que consomem a maior parte da dotação. Corrigindo os valores pela inflação, o capitão Bolsonaro reverteu o crescimento observado no governo Temer e cortou o orçamento da Defesa em todos os anos de seu governo. Em termos nominais, sem considerar a inflação, praticamente congelou a verba. Já os investimentos despencaram: corrigidos pela inflação, os valores investidos em 2012 representam mais que o triplo do que foi investido em 2021. Os recordes nesse quesito ocorreram nos governos Lula e Dilma. Até mesmo em valores nominais, os maiores investimentos em Defesa se deram entre 2010 e 2015, com recorde em 2012, no primeiro governo Dilma (R$ 13,9 bilhões).[25]

Como parecia natural, o general Eduardo Villas Bôas também se juntou ao governo. Foi nomeado assessor especial no Gabinete de Segurança Institucional em janeiro de 2019. Em março, foi publicada uma portaria o reformando (aposentando) por invalidez por causa da doença. O documento era retroativo a 2016 — sendo que o general se manteve no cargo de comandante do Exército até aquele início de 2019.[26] Logo depois de assumir, num discurso na posse de Fernando Azevedo e Silva como ministro da Defesa, o presidente Jair Bolsonaro agradeceu ao ex-comandante do Exército. "Meu muito obrigado, comandante Villas Bôas. O que nós já conversamos morrerá entre nós. O senhor é um dos responsáveis por eu estar aqui. Muito obrigado, mais uma vez."[27]

O general devolveu os afagos. Na transmissão do cargo de comandante do Exército para Edson Leal Pujol, Villas Bôas saudou Bolsonaro:

> O senhor traz a necessária renovação e a liberação das amarras ideológicas que sequestraram o livre pensar, embotaram o discernimento e induziram a um pensamento único, nefasto, como assinala o jornalista americano Walter Lippmann: "Quando todos pensam da mesma maneira, é porque ninguém está pensando".[28]

(Uma ironia: Lippmann foi um defensor intransigente do jornalismo profissional que o próprio Villas Bôas e o bolsonarismo a que ele aderiu tanto deploram.) O general disse que, em 2018, três personalidades haviam se destacado "para que o 'Rio da História' voltasse ao seu curso normal". E acrescentou:

> O Brasil muito lhes deve. Refiro-me ao próprio presidente Bolsonaro, que fez com que se liberassem novas energias, um forte entusiasmo e um sentimento patriótico há muito tempo adormecido. Ao ministro Sergio Moro, protagonista da cruzada contra a corrupção ora em curso, e ao general Braga Netto, pela forma exitosa com que conduziu a intervenção federal no Rio de Janeiro. Todos demonstraram que nenhum problema no Brasil é insolúvel.

Com o apoio da família e de amigos, o ex-comandante criou em Brasília uma entidade com o seu nome, para estimular debates e formular projetos para o país. Inaugurado em dezembro de 2019, o Instituto General Villas Bôas recebeu patrocínios privados e públicos, inclusive do Exército.[29] Enquanto adquiria uma aura heroica e algo mística entre militares, Villas Bôas não exercia influência nenhuma sobre o Palácio do Planalto — talvez um efeito do achincalhe de Olavo de Carvalho, mas em parte também pela progressão da doença, que tornou cada vez mais difícil sua comunicação. No início do governo, amigos do general externavam o seu desconsolo com a situação. Villas Bôas sentia-se desprezado por Bolsonaro. "Só ouve os filhos, só faz o que quer", queixou-se a um parlamentar.

O desgosto não fez o general deixar de elogiar publicamente o presidente e o governo. "O país vai melhorar e está melhorando. O problema é que foram anos e anos destruindo a nossa essência como nação, e isso teve um efeito muito ruim até de provocar uma alteração da identidade do nosso povo", disse numa entrevista ao médico Beny Schmidt no final de 2019. "O país está indo bem, o governo está indo bem. […] O país como um todo está melhorando e tão logo se resolvam os problemas econômicos, eu tenho a impressão de que o país vai decolar." Sem mencionar o aparelhamento do governo por militares, elogiou a seleção dos novos ocupantes de cargos comissionados. "O governo mudou parâmetros e critérios para nomear aos vários cargos em ministérios, autarquias, estatais etc. Passou a prevalecer o critério de competência, de capacidade, de experiência. Então o governo hoje tem quadros técnicos fantásticos em vários setores."[30]

Depois do desdém inicial, Bolsonaro voltaria a prestigiar o ex-comandante com visitas à casa dele e citações em discursos. Numa cerimônia alusiva ao Dia Mundial de Doenças Raras, em 2022, fez uma referência enigmática à importância de Villas Bôas na sua ascensão ao poder.

> Mais do que estes momentos, um outro marcou não a sua vida, mas a de todos nós. Ele está umbilicalmente ligado a uma palavra sagrada, mais forte e mais valiosa que a própria vida: a nossa liberdade. Devo isso a ele, tenho certeza também que me inspirou a enfrentar desafios, e creio que o meu foi o maior da minha vida. Jamais podia esperar que aquilo que nasceu em 2014 pudesse se concretizar um dia.[31]

Em junho de 2022, Villas Bôas foi exonerado do cargo de assessor especial do GSI, quatro dias depois de a revista *piauí* perguntar ao ministério se o general continuava em sua folha de pagamento, se cumpria a jornada de trabalho de quarenta horas semanais prevista no contrato e que tipo de atividade exerce.[32]

Mesmo tendo sido crucial na conjuntura política que possibilitou a vitória de Bolsonaro em 2018, o general Sergio Etchegoyen foi um raro quatro estrelas da geração de Villas Bôas a não integrar o governo. Não por falta de convite. Etchegoyen evita o assunto, mas amigos do general sabem que Bolsonaro primeiro lhe ofereceu a presidência de Itaipu e depois o comando do Ministério da Educação (quando Ricardo Vélez Rodríguez foi demitido). Em ambos os casos, ele agradeceu e recusou. Considerava que seu ciclo na vida pública havia terminado.

Etchegoyen gostava de emitir sinais dúbios em relação a Bolsonaro. Quando era ministro do GSI no governo Temer e o capitão começava a despontar como um candidato forte, o general, indagado sobre a situação, comentou: "Tu achas viável que num país que evoluiu tanto institucionalmente, consolidou uma democracia, alguém consiga governar para impor uma agenda totalitária, excludente?".

Críticas pontuais ao que via como excessos de Bolsonaro podem ter induzido incautos a pensar que se tratava de um crítico genuíno. Ledo engano. Antipetista fervoroso, Etchegoyen obviamente votou no capitão desde o primeiro turno de 2018, mas admite isso com uma ginástica retórica.

> Eu sou um eleitor do Bolsonaro que não votou nele. Eu votei contra. Entendeu? "Votaste no Bolsonaro?" Votei, mas não votei. Marquei lá, Bolsonaro, mas não votei nele. Marquei porque eu estava de saco cheio com o que estava acontecendo. Na realidade, a massa que votou no Bolsonaro votava contra o modelo moral. Votava contra o modelo que assaltou o país, isso é inegável.

Embora conte que votou no capitão a contragosto, o ex-ministro do GSI se mostrava animado no começo do governo. Numa entrevista em abril de 2019, ele disse:

> Veja bem, não sou cabo eleitoral do Bolsonaro. Mas temos que ver o que ele vem apanhando. Batem forte por qualquer coisa. A gente tem que ter paciência, entender que o governo tem que chegar, se estruturar, caminhar. E acho que instalou uma belíssima equipe. Pode se discutir este ou aquele, mas a equipe econômica, por exemplo, é excelente. Um belíssimo time.[33]

Etchegoyen foi trabalhar na iniciativa privada como executivo, em várias frentes. Virou presidente do Instituto Brasileiro de Autorregulação do Setor da Infraestrutura (Ibric), entidade criada por grandes empreiteiras — abriu mão de remuneração em nome da causa, ele ressalta. Integrou o Conselho de Administração da FSB, maior agência de comunicação corporativa do país. Assumiu a presidência dos conselhos de Defesa e Segurança e de Soberania e Clima do Instituto para Reforma das Relações entre Estado e Empresa (IREE), criado pelos advogados Walfrido Warde e Valdir Simão, este ministro do Planejamento e da CGU no governo Dilma. Em todas as empreitadas, o general se fez acompanhar do amigo e ex-ministro Raul Jungmann. Firmou ainda um contrato de consultoria com o escritório de Warde, especializado em direito empresarial e antilavajatista obstinado — algo curioso, sendo Etchegoyen um notório lavajatista que ao mesmo tempo, no Ibric, passou a auxiliar muitas das empreiteiras condenadas na Lava Jato.

Conforme militares do Exército costumam ressaltar, desde o início os escolhidos pelo presidente para os principais postos do Executivo foram integrantes de irmandades internas da força terrestre, ou "máfias", como eles próprios definem de modo irreverente. "As tropas que lidam com risco maior acabam sendo grupos muito unidos. É um espírito de corpo próprio de forças especiais, a Brigada Paraquedista, os Comandos Anfíbios da Marinha, os pilotos de caça na Força Aérea, o Bope na Polícia Militar. A gente brinca que são algumas máfias", explicou o general Augusto Heleno numa entrevista em novembro de 2018, entre a vitória e a posse.[34]

Assim, ex-integrantes da Brigada de Infantaria Paraquedista — à qual Bolsonaro pertenceu nos anos 1980 e que se autodefine como "uma das forças mais poderosas e letais da nação brasileira" — e das Forças Especiais, duas unidades de elite do Exército, tiveram primazia nas nomeações para os ministérios. O universo dos PQDS, como são chamados os paraquedistas, fascina especialmente o presidente, a ponto de ele ter escolhido o grito de guerra da brigada ("Brasil acima de tudo!") como seu slogan de campanha em 2018, acrescentando um complemento religioso, "Deus acima de todos".

No começo do governo, o presidente se mostrou empolgado com a irmandade da Minustah. Tidos como "veteranos" de um Exército sem guerra, e portanto integrantes de outra elite da corporação, os oficiais mais graduados enviados à missão de paz da ONU no Haiti, liderada militarmente pelo Brasil, foram convocados por Bolsonaro para o governo. Entre os *ex-force commanders* no Haiti, quatro tornaram-se ministros no primeiro ano do mandato (Augusto Heleno, Luiz Eduardo Ramos, Carlos Alberto dos Santos Cruz e

Floriano Peixoto) e um, comandante do Exército (Leal Pujol). Além deles, o ministro da Defesa, Fernando Azevedo, foi chefe de operações da missão; o ministro da Infraestrutura Tarcísio Freitas chefiou a seção técnica da Companhia de Engenharia, e o porta-voz de Bolsonaro, Otávio Rêgo Barros, foi comandante do batalhão brasileiro da Minustah.

Todos os oficiais do Exército que ocuparam altos cargos no governo ou eram paraquedistas, pertenceram às Forças Especiais ou tinham ocupado função de comando no Haiti — ou reuniam, simultaneamente, ao menos duas das três características, caso de Heleno, Ramos e Azevedo.

Com esse perfil elitista, os militares buscaram exibir ao país uma postura mais institucional e tecnocrata, até para tentar se diferenciar do bloco lunático-olavista, que pregava um estado permanente de guerra cultural — ainda que algumas pautas os unissem, como o revisionismo histórico, o combate às lutas das minorias contra desigualdades ou a defesa da soberania da Amazônia.

(Essa união um tanto frágil não constituiu o único momento em que o conservadorismo extremo tentou colocar suas garras sobre o país. Na era Vargas isso também aconteceu. Mas houve diferenças importantes. Como apontou o cientista político Hélgio Trindade:

> [...] a implantação do Estado Novo em novembro de 1937 teve o papel de conter o processo de fascistização em curso: Vargas preferiu uma aliança com o Exército de Góis Monteiro do que com o integralismo de Plínio Salgado. [...] O Estado Novo de Vargas, embora integrado por muitos simpatizantes do fascismo e inspirado em muitas de suas instituições e rituais [...], tornou-se muito mais um autoritarismo paternalista do que um regime fascista.[35]

No Brasil de 2018, porém, foi como se Bolsonaro optasse por reunir simultaneamente em torno de si todas as vertentes do reacionarismo.)

A partir das divergências de fundo entre as correntes dominantes do bolsonarismo, as fissuras foram se aprofundando e, em menos de um ano, ficou claro que o edifício governista era um barraco erguido com pedaços de materiais distintos que ensaiava desmoronar ao sabor dos atritos cada vez mais comuns. Quem mais balançava a frágil estrutura era um dos arquitetos da gambiarra ideológica: o próprio Olavo de Carvalho. Três meses depois de começar a insultar e menosprezar os militares palacianos, o ex-astrólogo fez a primeira vítima graúda na caserna — o general Santos Cruz.

Ministro-chefe da Secretaria de Governo, Santos Cruz (o mesmo que havia gravado o vídeo de apoio a Bolsonaro no dia da facada) caiu em desgraça ao bater de frente com Carlos e Eduardo, segundo e terceiro filhos do presidente e seus chefes informais de propaganda, e com as falanges por eles lideradas. O general foi fritado por, entre outros motivos, tentar blindar as verbas da Secom (Secretaria de Comunicação Social, a ele subordinada) da influência de Carlos e seu "gabinete do ódio" — criticou o histrionismo de olavistas nas redes sociais e defendeu a criação de algum tipo de regulação desses veículos — e por vetar a contratação de Leonardo Rodrigues de Jesus, o Léo Índio (primo muito próximo de Carlos, o Zero Dois).

Extremistas do bolsolavismo, como o assessor Filipe G. Martins, o empresário Otávio Fakhoury e o ativista Allan dos Santos, lideraram o linchamento virtual que cobrava a cabeça de Santos Cruz.[36] Todos eles eram influenciados por Olavo, que na mesma época passara a insultar seguidamente o general, em publicações como: "Controlar a internet, Santos Cruz? Controlar a sua boca, seu merda", ou "Santos Cruz é apenas uma bosta engomada". O militar contra-atacou, afirmando que o ex-astrólogo era "um desocupado esquizofrênico". Villas Bôas apareceu para defender Santos Cruz, chamando Olavo de "Trótski de direita", e também recebeu chumbo. Olavo de Carvalho escreveu:

> Há coisas que nunca esperei ver, mas estou vendo. A pior delas foi altos oficiais militares, acossados por afirmações minhas que não conseguem contestar, irem buscar proteção escondendo-se por trás de um doente preso a uma cadeira de rodas. Nem o Lula seria capaz de tamanha baixeza.

A gota d'água para a demissão de Santos Cruz foi a divulgação de uma montagem com uma troca de mensagens em que o general falava mal de Bolsonaro e de Carlos — tudo falso, conforme atestaria mais tarde a Polícia Federal.

Como líder de tropas da ONU — depois de ser *force commander* por dois anos no Haiti e de exercer a mesma função numa missão de paz maior e mais complexa na República Democrática do Congo, onde grupos rebeldes armados confrontavam o governo —, Santos Cruz não era apenas um raro oficial brasileiro com experiência nesse tipo de conflito, tido como um chefe militar belicoso, mas se tornou também consultor das Nações Unidas e general de prestígio na organização. A pedido do secretário-geral da ONU, António Guterres, preparou em 2017 um relatório sobre o crescente número de baixas dos capacetes-azuis em operações de paz. A conclusão do documento, que ficou conhecido na ONU e entre especialistas em defesa como "Cruz Report", é que as missões não devem hesitar em usar a força — como ele mesmo fizera sem parcimônia no Haiti e no Congo. A própria nomeação de Santos Cruz por Bolsonaro, que na campanha havia prometido tirar o Brasil das Nações Unidas caso eleito, alegando que a instituição "não serve para nada" e é "uma reunião de comunistas", já parecera intrigante.[37] Pois bastou a demissão do general para o vínculo ser evocado por Eduardo Bolsonaro. "A linha internacional dele era 'ONU Futebol Clube', uma linha globalista, afinada com as teses da esquerda."[38]

Defenestrado, Santos Cruz converteu-se num crítico contundente do presidente. Passou a ser um raro oficial-general a vocalizar em público o comentário de que militares não são a panaceia do país, como a militarização da Esplanada indicava, e a denunciar a tentativa de Bolsonaro de politizar as Forças Armadas, o "populismo barato, a falta de compostura para exercer a função, o despreparo evidente", segundo qualificou numa entrevista em setembro de 2021. Na ocasião, disse que não se arrependia do apoio pregresso a tudo o que passara a criticar. "Aquilo foi momento, tem que colocar as coisas em contexto. O PT vinha de quatro mandatos, uma alternância era necessária, troca de ciclos. Hoje eu não votaria em Bolsonaro."

A substituição de Santos Cruz como ministro da Secretaria de Governo, em junho de 2019, marcou uma inflexão no governo. Luiz Eduardo Ramos, próximo de Bolsonaro desde a adolescência, quando foram colegas na Escola Preparatória de Cadetes de Campinas, era um general de quatro estrelas da ativa, que ocupava a chefia do Comando Militar do Sudeste e tinha assento no Alto Comando do Exército.

Pela primeira vez, um general em atividade no Exército assumiu um cargo importante no governo, no ministério encarregado da articulação política com o Congresso. A maioria dos altos oficiais na Esplanada até então pertenciam à reserva, e era este o argumento brandido pelos militares para rejeitar a possibilidade de contaminação política das Forças Armadas: a turma do pijama, afinal, não comanda tropas. Duas exceções confirmavam a regra: o ministro de Minas e Energia, almirante de esquadra Bento Albuquerque (da Marinha) e o general Otávio Rêgo Barros, porta-voz da Presidência do Exército. Este, embora num posto menos relevante que o de Ramos, também simbolizava a confusão entre funções de Estado e de governo — afinal, caberia a um oficial da ativa transmitir as mensagens do chefe do Executivo.

Era como se Bolsonaro, ao nomear generais da ativa para negociar cargos e verbas com o Congresso, e para falar por ele, pouco se importasse em disfarçar seu intento de militarizar a política e politizar as Forças Armadas. Nos bastidores, oficiais admitiam que cruzar essa linha deixaria os militares mais vulneráveis a críticas. Como "agregado", Ramos precisou deixar o Alto Comando do Exército, o que não alterava um fato incontestável: um general que poucas semanas antes de ser nomeado participara das reuniões daquele colegiado, a cúpula da força terrestre, ocuparia uma sala no terceiro andar do Palácio do Planalto, o mesmo do presidente, a poucos metros do seu gabinete.

Em tese, o comandante do Exército, general Leal Pujol, poderia ter recusado a cessão de Ramos para um cargo político no governo. Caso o fizesse, correria o risco de ser demitido por rejeitar o pedido do comandante supremo das Forças Armadas. Pujol preferiu deixar o barco correr.

Ramos, cuja atuação no governo se notabilizaria pela subserviência irrestrita a Bolsonaro, pouco se importava com a condição híbrida de militar e político, insustentável em qualquer democracia saudável. Deixou isso evidente quando, já ministro, compareceu a uma cerimônia no Comando Militar do Sul, em Porto Alegre, com traje militar — camuflado. Ainda almejava, e contava até a parlamentares, assumir um dia o Comando Militar do Leste, o que só seria possível caso se mantivesse na ativa — o Rio, sede da guarnição, é, afinal, o destino dos sonhos para nove entre dez fardados brasileiros às vésperas de passar à inatividade. Permaneceria por um ano naquele estado anômalo, até finalmente passar à reserva em julho de 2020.

Entre os muitos generais que habitaram o Palácio do Planalto, Ramos não foi apenas o mais bajulador e caninamente fiel ao presidente, mas também o mais diplomático. Assumiu a articulação política do governo no lugar de Onyx Lorenzoni, ministro da Casa Civil que não era ouvido nem respeitado no Congresso. O general, por sua vez, sempre transitou com desenvoltura entre políticos e procurava se mostrar aberto a dialogar com todas as tendências: num almoço com parlamentares quando chefiava o Comando Militar do Sudeste, optou por sentar-se a uma mesa em que a maioria dos integrantes era de esquerda (Arlindo Chinaglia, Ivan Valente, Orlando Silva, entre outros). Como definiu um deputado, Ramos "parece mais jornalista ou advogado do que militar". Criou uma boa relação com o presidente da Câmara, Rodrigo Maia, bem melhor do que a mantida entre Bolsonaro e Maia. Conseguiu, em suma, abrir um canal importante com o Legislativo, algo de que seu chefe não fora capaz. Vaidoso, Ramos respondia a mensagens de WhatsApp com uma figurinha dele próprio prestando continência.

Numa entrevista em 2018, quando ministro da Defesa, o general Joaquim Silva e Luna foi indagado se os militares da ativa das Forças Armadas teriam participação direta num eventual governo Bolsonaro. Silva e Luna foi taxativo:

> [...] não. As Forças Armadas têm suas atribuições definidas na Constituição. O convite a uma participação de militares no governo é uma escolha do presidente da República e dependerá da aceitação do convidado. Ele terá de preencher os requisitos legais para o cargo. E mais: ele teria de deixar o serviço ativo e ir para a reserva.[39]

O general estava bastante enganado. No final de 2021, quase 60% dos 5032 militares ocupando cargos civis no governo eram da ativa (2951), segundo levantamento da Lagom Data para este livro.

Políticos e sociedade civil assistiam com assombro à militarização do governo, e o caso de Ramos ampliou o debate sobre como evitar sua disseminação e repetição no futuro. Em 2021, a deputada federal Perpétua Almeida, do PCdoB do Acre, apresentou na Câmara uma Proposta de Emenda à Constituição (PEC) proibindo militares da ativa de ocupar cargos de natureza civil nos três níveis da administração pública. A parlamentar escreveu, na justificação do texto:

> Busca-se resguardar as Forças Armadas (FFAA) dos conflitos normais e inerentes à política, e fortalecer o caráter da Marinha, do Exército e da Aeronáutica como instituições permanentes do Estado e não de governos. As FFAA, e suas altas e dignificantes funções de defesa permanente da pátria, não devem ser submetidas a interesses partidários, mas também não podem se desviar de sua função constitucional para participar da gestão de políticas de governos, estes, por definição democrática, transitórios.[40]

Sarney recebe do ministro do Exército, Leônidas Pires Gonçalves (à dir.), o bastão de comandante supremo das Forças Armadas; num telefonema na madrugada da posse, diante do pavor do vice para ocupar o lugar de Tancredo, o general ordenou que ele assumisse.

Os chefes militares de Collor eram tidos como democratas — Lula, caso tivesse vencido, estudava nomear os mesmos; foi uma relação difícil: "Falava muito e ouvia pouco", diria o ministro da Aeronáutica, brigadeiro Sócrates Monteiro (na foto com o presidente).

"Tem que tirar aquela porcaria de carro de lá", intimou o ministro do Exército, Carlos Tinoco. O deputado Jair Bolsonaro tentava entrar na Aman para uma formatura em 1992, mas foi impedido e seu Chevette azul, que bloqueava o portão, acabou rebocado. "Um governo corrupto e imoral só pode ter atos autoritários como este", gritou ele, sentado no capô enquanto era guinchado.

Na edição de 15 de abril de 1992, o *Jornal do Brasil* exprime o problema: "O alvo preferencial do Exército Brasileiro, hoje, tem nome e sobrenome: Jair Bolsonaro, capitão da reserva e deputado pelo PDC do Rio". "Isso é uma baixaria", disse um general. "Este fulano fala e abusa de sua liberdade como deputado", queixou-se outro.

Antes de incorporar o antiesquerdismo radical como estratégia política, Bolsonaro mantinha boa relação com deputados de esquerda, como o petista José Genoino (segundo a partir da esq.) e Aldo Rebelo (então no PCdoB, de preto) — defendeu a nomeação de ambos para o Ministério da Defesa de Lula; os três em viagem a Tabatinga (AM) no início dos anos 1990.

A reabilitação de Bolsonaro no Exército passou pelas pazes que ele fez nos anos 1990 com o general Leônidas Pires Gonçalves — que o prendeu e quis expulsá-lo da corporação. No velório do ex-ministro, em 2015, o então deputado foi afagado pela viúva, Dóris, e disse a Miguel, filho de Leônidas: "Tive muitos problemas com teu pai, mas [...] ele seguramente foi o maior líder militar dos últimos cinquenta anos no Brasil".

Num prenúncio do que ocorreria mais de duas décadas depois com Temer, Itamar Franco (com os ministros da Marinha, Ivan Serpa, e do Exército, Zenildo Lucena) se aproximou dos militares antes mesmo de assumir, ao perceber que Collor cairia; empossado, recompensou as Forças Armadas com poder e dinheiro.

Um abraço entre Eunice Paiva — viúva do deputado federal Rubens Paiva, torturado até a morte pelo regime e cujo corpo jamais foi encontrado — e o general Alberto Mendes Cardoso, o chefe militar mais poderoso nos anos FHC, marcou a apresentação do projeto de lei da Comissão de Mortos e Desaparecidos, em 1995; no evento, o presidente assumiu a responsabilidade do Estado pelos crimes da ditadura.

Ao lado do vice José Alencar, Lula discursa observado pelo comandante do Exército, Francisco Albuquerque (à dir.), e pelo ministro da Defesa, José Viegas (à esq.), na cerimônia de entrega da Ordem do Mérito Militar, em 2003; na maior crise militar do seu governo, o general levou a melhor sobre o diplomata.

Em 2011, entre os comandantes da FAB, Juniti Saito (à dir.), e da Marinha, Moura Neto (à esq.), Dilma cumprimenta o do Exército, Enzo Peri. Apesar do bom orçamento e da relação cordial com os chefes das Forças Armadas, o primeiro mandato da presidente foi o começo do fim de uma trégua com a esquerda.

Cinco meses depois, os mesmos comandantes permanecem impassíveis enquanto toda a plateia no Palácio do Planalto aplaude a cerimônia de sanção da lei que criou a Comissão Nacional da Verdade, maior foco de tensões entre governo e caserna.

Como já ocorrera na cerimônia de instalação da CNV, em 2012, Dilma chora na apresentação do relatório final da comissão, em dezembro de 2014, durante o mesmo trecho do discurso: "O Brasil merece a verdade. [...] sobretudo merecem a verdade factual aqueles que perderam amigos e parentes e que continuam sofrendo como se eles morressem de novo e sempre a cada dia".

Temer e Villas Bôas são próximos desde quando o primeiro, como vice, foi encarregado por Dilma de coordenar o Plano Estratégico de Fronteiras; estreitaram laços durante o impeachment, até o presidente incentivar o papel do Exército como ator político: "Não é porque é militar que tem que ficar em silêncio".

Apresentados por Nelson Jobim, Temer e Sergio Etchegoyen tiveram empatia imediata; ao assumir, o presidente recriou o Gabinete de Segurança Institucional e nomeou o general como ministro, um dos chefes da cruzada verde-oliva contra Dilma e que se tornaria o militar mais poderoso do governo substituto.

Temer, que iniciou a militarização do governo ampliada por Bolsonaro, com os chefes do Exército, Villas Bôas (sentado), da Marinha, Leal Ferreira (o primeiro de branco), e da FAB, Rossato. A relação com os comandantes foi de elogios recíprocos. "Eles são formidáveis", diria o presidente.

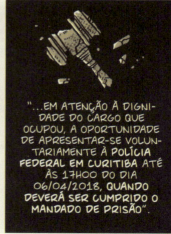

HQ publicada pelo PT em 2022 ilustrou com uma imagem atual de Villas Bôas, fisicamente debilitado, relato sobre o tuíte-ameaça do comandante em 2018. Etchegoyen reagiu com ataque a Lula: "Covardia e a mais abjeta perversidade estão a serviço daquela candidatura".

Da turma de Bolsonaro na Aman e leal ao colega, general Pujol (à esq.) foi demitido do Comando do Exército por ser considerado infiel. Filho de outro colega de academia do capitão, o ajudante de ordens e tenente-coronel Mauro Cid (à dir.) virou seu braço direito — seria investigado no inquérito do STF para apurar vazamento de dados sigilosos sobre as urnas eletrônicas.

A partir da direita, Braga Netto, Augusto Heleno e Luiz Eduardo Ramos, os generais de quatro estrelas palacianos que ficariam marcados por sua militância bolsonarista.

Bolsonaro é o único militar sem máscara em cerimônia de comemoração dos oitenta anos da FAB, em janeiro de 2021, no início da segunda e mais devastadora onda de covid-19; o presidente sabotou medidas de combate à doença.

Em reunião durante viagem oficial a Moscou, Carlos Bolsonaro senta ao lado do pai, enquanto cinco militares, incluindo quatro oficiais-generais (Heleno, Ramos, almirante Rocha e Braga Netto), ficam em segundo plano. O "gabinete do ódio" liderado pelo Zero Dois triturou vários oficiais graduados.

No dia da votação, pela Câmara, de proposta do governo para tentar implantar o voto impresso, a Marinha promove desfile de veículos militares na Esplanada — que seria ridicularizado aqui e alhures pela imagem de um tanque expelindo fumaça.

O Sete de Setembro de 2021 em Brasília: por incitação de Bolsonaro, festa cívica se transforma em celebração golpista; após ameaças de ataque ao Supremo, na véspera da festa caminhões rompem barreira e invadem a Esplanada; o presidente do tribunal, Luiz Fux, definiria aquele momento como o mais difícil de sua gestão.

Mistura entre Forças Armadas e governo fez a festa de cartunistas, chargistas e humoristas em geral; Benett (acima, à esq.) zombou da vacina escondida do general Ramos; Céllus (acima, à dir.) ilustrou auditoria que revelou gastos da Defesa com picanha e outros itens de luxo; e Iotti (ao lado) mostrou cruzada militar contra as urnas enquanto o país era destruído; esquete do coletivo Porta dos Fundos retratou general como empregado doméstico de Bolsonaro.

Por ter tido publicidade na época em que militares aparelharam o Ministério da Saúde no auge da pandemia de coronavírus, tendo à frente o general Eduardo Pazuello como ministro, o projeto chegou a ser apelidado de "PEC Pazuello", mas sua elaboração era anterior, motivada sobretudo pelo mau exemplo de Ramos, e teve sinalização de apoio do presidente da Câmara, Rodrigo Maia. Perpétua conseguiu reunir as assinaturas necessárias para dar início à tramitação do projeto na Câmara em julho de 2021. Mais de um ano depois, a PEC seguia empacada na Comissão de Constituição e Justiça da Casa.

O vice-presidente Hamilton Mourão formulou involuntariamente um sofisma a respeito da situação, que poderíamos batizar de "Paradoxo de Mourão". Em diversas ocasiões, antes e durante o governo, o general repetiu a ideia — uma espécie de mantra na caserna — de que não integrava um governo militar, mas sim um governo composto por ex-militares. Mas o mesmo Mourão também afirmou seguidas vezes que um insucesso do governo Bolsonaro respingaria na imagem das Forças Armadas. A convocação em massa de fardados da ativa para funções civis na Esplanada enfraqueceu a primeira proposição do vice e reforçou a segunda.

Alheio ao risco — ou melhor, trabalhando para ampliá-lo —, Bolsonaro alterou a legislação para aprofundar a militarização do governo. Em 2019 e em 2021, editou decretos flexibilizando o período de afastamento e ampliando o universo de militares da ativa que podem exercer cargos ou funções tidos como "de natureza militar". Passaram a ser enquadrados nessa designação cargos e funções no Ministério da Defesa, em tribunais superiores e na Advocacia-Geral da União, entre várias outras repartições, algumas limitadas a militares só da Marinha, do Exército ou da Aeronáutica. Com a mudança, caiu o limite de "agregação" para quem ocupa essas funções, isto é, tais militares puderam ser emprestados ao governo por tempo indeterminado.[41]

Ou seja, Bolsonaro fez alterações na legislação para garantir a expansão da militarização da Esplanada sem ferir as regras do Estatuto dos Militares. Antes, o governo já havia publicado um despacho para esclarecer que, mesmo "agregados" em cargos civis, os militares continuavam submetidos a regime jurídico próprio. Caso praticassem ilícito administrativo, por exemplo, "a instauração do processo, a apuração e o julgamento da infração disciplinar" teriam de ocorrer "no âmbito da respectiva organização militar do investigado, com base na legislação castrense".[42]

***

Um dos primeiros parlamentares a apostar na candidatura de Bolsonaro, Onyx Lorenzoni foi coordenador da campanha do ex-colega de Câmara e, com a vitória dele em 2018, acabou nomeado ministro da Casa Civil. Pasta responsável pela coordenação dos projetos de todos os ministérios, no governo nascente a Casa Civil acumulou também parte da articulação política com o Congresso, dividida com a Secretaria de Governo (de Santos Cruz e depois de Ramos). Ocorre que, sob o comando de Lorenzoni, a Casa Civil virou um caos em ambas as atribuições, algo admitido inclusive por líderes governistas.

O político e veterinário gaúcho acabou sendo então, em fevereiro de 2020, substituído por mais um general de quatro estrelas, Walter Braga Netto — o mesmo que, a contragosto, fora nomeado por Temer interventor federal da segurança pública no Rio de Janeiro. A ele caberia a tarefa de coordenar o governo, muito semelhante, como gostavam de ressaltar vários militares, ao trabalho de chefia do Estado-Maior do Exército, sua função na corporação ao ser convocado para as hostes governistas. A articulação política ficou integralmente para Ramos. Onyx foi alojado no Ministério da Cidadania, o segundo dos quatro de que seria titular durante o governo.

"Ficou completamente militarizado meu terceiro andar. Quatro generais ministros lá. Nada contra civis, são excepcionais",[43] escarneceu Bolsonaro, quando da nomeação de Braga Netto, referindo-se ao pavimento do Planalto onde ficam os gabinetes dos ministros da Casa Civil, da Secretaria de Governo, do Gabinete de Segurança Institucional e da Secretaria-Geral da Presidência. Os ministros eram, na verdade, três generais (Braga Netto, Ramos e Augusto Heleno) e um major da reserva da Polícia Militar do Distrito Federal, Jorge Oliveira, filho de um amigo e ex-assessor de Bolsonaro, ele sim militar do Exército. Oliveira substituíra na Secretaria-Geral outro general, Floriano Peixoto, deslocado para a presidência dos Correios.

Exceto pela lealdade a Bolsonaro, que também se revelaria crescente até o fim do governo, Braga Netto destoava de Ramos. Em primeiro lugar, pressionado pelo Alto Comando, pediu passagem à reserva antes de assumir o cargo — teria somente mais quatro meses na ativa. Também era (e é) bem mais sisudo, calado e avesso a holofotes. Sabe controlar suas emoções e impor sua autoridade sem espalhafato. Nos quase três anos em que esteve no governo (da

Casa Civil, passou a titular do Ministério da Defesa e de lá a assessor especial de Bolsonaro, de quem se tornou candidato a vice na campanha à reeleição em 2022), não deu nenhuma entrevista exclusiva. Políticos de Brasília que conviveram com ele atribuem seu comportamento esquivo em parte ao trauma pela morte do irmão Ricardo, um tenente da Marinha, durante uma tentativa de assalto no Rio, em 1984.

Entre seus pares, Braga Netto jamais foi tido como um general brilhante ou um estrategista. Tinha no Exército a imagem de um gestor eficiente, um resolvedor de problemas. Bem ou mal, a depender do viés do analista, foi o perfil que de modo geral demonstrou como interventor na segurança pública fluminense. O desempenho desastroso do governo federal no combate à pandemia do coronavírus, cuja coordenação coube à Casa Civil, liderada pelo general, pôs por terra essa suposta qualidade.

Por outro lado, Braga Netto aprendeu rapidamente a fazer política. Logo depois de assumir, por exemplo, pediu ajuda à ministra da Agricultura, Tereza Cristina, para se aproximar do presidente da Câmara, Rodrigo Maia, do mesmo partido dela e então afastado de Bolsonaro, e vazou essa informação para a imprensa. Disse à ministra que fez aquilo para valorizá-la e impedir sua fritura num momento em que era acossada pelo ruralista Nabhan Garcia, secretário de Assuntos Fundiários e espécie de eminência parda do governo no setor. O general jogava em parceria com outros aliados na Esplanada, em especial com o ministro Rogério Marinho, do Desenvolvimento Regional, que se aproximara dos militares quando era secretário de Previdência e Trabalho do Ministério da Economia e ajudou a garantir regras de seguridade social que as Forças Armadas demandavam. Unidos, Braga Netto e Marinho tentaram subjugar o colega da Economia, Paulo Guedes, lançando o plano Pró-Brasil, baseado em obras e investimento público. Guedes bateu o pé, e a dupla teve de recuar — mais tarde, o teto de gastos seria desmoralizado pelas estripulias fisiológico-fiscais do Centrão.

No novo mundo, sob maior escrutínio da imprensa, Braga Netto teve a ética posta em xeque quando sua filha, formada em design, foi indicada (e aprovada pela Casa Civil que ele comandava) para um cargo comissionado como gerente na Agência Nacional de Saúde Suplementar (ANS). Com a repercussão negativa do caso, ela desistiu de ocupar a vaga. Antes, uma filha do general Villas Bôas fora nomeada para um cargo comissionado no Ministério dos

Direitos Humanos. Já o filho do general Mourão, concursado do Banco do Brasil, foi promovido e teve seu salário triplicado logo no início do governo.

Como interventor federal da segurança pública no Rio, o general Braga Netto não conseguiu desvendar a autoria do assassinato de Marielle Franco. Mas acumulou informações sobre o submundo do crime no estado, inclusive sobre as milícias que controlam boa parte do território — um universo, conforme se saberia com riqueza de detalhes, muito próximo da família Bolsonaro.

15. Adulterando a história

Entre o Exército e o militarismo, vai um despenhadeiro. O militarismo é a canceração do Exército. Dedicado a este, com a mesma firmeza que a todas as instituições do país, pesando-o como um elemento necessário da grandeza nacional, exatamente por isso estigmatizamos o falseamento de sua missão pelos interessados em desnaturá-lo, para submetê-lo. O militarismo pode trazer vantagens a militares esquecidos do voto profissional. Mas, para o Exército, é o descrédito, a ruína, o ódio público. Para a nação, que necessita do Exército, é a mais inenarrável das calamidades: é, se nos permitem essa frase bíblica, a abominação da desolação.

O militarismo está para o Exército, como o clericalismo para a religião, como o industrialismo para a indústria, como o mercantilismo para o comércio, como o cesarismo para a monarquia, como o demagogismo para o governo popular, como o absolutismo para a ordem, como o egoísmo para o eu.

Ora, a política, no Exército, leva fatalmente ao militarismo. Entre o Exército e a política se deve, portanto, levantar a mais alta muralha.

Nesse artigo, publicado em 21 de junho de 1893 no *Jornal do Brasil*, sob o título "Pelo Exército, contra o militarismo",[1] Ruy Barbosa expunha as feridas de uma instituição arcaica que penava para se modernizar. Crítico do golpe militar que instaurou a República e alojou no poder o marechal Floriano Peixoto, o futuro Águia de Haia seria até a morte um denunciante incansável dos efeitos nefastos da promiscuidade entre política e Forças Armadas. Era impossível, argumentava, conciliar um Estado militarista com os princípios liberais democráticos da República nascente. Um ponto alto desse processo ocorreu na Campanha Civilista de 1910, na qual o jurista e político — primeiro ministro da Fazenda da República, no governo Deodoro — foi candidato a presidente contra o marechal Hermes da Fonseca, ministro da Guerra do governo Afonso Pena. Mesmo com o apoio de parte das ascendentes classes médias urbanas num Brasil ainda muito rural e oligárquico, Ruy Barbosa foi derrotado, mas prosseguiu sua cruzada por uma política feita pela sociedade civil. O cientista político Christian Lynch compara o governo Bolsonaro ao do marechal Hermes, dado o protagonismo político do Exército e o desastre na economia, além do autoritarismo e da incúria administrativa que caracteriza ambos.

Um dos principais doutrinadores do Exército Brasileiro, o general Góis Monteiro defendia, na primeira metade do século XX, que, "nas lutas políticas, o Exército não deve passar do Grande Mudo" e que "sua verdadeira e única política é a preparação para a guerra". Noutra passagem, muito repetida por militares não intervencionistas, Góis escreveu: "O Exército é um órgão essencialmente político. Assim sendo, deve-se fazer a política do Exército e não a política no Exército. Todo o mal consiste em tornar-se o militar político-partidário".[2] O despropósito é que o próprio Góis não só seria um dos responsáveis pelo intervencionismo do Exército na vida nacional — foi o chefe militar da Revolução de 1930 e do Estado Novo —, mas também viraria político, como senador por Alagoas.

Coube ao cientista político norte-americano Samuel Huntington, professor de Harvard, a tese provavelmente mais difundida nas democracias do Ocidente sobre o tema. No clássico *O soldado e o Estado*, de 1957, ele defendeu que as Forças Armadas devem ser profissionais e técnicas, apartadas da política e subordinadas ao poder civil. Curiosamente, Huntington foi uma das referências doutrinárias dos militares brasileiros na ditadura e ajudou a balizar a abertura lenta, gradual e segura de Geisel — inclusive com visitas ao Brasil entre 1972 e 1974, para reuniões com representantes do governo e seminários organizados pelo professor Cândido Mendes.

(Mais tarde, Huntington ficaria mais conhecido por sua tese do "choque de civilizações", segundo a qual o multiculturalismo ameaça a identidade dos Estados Unidos e do Ocidente. A condenação recai sobretudo sobre o Islã, para ele incompatível com valores democráticos. A teoria racista amparou a doutrina da Guerra ao Terror de George W. Bush e, por extensão, a Guerra do Iraque.)

O acadêmico dos Estados Unidos costumava ser citado por Villas Bôas como uma referência, e é no mínimo irônico que um dos maiores responsáveis por trazer os militares de volta à política seja admirador de um intelectual que ganhou fama tentando convencer o mundo de que o caminho correto é o contrário — isto é, que apregoava o inverso do que ocorreu no governo Jair Bolsonaro, em que as Forças Armadas foram politizadas e a política foi militarizada.

A leitura enviesada de Huntington ilustra as contradições dos militares brasileiros ao aderir em massa a Bolsonaro e voltar ao centro da política nacional. Mas a raiz comum conservadora talvez justifique a confusão. Sempre que ia à terra de Huntington, Bolsonaro fazia questão de reacender a chama da ameaça vermelha. Seis meses depois da primeira visita, aquela em que exaltou Olavo, o presidente do Brasil foi à Assembleia Geral da ONU e fez um discurso carregando nas tintas ideológicas. "Meu país esteve muito próximo do socialismo, o que nos colocou numa situação de corrupção generalizada, grave recessão econômica, altas taxas de criminalidade e de ataques ininterruptos aos valores familiares e religiosos que formam nossas tradições."[3]

Internamente, Bolsonaro e as Forças Armadas se uniram para reescrever a história da ditadura que, em seu entender, a "esquerda" havia distorcido. E de esquerda, na compreensão deles, foram todos os governos desde a reabertura política. A militarização da Esplanada dos Ministérios facilitou o plano "primeiro destruir, depois construir" enunciado por Bolsonaro no jantar em Washington.

Um dos passos iniciais foi autorizar os quartéis a comemorar o 31 de Março e, nas manifestações públicas, abandonar o contorcionismo retórico que os generais haviam adotado durante quase todo o período pós-redemocratização. A primeira ordem do dia alusiva à data em que os militares tomaram o poder em 1964 — adequada à determinação de Bolsonaro para que fossem feitas "as comemorações devidas" e assinada pelo ministro da Defesa, Fernando Azevedo e Silva, e pelos comandantes das Forças Armadas — deturpou a história. Ao dizer que a ruptura dera "ensejo ao cumprimento da Constituição Federal de 1946, quando o Congresso Nacional, em 2 de abril, declarou a vacância do cargo de presidente da República e realizou, no dia 11, a eleição indireta do presidente Castello Branco", o texto omitiu o golpe e o golpista Ato Institucional n.1, baixado pelos militares, segundo o qual "a revolução não procura legitimar-se através do Congresso", pois, "como Poder Constituinte, se legitima por si mesma". "As famílias no Brasil estavam alarmadas", prosseguia o texto de 2019, "e colocaram-se em marcha. Diante de um cenário de graves convulsões, foi interrompida a escalada em direção ao totalitarismo."[4]

Na mensagem de 31 de março de 2020, Azevedo e os comandantes optaram pelo escárnio, ao iniciar a ordem do dia afirmando que "o Movimento de 1964" fora "um marco para a democracia brasileira".[5] Em 2021, coube ao general Braga Netto — que acabara de assumir o Ministério da Defesa no lugar de Azevedo, demitido por Bolsonaro junto com os comandantes das Forças Armadas — assinar sozinho a ordem do dia. Talvez para não ampliar uma crise que por si já tinha potencial explosivo, o tom foi mais ameno, até porque o novo ministro manteve a base do texto que o ministro demitido preparara. Ainda assim, Braga Netto excluiu um trecho que se referia às Forças Armadas como "instituições de Estado" e acrescentou que os acontecimentos daquele 31 de março deveriam ser "compreendidos *e celebrados*" — a versão original usava apenas "compreendidos".[6]

Em 2022, quase de saída do ministério, Braga Netto adotou um tom mais condizente com o bolsonarismo, que passaria a ser uma marca sua, escrevendo na ordem do dia que o 31 de março de 1964 havia sido "um marco histórico da evolução política brasileira" e, mais uma vez adulterando a realidade, que, durante o regime militar, "a sociedade brasileira conduziu um período de estabilização, de segurança, de crescimento econômico e de amadurecimento político, que resultou no restabelecimento da paz no País, no fortalecimento da democracia".[7]

Ainda na batalha pela memória do período 1964-85, o governo Bolsonaro esvaziou e agiu para destruir conquistas de três décadas anteriores e vários governos desde a abertura política. Militares e conselheiros alinhados ao revisionismo histórico passaram a dominar as comissões de Mortos e Desaparecidos Políticos e de Anistia, embriões da Comissão Nacional da Verdade, criadas nos governos FHC e desenvolvidas nas gestões de Lula e Dilma. Trabalhos de busca por desaparecidos e processos de indenização a perseguidos políticos foram paralisados, e em meados de 2022 havia a promessa de que pelo menos uma das comissões, a de Mortos e Desaparecidos, seria definitivamente extinta.[8]

Por adesismo à política armamentista de Bolsonaro, ou no mínimo por omissão, o Exército contrariou sua postura histórica de rigor no controle de armas de fogo no país, pelo qual é o responsável. Em 2020, alegando agir para ajudar atiradores e colecionadores, o presidente revogou três portarias da força terrestre que regulamentavam o rastreamento, a identificação e a marcação de armas. A questão foi parar no Supremo Tribunal Federal, e o Exército agiu para inviabilizar o julgamento da causa. Desde o seu início, o governo baixou dezenas de normas afrouxando o controle na venda e o rastreio de armas e munições, e muitas das alterações foram parar no STF, que, no entanto, não agiu com celeridade para impedir uma explosão nas vendas desses artefatos.[9]

De acordo com o Anuário Brasileiro de Segurança Pública de 2021, elaborado pelo Fórum Brasileiro de Segurança Pública, o número de armas nas mãos de civis no país dobrou em três anos (2017 a 2020).[10] E o número de licenças para uso de armas por parte dos chamados CACs (caçadores, atiradores esportivos e colecionadores) também explodiu, crescendo 325% em três anos (2018 a 2021), segundo levantamento dos institutos Sou da Paz e Igarapé.[11] Em 2022, o repórter Rafael Soares trouxe à luz exemplos de como as mudanças promovidas por Bolsonaro acabaram por beneficiar traficantes (de drogas e de armas) e milicianos.[12]

Enquanto isso, o governo pressionava a base aliada no Congresso para aprovar a ampliação do chamado excludente de ilicitude em operações de GLO, uma espécie de licença para matar, que isenta de punição ou abranda penas para autores de homicídios cometidos sob "escusável medo, surpresa ou violenta emoção". Durante a gestão de Bolsonaro, despencou o número desse tipo de operação, e o próprio presidente explicou o motivo. "A GLO praticamente acabou. Me dá um excludente que a gente vai para a GLO, sem problema nenhum. Agora, é duro, sei que é difícil responder processo estando com razão e sabendo da possibilidade de ser condenado."[13] A cúpula do Exército concordava com o presidente. Em setembro de 2021, o general Tomás Ribeiro Paiva, então chefiando o Comando Militar do Sudeste, disse:

O camarada hoje tem uma insegurança jurídica grande. Quando está sub judice, a vida militar dele está ferrada. A GLO tem de ter regramento jurídico diferente. O camarada quando está sob fogo cruzado numa viela não sabe nem de onde vêm os tiros. É preciso ter entendimento nacional de que aquela situação é intolerável e por isso é preciso restringir alguma coisa.

Os militares estiveram afinados com o governo em várias outras frentes, caso da política para a Amazônia, o meio ambiente e os povos indígenas. O acréscimo do desmatamento e o estímulo a atividades de devastação — como mineração em terras indígenas e em áreas de conservação, além de expansão agropecuária sobre matas e florestas — marcaram a política ambiental bolsonarista, que desmontou as já frágeis estruturas de fiscalização. Responsável por sugerir, durante uma reunião ministerial, que o governo aproveitasse a pandemia de covid para passar a "boiada" no controle ambiental (ou seja, afrouxar a legislação), o então ministro do Meio Ambiente, Ricardo Salles, foi demitido quando se soube que era investigado por suposta participação em um esquema de exportação de madeira ilegal.

O general Villas Bôas foi, desde o princípio e até o final, um entusiasta da gestão Salles. Sob a bandeira da defesa da soberania da Amazônia, supostamente ameaçada por ONGS e governos estrangeiros, o instituto que leva o nome do ex-comandante organizou seminários sobre a região em sinergia com o ideário bolsonarista, por sua vez decalcado da política expansionista e devastadora da ditadura militar de "integrar para não entregar". Em março de 2022, Villas Bôas publicou no Twitter uma mensagem sugerindo que a França planejava invadir a Amazônia e que, se ousasse fazê-lo, seria repelida pelo Exército Brasileiro. O vice-presidente da República, general Hamilton Mourão, cuja avó paterna era uma indígena amazonense, foi nomeado por Bolsonaro para presidir o Conselho da Amazônia, criado para integrar ações federais para a região. Diante do fracasso exposto pelos dados, Mourão reclamou que o colegiado sob sua liderança jamais teve caráter executivo, ou seja, que seu papel era quase decorativo.

Ao mesmo tempo, como já ocorrera sob Michel Temer, nenhuma terra indígena foi demarcada durante o mandato de Bolsonaro. Para a presidência da Funai, o presidente primeiro nomeou um general de ascendência indígena, Franklimberg Ribeiro de Freitas, que ocupara o mesmo cargo no governo Temer e, no intervalo entre as duas gestões, atuara como consultor de uma mineradora canadense. Ainda assim, o desmonte da instituição de proteção aos povos indígenas só foi efetivado depois que o general perdeu o cargo. Ao sair, Franklimberg apontou ao Palácio do Planalto o ruralista Nabhan Garcia — que, nas palavras do general, "saliva ódio aos indígenas" — como principal influência no setor.[14]

O substituto de Franklimberg foi o delegado da Polícia Federal Marcelo Xavier, que levou adiante a promessa de campanha de Bolsonaro de sucatear a Funai, desprezando as terras indígenas e seus habitantes, perseguindo servidores e patrocinando uma pauta anti-indígena num órgão aparelhado por militares e policiais.[15] O ponto de ruptura foi descrito pelo indigenista Bruno Araújo Pereira, exonerado do cargo de titular da Coordenação Geral de Índios Isolados e de Recente Contato da Funai logo após a chegada de Xavier. "Mesmo num governo que já não era interessante, quando vem Temer, existia um respeito ao lado democrático, republicano de o Estado brasileiro funcionar […]. Com a virada nesse novo governo e a queda do general Franklimberg, […] ele mesmo chama a gente e diz: 'Se preparem que ele vem para arrebentar tudo'. É não funcionar para funcionar", relatou Bruno Pereira numa entrevista em abril de 2022,[16] quando estava em licença não remunerada, atuando como consultor da União dos Povos Indígenas do Vale do Javari (Univaja), ONG que atua na preservação da terra indígena homônima — a segunda maior do país, onde se concentra o maior número de indígenas isolados e de recente contato do mundo. Nessa condição, menos de dois meses depois, Bruno Pereira foi assassinado junto com o jornalista britânico Dom Phillips no vale do Javari por ribeirinhos afetados pela fiscalização da Univaja contra crimes ambientais como pesca e caça ilegal dentro da terra indígena. Em setembro de 2022, a investigação ainda não havia desvendado se foi um crime de mando e quem teria encomendado as mortes.

As cruzadas revisionista e militarista afetaram até uma instituição secular como o Itamaraty e seu corpo diplomático, monopolizado por servidores de uma carreira de Estado e em tese mais imunes à politização. Mas só em tese. Sob o comando do chanceler olavista Ernesto Araújo, vigorou uma política externa paranoica, ideologizada e, apesar de escaramuças, com espaço generoso para militares.

Um general de quatro estrelas, Gerson Menandro Garcia de Freitas, assumiu a embaixada de Israel, representação tradicionalmente ocupada por diplomatas, dada a sua complexidade geopolítica. Bolsonaro, no entanto, externava aos quatro ventos seu alinhamento incondicional com os israelenses. Mesmo quando os titulares eram embaixadores de carreira, nos anos Bolsonaro por vezes sua nomeação se deveu ao apadrinhamento ou à boa relação com altos oficiais das Forças Armadas: a chefia da missão do Brasil junto à Comunidade dos Países de Língua Portuguesa em Lisboa, por exemplo, foi primeiro ocupada por um embaixador amigo do general Augusto Heleno, Pedro Fernando Brêtas Bastos, depois substituído por Juliano Féres Nascimento, que trabalhara desde o começo do governo no gabinete do general Hamilton Mourão.

A Apex, entidade de direito privado mantida com verba pública e vinculada ao Itamaraty, foi alvo de batalhas entre olavistas e militares, mas ambos (e sobretudo os últimos) se beneficiaram de seu orçamento generoso, cargos suculentos com salários que ultrapassavam R$ 80 mil e viagens milionárias. Por lá passaram oficiais-generais como o contra-almirante Sergio Segovia (presidente da Apex entre 2019 e 2021) e os generais Roberto Escoto, Mauro Cid (o colega de Bolsonaro na Aman que nomeou o médico do presidente para um cargo na agência em Miami) e Gerson Menandro (antes de assumir a embaixada de Israel).[17]

Como o isolamento crescente do Brasil na comunidade internacional — reação à agenda ambiental destrutiva, à incúria na proteção dos direitos humanos, entre outras debilidades do governo — pusesse em risco os negócios do país, a pressão de parlamentares (sobretudo da senadora Kátia Abreu, influente no Itamaraty), ex-chanceleres e até militares conseguiu derrubar Araújo. Mas seu substituto, o diplomata Carlos França, ainda que tenha melhorado a imagem institucional do ministério, teve poder limitado. Não foi capaz de impedir, por exemplo, que o carreirismo de servidores produzisse atos de censura ou autocensura (como o veto a termos como "ditadura" ou "golpe militar" em materiais de divulgação institucional sobre a história do país). O chanceler acabaria perdendo espaço para o almirante Flávio Rocha — oficial-general da Marinha, outro militar graúdo da ativa no governo —, que se transformou num homem de confiança de Bolsonaro.

Para ascender no Palácio do Planalto, o almirante Rochinha, como é conhecido, valeu-se do traquejo e do trânsito político adquiridos como assessor parlamentar da Marinha no Congresso, mas também de sua reputação de alguém culto (ao apresentá-lo, Bolsonaro disse que falava seis idiomas), leal e gregário, churrasqueiro sempre disposto a recepcionar colegas do Palácio. Nomeado em fevereiro de 2020 para chefiar a Secretaria de Assuntos Estratégicos, na ocasião remanejada para a órbita da Presidência, ficou responsável pelo planejamento e a integração do governo a longo prazo, elaborando programas como o Plano Nacional de Fertilizantes e a Rede Nacional de Meteorologia. Mas chamou mais a atenção por sua diplomacia paralela, viajando ao exterior mais que o próprio chanceler França[18] e às vezes causando constrangimento ao Itamaraty por se intrometer em questões sensíveis (como a Guerra das Malvinas) ou por fazer campanha pela reeleição de Bolsonaro em embaixadas mundo afora, não raro adotando o discurso do anticomunismo. Entre diplomatas em Brasília, instituiu-se a certeza de que, se algum país estrangeiro quisesse ser recebido por Bolsonaro, procuraria Rochinha, e não o Itamaraty.

Para onde se olhasse, a sanha revisionista do governo Bolsonaro, sintonizada com a doutrina de Villas Bôas e Etchegoyen de combate ao "politicamente correto", produziu um cenário de teatro do absurdo. O Ministério da Educação teve cinco diferentes ministros, todos muito preocupados com moinhos de vento ideológicos e pouco ciosos dos indicadores de educação e de exames como o Enem, depauperado com o sucateamento do Instituto Nacional de Estudos e Pesquisas Educacionais Anísio Teixeira (Inep), o órgão que o implementa. Milton Ribeiro, o mais longevo deles, caiu por um escândalo de corrupção no Fundo Nacional para o Desenvolvimento da Educação (FNDE), órgão responsável pela educação básica no país, em que pastores evangélicos (como ele) apadrinhados também por Bolsonaro foram acusados de cobrar propina para liberar verbas para prefeituras. O Ministério da Saúde ampliou a doença e a morte durante a pandemia, sobretudo sob o comando de um general da ativa, como se verá mais adiante. A Secretaria da Cultura — cujo primeiro titular caiu por apologia ao nazismo — demonizou o principal mecanismo de fomento à cultura do país (a Lei Rouanet), mas aprovou seu uso para a publicação de um livro sobre a história das armas no Brasil. E, assim como o Ministério do Meio Ambiente trabalhou pela destruição ambiental e o órgão federal destinado à proteção dos povos indígenas abandonou os nativos desses povos, o órgão responsável por políticas públicas contra o racismo e de valorização dos descendentes da etnia afro, a Fundação Palmares, agiu contra os movimentos negros e o antirracismo.

Houve também retrocessos no acesso a informações públicas, área na qual o país avançava desde 2011, quando Dilma Rousseff promulgou a Lei de Acesso à Informação. Aproveitando-se de brechas da legislação, o governo restringiu a transparência, determinando sigilo de cem anos sobre dados de evidente interesse público, do processo do Exército sobre a transgressão disciplinar do general Pazuello ao acesso dos filhos de Bolsonaro ao Planalto — para ficar em dois entre incontáveis exemplos.[19] As Forças Armadas cumprem péssimo papel no quesito. Uma dissertação de mestrado do jornalista Luiz Fernando Toledo concluiu que Exército, Marinha e Aeronáutica se valem de artimanhas para dificultar o acesso a dados públicos. O estudo conclui:

> [...] as Forças Armadas praticam uma desclassificação vendada de informações, já que os papéis, mesmo quando deixaram de ser sigilosos, são incompreensíveis, com tarjas em seu conteúdo até mesmo sobre o nome de quem os classificou e o motivo da classificação. Informações relacionadas a um mesmo processo são fragmentadas e classificadas separadamente, a ponto de criar um verdadeiro quebra-cabeças pós-desclassificação para se compreender o que, de fato, está por trás do sigilo.[20]

A falta de transparência beira as raias do absurdo: solicitada ao Exército via Lei de Acesso à Informação, a relação de visitas oficiais de presidentes da República ao Quartel-General da corporação desde 1985 foi negada, com a resposta de que o gabinete do comandante "não possui documentos ou dados relativos ao pedido em pauta".

Enquanto Augusto Heleno, Ramos, Braga Netto, Rochinha e outros oficiais cegamente leais a Bolsonaro se mantinham firmes, alguns deles se revezando em cargos e funções, outros oficiais-generais governistas foram degolados depois de Santos Cruz, em geral pela mesma guilhotina bolsolavista azeitada pelos filhos do presidente. Um caso emblemático foi o de Otávio Rêgo Barros, o chefe do Centro de Comunicação Social do Exército na época de Villas Bôas, depois nomeado porta-voz da Presidência. A experiência com o midiático comandante conferiu prestígio a Rêgo Barros. Pela quantidade de autoridades e jornalistas presentes, sua passagem de comando para o general Richard Nunes no CCOMSEX, em fevereiro de 2019, no Forte Apache, se assemelhou à posse de uma alta autoridade da República.

Enquanto esteve no governo, Rêgo Barros se notabilizou pela devoção ao chefe, a quem se referia, nos pronunciamentos à imprensa, como "nosso presidente". No primeiro ano no Planalto, se confessava fascinado por Bolsonaro, "um cara fantástico, quando você conhece em sua completude". Contava brincando a jornalistas que, quando estava na segunda semana no cargo, confessou à sua esposa estar apaixonado pelo superior. Mas logo o modo de gerir a imagem presidencial pôs o porta-voz em rota de choque com a estrutura paraestatal de comunicação pilotada por Carlos Bolsonaro. Enquanto Rêgo Barros tentava aproximar o presidente de veículos da chamada grande imprensa, por meio de iniciativas como cafés de manhã com jornalistas, Bolsonaro abraçou cada vez mais a comunicação direta das redes sociais engendrada pelo segundo filho.

Assim como ocorrera com Santos Cruz, bastou ser varrido do governo, em outubro de 2020, para Rêgo Barros passar a criticá-lo e atrair a antipatia de alguns colegas da caserna, seja porque o bolsonarismo permaneceu prestigiado nas Forças Armadas, seja porque, na definição de um general da reserva, a atitude de "cuspir no prato em que comeu" é especialmente incompatível com a ética militar. Em artigos para a imprensa, caracterizados por recados no mesmo estilo empolado e bacharelesco de suas manifestações como porta-voz, Rêgo Barros foi se descolando do presidente por quem caíra de amores pouco tempo antes. Num dos primeiros textos, sem citar o nome de Bolsonaro, compara o presidente a um "imperador imortal", diz que o poder "inebria, corrompe e destrói" e critica auxiliares que se comportam como "seguidores subservientes". Em outro artigo, Rêgo Barros pontificou:

> Um abismo se aprofunda à nossa frente. A erosão da racionalidade o alarga. A tessitura da estabilidade social precisará ser conduzida por um líder genuinamente inspirador. Que seja subalterno ao bem servir. Que mais escute que imponha. Que seja manso e humilde, sem ser fraco e complacente, como professava o cardeal Angelo Roncalli (o papa João XXIII). Basta de insensatos incorrigíveis.

Num outro ainda, prometeu: "Que fique claro, não se avassala um Exército profissional no intuito de vesti-lo como guarda pretoriana e dela usufruir a seiva da confiança. Não assumiremos esse papel e pugnaremos contra investidas. Elas serão sempre frustradas".

Tempo depois, já mais liberto das entrelinhas, escreveu que o país estava limitado "pelo amadorismo do chefe de governo" na condução da política externa, que não poderia estar a cargo de "amadores, operadores de bolhas digitais ou sábios de Google".[21]

Antes de Rêgo Barros cair em desgraça, um tsunami atingiu Bolsonaro quando o ministro da Justiça, Sergio Moro, um dos pilares do governo fora da caserna, bateu em retirada, atirando. Ao se demitir, Moro acusou o presidente de pressioná-lo para interferir politicamente na Polícia Federal, tentando nomear um diretor-geral que protegesse ele e seus filhos de investigações sobre crimes cometidos no Rio de Janeiro. Bolsonaro negou, mas um inquérito foi instaurado para apurar as acusações e logo, por determinação do ministro Celso de Mello, do Supremo Tribunal Federal, veio à tona o vídeo de uma reunião ministerial em que o presidente confirmava o teor das denúncias do ex-juiz — a mesma reunião em que Ricardo Salles sugerira aproveitar a pandemia para "passar a boiada" na legislação ambiental.

A crise deu um nó na cabeça dos militares, uma vez que Moro era uma espécie de referência moral para grande parte dos integrantes das Forças Armadas, sobretudo depois que conseguiu prender o ex-presidente Lula. No dia em que Bolsonaro escalou seus ministros e aliados, com cinco generais incluídos, para rebater as acusações do ex-chefe da Lava Jato, outro general da ativa do Exército que não integrava o governo classificou o pronunciamento do presidente como "fraquíssimo, vulgar e constrangedor". Moro, por sua vez, foi definido pelo mesmo oficial como alguém de "caráter elevado, que tem o Brasil como prioridade absoluta" e cujo comportamento no episódio foi "imperturbável e assertivo". O militar contou na ocasião que essa era a visão predominante entre os seus colegas oficiais-generais da ativa.[22]

A reverência a Moro era evidente até nas hostes do general Villas Bôas, que quando comandante distinguira o então juiz da Lava Jato com a principal condecoração do Exército. No dia em que Moro deixou o governo, Adriana Haas Villas Bôas, a filha mais apegada ao general — espécie de braço direito do pai, que se aproximou ainda mais dele depois da descoberta da doença —, publicou numa rede social uma foto ao lado de Moro. "Em tempos sombrios de corrupção desenfreada, reforçada por aduladores de bandidos, o senhor fez um país inteiro sonhar novamente! Obrigada por tudo", dizia a mensagem, acompanhada de um coração e duas mãos juntas em sinal de gratidão. Choveram comentários, a maioria a apoiando e alguns poucos discordando. Num desses, uma pessoa escreveu: "Tomou partido cedo demais, Drika". A filha de Villas Bôas respondeu: "E nós precisamos parar de rachar entre nós. Independente de quem é Bolsonaro ou Moro. Temos que continuar do mesmo lado quando o assunto é Brasil". Todos os comentários foram depois apagados da publicação.[23]

Sergio Moro se converteu num opositor figadal de Bolsonaro, atacando o presidente e seu governo em reiteradas oportunidades, até se assumir como político sem disfarces, ter frustradas suas tentativas de concorrer à Presidência da República e à governança de São Paulo e por fim se contentar com a disputa de uma vaga de senador pelo Paraná.

Diante de arrependidos como Rêgo Barros, Santos Cruz e Moro, o consultor político Alon Feuerwerker evoca o general que chefiava o Gabinete Militar de Ernesto Geisel, que deixou o governo em 1978 por divergências políticas: "Hugo Abreu era 100% da ditadura e virou democrata depois que foi excluído do poder. Todo mundo vira democrata quando é excluído do poder".

16. A viúva

Joseíta Brilhante Ustra estava em casa papeando com amigas quando toca seu telefone. Do outro lado da linha, o major Mauro Cesar Barbosa Cid, chefe dos ajudantes de ordens da Presidência da República, é o portador de uma consulta e um convite. "Estou ligando porque o presidente Bolsonaro quer saber se a senhora é aposentada", inicia o militar. "Claro que sou", responde Joseíta. "Pois o presidente quer saber se a senhora não gostaria de trabalhar com ele." Ela dá uma gargalhada antes de retrucar. "Pelo amor de Deus, eu tenho 82 anos, não tenho mais pernas para isso." Despedem-se.

O restante daquela tarde em meados de 2019 seria de agonia para Joseíta. "Meu Deus do céu, acho que fui indelicada em dizer não daquele jeito", pensou. Atormentada de culpa, ela ligou no dia seguinte para o auxiliar do presidente e disse que queria conversar. Marcaram então um almoço no Palácio do Planalto. Joseíta não foi lá para voltar atrás e aceitar o convite, mas para pedir desculpas pessoalmente a Bolsonaro pela desfeita. Era recebida pela segunda vez na principal sede do Executivo federal — a primeira foi no aniversário dela, em 21 de abril de 2019, um mimo do presidente.

No novo encontro, sua principal preocupação foi convencer Bolsonaro de que a recusa se devia a questões pessoais — basicamente, sentia-se cansada para qualquer desafio profissional àquela altura da vida. "Ele insistiu, insistiu. Eu disse que era só isso mesmo, que não tinha nada a ver com política."

Nesse mesmo dia, à tarde, Joseíta foi a uma sessão de terapia e confessou ao psicólogo que, embora no fundo estivesse decidida a não aceitar, havia ficado balançada com o convite do presidente. "Ele disse: 'Volte lá e aceite'. Aí depois fui ao meu geriatra, que reforçou: 'Nem devia ter vindo aqui, já devia estar lá trabalhando'." Vários amigos e amigas também a incentivaram a topar. Ela, porém, acabou ficando firme na decisão inicial. Em parte porque achou que pegaria mal voltar atrás, mas sobretudo porque não se sentia com vigor físico para a empreitada.

Como demonstram as estatísticas sobre a militarização da Esplanada, Bolsonaro foi se acostumando a cercar-se dos seus, e Joseíta representava como poucos o *zeitgeist* do novo governo. Provavelmente por isso, o presidente não desistiu tão fácil da senhora que lhe dissera não. Convidou-a outras vezes para trabalhar no Planalto, franqueando a ela — que fora professora primária e depois servidora concursada do Senado — a opção de escolher o que queria fazer. Embora Joseíta se mantivesse irredutível, seguia com uma pulga atrás da orelha. "Tenho dúvida se ele ficou pensando que não aceitei trabalhar com ele porque me chamam 'a viúva do torturador'."

"Nesse dia de glória para o povo brasileiro, tem um nome que entrará para a história dessa data, pela forma como conduziu os trabalhos da Casa. Parabéns, presidente Eduardo Cunha." Jair Bolsonaro faz uma pausa e, na segunda e última parte de seu discurso no plenário da Câmara dos Deputados, recorre a um papelucho amarrotado que segura nas mãos para não esquecer nada da mensagem ensaiada — é, afinal, um momento histórico, transmitido ao vivo pelos principais veículos de imprensa do país.

> Perderam em meia quatro, perderam agora em 2016. Pela família e pela inocência das crianças em sala de aula, que o PT nunca teve. Contra o comunismo, pela nossa liberdade. Contra o Foro de São Paulo. Pela memória do coronel Carlos Alberto Brilhante Ustra, o pavor de Dilma Rousseff. [Nesse momento, espocam vaias no plenário.] Pelo Exército de Caxias. Pelas nossas Forças Armadas. Por um Brasil acima de tudo e por Deus acima de todos, o meu voto é sim!

Quando encenou seu teatro mal-assombrado naquele 17 de abril de 2016, na sessão que aprovou a abertura do processo de impeachment da presidente

Dilma Rousseff, homenageando um homem condenado na Justiça por tortura, Bolsonaro dissimulava. Ao chamar Ustra de "o pavor de Dilma Rousseff", o então deputado recorreu a uma metonímia perversa: quando combatia a ditadura, Dilma de fato foi presa e torturada em mais de uma ocasião e em diferentes lugares, inclusive na sede da Operação Bandeirante (Oban), mais tarde renomeada DOI-Codi do II Exército. O coronel (então major) Ustra assumiu a unidade, um dos principais centros de tortura do período ditatorial, depois que Dilma esteve presa lá pela primeira vez, e não há registro de que a tenha torturado. Ou seja: sem perceber, o capitão consentia que Ustra era sinônimo de tortura.

Então já pré-candidato à Presidência em 2018, Bolsonaro exaltava um personagem escorraçado pela história até pouco tempo antes, mas que ressurgia com força naquele período convulsionado do país. A direita brasileira despertava de uma longa hibernação, graças principalmente à destruição do sistema político promovida pela Lava Jato. Divulgada e endossada todos os dias no noticiário, a implosão fora ao mesmo tempo provocada e potencializada pela crise econômica e tragava uma presidente politicamente debilitada. Ustra aparecia entre os heróis dos movimentos conservadores e extremistas que invadiram as ruas — ao lado de Sergio Moro, Olavo de Carvalho, Hamilton Mourão e do próprio Bolsonaro. Nas passeatas, seus fãs portavam cartazes e vestiam camisetas com os dizeres "Ustra Vive" ou o trocadilho com uma marca de sabão que tem o primeiro sobrenome do coronel, coisas como "Brilhante Ustra — Limpando a sujeira comunista desde 64".

Ustra não viveu para testemunhar o auge de sua reabilitação — morreu de câncer em 2015, aos 83 anos, seis meses antes daquele domingo na Câmara dos Deputados. Mas a maior responsável pelo fortalecimento de sua imagem assistiu à cena com alegria e surpresa. Maria Joseíta Silva Brilhante Ustra, a viúva do coronel, concebeu junto com o marido o projeto dos dois livros (*Rompendo o silêncio* e *A verdade sufocada*) que o alçariam a celebridade. Pôs a mão na massa, auxiliando em pesquisas, reunindo ao longo dos anos recortes de jornais e revistas que embasam as publicações, revisando o conteúdo e criando e gerindo sozinha o site (com o mesmo nome do segundo livro) que se tornaria a trincheira dos Brilhante Ustra para atacar a esquerda e defender a honra do patriarca e da ditadura — além de dar espaço para a divulgação de manifestos de generais da reserva contra os governos do PT e a Comissão da Verdade, por exemplo.

Joseíta pouco conhecia Bolsonaro até o episódio do impeachment. "Ele procurava meu marido às vezes por telefone, sempre foi defensor da Revolução, mas não tínhamos uma relação próxima, raramente nos encontrávamos." Em 31 de março de 2004, quarenta anos depois da derrubada de Jango, participaram juntos de um ato em frente ao Congresso Nacional, no qual foram fincadas cruzes em memória dos "mortos pelo terrorismo" durante a ditadura. O coronel tampouco conhecia direito o capitão, citado apenas de passagem em *A verdade sufocada* — reconhecendo que fora uma das únicas vozes no Parlamento a "[defender] uma equidade de tratamento entre os mortos de ambos os lados", com uma foto da manifestação de 2004. "Qual não foi a minha surpresa quando, no dia do impeachment, estávamos vendo TV e de repente ele diz que Carlos Alberto era herói dele. Ele teria ficado muito feliz... Eu fiquei, porque meu marido estava morto e aparecia em rede nacional. Foi um prêmio ao trabalho dele", recorda Joseíta.

Ela telefonou para o deputado a fim de agradecer o gesto. "O senhor não faz ideia de como estamos esse tempo todo sofrendo calados, com tantas mentiras que esse pessoal inventa e agora temos uma esperança desse pesadelo acabar. [...] O senhor colocou o Brasil para estudar e conhecer a verdade. Muito obrigada."[1]

Depois do impeachment de Dilma, o culto a Ustra entre bolsonaristas cresceu. Durante sua primeira campanha eleitoral à Presidência, Bolsonaro evocou em diversas ocasiões a memória do ex-chefe do DOI, afirmando inclusive que *A verdade sufocada* era sua leitura de cabeceira, embora pouco leia livros — em 2021, revelou que não lia um havia três anos. Em São Paulo, um movimento de direita aproveitou a onda e anunciou, às vésperas do Carnaval de 2018, a saída do bloco Porão do Dops, que tinha Ustra como uma das inspirações — a foto do coronel ilustrava alguns dos anúncios da agremiação. A Justiça acabou por vetar o desfile, após ação civil pública movida pelo Ministério Público paulista.

Quando Bolsonaro foi eleito, Joseíta mandou flores para ele e para o vice, Hamilton Mourão — este sim muito próximo do casal Ustra havia mais de quarenta anos. Entre 1978 e 1979, Mourão, um então recém-promovido primeiro-tenente, foi comandado por Ustra, à época tenente-coronel, no 16º Grupo de Artilharia de Campanha, em São Leopoldo, no Rio Grande do Sul. "Foi o melhor comandante que eu tive. Justo, dava o exemplo, era bem preparado física e intelectualmente, sabia se relacionar com os subordinados, era um bom relações-públicas com o segmento civil", afirma Mourão.² Em sua passagem à reserva, em 2018, chamou o antigo superior de "herói". A convivência também calou fundo em Ustra, pai de duas filhas, que projetou no subordinado o varão que ele não teve. "O sonho de Carlos Alberto era ter um filho. Cansava de dizer sobre Mourão: 'Esse menino podia ser meu filho. Esse menino vai longe'", conta Joseíta. Mourão respondia às mensagens de Ustra, e até hoje responde aos e-mails de Joseíta, com a mesma assinatura: "Do seu eterno tenente".

Um capítulo inteiro do relatório final da Comissão Nacional da Verdade (o de número 16, na Parte IV do Volume I) é dedicado à "Autoria das graves violações de direitos humanos na ditadura". Alguns autores são incluídos na seção sobre "Responsabilidade pela gestão de estruturas e condução de procedimentos destinados à prática de graves violações de direitos humanos", outros na seção voltada para a "Responsabilidade pela autoria direta de condutas que ocasionaram graves violações de direitos humanos". Carlos Alberto Brilhante Ustra aparece nas duas.

Na primeira, é citado por ter sido comandante do DOI-Codi do II Exército de setembro de 1970 a janeiro de 1974. Nesses três anos e quatro meses, passaram por ali mais de 5 mil presos, e o número de torturados conta-se às centenas. Usava o codinome Doutor Tibiriçá ou Major Tibiriçá. "No período em que esteve à frente do DOI-Codi do II Exército", informa o documento, "ocorreram ao menos 45 mortes e desaparecimentos forçados por ação de agentes dessa unidade militar, em São Paulo."³

A seção sobre a responsabilidade pela autoria direta das violações informa que Ustra teve participação pessoal "em casos de detenção ilegal, tortura, execução, desaparecimento forçado e ocultação de cadáver" de pelo menos 31 vítimas, listadas pelo nome completo, entre mortos, desaparecidos e torturados. O número é certamente maior, porque não constam ali nomes de presos políticos que denunciaram publicamente terem sido torturados por Ustra, como Bete Mendes e Valneri Antunes, por exemplo. Ele, que militou na VPR (Vanguarda Popular Revolucionária) e, depois da abertura, nos anos 1980, foi eleito vereador em Porto Alegre pelo PDT, contou que o então comandante do

DOI-Codi coordenava pessoalmente as sevícias, mas procurava fazer o gênero "bonzinho", conversando com os presos enquanto eles estavam no pau de arara ou na cadeira do dragão, dois dos mais cruéis aparelhos de tortura.

Ainda conforme o relato de Antunes, Ustra dizia que não gostava daquilo e incitava que os presos falassem logo, pois não tinha como controlar "as feras" (os torturadores). "Depois de cada sessão de tortura ele dizia para os presos que era melhor colaborar, porque, embora não gostasse daquilo, seria obrigado a encaminhar novamente aos torturadores os que não falassem."[4]

O nome de Ustra como agente da repressão apareceu pela primeira vez em 1978, associado ao codinome Major Tibiriçá, numa lista de torturadores citados por presos políticos publicada pelo jornal alternativo *Em Tempo*. Nos anos 1980, reapareceria em levantamentos semelhantes do Comitê Brasileiro pela Anistia e do projeto-livro *Brasil: Nunca mais*. Mas a má fama do militar e a pressão sobre ele cresceram exponencialmente em 1985, quando a atriz Bete Mendes, ex-integrante da organização da luta armada VAR-Palmares e então deputada federal, o acusou de tê-la torturado. Ela integrava, em agosto daquele ano, a comitiva do presidente Sarney numa viagem a Montevidéu, onde Ustra era adido militar do Exército na embaixada do Brasil. Ao avistá-lo numa recepção na embaixada, o identificou como o homem que comandara as sessões de tortura que sofrera, mas esperou voltar ao Brasil e escreveu uma carta a Sarney.

> Digo-o, presidente, com conhecimento de causa: fui torturada por ele. Imagine, pois, Vossa Excelência, o quanto foi difícil para manter a aparência tranquila e cordial exigida pelas normas do cerimonial. Pior que o fato de reconhecer meu antigo torturador foi ter que suportá-lo seguidamente a justificar a violência cometida contra pessoas indefesas e de forma desumana e ilegal como sendo para cumprir ordens e levado pelas circunstâncias de um momento.

A parlamentar cobrava de Sarney o afastamento de Ustra da função de adido.[5] O governo anunciou a exoneração de Ustra da função, mas foi para inglês ver: o ministro do Exército, Leônidas Pires Gonçalves — o mesmo que tentara expelir Bolsonaro do Exército e mais tarde seria idolatrado pelo ex-pária, o mesmo que ordenou que Sarney assumisse no lugar de Tancredo quando o vice hesitou —, continuava dando as cartas. Numa nota oficial, o

Exército declarou que Ustra permanecia como adido militar no Uruguai. "Goza de nossa confiança e permanecerá até completar o período regulamentar. Aqueles que atuaram patrioticamente contra os subversivos e os terroristas, perdoados pela anistia, merecem o respeito de nossa instituição pelo êxito alcançado, muitas vezes com o risco da própria vida."[6]

Bete Mendes rebateu a nota, numa carta a Leônidas lida na Câmara. Detalhava o que sofrera e dava o assunto por encerrado: "Fui sequestrada, presa e torturada nas dependências do DOI-Codi do II Exército, onde o major Brilhante Ustra (dr. Tibiriçá) comandava sessões de choque elétrico, pau de arara, 'afogamento', além do tradicional 'amaciamento' na base dos 'simples' tapas, alternado com tortura psicológica".[7] Ustra só deixou o posto no Uruguai no final de 1985, quando teve fim o período de dois anos de sua missão.

Em 1987, um ano e meio depois do episódio em Montevidéu e da denúncia de Bete Mendes, Ustra publicou *Rompendo o silêncio*, para rebater as acusações e defender seu papel na ditadura. No livro, chama sua acusadora de mentirosa e a desafia a apresentar provas do que denunciara. Ustra escreve, por exemplo, que, na recepção em que se encontraram na embaixada do Brasil, a deputada o elogiou em privado. ("Disse que tinha uma grata recordação de minha pessoa, pois, segundo ela, eu havia mudado a sua vida [no DOI-Codi] que, antes, era um inferno" e publicamente, enquanto erguia um brinde. Conclui ter servido de "'bode expiatório', em mais uma tentativa para denegrir a imagem do Exército".)[8]

Sob o título "A revolta de uma mulher", *Rompendo o silêncio* traz uma carta escrita por Joseíta Ustra para as filhas do casal, Patrícia e Renata, em outubro de 1985, dois meses depois do encontro entre o coronel e Bete Mendes, como introdução a um álbum catalogando as "organizações subversivo-terroristas" ativas e suas ações no período em que o pai das garotas chefiou o DOI-Codi. Isto é, o que foi inicialmente planejado para ser um manual caseiro de defesa de Ustra perante as filhas terminaria por resultar no livro.

"Estes terroristas", escreve Joseíta na carta,

> obrigaram as Forças Armadas a se lançarem às ruas e aos campos, contra o inimigo desconhecido que se escondia na clandestinidade. Os militares, para evitar danos maiores a inocentes, lutavam contra o tempo e o desconhecido. Eles, terroristas, lutavam contra o claro, o conhecido. Deste combate participou o pai

de vocês e lutou com honradez, honestidade e dentro dos princípios de um homem bom, puro e honesto.

Na missiva também aparecem pela primeira vez histórias que o casal contaria ao longo da vida para se defender, como a de que Joseíta ensinava tricô e crochê às presas políticas. Que preparou o enxoval para uma militante grávida, e quando o bebê nasceu os Ustra lhe deram um presente e enviaram flores. Que a primogênita Patrícia, na faixa dos três anos, era levada para o DOI-Codi e brincava com as presas. Que, enquanto Ustra esteve no comando, a família passava as noites de Natal e Ano-Novo nas instalações do DOI.[9]

Apesar de o livro, um manifesto político, ser uma clara transgressão ao Regulamento Disciplinar do Exército, Ustra não foi punido. Leônidas, mais uma vez, matou no peito. "Ele diz que não torturou e eu acredito nele [...]. Punição por escrever um livro? Não. Vivemos em uma democracia", disse o então ministro do Exército.[10]

Ustra jamais foi punido por suas atividades na ditadura. Algumas das vítimas de tortura ou familiares de mortos foram à Justiça contra o coronel. As ações criminais não avançaram, esbarrando sempre na decisão do Supremo Tribunal Federal, que reafirmava a Lei de Anistia como impeditivo para tal. Mas em 2008, numa ação declaratória — que não buscava indenização, mas reconhecimento — movida por Maria Amélia de Almeida Teles e César Teles, por seus filhos Janaína e Edson e por Criméia Alice Schmidt de Almeida, irmã de Maria Amélia, o coronel foi reconhecido como responsável pela prática de tortura. Maria Amélia, César e Criméia — então grávida de sete meses — foram torturados no DOI-Codi e afirmam que Ustra participou das sessões de espancamento, choques elétricos e outras sevícias, enquanto as crianças ficaram em poder dos militares do DOI-Codi, ouviram os gritos dos pais e foram levadas a vê-los convalescentes. Em 2012, o Tribunal de Justiça de São Paulo negou por unanimidade o recurso de Ustra para reformular a sentença.

No mesmo ano, Ustra foi condenado a indenizar vítimas de seus atos, num processo movido por familiares do jornalista e líder estudantil Luís Eduardo Merlino, morto aos 23 anos em 1971 após sessões de tortura no centro chefiado por Ustra. "Evidentes os excessos cometidos pelo requerido, diante dos depoimentos no sentido de que, na maior parte das vezes, o requerido participava das sessões de tortura e, inclusive, dirigia e calibrava intensidade e duração dos golpes e as várias opções de instrumentos utilizados", escreveu na sentença a juíza Claudia de Lima Menge, da 20ª Vara Cível do Foro Central de São Paulo, que condenou Ustra a pagar, a título de danos morais, R$ 100 mil — R$ 50 mil a Angela Maria Mendes de Almeida, ex-companheira de Merlino, e R$ 50 mil a Regina Maria Merlino Dias de Almeida, irmã da vítima.[11] Seis anos depois, entretanto, o Tribunal de Justiça de São Paulo derrubou a condenação, alegando que o pedido de indenização já prescrevera quando a família entrou com a ação.

Em depoimentos à Justiça e/ou à Comissão da Verdade, inúmeras testemunhas relataram ter sido torturadas diretamente por Ustra, sob suas vistas ou, no mínimo, foram presos no DOI-Codi chefiado por ele. E os que não foram seviciados sabiam que aquele era um centro de tortura sob o comando do coronel. Nesse último grupo se incluem ex-agentes da repressão, como o ex-sargento Marival Chaves, subordinado do coronel no órgão de repressão e que também trabalhou no Centro de Informações do Exército durante a ditadura. Segundo ele, Ustra atuava como "o senhor da vida e da morte" do DOI-Codi.

Contra testemunhos e evidências, Ustra costumava dizer que todos os assassinatos atribuídos à repressão ocorreram fora do DOI-Codi, durante combates com os guerrilheiros (ou terroristas, como definia), e que jamais torturou alguém. Mas defendia a necessidade de medidas excepcionais para uma época excepcional.

> Nossos acusadores reclamam com frequência de nossos interrogatórios. Alegam que presos "inocentes" eram mantidos horas sob tensão, sem dormir, sendo interrogados. Reclamam de nossas invasões nos "aparelhos", sem mandados judiciais. É necessário explicar, porém, que não se consegue combater o terrorismo amparado nas leis normais, elaboradas para um cidadão comum. Os terroristas não agiam como cidadãos comuns.[12]

Ustra tinha sido escalado para enfrentar os grupos da esquerda armada no momento em que estavam mais fortalecidos, entre o final dos anos 1960 e o início dos 1970. Sem dizê-lo com todas as letras, em suas memórias o coronel deixa clara sua adesão ao vale-tudo da máquina de guerra que institucionalizou a tortura e os assassinatos em nome do extermínio do inimigo a qualquer custo.

Quando o governo percebe que, mesmo empenhando a política e utilizando os métodos tradicionais de combate aos marginais, a guerrilha continua crescendo a ponto de abalar as instituições democráticas, resolve empregar as Forças Armadas. Quando se chega a esse ponto, ou elas acabam com a guerrilha, ou, então, o Estado é derrotado.

Pelo raciocínio de Ustra e dos condutores da ditadura, o enfrentamento com os "subversivos" constituía uma guerra interna, mas nem por isso o outro lado estava protegido da tortura, conforme pregam as convenções internacionais para prisioneiros de conflitos armados.

> Os terroristas que atuavam no Brasil não poderiam ser considerados prisioneiros de guerra. Qual o país que adota a Convenção de Genebra para os prisioneiros acusados de terrorismo? Estão, portanto, errados aqueles que nos acusam de ter esquecido as lições recebidas na Academia Militar, quando nos ensinaram a respeitar as normas da Convenção de Genebra. Guerra é guerra. Terrorismo é terrorismo. Em nenhum lugar do mundo, terrorismo se combate com flores.[13]

O coronel seguia a doutrina francesa da Guerra Revolucionária empregada por generais como Jacques Massu e Paul Aussaresses em conflitos na Indochina e na Argélia entre os anos 1940 e 1960, com emprego de tortura e manipulação psicológica — e ensinada em cursos da Escola de Comando e Estado-Maior do Exército na década de 1960. Ustra nunca o admitiu, mas Aussaresses — adido militar da França no Brasil durante a ditadura, amigo de João Figueiredo quando o futuro presidente dirigia o SNI e peça-chave no intercâmbio entre os países no combate à luta armada — defendeu em livros e entrevistas o emprego da tortura em situações excepcionais ("para evitar a morte de inocentes", por exemplo).[14]

Embora negasse sistematicamente que havia tortura nos centros repressivos do Estado, volta e meia Ustra se traía. "Muitos afirmam que existiram excessos no tratamento dos terroristas presos. Mas, se existiram, foram poucos. Não foi a regra constante."[15]

Durante seu depoimento público à Comissão Nacional da Verdade, em 10 de maio de 2013, em Brasília, afirmou que tão somente obedeceu aos superiores.

E com muito orgulho, eu digo aos senhores que cumpri a minha missão. Portanto, quem deve estar aqui não é o coronel Carlos Alberto Brilhante Ustra, quem deve estar é o Exército Brasileiro. Não sou eu não, senhores. É o Exército Brasileiro que assumiu por ordem do presidente da República a ordem de combater o terrorismo e sob os quais eu cumpri todas as ordens.[16]

Ustra entrara na Justiça com um pedido de habeas corpus para não comparecer ao depoimento. O pedido foi negado, mas o juiz assegurou-lhe o direito de não responder a questões que pudessem incriminá-lo. O coronel chegou ao depoimento acompanhado de seu advogado e acabou falando bastante, mas somente o que queria — no que depois seria visto como uma derrota para a CNV.

Na parte final do depoimento de uma hora e dezenove minutos deu-se o momento mais tenso. O procurador Claudio Fonteles perguntou a Ustra se ele sabia quem era Gilberto Natalini — um dos presos políticos que acusa Ustra de tê-lo torturado — e passou a descrever a sessão de maus-tratos denunciada pelo ex-militante estudantil. (Embora não fosse ligado a nenhum grupo da luta armada, Natalini foi preso e torturado. Relatou que Ustra lhe aplicou choques sobre uma poça d'água e pauladas e que se deleitava enquanto o torturava.) O coronel disse que não responderia à pergunta, pois havia enviado uma carta aberta instando Natalini a responder questões pontuais sobre o episódio e até ali não recebera resposta.

"Então, para clarear, o senhor não se negaria a uma acareação com ele, diante da Comissão Nacional da Verdade?", perguntou Fonteles.

"Não, não faço acareação com ex-terrorista, não faço!", exaltou-se Ustra.

Natalini, que estava na plateia, levantou-se da cadeira e, inclinado na direção do depoente com o dedo em riste, gritou de volta:

"Eu não sou terrorista, viu, coronel! Terrorista é o senhor! Torturador!"

A sessão foi encerrada.

Soa esquisito, mas o redemoinho da história ajuda a explicar que o tenentismo — movimento crucial para a derrubada da República Velha, mas que ao mesmo tempo inaugurou o intervencionismo dos militares numa sociedade em busca de modernização e democracia — e a Coluna Prestes, ambos muito associados ao maior líder comunista brasileiro, Luís Carlos Prestes, animaram

Ustra a entrar no Exército. Num trecho de *A verdade sufocada* intitulado "Lupes Ustra: minha primeira motivação ideológica", o ex-chefe do DOI-Codi narra como seu tio Lupes (irmão de seu pai, Célio Martins Ustra, funcionário dos Correios) foi determinante para que ele tivesse abraçado a carreira militar. Pai e tio aderiram à Coluna Prestes (ou Grande Marcha), e o menino Carlos Alberto — nascido em Santa Maria, interior gaúcho, em 28 de julho de 1932 — se encantava com as histórias contadas em casa:

> Ambos jovens idealistas, aderiram à Grande Marcha que, segundo seus líderes, salvaria o país e traria melhores condições sociais para o povo. Os dois eram inseparáveis. Nos combates estavam sempre lado a lado. Certo dia, meu pai, doente com pneumonia, ficou na retaguarda e meu tio Lupes prosseguiu na vanguarda. Acabou morto em combate com a Brigada Militar. [...] Tempos depois, Prestes asilou-se na Argentina e aderiu ao comunismo. A revolta de meu pai foi grande. O tio Lupes morrera em vão.[17]

Formado em 1954 na Academia Militar das Agulhas Negras, Ustra teve como colegas de turma outros futuros figurões da ditadura também acusados por tortura e mortes, como José Antônio Nogueira Belham (chefe do DOI-Codi do Rio de Janeiro e denunciado criminalmente pelo assassinato e a ocultação de cadáver do ex-deputado Rubens Paiva), Audir Maciel (que o sucedeu no DOI-Codi de São Paulo em 1974 e era o comandante quando o jornalista Vladimir Herzog e o operário Manoel Fiel Filho foram assassinados na unidade) e Átila Rohrsetzer (chefe de serviços de informações do DOI-Codi de Porto Alegre e um dos mentores de um centro clandestino de tortura na capital gaúcha).[18]

Três anos depois da formatura, em 1957, conheceu o amor de sua vida num trem. Maria Joseíta, uma paraibana que se mudara aos dois anos para o Rio, acabara de se formar em pedagogia e ia se apresentar numa escola pública na zona rural de Campo Grande, onde lecionaria como professora primária. Paqueraram-se, e ele desembarcou na estação da Vila Militar. No dia seguinte, sentaram-se juntos. Casaram-se em 1959 e viveram unidos por 56 anos, até a morte dele, em 2015.

Em 1964, então capitão, Ustra comandou uma bateria de canhões enviada do Rio de Janeiro por oficiais leais a Jango para deter as tropas do general

Olímpio Mourão Filho que, saídas de Juiz de Fora (MG), detonaram o golpe no dia 31 de março. Mas, simpático aos golpistas, retardou o comboio e nem precisou combater.[19]

No final dos anos 1960, a luta armada multiplicou suas ações e os generais endureceram a ditadura, a começar com a edição do AI-5, a que se seguiu a montagem de um aparato repressivo que tornaria a tortura e o assassinato de opositores uma política de Estado.

> [A tortura] Deixou de se restringir aos métodos violentos já empregados pela polícia no Brasil contra presos comuns para, sofisticando-se, tornar-se a essência do sistema militar de repressão política, baseada nos argumentos da supremacia da segurança nacional e da existência de uma guerra contra o terrorismo. Foi usada com regularidade por diversos órgãos da estrutura repressiva, entre delegacias e estabelecimentos militares, bem como em estabelecimentos clandestinos em diferentes espaços do território nacional.[20]

Ustra constituiu-se numa peça-chave nesse processo. Quando, em 1970, o governo decidiu centralizar nos DOI-Codis o combate à luta armada, foi ele o escolhido, em setembro daquele ano, para comandar o maior do país, o de São Paulo. O novo centro substituiria a Oban, criada um ano antes, aproveitando e fortalecendo seu modelo, considerado exitoso pelo regime, baseado na parceria entre militares e policiais civis. E, ao menos oficialmente, teria uma dotação orçamentária própria — ao passo que a Oban era financiada clandestinamente por empresários.

Com a chegada de Ustra, a unidade de repressão localizada na rua Tutoia, no bairro paulistano do Paraíso, se tornou mais organizada e unida, e a relação com o Dops, a polícia política da ditadura, até então conflituosa, melhorou, com maior intercâmbio de inteligência e pessoal. O DOI-Codi paulistano funcionava na estrutura de uma delegacia de polícia — e ficava a menos de um quilômetro do quartel-general do II Exército. Ustra, ou Doutor Tibiriçá, era benquisto por seus agentes e buscava transmitir a imagem de um comandante humano e preocupado com os presos políticos sob sua custódia (além de propagar que passava noites de Natal com a família no prédio da Tutoia, gostava de divulgar que comia a mesma comida dos detentos).[21]

Quando Ustra deixou o DOI-Codi, em janeiro de 1974, substituído por Audir Maciel, a luta armada estava dizimada. Ele cumprira a missão para a qual fora escalado, e teve o trabalho sujo reconhecido. Recebeu a Medalha do Pacificador com Palma, concedida pelo Exército àqueles que "tenham se distinguido por atos pessoais de abnegação, coragem e bravura, com risco da vida", e foi promovido primeiro a tenente-coronel (em 1975) e depois a coronel (1980), em ambos os casos "por merecimento". Em *Rompendo o silêncio*, orgulha-se de que, em 38 anos de serviço, registrava apenas uma punição em suas Folhas de Alterações (espécie de histórico funcional dos integrantes do Exército), ainda como cadete, por ter deixado um armamento se avariar numa queda — transgressão considerada leve.

Transferido para o Centro de Informações do Exército em Brasília, atuou na Seção de Informações e chefiou a Seção de Operações, além de ter sido instrutor da Escola Nacional de Informações. Continuaria a participar de episódios rumorosos da ditadura. Foi um dos articuladores da Chacina da Lapa, operação do Exército que, em dezembro de 1976, invadiu uma casa no bairro paulistano onde ocorrera uma reunião do Comitê Central do PCdoB e executou três dirigentes do partido: Ângelo Arroyo, Pedro Pomar e João Batista Franco Drummond — este último torturado no DOI-Codi, os dois primeiros baleados. As vítimas estavam desarmadas, mas os assassinos plantaram armas no local para simular que houvera um combate. A ação foi facilitada por um dirigente do PCdoB, Manuel Jover Teles, que, subornado pelos militares, delatou os colegas.

Na crise militar de 1977, Ustra esteve no olho do furacão quando Sylvio Frota — representante da linha-dura militar que agia para ser o sucessor de Ernesto Geisel, enquanto o presidente preparava a abertura inevitável e escolhera Figueiredo — foi demitido do cargo de ministro do Exército e acreditava ter apoio na corporação para derrubar o chefe num golpe militar. Horas depois da demissão, Ustra recebeu a incumbência do comando do CIE, subordinado a Frota, de ir ao aeroporto de Brasília durante um feriado recepcionar os generais do Alto Comando do Exército convocados por Frota para uma reunião de emergência. Na comitiva liderada por Ustra no aeroporto estava outro símbolo da repressão na ditadura, o então major Sebastião Curió (que ajudou a aniquilar a Guerrilha do Araguaia). Mas os quatro estrelas que foram chegando tinham sido convocados também por Geisel, e informaram a Ustra que era ao chamado do presidente que atendiam. O coronel seria mais tarde acusado de ter ido ao aeroporto com a missão de levar a todo custo — passando por cima da convocação de Geisel — os generais para o Forte Apache, onde Frota os aguardava.[22] Ele se justificou:

> Eu, que sempre me destaquei, em toda a minha carreira, como um militar disciplinado e leal aos meus chefes, jamais tomaria a iniciativa de tentar sequestrar aqueles generais. Quem conhece um mínimo a respeito da nossa vida na caserna sabe que um general do Exército Brasileiro jamais aceitaria, passivamente, um ato de tamanha indisciplina. Portanto, se tais fatos tivessem ocorrido conforme narra a imprensa, eu teria sido punido com a maior severidade e, talvez, submetido a um Conselho de Justificação.[23]

Com o fim da ditadura e a consequente pressão da sociedade civil e da imprensa quanto às acusações de tortura que se multiplicavam, Ustra não conseguiu ser promovido a general. No apagar das luzes de sua carreira militar, amargou mais uma punição dos superiores: mesmo ainda na ativa, participou, em julho de 1987, de uma passeata da União Democrática Ruralista (UDR) contra o projeto de reforma agrária da Comissão de Sistematização da Constituinte. Recebeu uma repreensão, uma das penalidades previstas no Regulamento Disciplinar do Exército, do general Fernando Pamplona, chefe do Estado-Maior da força terrestre. Perdeu de vez a chance de alcançar o topo da carreira.[24]

A transição entre ditadura e democracia ouriçou os integrantes das chamadas comunidades de informações e de segurança — isto é, militares e policiais que formavam o aparelho de espionagem e repressão ativo principalmente a partir do final dos anos 1960. Veio dessa linha-dura do regime a maior resistência à abertura política, materializada em atos terroristas contra entidades da sociedade civil e bancas de jornal. O ápice foi o ataque do Riocentro, em 1981 — quando agentes de um DOI-Codi em vias de desativação tentaram explodir bombas durante um show no Rio de Janeiro para atribuir o atentado à esquerda. O plano falhou, e uma das bombas explodiu no colo do sargento Guilherme Pereira do Rosário, matando-o. O capitão Wilson Machado, que estava no mesmo carro, se feriu com gravidade.

Finalmente consumada nos anos 1980, a abertura — àquela altura irrefreável, dada a pressão das ruas, da sociedade e dos Estados Unidos — produziu uma legião de deslocados das comunidades de informações e de segurança, peças de um sistema que, mesmo com a volta da democracia, não foi totalmente desmanchado. O esfacelamento gradativo do sistema que criaram e a que se devotaram os deixaria como peixes fora d'água.

Muitos passaram a atuar em organizações de extrema direita criadas para exaltar a memória do regime militar, contrapor a verdade histórica sobre o período que começou a emergir com a abertura, além de "discutir e protestar contra o rumo que estavam tomando as Forças Armadas na Nova República", segundo o cientista político Eduardo Heleno de Jesus Santos, professor da Universidade Federal Fluminense, em sua dissertação de mestrado *Extrema-direita, volver! — Memória, ideologia e política dos grupos formados por civis e militares da reserva*, apresentada ao programa de pós-graduação em ciência política daquela instituição.

Os mais articulados e barulhentos eram os grupos Guararapes, Inconfidência e Ternuma. O primeiro, criado em 1991 em Fortaleza por militares da reserva, publicava manifestos conclamando a golpes militares e atacava quem os contestasse. Em 1993, o deputado Vital do Rego entrou com uma ação contra o colega Jair Bolsonaro, que defendera o fechamento do Congresso. Passou a receber cartas anônimas com ameaças de morte e manifestação de apoio a Bolsonaro. Rego denunciou o Guararapes e um grupo similar paranaense, o Araucária, como autores das mensagens apócrifas.[25]

Batizado em contraposição ao projeto/livro *Brasil: Nunca mais* — que em 1985 catalogou as torturas e mortes praticadas pela ditadura — e ao grupo de direitos humanos Tortura Nunca Mais, o Ternuma (Terrorismo Nunca Mais) nasceu no Rio em 1998 pelas mãos do coronel-aviador Juarez de Deus Gomes da Silva. Segundo o próprio, para se contrapor à "constatação de que a versão dos militares nunca é divulgada, ao contrário da versão dos terroristas, que virou verdade".[26] Mas teve em Carlos Alberto Brilhante Ustra seu dirigente de maior projeção. Não por coincidência, "Terrorismo: nunca mais" é o nome de um dos capítulos de *Rompendo o silêncio*, publicado onze anos antes da criação do grupo. Ustra — que durante anos após o fim da ditadura participou de confraternizações anuais de ex-integrantes do DOI-Codi em churrascarias ou clubes — presidiu a seção brasiliense do Ternuma. A casa da família abrigou inúmeras reuniões do grupo, com participantes que mais tarde integrariam o primeiro escalão do governo Bolsonaro. "O general Heleno eu conheço muito, é um amor, vinha às reuniões do Ternuma aqui em casa quando era chefe do CCOMSEX [de 2002 a 2004]. Quando ele queria passar alguma mensagem que merecesse divulgação, passava pra gente do Ternuma", recorda Joseíta Ustra.

Apesar de sofrer um baque com a morte de Ustra em 2015, o grupo ganhou tração com o renascimento da direita brasileira naquele mesmo período. Teve como dirigentes e colaboradores generais mais novos que o patrono, mas igualmente saudosistas da ditadura, para quem Ustra se tornara um farol e seus livros, bíblias. Um deles foi Luiz Eduardo Rocha Paiva, o colega de turma de Villas Bôas na Aman que em 2017 escreveu um artigo no *Estadão* defendendo a possibilidade de uma intervenção militar como "legítima e justificável, mesmo sem amparo legal". Pesquisador do Centro de Estudos Estratégicos do Exército, Rocha Paiva é visto entre seus pares como um intelectual. A convite do casal Ustra, escreveu o prefácio e o epílogo de *A verdade sufocada*.

Numa entrevista no final de 2017, em seu apartamento em Brasília, Rocha Paiva observou que defendia um golpe àquela altura como medida extrema, apenas em caso de "anomia" — palavra favorita de militares para justificar teses do tipo —, não para impor um regime militar no país, mas "só para restaurar a normalidade institucional" (o mesmo que disseram seus colegas em 1964). O general explicou os quatro tipos de liderança política que enxergava no país: "patrimonialista fisiológica" ("há anos no poder"), "socialista radical gramscista revolucionária" (em alusão ao teórico italiano do "marxismo cultural", que associa ao PT), "socialista fabianista social-democrata" (em referência à corrente inglesa do século XIX que prega uma implantação mais branda e gradual do socialismo, associada por ele ao PSDB) e "centrista liberal" ("com prioridade à iniciativa privada e à restauração de valores éticos, morais e cívicos do patriotismo"). O general considerava as duas primeiras hipóteses "um desastre" para 2018, a terceira "uma incógnita", com o risco de recolonização do país pelas grandes potências, e que só a quarta selaria a "redenção do Brasil". Em sua visão, os então senadores Ronaldo Caiado (DEM-GO) e Ana Amélia (PP-RS) seriam boas opções nesse campo, e Villas Bôas seria o candidato perfeito — mas, sabendo que não havia chances de o comandante nem de seus parlamentares favoritos concorrerem, ele "naturalmente" escolhera Bolsonaro. "Se fosse amanhã, votaria nele. Mas me preocupo com seu radicalismo", afirmou.

Rocha Paiva voltaria a aparecer no governo Bolsonaro. Foi nomeado conselheiro da Comissão de Anistia criada para desmantelar o propósito original do colegiado, mas travou embates com o bolsolavismo ao chamar Carlos Bolsonaro de "pau-mandado de Olavo" e "idiota inútil". Depois disso, o presidente atacou Rocha Paiva, chamando-o de "melancia" — verde (do Exército) por fora, vermelho (comunista) por dentro.[27] O general foi ainda um dos coordenadores de "Projeto de nação: O Brasil em 2035", elaborado em conjunto entre os institutos Sagres, General Villas Bôas e Federalista, um documento escalafobético projetando o país em 2035, alertando para as ameaças do globalismo ("movimento internacionalista cujo objetivo é determinar, dirigir e controlar as relações entre as nações e entre os próprios cidadãos, por meio de posições, atitudes, intervenções e imposições de caráter autoritário, porém disfarçados como socialmente corretos e necessários") e defendendo o fim da gratuidade no SUS e nas universidades públicas, entre outras propostas.[28]

Em julho de 2022, Rocha Paiva publicou em sua página no Facebook um texto prevendo a "ruína moral da nação e das instituições" em caso da vitória de Lula nas eleições. O artigo foi compartilhado, via aplicativo de mensagens, pelo general Paulo Sérgio Nogueira, então ministro da Defesa e ex-comandante do Exército. Questionado, ele justificou: "O texto é muito bom", e seu autor "é uma das maiores inteligências da história do Exército".[29]

Outro integrante da segunda geração de dirigentes do Ternuma foi o general Paulo Chagas. Primeiro apenas um associado, era assíduo nos encontros na casa dos Ustra. "As reuniões lá eram bem informais, eram mais como um coquetel. D. Joseíta tinha um trabalhão de fazer aquilo tudo para a gente lá." Viraria presidente do grupo por dois mandatos, de 2014 a 2018, época em que a matriz carioca, abrigada numa sala no Clube Militar, murchava, e a seção brasiliense ganhava força. "Nós aqui estávamos em plena atividade, então dissemos para eles: 'Não, então passa esse patrimônio, que é um patrimônio cultural, passa para nós e nós vamos tocar o Ternuma aqui.'" Com a saída de cena de Ustra, as reuniões e palestras migraram para entidades associativas (como as sedes da Confederação Nacional da Família Militar (Confamil), ou da Associação dos Ex-Combatentes do Brasil) ou mesmo para instalações do próprio Exército, como o Hotel de Trânsito ou um dos clubes da força terrestre na capital federal.

Ao general também caberia um espaço em edições mais recentes de *A verdade sufocada* — a transcrição de um pronunciamento que ele fez durante o velório de Ustra em 2015, em que o trata pelo apelido ("Cabu, nosso herói") e agradece a "Dona Jô", a viúva. Assim como a de Sergio Etchegoyen, a família de Chagas entrou com um processo contra a Comissão da Verdade para que o nome do pai dele, general Floriano Aguilar Chagas, fosse retirado da lista dos responsáveis por violações de direitos humanos na ditadura (adido do Exército na embaixada do Brasil em Buenos Aires de 1973 a 1975, foi apontado por participar do sequestro de Joaquim Pires Cerveira e João Batista Rita, ocorrido na capital argentina em 1973). Tal qual ocorreu com os Etchegoyen, a família Chagas foi derrotada em duas instâncias judiciais.[30]

Aliado de Bolsonaro em 2018, quando foi candidato (derrotado) ao governo do Distrito Federal, Chagas logo desencantou-se com o governo. Atribuiu o rompimento à influência dos filhos sobre o presidente, à demissão de Gustavo Bebianno (a quem era ligado) e de generais, e à aliança governista com o Centrão — para colegas maliciosos, o fato de ele não ter conseguido um cargo também teria contribuído.

Passou assim a ser criticado por colegas em grupos de mensagens. "Eu até me retirei dos grupos de WhatsApp da minha turma [da Aman 1971], eram três grupos, são muito meus amigos, mas saí até para preservar a amizade, porque o pessoal vai num crescente de fanatismo, de raiva, de irracionalidade, daquele culto à personalidade", disse Chagas numa entrevista em julho de 2021. E continuou:

> E não é bem culto à personalidade, é o medo de que volte a esquerda. Mas são as atitudes do Bolsonaro que favorecem a volta da esquerda, então você tem que fazer força para ele mudar de atitude, no mínimo para ele calar a boca. O comportamento dele é exatamente o que a esquerda quer para crescer de novo. Cansei de dizer que o Bolsonaro está pavimentando a volta do PT ao poder. Assim como o PT pavimentou a saída dele do ostracismo.

O general não abandonou o ativismo e foi alvo de mandados de busca e apreensão no inquérito das fake news no Supremo por espalhar mentiras sobre o MST e seu fundador, João Pedro Stédile.[31] Paulo Chagas se filiou ao Podemos e concorreria a deputado federal em 2022.

Já o Inconfidência, nascido em 1993 em Belo Horizonte (mas registrado em 1994), permanece ativo entre os grupos de militares da reserva, mantendo um site e um jornal. Ao longo dos seus quase trinta anos, transformou-se numa tribuna para representantes do aparelho repressivo da ditadura, abrindo espaço para figuras históricas, como Agnaldo Del Nero Augusto (coordenador do projeto Orvil e autor do livro *A grande mentira*) e Sérgio Augusto de Avellar Coutinho (chefe do CIE no final dos anos 1980, autor de *A revolução gramcista no Ocidente* e *Cadernos da liberdade*), mas também paisanos influentes entre os militares, como Olavo de Carvalho, e até nomes ascendentes da extrema direita, como Rodrigo Constantino. E, claro, Brilhante Ustra. Como registrou a historiadora Maud Chirio, o coronel "serve-se em várias ocasiões do jornal como tribuna para se expressar aos seus camaradas de armas" e, a partir de 2011, "assume importância considerável: tribuno, herói, porta-voz, mártir, é uma referência incontornável do jornal".

Segundo Chirio, o Inconfidência "é uma fonte excepcional para entender como as lutas da 'linha dura' militar se misturaram com a teoria do marxismo cultural até, muito cedo, fixar um discurso sobre a política, o PT, a mídia, a história, a educação, os movimentos sociais".[32]

No regime democrático, a linha-dura da repressão, principalmente sua parte policial, também se reinventou atuando na contravenção e no crime organizado, como mostram a célebre série de Elio Gaspari sobre a ditadura e, mais recentemente, os livros *Os porões da contravenção*, de Aloy Jupiara e Chico Otavio, e *A república das milícias*, de Bruno Paes Manso. Delegados e agentes que integravam grupos de extermínio nos grandes centros urbanos atuaram nos Dops e nas masmorras da ditadura, torturando, matando e ocultando cadáveres, casos de Sérgio Paranhos Fleury, Mariel Mariscot de Matos e Cláudio Guerra. Muitos tinham conexões com o jogo do bicho, como o torturador confesso Paulo Malhães, Luís Cláudio de Azeredo Viana e o próprio Mariscot.

Para não falar de Aílton Guimarães Jorge, o Capitão Guimarães, oficial do Exército que se tornou um dos reis da contravenção no Rio de Janeiro, patrono de escolas de samba e presidente da Liesa, organizadora do Carnaval carioca. Integrante da 1ª Companhia de Polícia do Exército da Vila Militar do Rio — que ficaria conhecida por abrigar aulas de tortura usando presos políticos como cobaias em 1969 —, Guimarães foi condecorado pelo Exército com a

Medalha do Pacificador com Palma pela operação que matou, naquele mesmo ano, o guerrilheiro Eremias Delizoicov, da Vanguarda Popular Revolucionária — na qual Guimarães foi baleado na perna. Tornou-se parceiro de contravenção de outro famoso verdugo da repressão, o coronel Freddie Perdigão Pereira, um dos mentores do atentado no Riocentro e carrasco na Casa da Morte de Petrópolis, famigerado centro de tortura e extermínio da ditadura, onde também atuaram Azeredo Viana e Malhães. Freddie Perdigão foi definido por Ustra como "um oficial com muita capacidade de trabalho e grande inteligência, valente e destemido".

Essa engrenagem paramilitar surgida como rebotalho da ditadura seria o embrião de uma vertente criminosa que no século XXI ganharia força pelo país, sobretudo nas zonas urbanas pobres do Rio, como contraponto ao tráfico de drogas: as milícias. Escreve Paes Manso:

> A proximidade entre os policiais matadores e os porões do Exército trouxe a reboque a influência dos bicheiros — que já era forte em ambas as instituições — para o coração do poder do Estado. A mistura de violência policial e militar com a contravenção formou a base da rede clandestina de violência paramilitar que está na origem dos modelos milicianos.

Operou-se uma adaptação de discurso para legitimar a matança dos inimigos — agora não mais guerrilheiros, mas traficantes e bandidos comuns. "Também foi preciso lançar um conceito que legitimasse os crimes da polícia, cujos excessos continuavam tolerados. Em vez de lutar pela defesa da pátria, a polícia passou a matar além do limite em nome do 'cidadão de bem'."[33]

As milícias receberiam mais atenção a partir de dois eventos ocorridos em 2018. O primeiro, o assassinato da vereadora Marielle Franco, cujo executor, segundo a polícia e o Ministério Público, foi o miliciano Ronnie Lessa, sargento reformado da PM fluminense, que está preso e é réu pela ação, a mando provavelmente de milicianos — quatro anos e meio depois, o mandante do crime permaneceria incógnito. O segundo, a eleição de Jair Bolsonaro à Presidência da República. Desde que procuradores do Rio de Janeiro revelaram indícios de corrupção no gabinete de Flávio Bolsonaro, num esquema que envolvia Fabrício Queiroz, ex-subtenente da PM e faz-tudo da família, multiplicaram-se sinais da conexão do presidente e de seus três filhos mais velhos com milicianos cariocas, muitos dos quais homenageados pelos Bolsonaro nos últimos anos.

Segundo o Ministério Público do Rio de Janeiro, Queiroz e sua mulher depositaram pelo menos 21 cheques na conta da primeira-dama, Michelle Bolsonaro — totalizando R$ 89 mil, numa operação até hoje não explicada —, centralizava um esquema de desvio de salários envolvendo funcionários-fantasmas em gabinetes de Flávio e Carlos. Era amigo e ex-parceiro de Adriano da Nóbrega, ex-PM que virou miliciano e matador de aluguel, cujas mãe e ex-esposa eram funcionárias de gabinetes de Flávio. Foragido, Adriano acabou morto em fevereiro de 2020 no interior da Bahia, no que a polícia informou ter sido uma troca de tiros. Segundo seu advogado e sua irmã, ele temia ser vítima de uma queima de arquivo, e para muitos a operação baiana, cercada de pontas soltas, foi exatamente isso.

Joseíta Ustra já se definiu como "uma leoa" na defesa do marido. "Eu atendia repórteres que batiam na porta de casa, feito cão de guarda. Os jornalistas conversavam muito mais comigo do que com ele, que só falou com o [diário porto-alegrense] *Zero Hora* porque era gaúcho", conta, em alusão a uma rara entrevista dada pelo coronel, em 2014. Ainda assim, foi quase uma manifestação conjunta, como registrou a repórter Cleidi Pereira: "Em duas horas e meia de conversa, Joseíta fez dezessete interferências, e o militar também recorreu à memória da mulher seis vezes". Entre a reiteração de sua defesa, negando que tenha torturado e mandado matar (mas ressalvando que "excessos podem ter havido de ambos os lados", frase destacada no título pelo jornal), chamou a atenção um comentário de Ustra sobre Luiz Inácio Lula da Silva, que presidira o país por dois mandatos e fizera de Dilma Rousseff sua sucessora: "Ele tem muito jogo de cintura, fez um governo bom. O Lula nunca foi comunista, nunca foi terrorista. A Dilma, não. Ela tem uma formação ideológica, foi de organização terrorista, já pensa diferente".[34]

Mas Joseíta no fundo acredita que o marido jamais torturou, como consagrado pela história?

De repente você pega alguém que cospe no rosto, bate, estraçalha. Mas ele nunca chegou em casa como se tivesse brigado. Se você conhecesse Carlos Alberto... Era uma pessoa calma, tranquila, não gostava de sair do rumo... Exceder pra mim é dar uns tapas, isso pra mim é se exceder, e é praxe na polícia, mas excessos... isso aí não, garanto. Tortura não.

Perguntou diretamente ao marido se ele foi um torturador? "Perguntei muito, ele sempre disse que jamais torturaria. Como é que alguém para fazer algo tão errado ia fazer na frente dos outros?" Bota a mão no fogo por ele? "Boto." E pelos subordinados dele? "Ah, aí é muito difícil..."
Nascida em 21 de abril de 1937, Joseíta sente o peso da idade. Teve indicação de cirurgias na coluna, mas optou por não fazê-las. "Acho que estou curtida", disse em 2019, aos 82 anos, quando foi convidada pela primeira vez por Bolsonaro para integrar o governo.

Fiz uma meta, que era mostrar que eu não era aquilo que diziam. Porque isso me atinge também, como é que uma mulher se casa e vive 57 anos com um torturador? Esse povo queria que Carlos Alberto morresse, mas não sabia que, quando ele morresse, tinha eu. Estou curtida, mas vou continuar, porque a coisa mais importante de minha vida é minha família.

Em 2021, aos 84, passou a recorrer a cadeira de rodas elétrica e andador, uma estranheza para alguém tão ativa e autossuficiente. Mas a cabeça seguia tinindo. Brincou que era "uma leoa mais mansa", mas que continuava na batalha — e aproveitando os efeitos da fama póstuma do marido.
"Nos últimos tempos eu não conseguia sair na rua; o povo falava: 'Olha a mulher do comandante Ustra! Parabéns!'. Dizem que o Exército não é mais o mesmo, mas, quando encontro um general recém-promovido, digo que sou viúva do Ustra, na hora ele bate continência para mim e diz: 'Seu marido foi um herói.'" Oficiais do Exército confirmam que o coronel conserva uma aura heroica nesse estrato, sobretudo entre os da reserva, para quem Ustra pagou um preço alto em nome de muitos da corporação.
Joseíta continua responsável pela edição e distribuição de *A verdade sufocada* e pela manutenção do site homônimo. Chegou a pensar em parar. "Mas os generais dizem que não. O Rocha Paiva disse que nem pensar." Conta ainda que seu geriatra e seu psicoterapeuta a estimulam a escrever um livro de memórias, mas ela não se anima com a ideia. "Muito trabalho."

Lançado em 2006, *A verdade sufocada: A história que a esquerda não quer que o Brasil conheça* é uma ampliação de *Rompendo o silêncio*. Tem o dobro do tamanho, 708 páginas nas edições mais recentes, ante 348 páginas do primeiro livro. Nos agradecimentos dos dois volumes, o coronel Ustra reconhece que, sem a esposa, aquilo não teria virado realidade. Em *Rompendo o silêncio*, anotou:

> Joseíta: Não fosse a tua coragem; Não fosse a tua fé na certeza de que conseguiríamos obter os dados que mostrassem aos brasileiros o que um grupo de pessoas mal-intencionadas e muito bem apoiadas fizeram para nos atingir e indiretamente atingir o Exército; Não fosse o teu trabalho de dias e dias de pesquisas em bibliotecas, em livros, em jornais e em documentos; Não fosse o auxílio que me deste, lendo e corrigindo os textos deste livro; [...] Não fosse o teu desprendimento, vendendo algumas joias que possuías para auxiliar a financiar essa edição; [...] Não fosse todo esse apoio recebido de ti, este livro não seria possível.

No igualmente extenso agradecimento a Joseíta em *A verdade sufocada*, uma única frase dimensiona o papel dela: "Este livro não é meu. É nosso", escreveu Ustra.

Relembra a viúva: "Ele dizia: 'Quem sabe a gente não assina juntos, Carlos Alberto e Joseíta Brilhante Ustra?'. 'Nem pensar', eu disse. Acho que perderia o valor do livro. Ele viveu aquilo de dentro, eu vivi superficialmente".

Além da pesquisa do casal, *A verdade sufocada* valeu-se de um extenso acervo do coronel e de seus colegas da comunidade de informações na ditadura. Por causa disso, guarda muita semelhança com outras publicações do tipo, como *Orvil* e *A grande mentira*. Mas nenhum se transformou num best-seller, como acabaria ocorrendo com *A verdade sufocada*.

Em 2016, pouco depois da citação de Bolsonaro a Ustra no voto do impeachment, o livro começou a aparecer em listas de mais vendidos, em parte graças à decisão da Livraria Cultura, então uma das maiores redes do país, de colocá-lo à venda em suas lojas — algo que outras cadeias de prestígio se negavam a fazer. "Aquela homenagem dele a Carlos Alberto foi a primeira grande exposição do livro. No dia seguinte, encomendei uma tiragem grande, o caminhão nem passou aqui em casa, foi direto para a Livraria Cultura", recorda a viúva.

Na vigésima reimpressão, ultrapassou os 75 mil exemplares em circulação (entre vendidos e doados), conforme a contabilidade de Joseíta, única distribuidora do livro e que sempre controlou tudo — faz parcerias com pequenas editoras, *marketplaces* e sites de influenciadores de direita. A propagação nas bolhas conservadoras e extremistas é até hoje o principal motor das vendas.

Foi assim que Bolsonaro encantou-se com *A verdade sufocada* e acabou usando o livro como peça de propaganda na campanha de 2018. Escolheu como intermediário, com Joseíta, um de seus homens de confiança, o major da reserva da PM Jorge Oliveira, filho de um amigo e ex-funcionário seu (o também capitão do Exército Jorge Francisco), que mais tarde seria ministro da Secretaria-Geral da Presidência e, por indicação do presidente, ministro do Tribunal de Contas da União.

Oliveira ia sempre à casa de Joseíta comprar exemplares, que Bolsonaro distribuía entre apoiadores. A viúva de Ustra resolveu certa vez fazer uma gentileza e mandou pelo emissário quatro caixas, cada uma com quinze livros, de presente para o candidato. Oliveira resistiu. "Bolsonaro não aceita doações", disse. Joseíta insistiu e pediu que seu caseiro colocasse as caixas no carro do portador. "No dia seguinte os livros voltaram", relembra a viúva. "Bolsonaro mandou agradecer, mas disse que já tinha se preparado para a campanha com um bom estoque. Então eu pensei: se ele é incapaz de aceitar quatro caixas de livro, é incapaz de aceitar algo maior, propina, suborno. Não acredito que um homem desses seja desonesto."

A conexão de Joseíta com Bolsonaro cresceu a ponto de, na 16ª reedição de *A verdade sufocada*, publicada em dezembro de 2018, ela ter incluído bordões do candidato vitorioso na campanha presidencial. No fecho do livro, logo após as "Palavras finais" do coronel, foram acrescentados um versículo bíblico repetido à exaustão por Bolsonaro ("E conhecereis a verdade, e a verdade vos libertará", João 8:32) e seu slogan de campanha, que batizou também sua coligação: *Brasil acima de tudo, Deus acima de todos*.

O ativismo de Joseíta, mesmo com a idade e os problemas de saúde, amplificou a reverência de Bolsonaro, que a convidou para almoçar pelo menos quatro vezes durante o mandato — somente duas foram noticiadas pela imprensa, em agosto e novembro de 2019. "Foi a revisora do livro dele. É uma mulher que tem histórias maravilhosas para contar, das presidiárias em São

Paulo envolvidas com a guerrilha. Tem um coração enorme. Eu sou apaixonado por ela."[35]

A casa onde Joseíta vive em Brasília é a mesma onde ela morou com Ustra e as filhas nas últimas décadas, a mesma onde aconteciam as reuniões do Ternuma. Localizada numa rua sem saída no Lago Norte, bairro nobre da capital, é espaçosa, com ixoras, palmeiras areca-bambu e rosas do deserto na entrada, em que sempre há uma bandeira do Brasil pendurada na janela — durante a campanha e até uns meses depois, havia também um cartaz de Bolsonaro. Nos fundos, há piscina, gramado com jardim e uma edícula. Joseíta conta que o marido gostava muito de plantas e, por isso, espalhou as cinzas dele pela vegetação.

A sala é decorada com fotos do casal, das duas filhas e do neto, bem como por quadros a óleo com paisagens brasileiras. A segunda filha, Renata, agente de turismo, mora na casa com o filho. A primogênita, Patrícia, é fonoaudióloga. Em 2021, as agências Pública e Fiquem Sabendo revelaram que elas recebiam uma pensão vitalícia de R$ 15,3 mil mensais cada uma, graças a uma lei dos anos 1960 que garantia o benefício a filhas solteiras de militares — uma medida provisória de 2001 extinguiu a vantagem, mas apenas para os fardados ingressados na carreira a partir dali.[36]

Em 31 de março de 2014, nos cinquenta anos do golpe de 1964, o movimento Levante Popular da Juventude, com apoio do Movimento dos Trabalhadores Rurais Sem Terra e do Movimento dos Pequenos Agricultores, promoveu um *escracho* diante da casa de Ustra, que ainda era vivo. No muro de vidro, os cerca de cinquenta manifestantes colaram cartazes com a foto do coronel, espirrados com tinta vermelha e a inscrição "torturador". Nos portões da casa, penduraram duas faixas: "Se não há justiça", dizia a primeira, "Há escracho popular", completava a segunda. No asfalto em frente à residência, picharam no chão em letras garrafais: "Aqui mora um torturador" e "Justiça!". Nos trinta minutos que ficaram no local, ninguém da família saiu à rua.

Depois da morte de Ustra, Joseíta manteve intacto o escritório de trabalho do marido e tomou algumas medidas. "Os documentos do acervo dele eu queimei. Não tem nenhum, queimei tudo", avisa, ecoando o discurso das Forças Armadas em relação aos arquivos secretos da repressão. "Os revólveres dele eu doei, que eu não gosto de arma — o Bolsonaro que não me ouça." Uma peça merece afeição especial e está com a família graças a Hamilton Mourão — a espada de cadete recebida por Ustra ao se formar na Aman. Quando era vivo, o coronel doou o artefato a um museu em São Leopoldo, onde comandou uma guarnição. Então nasceu seu único neto, primeiro homem numa família de mulheres, e Ustra se arrependeu, lamentando não ter mais a espada para passá-la ao herdeiro. Depois que ele morreu, Joseíta comentou a história com o general, à época recém-eleito vice-presidente. "Mourão anotou e, vinte dias depois, chegou aqui a espada. Restaurada, novinha, tá lá na salinha onde está tudo dele, junto com os cursos, as condecorações."

Embora Mourão continue em alta conta na família, a visita logo após a eleição foi a única que ele fez a Joseíta. Depois, mandou auxiliares entregarem flores para a amiga, que se ressente da distância. "Bolsonaro e Mourão têm diferenças muito grandes", comenta Joseíta. De fato. Diferenças que, ao longo do mandato, fizeram o presidente escantear gradualmente o vice, preterido na chapa de 2022 pelo general Braga Netto. Mourão decidiu ser candidato ao Senado pelo Rio Grande do Sul. "Mas também é aquele negócio, Mourão não nasceu para ser coadjuvante. Acho que Mourão vai chegar ao topo rapidamente. Lá de cima, Carlos Alberto estará torcendo feito um louco", comenta Joseíta.

Amigos do casal Ustra perguntam se o sumiço do vice seria por ciúme de Bolsonaro ou um modo de evitar "disputar" a viúva do coronel com o presidente, que, depois de eleito, passou a cortejá-la. Joseíta desconversa, mas acha esquisito Mourão nunca tê-la convidado para ir ao Palácio do Jaburu. "Será que é porque Bolsonaro me chamou várias vezes para ir ao Palácio do Planalto?"

17. A cidadela

Em pé no canteiro central da avenida Duque de Caxias, defronte ao Batalhão-Escola de Comunicações, na Vila Militar do Rio, pai, mãe e irmão esperavam a chegada do soldado. Naquela tarde de novembro de 2019, final do primeiro ano do governo Bolsonaro, a família Ribeiro saíra de Cabuçu, um bairro de Nova Iguaçu, na Baixada Fluminense, a bordo do seu Fiat Palio 2012 e, uma hora depois, ali estava para recepcionar orgulhosa o seu quarto integrante. O primogênito Marcos, vinte anos, voltava de um exercício militar de vinte dias em Resende, no interior do estado.

Já estavam no lugar havia uma hora — às vezes se encostavam num poste para descansar, e tiveram de se explicar a um sargento desconfiado sobre o motivo da campana. O dia chegava ao fim, a maior parte dos soldados deixara o quartel, e nada de Marcos. O pai, o motorista de ônibus André Ribeiro, era o mais ansioso. "Ele é muito prestativo e requisitado. Os outros se dão bem, todo mundo já foi embora e ele está lá dentro ainda, tá vendo? Infelizmente isso não é reconhecido como deveria", queixou-se. "Mas é como diz um amigo meu, primeiro a gente tem de cavar o buraco, pra só depois beber a água. Não há vitória sem sacrifício." A mãe, a caixa de supermercado Viviane Ribeiro, balbuciou: "É muita saudade. Dois dias já acho muito, vinte dias é tempo demais".

Evangélicos, fiéis da Igreja Batista Ministério Construindo Vidas, os pais pontuavam suas falas com louvores religiosos. "Meu caçula, em nome de Jesus, vai servir o Exército também", disse Viviane, apontando para João, de dezessete anos. "Eu quero servir e seguir carreira militar", confirmou o garoto, que estava terminando o ensino médio e era operador de datashow na igreja que a família frequenta — o irmão mais velho é baterista da banda da congregação. "Para mim, o Exército existe para proteger o país", emendou o caçula.

Para o pai, ter um filho no quartel era mais que isso: "O Exército é a segunda casa, a segunda família, onde ele faz amizades que leva pro resto da vida. É ali que eles aprendem o que é certo e o que é errado, compromisso, disciplina…". "Respeito", acrescentou a mãe. "Isso nunca mais se perde", o pai completou. Ademais, o salário do primogênito ajudava no orçamento da família. Tornar-se militar chegou a ser uma aspiração de André Ribeiro, mas o hoje motorista não conseguiu se fixar na carreira. "Se eu estivesse no quartel até hoje, seria um segundo ou primeiro-sargento. Larguei porque infelizmente não tive oportunidade de estudar muito, não fiz o ensino médio, tive de correr atrás. Se ficasse lá, não ia conseguir fazer uma prova para progredir. Falei que com meus filhos ia ser diferente, que eu ia fazer de tudo pra que tivessem uma chance na vida."

A Vila Militar do Rio é, nos registros oficiais da prefeitura, um bairro entre tantos da Zona Oeste carioca, incrustado entre Deodoro e Realengo. Trata-se, no entanto, de um corpo estranho naquela geografia urbana, uma cidadela que reúne o maior número de militares na cidade mais militarizada do país. São milhares de integrantes do Exército, espalhados por dezenas de organizações — a corporação se recusa a fornecer os números exatos, alegando questão de segurança —, incluindo quartéis, escolas de formação de militares, centros de treinamento e de avaliação, entre outras. Parte dessa estrutura foi usada nos Jogos Pan-Americanos de 2007, nos Jogos Mundiais Militares, em 2011, e na Olimpíada de 2016, quando o complexo esportivo da Vila abrigou provas de pentatlo, hipismo, tiro, canoagem, basquete, ciclismo BMX, mountain bike, rúgbi e hóquei sobre a grama.

Construída na primeira década do século XX para ampliar a oferta de espaços militares na então capital federal, diante do fortalecimento e reorganização das Forças Armadas após a proclamação da República, a Vila Militar é rodeada por bairros que levam o nome de figurões históricos do Exército: Marechal Hermes, Bento Ribeiro, Magalhães Bastos, além de Deodoro (da Fonseca). Durante a ditadura, unidades militares da Vila se tornaram centros de detenção e tortura. Foi ali que Caetano Veloso e Gilberto Gil ficaram encarcerados por quase dois meses, entre dezembro de 1969 e fevereiro de 1970. Foi ali que, em 8 de outubro de 1969, ocorreu uma aula de tortura com cobaias humanas na 1ª Companhia de Polícia do Exército para uma plateia de sargentos e oficiais. "No palco, o tenente Ailton Joaquim, chefe da seção de informações da 1ª Companhia, projetou slides sobre as modalidades de tortura, suas características e efeitos, e realizou demonstrações na prática, utilizando, para tanto, presos despidos."[1] E foi ali que, no mesmo ano, foram assassinados em sessões de tortura os presos políticos Chael Charles Schreier e Severino Viana Colou.

Graças à profusão de quartéis e ao policiamento ostensivo — o acesso é livre, mas há barreiras com veículos militares e soldados armados com fuzis em quatro diferentes pontos de entrada por carro, além de patrulhas móveis frequentes —, o bairro é uma ilha de tranquilidade e segurança. No mapa do aplicativo Fogo Cruzado — plataforma colaborativa que agrega dados sobre tiroteios e violência armada no Rio e no Recife —, a área é marcada por um grande branco, sem nenhum registro de ocorrência de tiroteio, mortos ou feridos. O bairro possui ainda um dos melhores IDS (índice de desenvolvimento social, criado pela prefeitura do Rio para avaliar a qualidade de vida na cidade) da região.

Nas redondezas, há favelas assoladas pela criminalidade, como a da Vila Vintém, entre Realengo e Padre Miguel, e a do Muquiço, em Guadalupe. Foi perto desta última que uma patrulha do 1º Batalhão de Infantaria Motorizado da Vila Militar disparou 257 tiros contra o carro de uma família, dizendo tê-lo confundido com o de um bandido, e matou o músico Evaldo Rosa, que dirigia o veículo, e o catador Luciano Macedo, que parou para socorrê-los, em abril de 2019. Os doze militares — um tenente, um sargento, dois cabos e oito soldados — responderam em liberdade a processo na Justiça Militar e, em outubro de 2021, oito deles foram condenados a penas entre 28 e 31 anos de prisão por duplo homicídio e tentativa de homicídio. O tenente que comandava a operação recebeu a maior pena: de 31 anos e seis meses.[2]

O fuzilamento ocorreu a menos de quinhentos metros de uma das entradas da Vila Militar e a duzentos de um condomínio para sargentos e subtenentes que servem na Vila mas não moram no bairro. No muro de um dos blocos do residencial, um conjunto de prédios depauperados à beira da avenida Brasil, há marcas de tiros de traficantes da favela ao lado.

Mesmo em bairros contíguos onde grande parte do comércio vive em função da Vila Militar, a proximidade tampouco é garantia de segurança. Funcionários de lojas de artigos militares relatam roubos e assaltos na região, às vezes a poucos metros das barreiras policiais das entradas da Vila. São estabelecimentos com nomes como A Camuflagem, Refúgio do Militar, Militar Shopping, Point do Militar ou Combate, que vendem toda sorte de peças de vestuário militar: fardas, calças e camisas camufladas, coturnos, boinas, quepes, capacetes, distintivos, insígnias, sutaches (peça de tecido em que se bordam nomes de militares), medalhas de identificação, cantis etc. Só em Magalhães Bastos havia, no final de 2019, mais de vinte lojas do tipo. Um outdoor da autoescola Vila Militar, no mesmo bairro, era ilustrado não com um carro, mas com um tanque de guerra. Tudo ali remete à atmosfera castrense.

Nas cerca de 2 mil moradias funcionais disponíveis dentro da própria Vila Militar (casas e apartamentos) vivem em torno de 6 mil moradores. Sargentos e tenentes em geral ocupam apartamentos mais antigos. Capitães que cursam a EsAO (uma das instituições de ensino militar do bairro) vivem em prédios novos de um condomínio construído para servir de moradia a atletas e árbitros das competições esportivas internacionais que o local recebeu. Comandantes e oficiais superiores têm direito a casas em ruas fechadas com guarita (algumas com vigilância particular de taifeiros).

Por causa da EsAO, todos os oficiais do Exército Brasileiro já passaram pela Vila Militar, e a maioria morou lá. É o caso de Jair Bolsonaro, Hamilton Mourão e de todos os ministros oriundos do Exército que integraram o governo. Bolsonaro viveu na Vila na segunda metade dos anos 1980. Foi lá que ingressou na Brigada de Infantaria Paraquedista, unidade de elite do Exército. Foi também na Vila que esboçou o plano para explodir bombas em quartéis e numa adutora, em protesto contra os soldos, revelado pela revista *Veja*. É numa seção eleitoral dentro da Vila, a Escola Municipal Rosa da Fonseca, que Bolsonaro vota até hoje.

Quando saiu do Exército para abraçar a política, ele permaneceu na região, comprando uma casa em Bento Ribeiro, onde viveu com a primeira mulher, Rogéria, e os três filhos mais velhos. O imóvel — que na eleição de 2018 foi declarado ao Tribunal Superior Eleitoral por um valor de R$ 40 mil — depois virou comitê da família. A cinquenta metros da casa, no primeiro andar de um sobrado, morava o cabeleireiro Antônio Oliveira, que já teve Bolsonaro como cliente em seu salão próximo dali. O político voltou em novembro de 2018, já presidente eleito, para rever velhos conhecidos e aproveitou para cortar o cabelo com Oliveira.

Mesmo no topo do poder em Brasília, o apreço do presidente pela Vila Militar, sobretudo pela Brigada de Infantaria Paraquedista, não sofreu abalo. Bolsonaro continuou a frequentar festas de aniversário da brigada e cerimônias de brevetação de novos paraquedistas. O apreço é recíproco. A Vila Militar e os bairros vizinhos são enclaves bolsonaristas. Na eleição de 2018, o então candidato do PSL teve, no segundo turno, 72,84% dos votos válidos na 23ª zona eleitoral (que inclui a Vila e os bairros de Marechal Hermes, Deodoro, Bento Ribeiro e Guadalupe).

A escala hiperbólica da Vila Militar é reflexo de um fenômeno maior: o Rio de Janeiro concentra, de longe, o maior número de militares do país, algo desproporcional ao peso que a cidade e o estado têm hoje no contexto nacional. Em 2021, enquanto os 6,7 milhões de cariocas equivaliam a 3% da população brasileira (de 212,7 milhões) e o PIB da cidade representava 5% da riqueza do país, os cerca de 200 mil militares que viviam no Rio (incluindo reservistas e pensionistas) eram quase 30% do total brasileiro.

Considerando o estado, o Rio de Janeiro corresponde a um percentual de mais de 35% dos militares do país (mas 8% da população e 10% do PIB). A Marinha é a força mais presente, tendo 50% de todo seu contingente nacional concentrado na cidade do Rio e mais de 65% no estado do Rio.

É mais um entre tantos fatores que ajudam a explicar a força de Jair Bolsonaro na cidade e no estado que são sua base eleitoral. Na eleição de 2018, o capitão alcançou 55,13% dos votos do país, contra 44,87% de Fernando Haddad. Se não chegou a superar os 70%, como na zona eleitoral da Vila Militar, Bolsonaro saiu-se bem melhor que a média nacional entre os fluminenses (67,95%) e entre os cariocas (66,35%). Nas pesquisas até setembro de 2022 permanecia mais competitivo no estado do que nos vizinhos São Paulo, Minas e Espírito Santo — em algumas até aparecia à frente de Lula.

No Império, as províncias do Rio de Janeiro e do Rio Grande do Sul eram as que concentravam a maior parte das tropas do Exército. A primeira por ser a sede do governo central, a segunda pelas fronteiras com maior potencial de conflito, como explica o historiador José Murilo de Carvalho. A segurança interna da maior parte das demais províncias ficava a cargo da Guarda Nacional, força criada em 1831 para substituir milícias e guardas municipais que, entre outras atribuições, zelavam pela ordem pública. Com a proclamação da República, a pressão de oficiais mais modernos pela profissionalização levou ao fortalecimento das Forças Armadas, sobretudo do Exército, e a uma redistribuição de tropas — que ficaram mais concentradas no então Distrito Federal e tiveram um ligeiro decréscimo no Rio Grande do Sul. "A redução não impediu que essas duas guarnições continuassem a controlar quase 50% do total dos efetivos."[3]

Muitas décadas depois, com a abertura democrática no Brasil e na Argentina, o fim da corrida nuclear na região e a criação do Mercosul, foi enterrada a ameaça de uma guerra contra o vizinho — o que permitiu ao Exército planejar transferir tropas do Sul para a Amazônia, observa o historiador Francisco Carlos Teixeira. Mas uma "inércia burocrática" travou esses planos, aponta Eduardo Svartman, professor universitário e presidente da Associação Brasileira de Estudos de Defesa. "Há trinta anos, o Exército elegeu como prioridade a defesa da Amazônia, mas o processo de transferência de efetivos nunca se concretizou. Existe um lobby das cidades para que nenhuma unidade vá embora, uma unidade militar numa cidade é dinheiro que entra." De fato, a Estratégia Nacional de Defesa ressalta a necessidade de um tratamento especial para a região, com aumento da presença militar, mas a prioridade não sai do papel.

Svartman lembra que boa parte da vida militar se passa em instituições de ensino e que a maior parte dessa estrutura permanece no Rio — além da Aman (em Resende, interior do estado) e da EsAO, na Vila Militar, o bairro da Urca, também na capital, abriga a Eceme (Escola de Comando e Estado-Maior do Exército), a ESG (Escola Superior de Guerra), o IME (Instituto de Engenharia Militar) e a Escola de Guerra Naval. E, obviamente, há também a questão política. "Por muito tempo, o Rio foi a capital do Império e da República e, por isso, o que hoje corresponde ao Comando Militar do Leste sempre teve um papel muito importante na manutenção da ordem e na deposição de governos." Os pesquisadores ressaltam outro fator, cultural: o desejo dos militares de, às vésperas de passar para a reserva, permanecerem ou serem transferidos para uma das mais bonitas cidades do mundo.

"O Rio tem algo parecido com o que Miami, nos Estados Unidos, é para os militares aposentados. Muitos vêm cumprir o sonho de passar a velhice passeando no calçadão de Copacabana. Quem vai querer se aposentar e ficar em Tabatinga (no Amazonas)?", questionou Teixeira, que foi consultor e assessor do GSI e do Ministério da Defesa e lecionou em escolas militares como ESG e Eceme — desta última, onde esteve até 2020, recebeu o título de professor emérito. Na interpretação do historiador, esses enclaves têm a ver com o próprio isolamento dos integrantes das Forças Armadas na sociedade:

> Os militares sempre se acharam uma aristocracia, talvez porque tecnicamente estão disponíveis para morrer, fazem juramento de morte ao abraçar a carreira. A sociedade não entende ou não percebe isso. E eles têm um sentimento de que a sociedade não reconhece, acha que eles ficam no quartel engraxando bota. Esses espaços de isolamento, como a Vila Militar, são também uma resposta à falta de diálogo entre militares e sociedade. Acho que as ações de Bolsonaro aprofundaram essa falha. Bolsonaro virou ao mesmo tempo caricatura e paradigma de militar.

Descrito no Estatuto dos Militares e com redação definida num decreto de 1949, o juramento à bandeira explicita a "disponibilidade para morrer" mencionada por Teixeira:

> Incorporando-me ao Exército Brasileiro [ou à Marinha do Brasil ou à Força Aérea Brasileira], prometo cumprir rigorosamente as ordens das autoridades a que estiver subordinado, respeitar os superiores hierárquicos, tratar com afeição os irmãos de armas e com bondade os subordinados e dedicar-me inteiramente ao serviço da pátria, cuja honra, integridade e instituições defenderei com o sacrifício da própria vida.

A República brasileira nasce de um golpe militar em 1889. O marechal Deodoro da Fonseca tinha apoio popular e liderou uma ruptura que, como escreveu o historiador Nelson Werneck Sodré, era inevitável.

A tese de que a mudança de regime foi acidente, ligado apenas a circunstâncias ocasionais, [...] tendo "o povo assistido a tudo bestializado", tem sido aceita, e vive da mera repetição. Essa repetição tem [...] o sentido de desfigurar a República, de despojá-la de seu conteúdo popular. [...] [Mas] A ideia republicana, realmente, corresponde aos anseios políticos das classes e camadas sociais que, no Brasil, desde os fins do século xx, encaravam a necessidade de conjugar a autonomia a um sistema de governo tão democrático quanto nos fosse possível.[4]

O divisor de águas para o Exército Brasileiro, quando a força terrestre teve efetivamente seu batismo de fogo, foi a Guerra da Tríplice Aliança (ou Guerra do Paraguai), entre 1864 e 1870, em que Brasil, Argentina e Uruguai se uniram para derrotar os vizinhos paraguaios. Depois do conflito, o papel político dos militares passaria a ser decisivo, mesmo antes da proclamação da República — na abolição, por exemplo. Sem a massiva contribuição dos soldados negros, o desfecho da guerra poderia ter sido outro. Os militares se negaram a compactuar com a manutenção de um regime que perseguia seus camaradas.

Deodoro foi o primeiro presidente do Clube Militar, fundado em 1887, e logo de saída anunciou seu impulso abolicionista, em oposição à resistência que o movimento continuava a encontrar nas oligarquias proprietárias de escravos. "Estou profundamente convencido de que a pátria não poderá atingir os gloriosos destinos a que está fadada enquanto tiver em seu seio a mancha da escravidão", discursou.[5]

Embora tenha aflorado nos estertores da escravidão, que àquela altura parecia mesmo destinada a cair, a conduta progressista do Exército na abolição passaria a ser reconhecida como um traço distintivo da formação da corporação, ponto pacífico entre estudiosos de matizes ideológicos diversos, dos marxistas Werneck Sodré e João Quartim de Moraes ao conservador Gilberto Freyre. Este último enunciou:

> Desejavam os proprietários de negros que oficiais do Exército fizessem as vezes dos já impotentes capitães do mato de seu serviço particular. Desejavam o Exército reduzido a isto: um capitão do mato. Recusando-se a tal serviço, o Exército recusou-se a ser um "subexército" para melhor continuar a ser normal e dignamente exército: Exército da nação.[6]

A ideia da Vila Militar do Rio como uma bolha de calmaria em meio à insegurança da Zona Oeste da cidade — mesma região onde nasceram e prosperaram as milícias — tem paralelo com o espírito insular e corporativo do Exército, que por sua vez remonta aos primórdios da sua modernização, na primeira metade do século XX, na sequência da abolição e da proclamação da República. A partir de 1905, oficiais brasileiros foram enviados para estágio na Alemanha, que detinha um dos exércitos mais modernos e poderosos da época. Ao voltarem para o Brasil, formariam um grupo reformista batizado de Jovens Turcos — epíteto inspirado nos militares daquele país, que, também orientados por alemães, lideravam a modernização da república em paralelo à derrocada do Império Otomano.

Os Jovens Turcos criaram, em 1913, a revista *A Defesa Nacional*, principal tribuna na campanha pela profissionalização do Exército, que teria como bandeira a vinda de uma missão militar alemã para treinar os militares brasileiros, mas também revelou desde o princípio seu pendor intervencionista. "O Exército precisa preparar-se para a sua função conservadora e estabilizadora dos elementos sociais em andamento. Ele deve estar pronto para corrigir perturbações internas, tão frequentes na vida tumultuada das sociedades em formação", pregava o editorial do primeiro número da revista.[7] Com a derrota dos alemães na Primeira Guerra Mundial, o lobby em favor deles ruiu, e foi a vitoriosa França quem enviou uma missão e se tornou fornecedora de armamentos e a maior influência do Exército Brasileiro — que a partir daí começou de fato a se profissionalizar, introduzindo o serviço militar obrigatório, um sistema de ensino, novos critérios de promoção e a adoção de uma nova estrutura organizacional.[8]

A despeito das diferenças claras entre os Jovens Turcos e os tenentistas que lhes sucederiam — Quartim de Moraes defende que os primeiros integravam a direita reformista e os segundos, a esquerda —, os dois grupos seriam complementares, ambos protagonistas da modernização do Exército, mas também das seguidas intervenções na política operadas por militares desde a Revolução de 1930. Nomes como Bertoldo Klinger, Castello Branco, Góis Monteiro, Orlando Geisel, Mascarenhas de Morais, Peri Bevilacqua e Olímpio Mourão Filho — formados na antiga Escola Militar do Realengo, antecessora da Aman — cerraram fileiras em algum dos dois grupos, ou mesmo nos dois. Todos mais tarde apareceriam na linha de frente de golpes, intervenções, quarteladas, ditaduras.[9] Como bem costuma observar o historiador Carlos Fico, todas as rupturas institucionais brasileiras foram feitas por militares, mais particularmente pelos do Exército.

A vocação dos integrantes do Exército à endogenia, isto é, a propensão a viver entre os seus, só cresceria com o passar dos anos. Levantamentos distintos do cientista político norte-americano Alfred Stepan (referentes aos anos de 1941-3 e de 1962-6) e do antropólogo Celso Castro (1984-5 e 2000-2) mostram que o percentual de cadetes da Academia Militar das Agulhas Negras filhos de militares mais que dobrou do início dos anos 1940 até o começo dos anos 2000 (passou de 21,2% para 45,4%). A origem escolar dos cadetes potencializava a tendência: em meados dos anos 1980, cerca de 90% dos cadetes ingressados na Aman vinham de alguma experiência anterior de vida militar, em colégios e academias de ensino fundamental ou médio. Os dados revelaram ainda uma tendência de elitização da principal escola de formação de oficiais do Exército: se, em 1970, 72,5% dos cadetes da Aman eram filhos de oficiais subalternos ou praças (ante 28,5% filhos de oficiais superiores), no período de 2000 a 2002 essa diferença diminuiu consideravelmente, com 58,1% de filhos de oficiais subalternos ou praças e 41,9% filhos de oficiais superiores.[10]

Num dos recortes de sua pesquisa, Castro entrevistou cadetes que frequentaram universidades antes de entrarem na Aman e construiu, a partir do resultado, um quadro de oposições da percepção deles sobre os dois universos. Na coluna "Aqui dentro", relativa à academia militar, os entrevistados incluíram elementos como "seriedade", "atividade contínua" e "boa apresentação pessoal", enquanto o "Lá fora" foi associado a "falta de seriedade", "ociosidade" e "má apresentação pessoal".

No aspecto físico, os integrantes da Aman são ensinados a ter, segundo o antropólogo,

> a entonação da voz clara e firme; o olhar direcionado para o horizonte, e não para baixo; uma postura correta, e não curvada; uma certa "densidade" corporal — tônus muscular, relação peso × altura equilibrada; uma noção rígida de higiene corporal — usar os cabelos curtos, o uniforme impecavelmente limpo, fazer a barba todos os dias (mesmo os imberbes); um linguajar próprio.

"Todos esses atributos físicos e comportamentais", continua Celso Castro, "marcam uma fronteira entre militares e paisanos que é vigiada com o máximo rigor na Aman." No aspecto moral, são estimulados atributos como "o senso de honestidade e 'retidão' de caráter; a preocupação com causas 'nobres e elevadas'". Para Castro, são ensinamentos

> fundamentais para a construção do espírito militar. A notícia que eles transmitem é clara: os militares são diferentes dos paisanos. E não apenas diferentes, mas também melhores. São melhores — nessa visão — não por características singulares que os militares tenham ou venham a ter individualmente, mas porque eles — enquanto coletividade, corpo — *viveriam da maneira correta*.[11]

Mais de três décadas depois da sua imersão na Aman, Celso Castro fez uma extensa entrevista com o general Eduardo Villas Bôas, que resultaria no livro *Conversa com o comandante*, publicado em 2021. Encontrou no entrevistado o mesmo espírito de corpo que testemunhara nos anos 1980 na academia. O próprio Villas Bôas admite que há um "círculo de giz" entre os militares e o restante da sociedade, traçado pelos próprios fardados. "A convivência diária com os civis, no início, se constituía num exercício de paciência e de flexibilidade intelectual", relata o ex-comandante, evocando sua chegada ao curso de Altos Estudos de Política e Estratégia na Escola Superior de Guerra no ano 2000.

> Nós, militares, temos todos a mesma estrutura mental, o que nos leva coletivamente a, diante de um impulso qualquer, reagirmos de forma padronizada. Os civis não, cada um vê o problema por um ângulo diverso. Com o tempo, incorporamos essa dialética como normal e enriquecedora, experiência que me foi útil todas as vezes que necessitei cumprir tarefas fora do ambiente da caserna.[12]

Esse tempo, no caso do general, demorou bastante a chegar. Como bem observa Celso Castro no prefácio à terceira edição de *O espírito militar*, Villas Bôas tinha 49 anos quando teve essa espécie de "revelação" da interação com civis.

O "círculo de giz" mencionado pelo ex-comandante é onipresente, perceptível até em ações corriqueiras do cotidiano. Quando alguém não fardado chega a um quartel ou instituição militar, uma pergunta fatalmente lhe será feita na recepção: "Você é civil ou militar?" — a mesma que muitas vezes surge se o contato ocorrer por telefone.

Por outro lado, também vigora entre os paisanos ignorância em relação às funções das Forças Armadas, à carreira militar ou mesmo ao papel do Exército na construção de valores caros à democracia — como na abolição, na proclamação da República ou mesmo como elemento indispensável à garantia da soberania e da unidade territorial do país. Essa postura leva, muitas vezes, à desinformação (veículos de imprensa dizerem que as Forças Armadas adotaram o slogan de campanha de Bolsonaro, quando na verdade o candidato é que se apropriou de um slogan do Exército)[13] ou à depreciação — como na ideia grotesca, mas disseminada em alguns setores sob o verniz da chacota, de que militar só sabe (ou só serve para) pintar meio-fio.

Em certa medida, o divórcio entre os dois universos deriva também de uma contradição permanente vivenciada pelos integrantes das Forças Armadas. Enquanto se queixam de preconceito por parte dos paisanos, os militares costumam defender a manutenção de privilégios ou distinções em relação ao restante da sociedade, como a de ter sistemas próprios de educação e de saúde e, em contraste com democracias mais consolidadas, até uma Justiça exclusiva, para não falar do direito à aposentadoria mais cedo do que a da maioria da população e a um regime de previdência próprio — ainda que a passagem para a reserva remunerada não signifique a inatividade compulsória, uma vez que reservistas podem voltar à atividade caso convocados.

Esse descompasso entre os dois mundos foi agravado pelas sequelas da ditadura. Quase quatro décadas de normalidade democrática trouxeram à tona um legado nefasto do regime que os militares se negam a assumir. Por considerarem que estavam a serviço do povo e dos valores da pátria e que combateram a subversão em nome desse mandato — isto é, por jamais reconhecerem que erraram —, julgam-se injustiçados pelo estigma que a democracia associou ao período, pelo menos até a chegada de Bolsonaro ao poder. Na visão reinante na caserna, a insistência em buscar reparação e punição (contrariando o que preconiza a Lei da Anistia) seria um sintoma de uma sanha revanchista dos paisanos espraiada pela sociedade brasileira. Tal percepção gera, entre militares, um turbilhão que mistura amargura, ressentimento e sentimento de injustiça.

O general Marco Aurélio de Almeida Rosa, que foi chefe da assessoria parlamentar do Exército e do Ministério da Defesa no Congresso e chefe de gabinete de Braga Netto na Casa Civil, argumenta:

Eu não tenho nada a ver com 64. Não aceito revanchismo, meus filhos não aceitam. Reconhecemos a necessidade de subordinação ao poder civil, mas não vou me submeter a revanchismo. Concorri com 22 mil candidatos para entrar na Especex [Escola Preparatória de Cadetes de Campinas], passei em medicina na Unicamp, abri mão para fazer a Aman. Devoto a minha vida ao Exército, e nego vem com negócio de 64.

Mas não seria pertinente um pedido de desculpas das Forças Armadas pelas violações de direitos humanos cometidas na ditadura? "Não acho importante pedido de desculpas. Às vezes gestos valem mais que pedidos de desculpas. O que esse Exército fez pelo país nos últimos quarenta anos, no combate à seca com carros-pipas, em enchentes, calamidades, na construção de estradas, nas operações de GLO... não é possível que isso não seja um pedido de desculpas."

Rosa relata que, durante toda sua vida, sofreu uma "intolerância criminosa" por ser militar.

"Sabe qual foi a maior emoção que eu tive na vida? Não foi nem minha promoção a general nem a formatura dos meus filhos." O general estava em San Antonio, no Texas, participando de uma operação humanitária conjunta com o Exército dos Estados Unidos, quando, nos corredores de um supermercado Wallmart, americanos o reverenciaram pela farda militar. "Do nada, um casal de idosos e um rapaz, os três prestaram continência para mim. 'Thank you for your job.' Nunca aconteceu aqui no Brasil. Eu quase chorei."

O testemunho é compartilhado pelo general Alcides Faria Junior, primeiro general brasileiro a integrar o Comando Sul das Forças Armadas dos Estados Unidos. "A maneira como a sociedade americana lida com as Forças Armadas é muito diferente, não dá para comparar. Lá, quando veem alguém fardado, se aproximam para agradecer pelo trabalho, não importa a bandeira do país que esteja no seu uniforme."

Ou, na comparação queixosa feita pelo general Sergio Etchegoyen, em 2019, no momento em que o jogador Neymar havia sido acusado de estupro (processo mais tarde arquivado sem que ele fosse indiciado): "Se tivesse acontecido com o Neymar alguns anos atrás o que aconteceu essa semana, a culpa era da ditadura, porque tudo no Brasil é culpa da ditadura. E um repúdio a qualquer coisa que seja um militar. É um militar, não pode. Não é um juízo de competência, é um juízo de origem".[14]

* * *

A adoção da expressão "família militar" para designar os integrantes da corporação não é fortuita nem exagerada. Eles crescem, se desenvolvem e agem como uma grande irmandade, em que os filhos de uns chamam os pais de outros de "tios" mesmo sem ter laço sanguíneo. Ao longo da vida, compartilham os mesmos espaços — moram em vilas militares, estudam em colégios militares, frequentam clubes militares e comparecem às mesmas cerimônias militares. Chamadas genericamente de "formaturas", essas solenidades (conclusões de cursos, passagens de comandos, promoções, desfiles em datas cívicas etc.) misturam música executada por bandas marciais, desfiles cuidadosamente coreografados e discursos emocionados, resultando em espetáculos catárticos e cenicamente poderosos.

Tais cerimônias costumam ocorrer em pátios abertos dos quartéis, muitas vezes sob sol escaldante, e não raro alguns soldados (vestidos com fardamento pesado e calçando coturnos por horas no calor) desmaiam. Nesse ambiente, uma situação extrema como essa não choca; ao contrário, é vista com naturalidade ou se torna motivo de escárnio, sinal de fraqueza. Trata-se, afinal, de uma instituição em que assumir a dor ainda é visto como debilidade e na qual o sacrifício e o martírio são glorificados.

Já nas passagens de comando, as esposas dos oficiais que deixam e que assumem o posto trocam lembranças, e o que vai embora recebe dos que ficam um presente e/ou uma placa comemorativa. Quando entram para a inatividade, sobretudo os de patentes mais altas, tendem a perder a própria identidade perante os paisanos, conforme reflexão do general Ajax Porto Pinheiro ao alertar os colegas prestes a vivenciar a experiência:

> Saiba que a partir de agora você não tem mais nome. Será sempre "o general". Tem que se acostumar. General, embaixador e desembargador perdem o nome. O civil não tem paciência de guardar nome de guerra. Com o tempo, o seu nome é esquecido e fica só "o general". Do porteiro do prédio ao dono do restaurante, todos esquecem seu nome.

Também os momentos de lazer seguem códigos e rituais, e episódios sensíveis ou constrangedores podem ficar para sempre circunscritos às fronteiras da caserna. Na manhã de 27 de outubro de 2018, véspera do segundo turno da eleição presidencial, o general Hamilton Mourão, então candidato a vice na chapa de Jair Bolsonaro, participou de um torneio de saltos promovido pelo Centro Hípico do Exército, em São Cristóvão, Zona Norte do Rio de Janeiro. Num sábado festivo e ensolarado, a competição reuniu predominantemente famílias de militares, mas também alguns civis. Um quiosque vendia cerveja e refrigerantes. Soldados e cabos serviam gratuitamente salgadinhos para o público e uísque para generais e coronéis. A distinção é normal no ambiente militar. No Centro Hípico, há cinco banheiros-vestiários diferentes: o de soldados e cabos, o de sargentos e tenentes, o de oficiais superiores, o de oficiais generais e o de civis.

Mourão competiria na categoria mais básica, com obstáculos de setenta centímetros. Como não havia restrições de idade, na prova do general estavam inscritos crianças, jovens soldados e senhores como ele, que tinha então 65 anos. A prova de Mourão reuniu dezesseis cavaleiros. O general foi o sexto a entrar na pista, com seu cavalo negro Ídolo do Rincão. Passou sem percalços pelos sete primeiros obstáculos. Diante do último, um prosaico bloco de traves de setenta centímetros, Ídolo do Rincão refugou. O tranco do cavalo levou o condutor ao chão. A queda de Mourão sobre a areia produziu um barulho e comoção geral na plateia. A mulher do general, Paula, deu um grito: "Ai, meu Deus!". A expressão de Mourão era de dor, porém logo ele se ergueu do solo, o dorso sujo de terra, e seguiu para os bastidores da prova. Quando voltou para se juntar à audiência, já de camisa trocada e com uma lata de cerveja na mão, estava macambúzio, mas se esforçou para parecer bem.

Várias pessoas se aproximaram para prestar solidariedade e saber como ele estava. "Eu rolei na hora e me protegi com o braço, proteção de queda de PQD [paraquedista]. Tô acostumado, por isso não me machuquei", minimizou, apesar de escoriações no cotovelo e um machucado no tornozelo. Paula e um coronel insistiram que ele deveria passar a montar com um colete de proteção. Outros lembraram como o hipismo é um esporte perigoso.

Um coronel que foi da turma de Mourão na Aman palpitou que Ídolo do Rincão talvez tenha se assustado com a balbúrdia na plateia, que naquele trecho da prova estava muito próxima da pista. Uma mulher sugeriu uma variante mais bajulatória da mesma hipótese: "Muita gente queria tirar foto do senhor, o cavalo se assustou". Um general mais velho afagou: "Guardou a sorte para amanhã". Formou-se também ali uma corrente de proteção para impedir que o ocorrido viesse a público. Não seria muito adequado, afinal, os brasileiros saberem que o provável vice-presidente do país havia caído do cavalo na véspera da eleição. Nem naquele sábado nem depois a notícia da queda atravessou os muros da hípica do Exército.

O vencedor da prova da qual Mourão terminou eliminado foi o soldado André Silva, tratador de Ídolo do Rincão, que competiu com outro cavalo, emprestado de um capitão. Na hora da premiação, ele desfilou com a medalha no peito e a faixa pendurada no cavalo, batendo continência para os superiores. Mourão, naturalmente, o aplaudiu. Depois, o general circulou entre amigos, entregou as medalhas aos vencedores de outra prova, tomou quatro doses de uísque e foi embora — tinha de pegar o voo para Brasília, onde votaria no dia seguinte, quando seria eleito vice-presidente da República.[15]

A exemplo de Mourão, os generais do Exército bebem bem, e, ao chegar ao topo, muitos costumam ter, tal qual o vice-presidente, o uísque por bebida favorita. Como em qualquer ambiente majoritariamente masculino, no Exército o machismo é latente e naturalizado, e o consumo de álcool é apenas um dos traços desse comportamento.

E, como em qualquer ambiente machista, o falso moralismo campeia. O Estatuto dos Militares estipula que o integrante das Forças Armadas deve "garantir assistência moral e material ao seu lar e conduzir-se como chefe de família modelar". Exaltações à família e aos valores familiares e loas ao papel nobre e servil das esposas como pilares da família militar convivem com histórias e lendas sobre a virilidade e os feitos sexuais, não raro extraconjugais, de oficiais estrelados — conquistas que acompanham a evolução hierárquica. Quanto mais poderoso o militar, mais histórias do tipo serão contadas a esse respeito, quase sempre à boca miúda, e muitas vezes envolvendo subalternas (mulheres são cada vez mais comuns nas Forças Armadas). Mas só mulheres, porque ali a homossexualidade permanece um tema tabu e cercado de preconceito. A homofobia é naturalizada como piada de salão — e quem não achar graça será estigmatizado como portador da moléstia do "politicamente correto".

Como em qualquer corporação, pululam maledicências. Se fraternidade, camaradagem, empatia e companheirismo são traços desse universo, não é menos verdade que em muitos aspectos a "família militar" é um ninho de cobras. Sobretudo quando alguém que esperava ser promovido não é e passa a buscar culpados por toda parte. A mágoa de um general de divisão que não conseguiu chegar à sua quarta estrela faz par com a de um coronel que não conseguiu ser promovido a general ou de um capitão frustrado por não progredir a major. Os preteridos passarão seus anos na reserva a incensar o Exército, a família militar e a pátria com o mesmo fervor dedicado a praguejar contra os superiores-algozes responsáveis por seu infortúnio.

Às vezes a lavagem de roupa suja é feita em público. Em outubro de 2020, o general da reserva Francisco Mamede de Brito Filho publicou no Twitter uma defesa do colega Otávio Rêgo Barros, mais um general que, triturado pelo bolsonarismo, passou a criticar Bolsonaro. Na mesma rede social, o tenente-coronel da reserva Ronald Tito Canto (que se identifica na rede como coronel Tito Canto), da mesma turma de Brito na Aman (1983), respondeu: "Brito, você foi preterido na promoção, arrumou um cargo no governo e o perdeu, as razões não me cabem comentar. Não destile o seu recalque publicamente, se vc não deve lealdade ao PR [presidente], deva ao Brasil, ao EB [Exército Brasileiro] e aos subalternos. Pegou muito mal".[16]

Num ambiente tão encapsulado e idiossincrático, balizado pela hierarquia e pela disciplina, críticas públicas à corporação são tratadas como transgressão, ainda que partam de um militar da reserva ou reformado, condição que os libera legalmente para tanto. Uma lei de 1986 afirma que "é facultado ao militar inativo, independentemente das disposições constantes dos Regulamentos Disciplinares das Forças Armadas, opinar livremente sobre assunto político e externar pensamento e conceito ideológico, filosófico ou relativo a matéria pertinente ao interesse público". Mas o coronel da reserva do Exército Marcelo Pimentel Jorge de Souza, um dos raros oficiais a contestar publicamente a politização das Forças Armadas e a militarização da política em curso com a ascensão de Bolsonaro, foi punido duas vezes por manifestações no Facebook. Numa delas, apontou a "bolsonarização" do Exército; em outra, criticou a celebração do 31 de Março de [19]64 anunciada pelo então porta-voz Rêgo Barros. Pimentel diz que a repreensão e a advertência recebidas foram suas únicas punições em quase quarenta anos de carreira e classificou os processos a que foi submetido como tentativa de censura.

Pouco antes, em novembro de 2018, na esteira da vitória de Bolsonaro, o coronel escrevera um artigo na Folha de S.Paulo em que se dizia "preocupado porque o 'mau exemplo' de outrora" tinha virado presidente e chegara ao cargo "em grande medida pela indevida associação eleitoral de sua figura aos valores das Forças Armadas". "Minha preocupação", discorreu Pimentel,

> não é só porque o considero extremamente despreparado para a função. O desobediente capitão será, a partir de janeiro, o comandante em chefe das Forças Armadas e jurará obedecer à Constituição. Minha maior preocupação é que não tenha compreendido, até hoje, o significado daquela frase que emoldura o pátio da Aman: "Cadete, ides comandar, aprendei a obedecer". Espero que eu esteja errado.[17]

No decorrer do governo, o coronel Pimentel teve certeza de que não estava errado e manteve a artilharia. Sintetizou suas críticas com uma imagem: os dezessete generais de quatro estrelas reunidos na 304ª Reunião do Alto Comando do Exército, em fevereiro de 2016, tinham, em 2020, se espraiado pelo poder, sobretudo no governo federal. Já estavam todos na reserva, mas entre os dezessete havia

> um vice-presidente, quatro ministros de Estado, um ministro do Superior Tribunal Militar, um embaixador, três presidentes de empresas estatais, um presidente de fundo de pensão estatal, um secretário de Segurança Pública, três secretários executivos ou similares e somente dois que não exercem funções de características políticas.[18]

Pimentel argumentava ainda que, se quisessem, os comandantes das Forças Armadas poderiam legalmente ter se negado a ceder militares para cargos políticos no governo, mas jamais o fizeram. E apontava irregularidades flagrantes cometidas por oficiais sem qualquer punição por parte do comando do Exército. Generais como Augusto Heleno, Mourão, Braga Netto e Paulo Sérgio, para ficar nos famosos, se apresentam no Twitter com suas patentes, contrariando o Estatuto dos Militares, segundo o qual os integrantes das Forças Armadas devem

> abster-se, na inatividade, do uso das designações hierárquicas [...] em atividades político-partidárias; [...] para discutir ou provocar discussões pela imprensa a

respeito de assuntos políticos ou militares, excetuando-se os de natureza exclusivamente técnica, se devidamente autorizado; e no exercício de cargo ou função de natureza civil, mesmo que seja da administração pública.

O coronel tornou-se um comentarista frenético nas redes sociais, ganhando visibilidade e seguidores. À guisa de estandarte, deu um sentido próprio (e algo conspiratório) à tese dos partidos militares desenvolvida há décadas por autores como Alain Rouquié e Oliveiros Ferreira (no caso deste com denominação de "partido fardado") e revisitada nos últimos anos por pesquisadores como Ana Penido, Jorge Rodrigues, Rodrigo Lentz e Suzeley Kalil, entre outros. Grosso modo, o partido fardado é aquele que, alheio a registro eleitoral e atuação formal, atua sub-repticiamente como um partido político para fazer valer os interesses da corporação, atropelando inclusive o estado de direito — ou, no dizer de Oliveiros Ferreira, aquele que

> considera-se, legitimamente, o intérprete da Constituição no que diz respeito a seu relacionamento com o governo e, na condição de defensor da lei e da ordem, estabelece, motu proprio, o momento em que agirá para cumprir essa determinação constitucional, e a maneira pela qual o fará.[19]

Conforme a leitura de Pimentel, Bolsonaro seria tão somente uma marionete do partido militar — generais formados na Aman nos anos 1970 e hoje no governo — em seu projeto maior de retomada do poder, e todos os atos e desatinos em sua relação com a caserna nos últimos anos tinham de ser interpretados por essa chave. Seria, em outras palavras, a parte frágil da relação — uma leitura que, para muitos analistas, é estapafúrdia. "Bolsonaro é como um midas invertido: tudo o que ele toca vira entulho, e isso vale para os militares. Nas crises que ele gerou com os militares, ele só teve vitórias, não teve nenhuma derrota", afirma o historiador Francisco Carlos Teixeira.

Fiel à sua ideia fixa, Pimentel apostou que Bolsonaro não seria candidato à reeleição — controlado pelo Partido Militar, desistiria de concorrer na última hora em nome de um postulante mais competitivo que unisse a direita e mantivesse os generais no poder. Como se sabe, a previsão não se concretizou.

A partir do centro do Rio, a melhor maneira de chegar à Vila Militar é de trem, pelo ramal Santa Cruz da estação Central do Brasil. No caminho, numa viagem de 45 minutos, a paisagem em ebulição dos subúrbios da Zona Norte disputa a atenção do passageiro com os ambulantes-artistas que apinham os vagões, vendendo frango congelado, lâmpadas de led, desinfetantes artesanais, bisnagas de mortadela, pomadas Canela de Velho, brincos e colares, chocolate, cerveja e uma infinidade de produtos. Desembarca-se às portas da Vila, numa estação moderna, reformada para a Olimpíada de 2016.

A artéria principal do bairro é a avenida Duque de Caxias, com 2,6 quilômetros de extensão e duas pistas largas separadas por um canteiro central repleto de mangueiras carregadas e de bustos de heróis militares como Cândido Rondon, Manuel Luís Osório, Antônio de Sampaio e Joaquim de Andrade Neves. Uma das pistas é fechada para carros e serve como área de lazer, usada principalmente de manhãzinha e no fim da tarde por moradores da Vila e das regiões vizinhas. Os que vêm de fora contam que fazem ali o que não conseguem fazer em seus bairros, como caminhar de relógio e celular ou ir a uma agência bancária sem receios quanto à segurança.

Na Duque de Caxias estão alguns dos quartéis e escolas de formação, como a EsAO, o casarão-sede da 1ª Divisão de Exército, que comanda todas as unidades militares locais, casas com muro baixo e sem grades, prédios residenciais, um hospital militar, as três igrejas do bairro (duas católicas, uma evangélica), quatro agências bancárias, uma padaria mal fornida, a única do bairro, e locais como o Espaço Cultural Alameda dos Blindados (restrito a visita de escolas). Uma pequena galeria comercial tem como loja principal uma agência da Poupex (associação de crédito imobiliário do Exército). Quem precisa fazer compras, em geral, se desloca para os shopping centers mais próximos, nos bairros de Sulacap e Guadalupe, a cerca de cinco quilômetros. Um capitão se queixou do fato de não haver um colégio militar dentro da Vila — o mais próximo é no Maracanã, e levas de crianças e adolescentes têm de sair às 4h30 num ônibus que os conduz até lá.

Pelas ruas internas, cheias de lombadas e com limite de velocidade de trinta quilômetros por hora, espalham-se mais quartéis, residências e uma rara atração aberta à visitação pública sem necessidade de autorização, o Museu da Brigada Paraquedista. Recrutas e soldados varrem as ruas e fazem outros serviços de conservação, e há uma prefeitura da Vila Militar, mas, dependendo do problema, a resolução cabe mesmo à prefeitura do Rio. Aos olhos de um forasteiro, uma placidez impera em todo o bairro, que por vezes lembra uma cidade-fantasma. Em geral quase nada ali remete à atividade, à força e à energia associadas à carreira militar — exceto quando a calmaria é quebrada por rajadas de tiros dos treinos de instrução.

Ao final do expediente, levas de recrutas e soldados, o grosso do contingente que trabalha no lugar, volta para suas casas em bairros distantes. A maioria mora na Baixada Fluminense. São rapazotes no final da adolescência, ou recém-saídos dela, uma maioria esmagadora de pretos e pardos, o que revela uma das tantas contradições da carreira militar no país. Se é verdade, como gostam de dizer oficiais superiores, que as Forças Armadas são um retrato da sociedade e representam uma chance de ascensão social aos mais pobres, no quesito racial elas reproduzem a desigualdade histórica brasileira. Enquanto a base dos quartéis (recrutas, soldados, cabos) apresenta profusão ou mesmo predominância de pretos e pardos, como se vê na Vila Militar, o topo é quase exclusivamente branco. Em 2021, havia somente sete pretos entre os quatrocentos oficiais-generais das três Forças Armadas (1,75% do total). Ao longo de seus duzentos anos de história, o Exército Brasileiro teve somente onze generais negros, e nenhum deles atingiu o posto máximo (quatro estrelas).[20]

Muitos dos praças que circulam pela Vila são incrivelmente franzinos, as cabeças sumindo dentro dos capacetes, vários com espinhas no rosto. Rapazotes que de repente se transformam em arrimo de família, com soldos que, no final de 2019, variavam entre R$ 1000 e R$ 2500, dependendo da unidade em que serviam, fora auxílios para transporte e saúde.

Douglas, um soldado do 11º Grupo de Artilharia de Campanha servindo há dois anos, relatou que já estava "enganjando" — "engajar" é ser efetivado no Exército, mas muitos usam a corruptela "enganjar", com um *n* a mais. Morador de São João de Meriti, na Baixada Fluminense, leva cerca de cinco horas no trânsito para ir e voltar da Vila (duas horas e meia em dois ônibus na ida, o mesmo na volta). Tem um irmão militar e almeja virar paraquedista e estudar educação física.

Entrar na Brigada Paraquedista, como Bolsonaro fez no passado, é um desejo corrente. Por ser uma unidade de elite, garante um status diferenciado e um adicional no salário. Os jovens levam a distinção a sério e escarnecem dos colegas dos batalhões "comuns", valendo-se de dois distintivos que carregam na farda, o coturno marrom (que eles chamam de "boot marrom") e a boina grená. Os soldados de outros quartéis, com seus coturnos negros, são chamados de "pés-pretos", "urubus" ou "pés de cão".

Lucas, soldado da Brigada Paraquedista, vinte anos, estava noivo e disse que entrou no Exército para poder comprar sua casa — já tinha um terreno e um carro. Recebia R$ 2200 líquidos e mais auxílio-saúde. Relatou que não votara em 2018 porque era recruta em primeiro ano e estava de plantão, mas que teria votado em Bolsonaro. Estimava que, entre as tropas da Vila, 95% apoiavam o presidente, chute condizente com o de outros recrutas e soldados dali. "O país não melhorou muito, mas acho que pode melhorar", dizia, naquele final do primeiro ano do mandato.

Quando Marcos, o soldado do Batalhão-Escola de Comunicações que era aguardado pela família, despontou no portão do quartel, um par de coturnos numa mão e uma sacola na outra, o pai atravessou a rua a passos rápidos e foi recebê-lo. Deu-lhe uma sova de abraços, e a cada um deles erguia o filho do chão. O soldado atravessou a rua, beijou a testa da mãe e a abraçou seguidas vezes. Por fim, acariciou o rosto do irmão caçula e também lhe deu um abraço.

"Nesses vinte dias no mato acho que emagreci uns dez quilos. Numa parte da missão, tive que dormir no brejo", narrou, diante dos parentes embevecidos. "Tem barro aqui", disse o pai, espanando com a mão o cotovelo do filho.

Marcos, que pretendia prestar concurso para a Escola de Sargentos, contou o que significa para ele ser militar.

Cara, o Exército é uma das únicas instituições que gozam da credibilidade da população, senão a única. Vindo de Resende pra cá no comboio, por onde a gente passava o pessoal acenava, festejava, fazia festa. Se os políticos deste país não resolverem, pode ter certeza de que os militares conseguem dar jeito, pode ter certeza.

18. O inimigo real e os imaginários

"Um vírus desconhecido cujo primeiro caso foi detectado na cidade de Wuhan está se espalhando por outras cidades da China e chegou até a Coreia do Sul, informaram autoridades dos dois países nesta segunda (20), dia em que foi anunciada a quarta morte relacionada à doença." A semana mal começara e, às 9h33 de 20 de janeiro de 2020, a *Folha de S.Paulo*, reproduzindo um despacho da agência de notícias britânica *Reuters*, publicava na internet um dos primeiros registros, no Brasil, da vinda ao mundo de uma nova ameaça sanitária.

São os primeiros pacientes na China atingidos fora da cidade de Wuhan, onde o vírus foi detectado pela primeira vez, no início de janeiro. O vírus, uma nova cepa de coronavírus, tem causado alarme devido à sua similaridade com outro, causador da SARS (síndrome respiratória aguda grave), que matou cerca de 650 pessoas na China continental e em Hong Kong em 2002 e 2003. Os sintomas incluem febre e dificuldade em respirar.

Não havia inquietação, porém. Parecia ser mais um dos vírus respiratórios que, nas últimas décadas, volta e meia apareciam no noticiário por provocar surtos ou epidemias regionais, mas nunca uma pandemia. No dia seguinte, na edição impressa da *Folha*, a notícia mereceu uma chamada discreta, sem foto, no pé da primeira página: "Vírus desconhecido causa 4ª morte na China". A partir dali, todos os veículos de imprensa brasileiros começariam a acompanhar diariamente as novidades sobre "o novo coronavírus".

Cinco dias depois do registro precursor na *Folha*, o presidente Jair Bolsonaro — com uma desfaçatez típica dos farsantes — desdenhou da ansiedade que já se espalhava pelo mundo. "Não é uma situação alarmante", afiançou durante viagem oficial à Índia. O tema ganharia a chamada principal dos três mais influentes jornais do país apenas em 28 de janeiro de 2020. "Coronavírus leva temor ao mercado e derruba Bolsas", estampou a *Folha*. *O Globo* enunciou: "Vírus avança, OMS eleva alerta de epidemia, e Bolsas caem". "Risco de epidemia global aumenta e derruba Bolsas", titulou o *Estadão*. Em suma, o assunto só foi para as manchetes quando o vírus afetou o capital.

Diante do agravamento da situação, e como a inépcia e o caos dominassem a Casa Civil sob Onyx Lorenzoni — que perdera a articulação política para a Secretaria de Governo do general Luiz Eduardo Ramos e o Programa de Parcerias de Investimentos para o Ministério da Economia, além de ser incapaz de coordenar ações interministeriais —, Bolsonaro instalou no principal ministério do Palácio do Planalto mais um quatro estrelas da ativa do Exército. Em 18 de fevereiro, o general Walter Souza Braga Netto tomou posse como titular da Casa Civil — dias depois, seria transferido para a reserva —, e Onyx foi alojado no Ministério da Cidadania.

Em 25 de fevereiro, mesmo dia em que um brasileiro procedente da Itália deu entrada num hospital de São Paulo com sintomas de doença respiratória, no que seria depois confirmado como o primeiro caso brasileiro registrado de covid-19 — como a Organização Mundial da Saúde batizou a doença —, Bolsonaro compartilhou em grupos de WhatsApp mensagens convocando para uma manifestação em seu apoio e contra o Congresso. Uma delas trazia um vídeo que o tratava como um enviado dos céus contra a corrupção, acompanhado da chamada: "15 de março. — Gen Heleno/Cap Bolsonaro. — O Brasil é nosso, — Não dos políticos de sempre". O mote para o ato era um rompante do general Augusto Heleno que viera a público dias antes. Num áudio vazado durante uma cerimônia no Palácio da Alvorada, o ministro do GSI atacava parlamentares por causa de uma negociação sobre o controle da execução de emendas parlamentares ao orçamento. "Nós não podemos aceitar esses caras chantagearem a gente o tempo todo. Fodam-se", esbravejou Heleno.[1]

O vírus se espalhava em paralelo aos desatinos do presidente. Em 9 de março, num aperitivo da mise-en-scène golpista que encenaria nos anos seguintes sempre que precisasse desviar o foco de alguma crise, Bolsonaro denunciou que as eleições de 2018 haviam sido fraudadas e que iria apresentar provas disso — mas jamais o fez. À época ele estava na Flórida, onde se encontraria com o colega americano Donald Trump — depois descobriu-se que mais da metade da comitiva presidencial pegou covid durante a viagem aos Estados Unidos. Em Miami, alheio à óbvia gravidade da situação, o capitão declarou: "Está sendo superdimensionado o poder destruidor desse vírus. Então, talvez esteja sendo potencializado até por questões econômicas". Em 11 de março, diante dos níveis alarmantes de contaminação, a ONU classificou a situação como pandemia. No dia seguinte morreu a primeira brasileira vitimada pela doença, uma mulher de 57 anos internada num hospital municipal na zona leste de São Paulo.

Já de volta ao Brasil, Bolsonaro participou em Brasília do tal ato político que ajudara a divulgar. Apesar de ter tido contato com vários contaminados na viagem aos Estados Unidos, ele ignorou a recomendação de se isolar e, sem máscara, interagiu com apoiadores em frente do Palácio do Planalto. Fotos nos jornais do dia seguinte mostravam o presidente sorrindo diante de uma aglomeração da qual brotavam faixas com frases como "Fora Maia" [Rodrigo Maia, presidente da Câmara entre 2016 e 2021] e "Foda-se. Apoio: Fechar Congresso Já, Fechar STF Já, Voto Impresso Já". O país tinha então apenas duzentos casos registrados de covid-19.

Contra evidências e recomendações das autoridades sanitárias do mundo inteiro, Bolsonaro sabotava o isolamento e se recusava a incentivar e a aderir a medidas básicas de proteção contra a covid, como o uso de máscaras e o distanciamento. Alegava que o vírus só representava risco de morte para idosos e, orientado por um grupo de charlatães depois apelidado de "gabinete paralelo", defendia que expor a população ao vírus traria a chamada imunidade de rebanho, quando a disseminação em grande escala de um agente infeccioso pode garantir proteção coletiva. Ambas as teses eram engodos. Indiferente ao luto coletivo, o presidente escarnecia quando confrontado com a progressão da tragédia: "Alguns vão morrer. Lamento, essa é a vida"; "Não sou coveiro"; "E daí? Lamento. Quer que eu faça o quê? Eu sou Messias, mas não faço milagre"; "Tem que deixar de ser um país de maricas". Em mais de uma ocasião, imitou pacientes de covid sofrendo com falta de ar.

Bolsonaro nunca escondeu que estava mais preocupado com a economia — isto é, com a crise inevitável que sobreviria da pandemia — do que com a saúde da população. Num pronunciamento em cadeia nacional em 24 de março, ele condenou a limitação ao transporte público e o fechamento do comércio, disse que o vírus logo passaria e que a vida tinha de continuar. Enquanto falava, panelaços espocavam pelas grandes cidades do país. O presidente arrematou com a frase que seria a mais célebre entre tantas infâmias ditas naquela noite: "No meu caso particular, pelo meu histórico de atleta, caso fosse contaminado pelo vírus, não precisaria me preocupar, nada sentiria, ou seria, quando muito, acometido de uma gripezinha ou resfriadinho, como bem disse aquele conhecido médico daquela conhecida televisão". Bolsonaro aproveitava para ridicularizar o oncologista Drauzio Varella, que no final de janeiro, antes da decretação da pandemia, minimizara os riscos do vírus. O médico logo admitiu seu erro, penitenciou-se e passou a alertar sobre a gravidade da covid.

Inspirado numa medida similar em Milão, na Itália, depois reconhecida como desastrosa, o governo criou uma campanha chamada "O Brasil não pode parar", que estimulava a população a "voltar à normalidade". Peças foram enviadas a grupos de aplicativos de mensagens. Diante da reação negativa aos anúncios — e de uma decisão do ministro Luís Roberto Barroso, do STF, acolhendo pedido da Rede Sustentabilidade para impedir sua divulgação —, desistiu-se de veiculá-los oficialmente. Mas o presidente continuava disposto a causar estragos. Circulava por cidades do entorno de Brasília provocando aglomerações, sempre sem máscara. Numa dessas ocasiões, debochou: "Essa é uma realidade, o vírus tá aí. Vamos ter que enfrentá-lo, mas enfrentar como homem, porra. Não como um moleque. Vamos enfrentar o vírus com a realidade. É a vida. Todos nós iremos morrer um dia". Pouco depois, em 10 de abril, o Brasil já contava mil mortos.

Até então, o ministro da Saúde, Luiz Henrique Mandetta, atuara de acordo com a gravidade da crise e as diretrizes da Organização Mundial da Saúde — em contraste com o comportamento do próprio presidente. Bolsonaro começou a fritar Mandetta. De início, conforme ele mesmo contaria mais tarde, o titular da Saúde teve o apoio dos ministros militares para continuar no governo, apesar da contrariedade de Bolsonaro.[2]

Numa entrevista ao *Fantástico*, da TV Globo, Mandetta expôs seu incômodo com a sabotagem a seu trabalho feita pelo chefe do Executivo: "Porque isso leva para o brasileiro uma dubiedade: ele não sabe se escuta o ministro da Saúde, se escuta o presidente, quem é que ele escuta".[3] Quatro dias depois, em 16 de abril, Bolsonaro o demitiu. O médico carioca Nelson Teich foi nomeado ministro da Saúde e teve de aceitar, como secretário executivo, o número dois da pasta, indicado pelo presidente: o general Eduardo Pazuello, mais um oficial da ativa do Exército.

Em 19 de abril de 2020, Dia do Exército, Bolsonaro arrastou a corporação, sua aliada desde a campanha à Presidência, para a arena política em que transformara o combate à pandemia. Apoiadores do presidente fizeram uma carreata em Brasília cujo ato final ocorreu em frente ao quartel-general do Exército. Pediam intervenção militar, a volta do AI-5, o fechamento do Congresso e do Supremo, e entoavam coros como "a nossa bandeira jamais será vermelha" e "Fora, Maia". Bolsonaro não apenas foi até o local, mas discursou, em cima da caçamba de uma camionete: "Eu estou aqui porque acredito em vocês. [...] Nós não queremos negociar nada. Nós queremos é ação pelo Brasil. O que tinha de velho ficou para trás. [...] Acabou a época da patifaria. É agora o povo no poder".[4]

O gesto não foi bem recebido na cúpula do Exército, que o interpretou como uma provocação desnecessária. As ausências ao ato no Forte Apache falaram por si: nem o comandante Leal Pujol nem outro integrante do alto-comando da força terrestre estiveram lá. Ainda assim, em mais uma amostra de como oficiais emprestados ao governo viravam militantes, um coronel da ativa que trabalhava no Palácio do Planalto como assessor da Casa Civil compartilhou em seu perfil pessoal numa rede social o vídeo do comício de Bolsonaro. Advertido pelo chefe de comunicação do Exército depois do alerta de um jornalista, o coronel apagou a publicação.

No dia seguinte, dada a repercussão negativa na imprensa e na sociedade civil, o ministro da Defesa, Fernando Azevedo, divulgou uma nota declarando que as Forças Armadas trabalhavam "sempre obedientes à Constituição Federal" e tinham naquele momento uma prioridade distinta da do presidente: "Nenhum país estava preparado para uma pandemia como a que estamos vivendo. Essa realidade requer adaptação das capacidades das Forças Armadas para combater um inimigo comum a todos: o coronavírus e suas consequências sociais. É isso que estamos fazendo".

Atendendo a um pedido do procurador-geral da República, Augusto Aras, o ministro Alexandre de Moraes, do Supremo, autorizou a abertura de inquérito para investigar as manifestações golpistas, no dizer de Aras "atos contra o regime da democracia brasileira por vários cidadãos, inclusive deputados federais, o que justifica a competência do STF". O PGR não citava Bolsonaro.⁵ Era o segundo inquérito no STF que, se não visava diretamente o chefe do Executivo, tinha grande potencial de atingir o bolsonarismo, inclusive os filhos do presidente. Outra ação, iniciada em 2019, que investigava a autoria de notícias falsas em redes sociais contra ministros do Supremo, resultaria em prisões e em cumprimento de mandados de busca e apreensão contra militantes pró-governo. Logo viria um terceiro inquérito, tão ou mais ruidoso.

Na manhã de 22 de abril, aconteceu no Palácio do Planalto a reunião ministerial que entraria para a história como representação viva do despotismo descontrolado de Bolsonaro (e de parte de seus auxiliares). Fora de si, o presidente reclamou que precisava ter um sistema particular de informações, uma vez que os órgãos oficiais não eram suficientes para protegê-lo e à sua família de investigações.

> [...] Eu tenho a PF que não me dá informações. Eu tenho as inteligências das Forças Armadas que não tenho informações. Abin tem os seus problemas.
>
> Já tentei trocar gente da segurança nossa no Rio de Janeiro, oficialmente, e não consegui! E isso acabou. Eu não vou esperar foder a minha família toda, de sacanagem, ou amigos meus, porque eu não posso trocar alguém da segurança na ponta da linha que pertence a estrutura nossa. Vai trocar! Se não puder trocar, troca o chefe dele! Não pode trocar o chefe dele? Troca o ministro! E ponto final! Não estamos aqui pra brincadeira.⁶

Até então conhecido somente pelos presentes à reunião, o acesso de fúria de Bolsonaro ganharia contexto mais nítido quando, dois dias depois, Sergio Moro deixou estrepitosamente o Ministério da Justiça. O ex-juiz da Lava Jato estava cada vez mais enfraquecido no governo. Entre outros reveses, havia perdido para o Ministério da Economia o controle do Coaf, o Conselho de Controle de Atividades Financeiras, e fora politicamente incapaz de impedir a desfiguração de seu controverso "pacote anticrime" no Congresso. Mas o estopim do pedido de demissão foi a acusação de que Bolsonaro interferia politicamente na Polícia Federal para se blindar de investigações incômodas. A pedido de Aras, foi aberto um inquérito no Supremo para apurar as denúncias de Moro, cuja relatoria coube ao ministro decano Celso de Mello. O contexto do surto presidencial se tornaria cristalino um mês depois, quando Celso de Mello autorizou a retirada do sigilo da quase totalidade da reunião, cujo vídeo foi exibido por veículos de todo o país.

No final da tarde de 22 de maio, os brasileiros encararam as vísceras do governo. Além de ouvirem, de viva voz e em detalhes, as ameaças do chefe do Executivo a Moro, testemunharam anomalias em série. Como a já citada sugestão do ministro do Meio Ambiente, Ricardo Salles, de aproveitar a pandemia para "passar a boiada" na legislação ambiental. O ministro da Educação, Abraham Weintraub, defendeu "acabar com essa porcaria que é Brasília, [...] um cancro" e dizer que, por ele, "botava esses vagabundos todos na cadeia. Começando no STF". Bolsonaro esbravejou contra prefeitos e governadores que haviam aderido a medidas de isolamento para conter a pandemia — o antídoto contra eles, advogou, era espalhar armas entre a população. Entre palavrões, pediu que Moro e Fernando Azevedo assinassem uma portaria facilitando o acesso a munições. No dia seguinte, a portaria, assinada pelos dois, foi publicada no *Diário Oficial da União*.[7]

A reunião ministerial do fim do mundo e os inquéritos no Supremo Tribunal Federal investigando Bolsonaro e militantes governistas marcam o ponto de não retorno na crise entre o presidente e a principal corte de Justiça do país. Uma zanga que, a bem da verdade, começara antes mesmo de ele assumir o cargo — celebrizada na frase de Eduardo Bolsonaro na campanha de 2018 de que bastavam um cabo e um soldado para fechar o STF. Como em quase todas as batalhas ideológicas produzidas pelo capitão, nessa os militares também se perfilaram ao lado dele.

Em março, o governo federal baixara uma medida provisória atribuindo-se competência para impor medidas de isolamento e definir quais serviços essenciais deveriam ser mantidos durante a pandemia, bem como um decreto incluindo casas lotéricas e templos religiosos na lista desses serviços. No mês seguinte, em resposta a uma ação de inconstitucionalidade movida pelo PDT (segundo a qual a MP feria a autonomia dos entes federativos prevista na Carta Magna), o Supremo considerou a medida constitucional. Mas, por unanimidade, os ministros decidiram que estados e municípios também tinham autonomia para definir a melhor política para proteger a população durante a emergência sanitária. Bolsonaro então passou a mentir que o Supremo o impedia de agir na pandemia. O tribunal, no caso específico, apenas garantiu que governadores e prefeitos agissem conforme as orientações das autoridades sanitárias.

Durante as fases mais críticas da pandemia, o Supremo seria o principal obstáculo à abordagem irresponsável e destrutiva do governo. Um estudo da Fundação Getulio Vargas mostrou que, entre março de 2020 e março de 2021, um quarto das ações protocoladas no tribunal tratou da pandemia — a maioria relacionada a atos do Executivo federal — e surtiu respostas mais rápidas e coletivas (colegiadas pelos ministros) da corte suprema, sobretudo quando diziam respeito a ações do governo.[8]

Entre abril e maio de 2020, os mortos pela covid se multiplicaram exponencialmente: eram 5 mil em 28 de abril, chegaram a 10 mil em 9 de maio e a 20 mil em 21 de maio. É nesse cenário que quatro atos em sequência vindos do Supremo enfurecem mais o presidente e seus seguidores, dessa vez sem relação direta com o vírus. Primeiro, o ministro Alexandre de Moraes — em resposta a outra ação do PDT — suspendeu a nomeação do delegado Alexandre Ramagem, próximo da família Bolsonaro desde a campanha de 2018, para a chefia da Polícia Federal. À luz do que denunciara Sergio Moro, Moraes alegou "desvio de finalidade do ato presidencial [...], em inobservância aos princípios constitucionais da impessoalidade, da moralidade e do interesse público".[9]

As três ações seguintes partiram de Celso de Mello. Novamente a pedido da PGR, o decano determinou que os generais palacianos Augusto Heleno, Braga Netto e Ramos fossem ouvidos, como testemunhas, no inquérito aberto com base nas acusações de Moro. Como ministros de Estado, os três poderiam definir data e local dos depoimentos. Mas, em seu despacho, Celso — o único integrante do STF que se insurgira no calor da hora contra o tuíte-ameaça de Villas Bôas e o que mais se indignava com a interferência dos militares na política desde o governo Temer — os alertou das consequências caso deixassem de comparecer para depor sem justa causa na data por eles fixada.

"[As testemunhas] perderão tal prerrogativa e, redesignada nova data para seu comparecimento em até 05 (cinco) dias úteis, estarão sujeitas, como qualquer cidadão, não importando o grau hierárquico que ostentem no âmbito da República, à condução coercitiva ou 'debaixo de vara.'" Essa última expressão, como informa o decano no despacho, é do Código do Processo Criminal do Império, de 1832 — ou seja, embora incorporada ao jargão jurídico, está há muito abolida do texto legal. Usá-la para ameaçar três generais de quatro estrelas, porém, soou aos depoentes como uma provocação desnecessária e envenenou ainda mais os militares, fortalecendo a tese vigente na caserna de que o Supremo praticava ativismo jurídico para prejudicar o governo.[10]

Na ocasião, um militante governista provocou Heleno no Twitter: "Ministro, o senhor não irá dar uma resposta à altura a Celso de Mello na questão de que se precisar buscará vocês na vara? Estamos revoltados com isso". "Tudo tem sua hora", respondeu o general.

Menos de um mês depois, no mesmo 22 de maio em que levantou o sigilo da reunião do fim do mundo, Celso de Mello encaminhou para análise da Procuradoria-Geral da República notícias-crimes apresentadas por três partidos (PDT, PSB e PV) que, entre outros pedidos, requisitavam a apreensão dos celulares de Bolsonaro e de seu filho Carlos. Por ser o relator do inquérito, o ministro tinha de submeter o pedido à PGR — uma praxe processual. O presidente reagiu como se o magistrado houvesse determinado a apreensão do aparelho — o que não ocorreu —, e mais uma vez incendiou seus militantes. Entre eles estava o general Augusto Heleno, que em pouco tempo de governo se convertera num modelo do chamado *bolsonarista raiz*, um radical entre os seguidores já radicais do capitão. Havia chegado a hora da resposta que o ministro-chefe do GSI prometera no mês anterior ao seguidor no Twitter.

Heleno publicou uma assombrosa "Nota à nação brasileira", em que também distorcia o ato de Celso de Mello, tratando-o como um "pedido de apreensão do celular do presidente da República". Classificava a medida como "inconcebível e, até certo ponto, inacreditável". E finalizava com uma ameaça: "O Gabinete de Segurança Institucional da Presidência da República alerta as autoridades constituídas que tal atitude é uma evidente tentativa de comprometer a harmonia entre os poderes e poderá ter consequências imprevisíveis para a estabilidade nacional".[11] Heleno assinou sozinho a nota. Mas, consultado, o ministro da Defesa, general Fernando Azevedo, afirmou que a endossava. No mesmo dia, mais tarde, no terceiro ato que revoltou o bolsonarismo, Celso de Mello tirou o sigilo da reunião do fim do mundo, com as consequências já sabidas.

A gestão da pandemia continuava um caos. Instituído em março de 2020, por decreto presidencial, para centralizar a resposta do governo federal à emergência sanitária, o Comitê de Crise para Supervisão e Monitoramento dos Impactos da Covid-19 mostrou-se incapaz de fazê-lo, mais voltado para atender aos desvarios de Bolsonaro. Seu coordenador era o ministro-general da Casa Civil, Braga Netto, a quem, conforme o decreto, caberia assessorar a Presidência, acima do Ministério da Saúde — em cujo comando o médico Nelson Teich, substituto de Mandetta, não suportou nem um mês.

Bolsonaro pressionava pela chancela do governo à prescrição de cloroquina e hidroxicloroquina, medicamentos contra malária, lúpus e outras doenças, que chegaram a despontar como possíveis paliativos para a covid, mas logo se provaram ineficazes, além de trazer riscos de efeitos adversos graves se mal administrados. Ainda na gestão Mandetta, orientado pelo "gabinete paralelo", o presidente havia tentado que a Anvisa mudasse a bula da cloroquina para incluir a indicação a tratamento de covid, sem sucesso.

Desafiando evidências científicas, Bolsonaro e seus soldados ideológicos nunca deixaram de disseminar entre a população o famigerado "tratamento precoce" que estabelecia o uso dessas drogas, mas faltava a liberação oficial do ministério. Teich se negou a assiná-la. Sem consultar o ministro, o presidente também ampliou o rol de atividades essenciais autorizadas a funcionar durante a pandemia — incluindo academias de ginástica, salões de beleza e barbearias. Atormentado pela ingerência do chefe negacionista, Teich pediu demissão.

Quem topou assinar um novo e mais permissivo protocolo para o uso dos medicamentos-fetiche do bolsonarismo foi o secretário executivo do Ministério da Saúde, Eduardo Pazuello, que, com a saída de Teich, assumiu interinamente o comando da pasta.

Paraquedista como Bolsonaro e com curso de formação nas Forças Especiais, outra unidade de elite do Exército incensada pelo presidente, o general provinha da Intendência, arma responsável por atividades logísticas e administrativas da força terrestre, principalmente relacionadas a transporte e suprimentos. Um oficial intendente não comanda tropas. Por causa dessas peculiaridades, o Exército limita o poder dos oficiais-generais de Intendência, que só podem atingir até três estrelas (general de divisão), caso de Pazuello.

Ele aparecera no cenário nacional no começo de 2018, quando, com o êxodo de venezuelanos em fuga da crise no país vizinho, refugiados aos milhares cruzaram a fronteira brasileira buscando sobrevivência, sobretudo pelo estado de Roraima. Para recebê-los, o governo brasileiro, apoiado por agências humanitárias da ONU, implantou a Operação Acolhida. Pazuello foi o escolhido para chefiar os trabalhos desde a sua criação, em fevereiro de 2018, até janeiro de 2020 — no período, também atuou brevemente como secretário da Fazenda de Roraima, indicado pelo presidente Michel Temer quando o estado esteve sob intervenção federal.

A Acolhida foi considerada uma operação humanitária exitosa e recebeu elogios da Acnur, a agência da ONU para refugiados, conferindo a Pazuello uma reputação de bom gestor. Desde sua chegada à Esplanada para ser secretário executivo do Ministério da Saúde, ele foi apresentado por Bolsonaro e pelos generais palacianos como um "especialista em logística" essencial para o enfrentamento da pandemia. Sem experiência prévia na área da Saúde — admitiria que, até chegar ao ministério, "nem sabia o que era o SUS" —, e num contexto extremamente complexo e grave, tanto mais para neófitos, sua gestão foi um desastre, agravado pela intromissão perniciosa do presidente.

Uma das primeiras intervenções de Pazuello no ministério foi para omitir, esconder ou dificultar o acesso aos dados oficiais de mortes e casos de covid no país, o que forçou à criação de um consórcio de veículos de imprensa para levantar as informações com as secretarias estaduais e divulgá-las em canais próprios. As vítimas da doença no Brasil já passavam de 40 mil. Propagando que os números estavam inflados e inferindo que prefeitos e governadores desviavam recursos direcionados a leitos de UTI, Bolsonaro incitou a população a invadir hospitais e filmar as instalações para ver se de fato estavam ocupadas por pacientes de covid. "Tem um ganho político dos caras. Só pode ser isso. Aproveitando as pessoas que falecem para ter um ganho político. E para culpar o governo federal."[12]

Na guerra contra o Supremo, Bolsonaro assinou uma nota, em conjunto com o vice Hamilton Mourão e o ministro da Defesa, Fernando Azevedo, em resposta ao presidente do tribunal, Luiz Fux, que expedira liminar esclarecendo as limitações do poder constitucional das Forças Armadas — de novo o artigo 142. Instado por uma ação do PDT, Fux esclareceu que elas não são "poder moderador", diferentemente da interpretação enviesada dada por advogados bolsonaristas. As Forças Armadas, dizia a nota de Bolsonaro, Mourão e Azevedo, "não cumprem ordens absurdas, como p. ex. a tomada de poder. Também não aceitam tentativas de tomada de poder por outro poder da República, ao arrepio das leis, ou por conta de julgamentos políticos". Uma expressão salta aos olhos na nota: "tentativas de tomada do poder" é o subtítulo de *Orvil*, o livro secreto dos militares para defender seu legado na ditadura, e aparece à farta em outro livro com o mesmo propósito, *A grande mentira*.

Em meados de junho, a prisão do ex-PM Fabrício Queiroz, homem de confiança de Bolsonaro acusado de coordenar um esquema de corrupção em gabinetes de seus filhos, forçou o presidente a baixar a temperatura. Foi uma das poucas vezes em seu mandato que enunciados como "Bolsonaro baixa o tom" ou "Bolsonaro recua" pululuaram na imprensa — para logo em seguida serem desmoralizados. Dessa vez, uma das consequências do recuo tático foi a demissão de Abraham Weintraub, o ministro da Educação que sugerira botar na cadeia os "vagabundos" do Supremo — e que acabou nomeado pelo governo para um cargo no Banco Mundial em Washington. O país registrava 1 milhão de casos de covid e quase 50 mil mortes pela doença.

Em nova batalha do conflito de Bolsonaro e dos militares com o Supremo, partiu de Gilmar Mendes um tiro de canhão contra os fardados. Durante um debate on-line, o ministro afirmou:

> Não podemos mais tolerar essa situação que se passa no Ministério da Saúde. Não é aceitável que se tenha esse vazio. Pode até se dizer: a estratégia é tirar o protagonismo do governo federal, é atribuir a responsabilidade a estados e municípios. Se for essa a intenção, é preciso se fazer alguma coisa. Isso é ruim, é péssimo para a imagem das Forças Armadas. É preciso dizer isso de maneira muito clara: o Exército está se associando a esse genocídio, não é razoável [...]. É preciso pôr fim a isso.[13]

O Ministério da Defesa enviou uma representação à Procuradoria-Geral da República pedindo providências contra Gilmar, que, segundo o ministro da Defesa, Fernando Azevedo, e o comandante do Exército, Edson Leal Pujol — signatários do documento —, teria violado a Lei de Segurança Nacional e incorrido em crimes previstos nos códigos Penal e Penal Militar.[14] Em 8 de agosto, as vítimas da covid chegavam a 100 mil. Em 16 de setembro, o general Pazuello foi efetivado como ministro da Saúde.

Num feito inédito na história da ciência, vacinas contra o vírus Sars-cov-2, o causador da covid, foram desenvolvidas em poucos meses. Representavam a possibilidade mais concreta para frear a mortandade galopante, o que levou autoridades de todo o mundo a se anteciparem à conclusão dos testes e da sua aprovação por agências sanitárias, e a negociar a compra a tempo de tê-las tão logo fossem autorizadas. No Brasil, o governador de São Paulo, João Doria, anunciou em junho de 2020 um acordo entre a chinesa Sinovac e o Instituto Butantan para a produção de uma vacina. Quase dois meses depois, no final de julho, o governo federal fez o mesmo com a AstraZeneca, que desenvolvia sua vacina junto com a Universidade de Oxford. A corrida pela vacina se transformou numa disputa política entre Bolsonaro e Doria, que então ainda aspirava a concorrer à Presidência em 2022. Com a diferença de que o chefe do Executivo colocava seguidamente em dúvida a segurança das vacinas — de todas elas, em especial a da Sinovac, ou, no dizer dele, "a vacina chinesa do Doria".

O processo do Instituto Butantan foi mais célere, e logo ficou claro que a CoronaVac — assim ela foi batizada — rumava para ser a primeira vacina disponível no Brasil. Em outubro, Pazuello afirmou, durante uma reunião com governadores, que o governo federal compraria 46 milhões de doses do imunizante da Sinovac/Butantan. No dia seguinte, foi desautorizado por Bolsonaro. Convalescendo de covid, o ministro da Saúde surgiu num vídeo ao lado do presidente (ambos sem máscara), em que explicava o que havia ocorrido. "Senhores, é simples assim: um manda e o outro obedece."[15] No mês seguinte, Bolsonaro comemorou quando a Anvisa mandou suspender os testes da CoronaVac por causa da morte de um voluntário — morte que, soube-se depois, não teve relação alguma com a vacina. "Morte, invalidez, anomalia. Esta é a vacina que o Doria queria obrigar a todos os paulistanos tomá-la. O presidente disse que a vacina jamais poderia ser obrigatória. Mais uma que Jair Bolsonaro ganha", escreveu o presidente em resposta a um seguidor no Facebook.[16]

O primeiro país a iniciar a vacinação foi a Rússia, com sua Sputnik v, em 5 de dezembro de 2020, seguida do Reino Unido, com um imunizante dos laboratórios Pfizer e BioNTech, em 8 de dezembro. Nesse mês, vários países também deram largada às suas campanhas de imunização. No Brasil, enquanto autoridades corriam para fazer o mesmo, Bolsonaro ia na contramão. "A pressa da vacina não se justifica, porque mexe com a vida das pessoas. Você vai inocular algo e o seu sistema imunológico pode reagir de forma imprevista", disse o presidente, num vídeo gravado com o filho Eduardo e divulgado para milhões de brasileiros.[17]

"A pandemia está chegando no fim. Os números têm mostrado isso", afirmou Bolsonaro. Os números, na verdade, mostravam apenas um refluxo da primeira onda da doença no Brasil. Como os especialistas haviam alertado, e as estatísticas de outras partes do mundo já comprovavam, novas ondas viriam. Na segunda quinzena de dezembro, quando o presidente proferiu a asneira, morriam aproximadamente 750 pessoas por dia de covid no país. Um mês depois, passavam de 1 mil por dia. Três meses depois, mais de 2 mil a cada 24 horas. Quatro meses depois, em meados de abril, no pior momento da pandemia por aqui, eram cerca de 3 mil vítimas diárias.

O Brasil só começaria sua campanha de vacinação em 17 de janeiro de 2021, com a vacina chinesa de Doria.

19. Crise militar, pronome possessivo

"Eu só dou um recado aqui. Alguns querem que eu decrete lockdown. Não vou decretar, e pode ter certeza de uma coisa." Na área reservada a apoiadores no Palácio da Alvorada apelidada de "cercadinho", que se tornara sua vacina contra perguntas incômodas de jornalistas, Bolsonaro criticou as medidas restritivas impostas por governadores e prefeitos para frear a circulação do vírus. O presidente imprimiu ênfase à expressão usada, em seguida, por duas vezes: "O *meu Exército* não vai pra rua pra obrigar o povo a ficar em casa. O *meu Exército* e o Exército de vocês. Então fiquem tranquilos no tocante a isso aí".[1]

Era 8 de março de 2021. No dia seguinte, o ministro Edson Fachin, do Supremo, decidiu que a 13ª Vara Federal de Curitiba era incompetente para julgar ações da Operação Lava Jato e anulou todas as sentenças contra Luiz Inácio Lula da Silva tomadas naquela jurisdição — liberando o ex-presidente, que já deixara a prisão em 2019 por outra decisão do Supremo, de voltar a disputar eleições. Mais tarde, o plenário da corte confirmaria a decisão de Fachin.

Os militares detestaram, a começar por Bolsonaro. O presidente pressentiu que corria um risco real de não se reeleger em 2022 e começou a fazer campanha — a mais de um ano e meio da disputa eleitoral. Para tentar tornar o desafio menos difícil, lançou ao mar o general Eduardo Pazuello, substituído no Ministério da Saúde pelo médico Marcelo Queiroga. O apelo militar permaneceu tendo papel estratégico em sua propaganda, e, assim, o "meu Exército" seria empregado como um mantra. Em sua live daquela semana, o presidente repetiu a expressão. Nas semanas seguintes, tornou a repeti-la. "O meu Exército não vai pra rua pra cumprir decreto de governadores. Não vai. Se o povo começar a sair, entrar na desobediência civil, sair de casa, não adianta pedir ao Exército, que o meu Exército não vai. Nem por ordem do papa. Não vai."[2]

Maciçamente criticado fora da caserna, o recurso ao pronome pessoal por parte do presidente para se referir à corporação dividiu opiniões no Exército. Para alguns, foi mais uma mistificação de Bolsonaro com objetivo político, uma mistura indevida. Mas não foram poucos os que minimizaram as manifestações, tomando-as como demonstração de apreço do capitão pela força armada de onde viera, algo corriqueiro entre fardados. Coincidência ou não, em seus dois livros, *Rompendo o silêncio* e *A verdade sufocada*, o coronel Brilhante Ustra usa a mesma expressão — no primeiro, numa explicação introdutória, e no segundo como dedicatória, com formulações quase idênticas: "Escrevo este livro em respeito ao meu Exército"; "Dedico este livro ao meu Exército", estendendo em seguida a reverência aos chefes militares que lhe orientaram a combater "o terror comunista".

Mas decerto não é coincidência que, no período em que resolveu usar e abusar do nome do Exército, o presidente já travava uma espécie de guerra fria com o comandante da corporação, Edson Leal Pujol. Quase um ano antes, em 30 de abril de 2020, um sinal desse descompasso veio a público durante uma cerimônia no Comando Militar do Sul. A pandemia começava a se agravar no país e, seguindo orientações sanitárias, Pujol rejeitou um aperto de mão de Bolsonaro, oferecendo no lugar uma batida de cotovelo, ignorada pelo presidente.

(O general que deixava o Comando Militar do Sul naquele dia, Antônio Miotto, morreria quase nove meses depois, vítima da covid. Foi uma das muitas baixas causadas pelo vírus na "família militar" e entre aliados do presidente. O general Etchegoyen, por exemplo, perdeu a mãe, oito colegas de turma da Aman e um primo-irmão. O ex-deputado Alberto Fraga, tenente-coronel da reserva da PM e um dos melhores amigos de Bolsonaro, uma convivência de mais de quarenta anos, perdeu a esposa e rompeu temporariamente com o capitão. "Quando ele telefona, não atendo as ligações. E será assim enquanto meu coração estiver doído com a morte de minha esposa.

Ela morreu odiando Bolsonaro, porque queria muito a vacina", disse em agosto de 2021. Depois reataria com o velho camarada.)

Pujol sempre fora leal a Bolsonaro, seu colega de turma da Aman. Ao assumir como comandante, escolheu para ser seu chefe de Estado-Maior o general Braga Netto, que logo se revelaria um bolsonarista da gema. Paulo Chagas, o general que presidiu o Ternuma, apoiou Bolsonaro em 2018 e depois virou crítico do presidente, cavalgava com Pujol no 1º Regimento de Cavalaria de Guardas, em Brasília, quando o colega já era comandante.

> Eu tive mais de uma discussão com o Pujol, ele defendendo o Bolsonaro e eu me colocando contra. "Você tem de respeitar as idiossincrasias do cara, não pode querer que ele mude a personalidade dele, ele sempre foi assim", ele dizia. Eu respondia: "Ele sempre foi assim, mas nunca foi presidente. Agora ele não é ele, agora ele é o presidente do meu país e eu quero que ele se comporte à altura do cargo que eu o ajudei a conquistar, como eleitor".

Amigo do ex-comandante, o general Sergio Etchegoyen reforça a versão de que Pujol nunca deixou de ser fiel a Bolsonaro.

Mas, do episódio do cotovelo em diante, o presidente passaria a encarar o comandante com reserva crescente, num processo lento de fritura. Na visão de Bolsonaro e dos generais palacianos, Pujol não vestia a camisa a contento. Não acompanhava o "comandante supremo" em visitas a guarnições militares com a frequência esperada. Adotou uma postura em relação à pandemia muito distinta da de Bolsonaro, e não só no que se refere ao cumprimento com o cotovelo. No mesmo dia do famigerado pronunciamento em cadeia nacional em que o presidente comparou a covid a uma "gripezinha", por exemplo, o comandante do Exército publicou um vídeo institucional dirigido às tropas em que definiu o combate ao coronavírus como "talvez a missão mais importante da nossa geração".[3]

Meses depois, durante um debate on-line com Etchegoyen e o ex-ministro Raul Jungmann, Pujol acrescentou muitas gotas ao pote até aqui de mágoas de Bolsonaro. "Não queremos fazer parte da política governamental ou política do Congresso Nacional e muito menos queremos que a política entre no nosso quartel. O fato de, eventualmente, militares serem chamados a assumir cargos no governo é decisão exclusiva da administração do Executivo." O comandante aproveitou para fazer uma cobrança velada por investimentos: "A respeito da política e dos militares, o que eu tenho a dizer é que, nesses dois anos, o Ministério da Defesa e as três forças se preocuparam exclusivamente e exaustivamente com assuntos militares. O nosso diagnóstico é o de que precisamos aumentar, e muito, a nossa capacidade operacional".[4]

Bolsonaro respondeu pelas redes sociais. Num tuíte passivo-agressivo, afirmou concordar com a assertiva de Pujol ("escolhido por mim para comandante do Exército", fez questão de escrever) de que militares não querem fazer parte da política. Então lembrou do papel das Forças Armadas segundo a Constituição e finalizou com outra canelada: "Devem, por isso, se manter apartidárias, 'baseadas na hierarquia e na disciplina, sob a autoridade suprema do presidente da República'". A guerra já não era mais fria. Era escancarada.

Mas demitir um comandante não é tarefa simples. Pujol tinha respaldo do Alto Comando do Exército, de seus homólogos na Marinha e na Aeronáutica e de generais influentes da reserva, como Hamilton Mourão. Quando começaram os rumores de que poderia ocorrer uma troca na chefia da força terrestre, o vice-presidente foi assertivo: "Negativo, não vai haver, não. Pujol vai até janeiro de 2023. No dia 1º de janeiro de 2023, quando assumir o Bolsonaro de novo ou outro presidente, se troca o Pujol".[5] E Pujol tinha, mais ou menos de acordo com a versão, algum apoio do seu chefe direto, o ministro da Defesa, Fernando Azevedo. Ademais, demissões de chefes de Forças Armadas durante mandatos presidenciais eram, desde a volta da democracia, muito raras, e só ocorreram em meio a crises. No caso do Exército, jamais um presidente trocara o comandante no decorrer de sua gestão. Ou seja, mudar essa escrita configuraria um trauma e traria um custo.

Bolsonaro resolveu pagar para ver. Primeiro, pressionou o ministro da Defesa para que defenestrasse Pujol. Não funcionou. Fernando Azevedo é um general que exercita seu traquejo político desde os anos 1990, quando, major, foi ajudante de ordens de Fernando Collor — ainda com cabelo e usando bigode, aparece numa famosa série de fotos do ex-presidente deixando o Palácio do Planalto após sofrer impeachment. Aprimorou essa habilidade como chefe da assessoria parlamentar do Exército no Congresso. No governo Dilma, presidiu a Autoridade Pública Olímpica. Ligado a Augusto Heleno (também integra a "máfia paraquedista") e a Villas Bôas (que, ao liderar o Exército, o nomeou chefe de Estado-Maior), foi indicado pelo ex-comandante ao ministro Dias Toffoli para ser assessor especial da presidência do Supremo, cargo que exerceu por pouco tempo, porque logo depois o mesmo padrinho o recomendou a Bolsonaro para chefiar a Defesa.

Para tentar se mostrar distante da politização que o presidente quis desde o início imprimir às Forças Armadas, Azevedo costumava mencionar a frase de um amigo: "Soldado tá vendo coisa de soldado". Militares têm muito trabalho a fazer para se meter em questões de governo, repetia a quem perguntasse. O jogo de cintura político, a postura reservada e uma quase timidez (reforçada por sua gagueira) não impediram, entretanto, que o ministro da Defesa aderisse ao éthos bolsonarista. Não se tornou um extremista como Heleno nem um sabujo como Ramos, mas quase: endossou a nota golpista em que o ministro do GSI ameaçou Celso de Mello com "consequências imprevisíveis", subscreveu a nota de Bolsonaro sobre "tentativas de tomada de poder" e sobrevoou com o presidente, num helicóptero militar, uma das manifestações em Brasília contra o Congresso e o Supremo. Em outras palavras, deu seguidas mostras de não ser contraponto aos arroubos fascistas de Bolsonaro.

Ainda assim, desagradou o presidente quando resistiu a entregar de bandeja a cabeça de Pujol. Sua ligação com Toffoli também teria irritado Bolsonaro no auge da guerra com o Supremo. Azevedo, além do mais, foi considerado inábil na articulação do projeto de reestruturação das carreiras militares, cujo desfecho gerou revolta em fardados de baixas patentes, base eleitoral histórica do chefe do Executivo.[6]

Bolsonaro já planejava uma reforma ministerial. Realizou-a no final de março de 2021 e aproveitou para demitir de uma só vez Azevedo e Pujol. Braga Netto assumiu a Defesa e, ato contínuo, dispensou também os comandantes da Marinha, Ilques Barbosa, e da Aeronáutica, Antônio Carlos Bermudez — que deveriam mesmo entregar os cargos, em solidariedade à degola do colega do Exército.

Incrivelmente, apesar do incômodo na caserna, Bolsonaro manteve apoio maciço entre integrantes das Forças Armadas. Mas, aliada a certo desconsolo com o comportamento incontrolável do presidente na pandemia, a dispensa do ministro e dos comandantes representou algum desgaste para o governo entre oficiais da ativa e da reserva. Na noite da demissão, um general se queixou da saída de Azevedo, para ele uma voz centrada e com bom trânsito na caserna e nos Três Poderes. Na mensagem enviada a seus contatos via aplicativo de celular, fez constar uma lista de colegas de patente moídos até então pelo governo.

"Gen Fernando, Gen Juarez, Gen Santa Rosa, Gen Theophilo, Gen Santos Cruz, Gen Rêgo Barros, Gen Jesus Correa, Gen Brasil, Gen Franklinberg, Gen Marco Aurélio, Gen Veloso, Gen Pereira Gomes, Gen…? Nem na Queda da Bastilha se cortou tanto pescoço de generais…"

O mal-estar daquela vez também foi maior porque, além de ser um quatro estrelas mais respeitado no Exército que a maioria dos demais degolados, Azevedo não caiu atirando, prática malvista no código não escrito de ética militar. Diferentemente de colegas como Santos Cruz ou Rêgo Barros, o ex-ministro da Defesa fechou-se em copas. Não deu entrevistas nem escreveu artigos. Espalhou, contudo, informações de modo estratégico, em geral via interlocutores, mas somente em off, abastecendo jornalistas com versões muitas vezes distantes da realidade, cujo intuito maior era se descolar do bolsonarismo.

Na direção oposta, Eduardo Pazuello mergulhara ainda mais no governo, mantendo-se por dez meses como o único general da ativa do Exército no primeiro escalão enquanto capitaneava o naufrágio do Ministério da Saúde na pandemia. Espalhou por cargos estratégicos da pasta mais de vinte militares (a maioria também da ativa) sem formação técnica.[7] E tinha como braço direito um paisano, o ex-prefeito e ex-deputado Airton Soligo, conhecido como Airton Cascavel, que já fora denunciado por corrupção ativa e, ao deixar o governo, seria preso pela Polícia Civil de Joinville sob a suspeita de estuprar uma jovem de dezoito anos (também era réu num processo por suspeita de estuprar uma criança da própria família).[8]

Quando Pazuello assumiu interinamente em 15 de maio de 2020, tornando-se o terceiro ministro num intervalo de um mês, o Brasil contava praticamente 15 mil mortos pela covid. Ao deixar o cargo, em 15 de março do ano seguinte, eram quase 280 mil vítimas. Pouco depois, no final de abril de 2021, sua gestão começou a ser dissecada, com a instalação, no Senado, da Comissão Parlamentar de Inquérito da Pandemia. Uma das finalidades centrais da CPI era apurar "as ações e omissões do governo federal" e "em especial no agravamento da crise sanitária no Amazonas com a ausência de oxigênio para os pacientes internados". (Em janeiro, num dos capítulos mais trágicos desde a chegada do vírus, faltou oxigênio em Manaus, e pacientes de covid morreram asfixiados. A ironia trágica é que Pazuello — alertado antes do problema, mas que não conseguiu evitá-lo, numa responsabilidade partilhada com o governo do estado e a prefeitura — tem laços familiares e empresariais na cidade. A aura de "especialista em logística" exemplar seria enxovalhada de vez quando, nem bem Manaus se recuperava do trauma da falta de oxigênio, um erro do Ministério da Saúde fez chegar a Macapá um lote de vacinas destinado à capital amazonense.)

Cabia também à CPI investigar "possíveis irregularidades em contratos, fraudes em licitações, superfaturamentos, desvio de recursos públicos, assinatura de contratos com empresas de fachada para prestação de serviços genéricos ou fictícios, entre outros ilícitos, se valendo para isso de recursos originados da União Federal", em meio a outras tarefas.[9]

No dia em que a CPI foi instalada, veio à tona um áudio em que o general Luiz Eduardo Ramos, então ministro da Casa Civil (assumira o lugar de Braga Netto, transferido para a Defesa), revelava ter tomado a vacina contra a covid na surdina, para não melindrar Bolsonaro, que desde o início da pandemia alardeava sua decisão de não se imunizar. "Tomei escondido, né, porque a orientação era para todo mundo ir pra casa, mas vazou", disse Ramos, durante uma reunião transmitida ao vivo. Mas nem ele nem outros ministros presentes sabiam da transmissão.

> Não tenho vergonha, não. Eu tomei e vou ser sincero. Como qualquer ser humano, eu quero viver, pô. Se a ciência e a medicina tá [sic] dizendo que é a vacina, né, Guedes, quem sou eu para me contrapor? Estou envolvido pessoalmente, tentando convencer o nosso presidente. Nós não podemos perder o presidente para um vírus desses. A vida dele, no momento, corre risco.[10]

O senador Omar Aziz, ex-governador do Amazonas, que perdera um irmão para a covid, foi eleito presidente da comissão. Filiado ao PSD, partido da base governista que durante a pandemia foi aos poucos se desgarrando de Bolsonaro, buscou demonstrar neutralidade. Indicou como relator o alagoano Renan Calheiros, do MDB, adversário declarado do governo, assim como o vice-presidente da CPI, Randolfe Rodrigues, da Rede Sustentabilidade. Autor do requerimento de instalação da CPI, o senador pelo Amapá era um nome natural para uma das duas posições de maior destaque, mas foi preterido por pressão da base governista. Em 2013, durante uma visita de integrantes da

Comissão da Verdade e parlamentares a um quartel da Polícia do Exército que fora um centro de tortura na ditadura, Randolfe, então senador pelo PSOL, acusou Bolsonaro de ter lhe dado um soco durante um empurra-empurra, quando o então deputado do PP tentava entrar na guarnição para tumultuar a visita da comitiva.

Os senadores governistas eram minoria na CPI e se desdobraram para minimizar o papel do governo na tragédia. Em vão. Ao longo de seis meses e mais de quatrocentas horas de depoimentos e debates, vieram à tona incontáveis ações e omissões do Executivo federal no agravamento substancial de uma crise por si só devastadora.

Segundo o relatório de Renan, com quase 1,3 mil páginas, "a mais grave omissão do governo federal foi o atraso deliberado na compra de vacinas". Lastreada em provas documentais e testemunhais, a CPI concluiu que, no primeiro ano da pandemia, "optou-se por priorizar a cura via medicamentos, e não vacinação, e expor a população ao vírus, para que fosse atingida mais rapidamente a imunidade de rebanho pela contaminação natural". E apresentou estudos estimando que acima de 12 mil pessoas com sessenta anos ou mais de idade não teriam morrido entre março e maio de 2021 se o Ministério da Saúde tivesse comprado as 70 milhões de doses da vacina oferecidas pela Pfizer em agosto de 2020, mas desprezadas então pelo governo.[11] Quando o relatório foi aprovado, no final de outubro, o Brasil contava mais de 606 mil mortos pela covid.

A comissão apontou várias outras condutas criminosas de integrantes da gestão Bolsonaro, entre as quais: sabotagem às máscaras e às medidas de isolamento, defesa do ineficaz e perigoso "tratamento precoce", distorção de dados e disseminação de notícias falsas e indícios de corrupção nas negociações para a compra da vacina indiana Covaxin por valores superfaturados. Recomendou o indiciamento de 78 pessoas, sendo onze militares (da ativa, da reserva ou reformados), incluindo Bolsonaro. Jamais uma Comissão Parlamentar de Inquérito imputara tantos crimes a um presidente da República — nove, no total: prevaricação, charlatanismo, epidemia com resultado de morte, infração a medidas sanitárias preventivas, emprego irregular de verba pública, incitação ao crime, falsificação de documentos particulares, crimes de responsabilidade e crimes contra a humanidade.

A Pazuello foram imputados cinco tipos de crimes: epidemia com resultado de morte, emprego irregular de verbas públicas, prevaricação, comunicação falsa de crime, crimes contra a humanidade. A Braga Netto, uma acusação: epidemia com resultado de morte.

A CPI pediu o indiciamento de outros oito investigados oriundos das Forças Armadas, com as seguintes acusações: Élcio Franco (coronel da reserva do Exército, homem de confiança de Pazuello e secretário-executivo do Ministério da Saúde; epidemia com resultado de morte e improbidade administrativa), Roberto Ferreira Dias (ex-sargento da Aeronáutica e ex-diretor de Logística do Ministério da Saúde; corrupção passiva, formação de organização criminosa e improbidade administrativa); Marcelo Blanco (coronel da reserva do Exército e ex-assessor de Logística do Ministério; corrupção ativa); Wagner Rosário (ex-capitão do Exército e então ministro da Controladoria-Geral da União; prevaricação); Heitor Freire de Abreu (tenente-coronel da reserva do Exército que foi assessor de Braga Netto; epidemia com resultado de morte); Hélcio Bruno (tenente-coronel da reserva do Exército, presidia um instituto que propagava desinformação e intermediou negociações no Ministério; incitação ao crime); Alex Lial Marinho (tenente-coronel do Exército e ex-coordenador de Logística do Ministério; advocacia administrativa); e Marcelo Bento Pires (coronel da reserva do Exército e assessor do Ministério; advocacia administrativa).[12]

Houve atritos entre senadores e fardados. Durante depoimento de Roberto Ferreira Dias, ao término do qual o ex-diretor de Logística do Ministério da Saúde sairia preso, acusado de mentir aos senadores sobre negociações por baixo do pano para a compra de vacinas, Omar Aziz afirmou ao depoente, em tom de indignação:

> Olha, vou dizer uma coisa: os bons das Forças Armadas devem estar muito envergonhados com algumas pessoas que hoje estão na mídia. Porque fazia muito tempo, fazia muitos anos, que o Brasil não via membros do lado podre das Forças Armadas envolvidos com falcatrua dentro do governo.[13]

Provocou uma resposta enfurecida do ministro da Defesa, Braga Netto, para quem a fala de Aziz foi generalizante, desrespeitando os militares como um todo. "Essa narrativa, afastada dos fatos, atinge as Forças Armadas de forma vil e leviana, tratando-se de uma acusação grave, infundada e, sobretudo, irresponsável." O general dizia que as três forças estavam "comprometidas, desde o início da pandemia de covid-19, em preservar e salvar vidas" e que "as

Forças Armadas não aceitarão qualquer ataque leviano às instituições que defendem a democracia e a liberdade do povo brasileiro".[14]

Assustado com a reação da caserna, o presidente do Senado, Rodrigo Pacheco, afagou os militares. "Quero aqui deixar o registro de respeito às Forças Armadas do Brasil para que não paire a menor dúvida em relação ao que é o sentimento do Senado da República em relação às Forças Armadas." Aziz decepcionou-se com o colega: "Vossa Excelência, como presidente do Senado, deveria dizer isto no seu discurso: 'A nota é desproporcional. Eu não aceito que se intimide um senador da República'".[15]

No dia seguinte, Pacheco se reuniu com Braga Netto e saiu do encontro afirmando que o caso não passara de um mal-entendido e que o assunto estava encerrado. Por precaução, na semana seguinte, sem que a imprensa noticiasse, o presidente do Senado foi ao Forte Apache almoçar com o comandante Paulo Sérgio Nogueira — substituto de Leal Pujol — e a cúpula verde-oliva: "Fui muito bem recebido pelo Alto Comando do Exército, discutimos questões do Brasil, as questões do Congresso brasileiro, as nossas questões nacionais, pautas que são do interesse do Congresso e das Forças Armadas", contaria Pacheco. "É muito importante que esse diálogo permanente com as Forças aconteça, ele continuará acontecendo enquanto eu for presidente do Congresso Nacional, todos imbuídos de um espírito único, que é a preservação do estado de direito e da democracia."[16]

O episódio ilustra bem como, embora parecesse inevitável que a péssima condução da pandemia por um general da ativa, integrante de um governo repleto de militares, respingaria na reputação das Forças Armadas, a postura da caserna em relação a críticas era de tolerância zero. Em um artigo na revista *Época*, anterior à CPI, o jornalista Luiz Fernando Vianna afirmou que o Exército participava de um "massacre" semelhante ao perpetrado em outros momentos da história, como na Revolta de Canudos ou na ditadura. O título era: "Na pandemia, Exército volta a matar brasileiros".

O Exército enviou uma carta à revista em que repudiava o teor do artigo, descrevia o papel que desempenhava no combate à covid e desafiava: "Por fim, o Exército Brasileiro exige imediata e explícita retratação dessa publicação, de modo a que a revista *Época* afaste qualquer desconfiança de cumplicidade com a conduta repugnante do autor e de haver-se transformado em mero panfleto tendencioso e inconsequente". Foi o que a revista fez. Em nota interposta logo abaixo do mesmo texto na internet, defendeu o debate democrático e a liberdade de expressão do autor, mas ressalvou que "o título e o conteúdo do artigo a que a carta do Exército se refere não refletem a opinião de *Época* sobre os militares brasileiros [...]. Há graves erros e omissões do presidente Jair Bolsonaro e de seus ministros, em especial o da Saúde, na condução da luta contra a pandemia. Mas *Época* entende que essa má condução não pode ser atribuída às Forças Armadas".[17]

O Exército foi além da carta. Instou a Procuradoria-Geral da Justiça Militar a investigar o cometimento de um suposto crime militar por parte do jornalista, com base no artigo 219 do Código Penal Militar (Ofensa às Forças Armadas):

> Propalar fatos, que sabe inverídicos, capazes de ofender a dignidade ou abalar o crédito das Forças Armadas ou a confiança que estas merecem do público; Pena: detenção, de seis meses a um ano; Parágrafo único: A pena será aumentada de um terço, se o crime é cometido pela imprensa, rádio ou televisão.

Vianna e a editora Globo responderam que se tratava de um artigo de opinião, protegido pela garantia constitucional da liberdade de imprensa. De todo modo, a Procuradoria de Justiça Militar em São Paulo ofereceu denúncia contra o jornalista evocando o tal artigo 219. A denúncia foi rejeitada pela Justiça Militar, a Procuradoria não recorreu e o processo foi arquivado.

Na sessão em que deu voz de prisão a Roberto Dias e falou do "lado podre" das Forças Armadas, Omar Aziz aproveitou para alimentar uma crença antiga. "E, aliás, não tenho nem notícia disso [suspeitas de corrupção] na época da exceção [ditadura militar] que teve no Brasil", disse o presidente da CPI. "Porque o Figueiredo morreu pobre, porque o Geisel morreu pobre, porque a gente conhecia, e eu estava naquele momento do outro lado, contra eles. Mas uma coisa que a gente não acusava era de corrupção deles."

Além de antiga, é uma crença contestável. Antes de tudo, porque na ditadura era impossível colocá-la à prova — não havia imprensa livre, órgãos de fiscalização e controle, e mesmo o Legislativo e o Judiciário eram poderes entrevados. Ainda assim, o crescimento vertiginoso das grandes empreiteiras com a bênção dos militares produziu episódios sombrios, como o assassinato do diplomata José Jobim pela ditadura depois de ele afirmar que denunciaria superfaturamento na construção da hidrelétrica de Itaipu. À medida que a censura foi sendo relaxada, emergiram desde escândalos financeiros envolvendo autoridades do governo — como os casos Capemi, Coroa Brastel e Brasilinvest — até o da farra das mordomias de altos funcionários públicos da célebre série de Ricardo Kotscho n'*O Estado de S. Paulo* — além dos surgidos quando a democracia voltava a engatinhar, como o da licitação com cartas marcadas na compra de fardas do Exército revelado por Ricardo Boechat n'*O Globo*, já em 1991. Em todos os casos, a fragilidade dos mecanismos de investigação, típica de uma democracia de fraldas, atravancou ou impediu o aprofundamento e a punição dos envolvidos.

A crença antiga evocada por Aziz virou pó no governo de um ex-militar repleto de militares. A começar pelos indícios de desvio de recursos públicos e enriquecimento ilícito de Bolsonaro e familiares — apurados pelo Ministério Público e por repórteres como Ranier Bragon, Camila Mattoso, Italo Nogueira, Fabio Serapião e Juliana Dal Piva —, a que se seguiram escândalos de corrupção nos ministérios da Educação, do Meio Ambiente e do Turismo, para não falar das suspeitas de malfeitos na negociação de vacinas ou da compra de apoio parlamentar no Congresso por meio de emendas secretas ao orçamento.

O presidente da CPI da Pandemia, aliás, foi um dos responsáveis por se opor à convocação de Braga Netto para depor na comissão, junto com os senadores Tasso Jereissati, Eduardo Braga e Otto Alencar. O quatro estrelas que fora interventor federal na segurança pública do Rio, um dos militares de alto escalão com mais informações sobre o submundo das milícias e do crime organizado no estado, que virou ministro da Casa Civil e depois titular da Defesa, detinha cada vez mais poder no Planalto. Humberto Costa e Alessandro Vieira solicitaram quatro vezes que o general fosse convocado, mas os pedidos nem sequer foram apreciados.[18]

Ao final dos trabalhos da CPI, Vieira, ex-delegado da Polícia Civil, apresentou um relatório paralelo mais contundente do que o texto aprovado pela comissão no que se refere à responsabilidade de Braga Netto na gestão da pandemia. Enquanto o relatório oficial de Renan Calheiros imputou ao general apenas o crime de epidemia com resultado de morte, o do senador pelo Cidadania de Sergipe pediu seu indiciamento com base nessa e em mais duas tipificações, crime de responsabilidade e crime contra a humanidade. Foi do Centro de Coordenação do Comitê de Crise liderado por Braga Netto, por exemplo, que partiram as diretrizes para a produção de cloroquina pelos laboratórios do Exército. O relatório em separado de Vieira destaca ainda que o general promoveu reuniões entre integrantes do governo e médicos negacionistas do chamado "gabinete paralelo".

Segundo Vieira, Braga Netto teve

> envolvimento direto em todos os processos de tomadas de decisões relacionados às ações da pandemia, desde a compra de vacinas até a produção e distribuição de cloroquina, inclusive para povos indígenas, passando pelas definições do Plano Nacional de Imunização. Portanto, infere-se que a responsabilidade do general Braga Netto é análoga à do presidente da República e dos ministros da Saúde Eduardo Pazuello e Marcelo Queiroga nos erros e omissões cometidos na gestão desta pandemia.[19]

Não convocar Braga Netto foi, na avaliação de Vieira, a principal omissão da CPI. "Faltou, talvez, coragem para fazer o enfrentamento de uma pessoa. O general Braga Netto tem uma função essencial em toda essa tragédia, e ele não foi convocado porque faltou a alguns colegas a decisão de fazê-lo."[20]

Em cima de um carro de som, no Monumento aos Pracinhas no Aterro do Flamengo, Eduardo Pazuello é apresentado por Jair Bolsonaro. A vacinação no Brasil ainda engatinhava, e o país seguia atolado na devastadora segunda onda da covid. Apesar disso, ambos estão sem máscara, como todos no palanque móvel, entre eles dois ministros de Estado — Luiz Eduardo Ramos, da Casa Civil, e Tarcísio de Freitas, da Infraestrutura, até ali tido como o ministro mais "técnico" do governo. Também estão lá auxiliares de confiança de Bolsonaro, do passado (caso de Waldir Ferraz, o Jacaré) e do presente, como Max Guilherme de Moura, ex-PM do Bope tornado segurança e assessor especial do presidente. E ainda o deputado Hélio Lopes, mais célebre papagaio de pirata presidencial, vestido com uma camiseta ilustrada por uma imagem de Bolsonaro sobre um cavalo, onde se lia: "Brasil verde e amarelo".

"Esse é o gordo do bem. É o gordo paraquedista", discursa o presidente. Ao seu lado, Pazuello passa a mão sobre a barriga, sorrindo, como a assimilar numa boa a piada de mau gosto. "O nosso ministro que conduziu com muita responsabilidade [o Ministério da Saúde] nos últimos doze meses." O general fora demitido havia dois meses, mas se mantinha na ativa do Exército, ao qual fora reintegrado. Continuava prestigiado pelo presidente, que logo o alojaria num cargo no Planalto.

Abraçado ao general, Bolsonaro então o insta a falar, mas, como se a duração pudesse atenuar a transgressão que ali se pratica, pede brevidade: "Pazuello, um minuto, Pazuello", e passa o microfone ao "gordo do bem". Sorridente, e num tom de voz festivo, como um animador de auditório, o general o atende: "Fala, galera. Eu não ia perder esse passeio de moto de jeito nenhum. Tamo junto, hein?! Tamo junto. Parabéns a vocês, parabéns pela galera que taí, prestigiando o PR. O PR é gente de bem. O PR é gente de bem. Abraço, galera!".[21]

O comício no Aterro é o *grand finale* de uma "motociata" — apelido das reuniões sobre duas rodas de correligionários que virariam um dos componentes mais extravagantes do éthos bolsonarista — iniciada horas antes no Parque Olímpico da Barra da Tijuca, cobrindo um trajeto de mais de quarenta quilômetros. Várias vias da capital tiveram de ser bloqueadas para a passagem do cortejo de militantes, e mais de vinte unidades da Polícia Militar, com cerca de 1 mil agentes, foram mobilizadas pelo governo do Rio de Janeiro para o evento.[22]

Aliada de primeira hora de Bolsonaro, a TV Record é uma das poucas emissoras que consegue transmitir ao vivo o happening, convertido num ambiente hostil à cobertura da imprensa (um repórter da CNN Brasil foi xingado pela turba e, sob risco de linchamento, teve de ser escoltado até uma viatura).

O presidente veste uma jaqueta preta fechada até o pescoço; nas mangas está escrito "Cavaleiros de Aço" e no verso, "Família Giro", referência ao Grupamento de Intervenção Rápida Ostensiva da Polícia Militar de Goiás. Na sua vez de discursar, recorre de novo à fórmula usada à farta na crise da demissão dos comandantes e do ministro da Defesa. "O meu Exército Brasileiro jamais irá às ruas pra manter vocês dentro de casa...", discursa, batendo o dedo indicador esquerdo contra o peito. "Nós estamos prontos, se preciso for, [para] tomar todas as medidas necessárias para garantir a liberdade de vocês." Bolsonaro não tenta disfarçar que se trata de um ato político. Ataca os adversários do PT ("Imagine se o poste tivesse sido eleito presidente, como estaria nosso Brasil no dia de hoje") e faz campanha para seu ministro da Infraestrutura virar candidato no ano seguinte ("Vai fazer uma limpeza em São Paulo ou não vai? Acho que o pessoal de São Paulo vai ser premiado com o Tarcísio"). O "técnico" se metamorfosearia em político e seria de fato o candidato bolsonarista ao governo paulista em 2022.

Já na noite daquele domingo, 23 de maio de 2021, pipocam críticas ao episódio. Com o incentivo do presidente da República, um general da ativa transgredira ao mesmo tempo o Estatuto dos Militares (cujo artigo 45 diz que "são proibidas quaisquer manifestações coletivas, tanto sobre atos de superiores quanto as de caráter reivindicatório ou político") e o Regulamento Disciplinar do Exército (que inclui em sua relação de transgressões a de "manifestar-se, publicamente, o militar da ativa, sem que esteja autorizado, a respeito de assuntos de natureza político-partidária").

No dia seguinte, o general Hamilton Mourão comentou que a punição de Pazuello já estava encaminhada e que o colega podia ser também transferido para a reserva. "Acho que o episódio será conduzido à luz do regulamento, isso aí tem sido muito claro em todos os pronunciamentos dos comandantes militares e do próprio ministro da Defesa. Eu sei que o Pazuello já entrou em contato com o comandante informando ali, colocando a cabeça dele no cutelo, entendendo que ele cometeu um erro", disse o vice-presidente, o último general da ativa pré--governo Bolsonaro a ter se metido em política. Mourão perdeu o cargo em uma das três transgressões que cometeu, mas tampouco recebeu punição disciplinar. Agora cobrava atitude diferente em relação a Pazuello: "A regra tem que ser aplicada para se evitar que a anarquia se instaure dentro das Forças Armadas".[23]

Esse foi o tom predominante na cobertura do caso pelos dias seguintes. Atribuindo muitas vezes a informação a fontes do Alto Comando do Exército falando sob anonimato, repórteres, comentaristas e colunistas asseguravam que haveria alguma punição a Pazuello, provavelmente uma das duas mais leves — advertência ou, no máximo, repreensão. Era de fato a posição majoritária na cúpula do Exército e, mais que isso, o caminho óbvio e ululante. Não punir a transgressão do general ex-ministro da Saúde seria jogar no lixo os princípios basilares da corporação — hierarquia e disciplina.

Foi o que fez o general Paulo Sérgio Nogueira. Num feriado de Corpus Christi, onze dias depois da transgressão de Pazuello no ato político do Aterro do Flamengo, o Exército publicou uma nota informando que o comandante havia analisado e acolhido "os argumentos apresentados por escrito e sustentados oralmente pelo referido oficial-general" — não dizia quais. "Desta forma, não restou caracterizada a prática de transgressão disciplinar por parte do General PAZUELLO. Em consequência, arquivou-se o procedimento administrativo que havia sido instaurado."[24]

Bolsonaro avisara ao comandante que não aceitaria punição a Pazuello. Caso ela ocorresse, tinha autoridade para revertê-la. Entre respeitar a principal divisa doutrinária do Exército ou atender ao presidente, Paulo Sérgio ficou com a segunda opção. Para além da nota vazia do comandante, foi vedado ao público saber detalhes do disparate: o Exército decretou sigilo de cem anos ao processo administrativo disciplinar que livrou o general.

Excetuando as claques bolsonaristas, foi generalizada a indignação quanto ao consentimento para transgredir dado pelo comandante. Filho de um coronel do Exército e um dos mais respeitados pesquisadores dos militares no Brasil, o antropólogo Celso Castro considera que o dia 23 de maio de 2021 entrará nos livros de história como um marco negativo para as Forças Armadas do país.

> [...] um general da ativa [...] sobe num palanque político, é ovacionado e, onze dias depois [...], o comandante do Exército finalmente se manifesta dizendo que não viu nenhuma transgressão e dá por encerrado o assunto. Foi uma transgressão. [...] Em nome de quê? O que podia acontecer? O presidente, por ser comandante, podia cancelar [a punição]? Que se fizesse, então. O que não podia era deixar de punir. Foi uma falha grande em termos de imposição de características estruturantes da instituição — hierarquia e disciplina. Não pode.[25]

Embora discordasse da decisão de Paulo Sérgio, o Alto Comando concordou que aquela era a única saída para não agravar a crise. E, como Pazuello insistisse em se manter na ativa (não poderia ser transferido compulsoriamente à reserva), os quatro estrelas trabalharam para que pelo menos ele não ocupasse mais nenhuma posição na corporação. Para tentar demonstrar que fora um caso isolado, e não um precedente que levaria anarquia às tropas, três meses depois o Exército anunciou ter punido um sargento que reclamara do salário durante um debate on-line com o deputado major Vítor Hugo.

Na percepção panglossiana da cúpula verde-oliva, Pazuello teve uma vitória de Pirro, porque ao final se queimou no Exército e entre colegas de farda poderosos da ativa e da reserva — que, desde a passagem dele pela Saúde, o chamavam à boca miúda de "Pesadelo", à semelhança do que faziam abertamente muitos paisanos país afora.

Mas Bolsonaro se manteve leal ao seu ex-ministro, nomeado como secretário e depois assessor especial na SAE, subordinada à Presidência e comandada pelo almirante Flávio Rocha, o "chanceler paralelo" do governo. Rochinha acolheu o general intendente de braços abertos e o cobriu de elogios. Indagado sobre o trabalho do subordinado, o almirante respondeu com evasivas: "O general Pazuello possui uma carreira irretocável no Exército Brasileiro. No dia a dia da SAE, tenho comprovado todo seu preparo e experiência profissional, uma vez que vem contribuindo sobremaneira nas mais variadas discussões e processos de tomada de decisão".

No final de fevereiro de 2022, Eduardo Pazuello passou à reserva. Na eleição de outubro de 2022, foi candidato a deputado federal pelo Rio de Janeiro, concorrendo pelo mesmo PL de Jair Bolsonaro.

O general Augusto Heleno ocupa um lugar de destaque na mesa sobre o palco de um salão do Centro de Convenções SulAmérica, na região central do Rio. Fora alojado entre Michelle (sentada à esquerda do marido) e o futuro ministro da Economia, Paulo Guedes — a duas cadeiras, portanto, da grande estrela do domingo, Jair Bolsonaro, na convenção do PSL que o lançaria como candidato à Presidência. Imediatamente à direita do capitão está a advogada Janaina Paschoal, que o capitão e seu partido pretendiam anunciar naquela manhã de 22 de julho de 2018 como a candidata a vice da chapa — ao final o plano gorou, e pouco depois, no último dia do prazo para a inscrição, o general Hamilton Mourão foi anunciado no lugar. Por trás da mesa reluz um enorme painel com uma foto de Bolsonaro sorridente fundida a uma bandeira do Brasil, uma paisagem do Rio com o Cristo Redentor e a baía de Guanabara e a inscrição "Muda Brasil de verdade".

Quarto orador do evento, Heleno foi precedido por Gustavo Bebianno — então presidente nacional em exercício do PSL, o partido alugado por Bolsonaro para concorrer —, que conduziu os trabalhos da convenção, pelo senador Magno Malta e pelo deputado federal Victório Galli. Recebeu aplausos efusivos ao ser anunciado pelo mestre de cerimônias como "o excelentíssimo senhor general de exército Augusto Heleno". Com o corpo arqueado diante do púlpito, usa a primeira metade do seu discurso de oito minutos e 45 segundos para negar que tenha recusado ser vice de Bolsonaro e para ralhar com o PT e Dilma Rousseff. E a metade final para tentar explicar que inventavam mentiras como aquela para criar uma falsa ideia de que Bolsonaro era um candidato isolado.

"Por que isolamento? [...] Porque querem reunir todos aqueles que precisam escapar das barras da lei em um só núcleo. Quanto maior, melhor, mais eles vão se proteger. E daí surgiu este Centrão." Um militante grita da plateia: "Lixão!". Heleno, como um ás tardio da *stand up comedy*, aproveita a deixa com agilidade. "É, mas é que lixão não dá porque tá proibido pela lei de meio ambiente, né, mudou de nome, não pode mais ter lixão. É Centrão." E, também como num show, a audiência gargalha e aplaude. O general prossegue no raciocínio:

> O Centrão é também a materialização da impunidade. O Centrão vai lutar pela impunidade, vai apresentar um programa de governo como sempre cheio de mentiras, [...] com frases maravilhosas, grandes promessas, não vão cumprir, é mentira, tudo mentiroso. [...] O primeiro ato do presidente que for eleito carimbado de Centrão vai ser uma anistia ampla, geral e irrestrita, vai ser o indulto de todos que estão envolvidos na Lava Jato e em todos os processos aí. Vai sair todo mundo zero a zero.

Mais palmas. Heleno fala agora do enorme tempo de TV do Centrão no horário eleitoral, que não considera desprezível, mas que, no caso do grupo político, deve ser relativizado. "Quanto mais eles aparecerem, quanto mais falarem, melhor. Melhor." Entre mais aplausos, ele segue a marcha. "Deixa falar. É como a dona Rousseff, deixa falar. Quanto mais a dona Rousseff falar, mais ela perde voto, mais ela fala besteira. Deixa falar." O general chega então ao clímax de seu discurso.

"Mas eles têm um ponto fundamental. Eles podem começar e terminar a sua inserção televisiva com uma musiquinha sensacional. Eu vou pela primeira vez na minha vida cantar no microfone alguma coisa que não seja um hino pátrio. A musiquinha pra começar e terminar a inserção televisiva do Centrão é..." Ato contínuo, improvisa uma paródia do samba "Reunião de bacana", de Ary do Cavaco e Bebeto Di São João, cujo refrão ficaria famoso em interpretações de Exporta Samba, Originais do Samba e Fundo de Quintal, entre outros. "Se gritar pega Centrão, não fica um, meu irmão", cantarola o futuro ministro do Gabinete de Segurança Institucional, fazendo um trocadilho com o "Se gritar pega ladrão" da canção original. A versãozinha sai desafinada, num tom mais agudo no primeiro verso e mais grave no segundo. Mas agrada do mesmo jeito. Sob ovação, o general finaliza o discurso com dois brados militares: "Brasil acima de tudo! Selvaaa!". Gritos de "selva!" irrompem pelo auditório, enquanto Heleno volta para seu lugar cumprimentado pelos integrantes da mesa.[26]

O Centrão nasceu na Assembleia Nacional Constituinte, quando parlamentares que se diziam independentes do governo e representantes do centro ideológico — na realidade, conservadores egressos da elite econômica do país — passaram a apoiar um enfraquecido presidente José Sarney em troca de cargos e verbas. Os principais líderes do bloco eram Roberto Cardoso Alves, o Robertão, integrante da Arena na ditadura que depois filiou-se ao MDB/PMDB, e Ricardo Fiuza, ex-Arena e depois PFL, o partido que a sucedeu — ambos advogados, fazendeiros e líderes ruralistas. Coube a Robertão cunhar o bordão que ficaria pelo resto dos tempos grudado à maçaroca de partidos fisiológicos do Congresso: "É dando que se recebe". Desde então, o grupo apoiou todos os governos, fortalecido sempre que um chefe de Executivo se enfraquecia — o estado da arte na compra e venda de apoio parlamentar. Fiel aos ditames de Robertão, o Centrão esteve no centro de todos os escândalos de corrupção desde a redemocratização.

No primeiro semestre de 2020, o governo Bolsonaro estava enfraquecido — pela pandemia e pela gestão calamitosa da crise, pelo conflito com o Judiciário, pelas investigações de "rolos" de familiares e aliados do presidente, culminando na prisão de Fabrício Queiroz. Com seu inato faro oportunista, o Centrão aprochegou-se. Em abril daquele ano, o vice Hamilton Mourão expôs a situação. "O nosso governo, num primeiro momento, buscou, por meio das bancadas temáticas, constituir maiorias provisórias no Congresso para apoiar o que seriam os grandes eixos do programa de governo", relatou numa live promovida pelo banco Itaú. "No entanto, o presidente já entendeu que tem que mudar algumas características desse relacionamento com o Congresso. [...] Não adianta as pessoas ficarem condenando: 'Ah, o presidente vai ficar refém do Centrão'. A gente tem que lidar com os partidos e buscar extrair o melhor de cada um deles."[27]

Em 25 de maio, na esteira da distribuição dos primeiros cargos aos partidos do bloco — incluindo o comando de órgãos com orçamentos bilionários como FNDE e Departamento Nacional de Obras Contra as Secas (DNOCS) —, o Centrão participou de sua reunião inaugural como integrante da base aliada, que passava a contar com cerca de duzentos votos certos.

O capitão pensava à frente. O presidente da Câmara, Rodrigo Maia, tinha ajudado o governo a aprovar projetos estratégicos, como a reforma da Previdência, e jamais desengavetou os muitos pedidos de impeachment que lhe chegaram, mas mantinha uma posição de dubiedade que incomodava o Palácio do Planalto. Bolsonaro queria um aliado pleno no comando da Casa, e Arthur Lira então surgiu como a solução. O governo trabalhou pelo deputado alagoano do PP, que foi eleito presidente da Câmara em fevereiro de 2021, derrotando o candidato de Maia, Baleia Rossi (MDB). Lira — advogado e fazendeiro como Fiuza e Robertão, enroscado em ações penais por corrupção — era o Centrão castiço no poder.

Na reforma ministerial que derrubou Fernando Azevedo e os comandantes militares, o bloco ganhou mais poder, com a deputada Flávia Arruda, do PL (partido que mais adiante receberia o próprio Bolsonaro), sendo nomeada ministra da Secretaria de Governo. A pressão do Centrão também foi determinante, naquele momento, para a queda do chanceler Ernesto Araújo. No final de julho do terceiro ano do mandato, quando o governo estava nas cordas — acossado pela CPI da Pandemia, por protestos nas ruas e perdendo apoio no Congresso e nas pesquisas —, os próceres da fisiologia parlamentar chegaram ao cume, com a nomeação de Ciro Nogueira (do mesmo PP de Arthur Lira) para a Casa Civil.

O general Augusto Heleno, que no começo do governo ainda buscava se mostrar inflexível ao modus operandi do Centrão — basta lembrar do áudio em que achincalhou com um palavrão congressistas que pressionavam o governo por mais verbas do orçamento —, capitulou. Cobrado pela incoerência, disse que a performance com musiquinha na convenção de 2018 fora uma "brincadeira". "Não quer dizer que hoje exista Centrão, isso foi muito modificado ao longo do tempo. Eu não tenho hoje essa opinião e nem reconheço hoje a existência desse Centrão. A evolução de opinião faz parte da vida do ser humano [...]. Isso aí faz parte do show político." Bolsonaro foi mais direto: "O Centrão é um nome pejorativo. Eu sou do Centrão. Eu fui do PP metade do meu tempo. Fui do PTB, fui do então PFL. No passado, integrei siglas que foram extintas, como PRB, PPB. O PP, lá atrás, foi extinto. Depois, nasceu novamente da fusão do PDS com o PPB, se não me engano. Eu nasci de lá".[28]

Para se manter leais ao governo até o fim do mandato, Arthur Lira, Ciro Nogueira e seus companheiros no Congresso monopolizaram as verbas do Orçamento federal, tradicionalmente controlado pelo Executivo, por meio da ampliação massiva das chamadas emendas de relator. É, em suma, um modo de transferir ao Parlamento as rédeas do Orçamento, não pelas habituais emendas individuais ou de bancada, e sim por uma modalidade não prevista na Constituição e gerenciada pelo relator da lei orçamentária.

Negociados entre os partidos, a definição de quais parlamentares receberão essas emendas, seus valores e sua destinação não vêm a público — daí o mecanismo ser chamado de orçamento secreto. O repórter Breno Pires revelou, numa série de reportagens no jornal *O Estado de S. Paulo*, a explosão desse instrumento no governo Bolsonaro. Em 2020, quando e modalidade deslanchou sob o comando do Centrão, foram pagos R$ 20,1 bilhões em emendas de relator (contra R$ 9,3 bi em emendas individuais e R$ 5,9 bi em emendas de bancada); em 2021, a modalidade imperou mais uma vez (R$ 18,5 bilhões, ante R$ 9,6 bilhões em emendas individuais e R$ 7,3 bilhões em emendas de bancada).[29] Naturalmente, os partidos fiéis ao governo eram premiados com mais verbas. A comprovação veio quando o Congresso foi obrigado pelo Supremo Tribunal Federal a divulgar os dados; o fez parcialmente, mas o bastante para mostrar que a base aliada abocanhava quase tudo. Os militares, representados por Luiz Eduardo Ramos, participaram ativamente do processo: coube ao general, quando era ministro da Secretaria de Governo, assinar o projeto que possibilitou o escândalo do orçamento secreto.[30]

O sequestro do Orçamento pelo grupo de Lira e Ciro foi a prova dos nove de que o governo estava ligado de corpo e alma ao suprassumo do fisiologismo do Congresso, e a paródia musical interpretada por um general de quatro estrelas era o maior emblema da hipocrisia do bolsonarismo fardado. Junto com o capitão da nau governista e uma legião de integrantes das Forças Armadas, o "tríplice coroado" Augusto Heleno Ribeiro Pereira, um dos generais mais respeitados no passado recente do Exército, para muitos colegas o mais brilhante de sua geração, abraçava a *realpolitik* do Centrão — endossava, conforme ele mesmo dissera, "uma anistia ampla, geral e irrestrita" ao grupo que simbolizava "a materialização da impunidade".

Ao ser dispensado sem aviso prévio da Casa Civil, para dar lugar a Ciro Nogueira, o general Luiz Eduardo Ramos mostrou-se desacorçoado. "Eu não sabia, estou em choque. Fui atropelado por um trem, mas passo bem", afirmou. Pau para toda obra no Palácio do Planalto, foi transferido para a Secretaria-Geral, seu terceiro ministério desde a entrada no governo. Mas não deixou de ser servil nem radical. Dias depois, em 3 de agosto, publicou numa rede social uma foto ao lado de Roberto Jefferson, o delator do mensalão condenado e preso por corrupção passiva e lavagem de dinheiro, que havia se tornado a encarnação mais ridícula do extremismo bolsonarista.

A mensagem de Ramos dizia: "Recebi hoje a visita do Presidente do PTB, Roberto Jefferson. Mais um soldado na luta pela liberdade do nosso povo e pela democracia do nosso Brasil". Dias antes, Jefferson havia protagonizado mais uma de suas patacoadas golpistas, num vídeo em que manipulava duas pistolas e chamava o embaixador da China no Brasil de "chinês malandro" e "macaco", e dizia que Bolsonaro deveria "mandá-lo embora" — por publicações do tipo, a conta do deputado no Twitter foi suspensa diversas vezes até ser banida.

Roberto Jefferson era um simulacro ligeiramente mais bufão e radicalizado que seu novo aliado. Bolsonaro agia de modo semelhante, sobretudo depois da pandemia. Em 3 de maio de 2020, num dos atos em Brasília contra o Supremo e o Congresso, declarara: "Peço a Deus que não tenhamos problemas essa semana. Chegamos no limite, não tem mais conversa, daqui pra frente, não só exigiremos, faremos cumprir a Constituição, ela será cumprida a qualquer preço, e ela tem dupla mão". Menos de um mês depois, quando da operação policial ordenada pelo STF que atingiu aliados no inquérito das fake news, vociferou: "Não teremos outro dia como ontem, chega! [...] Acabou, porra!". (Pelo mesmo motivo, Eduardo Bolsonaro disse: "Não é mais uma opinião de se [vai haver ruptura], mas de quando isso vai ocorrer".) As ameaças do chefe do Executivo continuariam até o final do mandato.

Como bem observou o filósofo Rodrigo Nunes, Jair Bolsonaro encarnava à perfeição a versão tropical do troll, um personagem contemporâneo da *alt right*, a direita dos Estados Unidos forjada nas batalhas ideológicas da internet. O troll é aquele que "não brinca com, mas às custas do outro, para diversão sua e de um público capaz de entender e apreciar o espetáculo". Atua sempre no fio da navalha entre a zoeira e a ameaça que pode ser levada a cabo. Escreveu Nunes:

> Aí está a chave para entender a estratégia da *alt right* e, por extensão, do bolsonarismo. A dupla comunicação, e o fato de que é o troll quem decide quando está

brincando e quando está falando sério, são a base da técnica característica da *alt right* de introduzir ideias "polêmicas" e "controversas" no debate público de maneira irônica, humorística ou com certo distanciamento crítico, mantendo sempre a dúvida sobre o quanto ali é brincadeira ou para valer.

Desse modo, argumentou o filósofo,

o agitador de extrema direita vai testando os limites do público "externo", sem nunca deixar de ter uma rota de fuga. Se em algum momento julgar-se que passou dos limites, ele sempre poderá dar um passo atrás e dizer que foi mal interpretado, que tratava-se de uma brincadeira, e virar a mesa, transformando o episódio num caso de perseguição ou numa defesa da livre expressão e um ataque a uma cultura em que "ninguém mais sabe brincar".[31]

Bolsonaro era um troll *avant la lettre*. Já o era desde que despontou no cenário nacional como um sindicalista militar rebelde e belicoso. No episódio que lhe rendeu uma condenação num conselho de justificação e por um fio não lhe custou a patente, agiu exatamente como um troll. Elaborou um plano para explodir bombas, mas disse que eram só pra assustar ("espoletas" foi a expressão que usou, brincando, à jornalista Cássia Maria). No croqui que fez para explicar o mecanismo de uma bomba-relógio como as que seriam usadas na Operação Beco sem Saída, reproduziu tubulações da adutora de Guandu. A *Veja* escreveu à época: "*Veja* não publicou esse croqui na reportagem da semana passada porque Bolsonaro não deu a impressão de que estivesse realmente disposto a explodir o Guandu, e sim de que fazia uma exibição do mecanismo de funcionamento de um petardo". O tempo inteiro em que esteve em contato com a repórter (em quatro ocasiões), Bolsonaro dissimulou: afirmou e reafirmou que explodiria bombas, mas ressalvava que não eram para machucar ninguém. Contou o plano com detalhes, mas insistiu com a jornalista que ela não poderia publicar nada. Qual seria então a intenção de contar um plano daqueles a uma jornalista? Depois que o caso foi revelado, negou que tivesse falado com a repórter e foi desmentido por testemunhas e pelo croqui. Em suma, atuou como um troll: impor medo ao interlocutor com base na dúvida sobre sua ameaça.

Como um bom troll, Bolsonaro defendeu o fuzilamento de Fernando Henrique Cardoso em pelo menos duas ocasiões. Mas, na bio-hagiografia que fez do pai, Flávio Bolsonaro escreveu sobre o episódio: "A força de expressão de Bolsonaro é, propositalmente, levada ao pé da letra em mais uma tentativa de cassá-lo — por falar".

Como um bom troll, o capitão protagonizou rompantes que generais palacianos sôfregos por se mostrar como anteparos do chefe e políticos com fontes na caserna divulgaram como perigos reais. Num deles, noticiou-se que o presidente queria invadir o Supremo com tropas. Noutro, que ele instou a Força Aérea a fazer rasantes com jatos sobre a Praça dos Três Poderes para estilhaçar as vidraças do Supremo. As duas histórias provam que tudo era bravata de Bolsonaro? Sim e não. Sim, porque daquelas vezes os integrantes da cadeia de comando das Forças Armadas não o levaram a sério. Não, porque nada assegura que, em outra circunstância, não poderiam tê-lo atendido.

Como um bom troll, como o supremo troll da política brasileira do século XXI, como um Donald Trump caboclo, Bolsonaro às vezes levava a brincadeira mais a sério para ver no que dava, e escolheu a data nacional para brincar de dar um golpe.

20. Dois (putsches) em um

Na véspera da festa, o frenesi já toma conta da região central de Brasília. Camionetes imensas circulam pelos setores hoteleiros da capital, com um estardalhaço que antecipa a ebulição do evento. É impossível não notá-las na paisagem. Ostentam adereços verde-amarelos, algumas têm bandeiras do Brasil espetadas ou tocam sertanejo a todo volume. Muitas estão "envelopadas": a técnica de se aplicar uma película removível na lataria do veículo, dando a impressão de pintura, é a coqueluche entre agropecuaristas e empresários que acorreram à cidade. Uma delas, pertencente a uma mineradora de Colatina, Espírito Santo, tem a lateral quase inteira envelopada com uma bandeira nacional e os dizeres: "Pátria Amada Brasil — Verás que um filho teu não foge à luta". Outra, com placa de Palmas, no Tocantins, exibe um adesivo: "Lute contra o comunismo enquanto você ainda pode falar". Uma terceira, da mato-grossense Pedra Preta, traz pinturas nos vidros laterais — uma do presidente Jair Bolsonaro com semblante triunfal, outra do ex-presidente Lula com aspecto demoníaco e encarcerado. O vidro traseiro, inteiramente envelopado, anuncia: "7 de Setembro em Brasília: Eu fui. Brasil acima de tudo, Deus Acima De Todos".

Quanto mais próximos à Praça dos Três Poderes, maiores os veículos e a potência dos motores. Ônibus de excursão, quase todos com dois andares, se espalhavam por estacionamentos de repartições públicas, onde passariam a noite como pousadas para militantes de diferentes partes do país. Cumpriam ao mesmo tempo a função de outdoors de propaganda política. "Minas Gerais apoia #voto auditável contagem pública", berrava o adesivo de um deles, de Conselheiro Lafaiete, Minas — essa bandeira da campanha golpista de Bolsonaro iria intensificar-se cada vez mais até a eleição do ano seguinte. "Forças Armadas já — Constituição nova/anticomunista", conclamava uma enorme etiqueta grudada na dianteira de outro, vindo de Amambai, Mato Grosso do Sul, súplica semelhante à exposta por uma caravana do Norte: "Rondônia pede Exército nas ruas dia 08/09 de 2021. Bolsonaro 2022". De Imperatriz, no Maranhão, um comboio patrocinado pelo sindicato rural da cidade e pelo megaempresário rural Elizeu Maggi Scheffer carregava fotos do chefe do Executivo, com a mensagem: "Bolsonaro, o melhor presidente de todos os tempos".

Nas proximidades da Esplanada dos Ministérios, onde ocorreria o comício do Sete de Setembro de 2021 — substituto do tradicional desfile militar, suspenso por causa da pandemia —, estavam estacionadas as estrelas automotivas da celebração: os caminhões. No início da grande via, na altura da rodoviária de Brasília, a Polícia Militar montou barreiras ao acesso desses veículos. Chegaram até ali conduzidos em sua maioria por motoristas contratados de empresas do agronegócio, e não caminhoneiros autônomos (majoritários no país). Carregavam tendas, colchões e mantimentos, que mais tarde seriam distribuídos em acampamentos nas calçadas das imensas avenidas da Esplanada. Todos também estavam decorados para a ocasião, com recados como: "Liberdade de expressão é o maior bem de uma nação! Diga não à ditadura de toga!"; "Supremo é o povo. O povo não pode ser governado por quem não foi eleito pelo povo"; "Brasileiros exigem o impeachment dos juízes da Suprema Corte" (esse tinha a mesma frase replicada em inglês); "Intervenção cívico-militar com Bolsonaro no poder"; "Queremos voto impresso auditável — Contagem pública".

Os caminhões e os caminhoneiros do agronegócio representaram a maior ameaça a uma versão tropical da Invasão do Capitólio — o ataque ao Congresso dos Estados Unidos por apoiadores de Donald Trump oito meses antes, em 6 de janeiro de 2021, insuflado pelo candidato republicano derrotado na tentativa de se reeleger. No dia seguinte à raide neofascista em Washington, Bolsonaro declarou: "Se nós não tivermos o voto impresso em 2022, uma maneira de auditar o voto, nós vamos ter problema pior que os Estados Unidos".[1] Às vésperas do Sete de Setembro, aliados do presidente recorriam ao mesmo álibi antecipado utilizado pelos golpistas norte-americanos: caso houvesse atos de violência, seriam obra de esquerdistas infiltrados nas manifestações.[2]

Os comícios coincidiriam com o auge da escalada incendiária iniciada mais de um mês antes, quando uma sucessão de derrotas inflamou Bolsonaro, que em resposta passou a convocar sua militância para o Dia da Independência. Na Câmara, em 10 de agosto de 2021, a proposta de emenda à Constituição patrocinada pelo governo para tentar implantar o voto impresso fora derrotada. No dia da votação, numa clara tentativa de intimidar os deputados, a Marinha promoveu um desfile de veículos militares na Esplanada, sob o pretexto de entregar a Bolsonaro o convite para um exercício conjunto com Exército e Aeronáutica na cidade goiana de Formosa. Além das críticas à provocação, o evento foi ridicularizado aqui e alhures pela imagem de um dos tanques expelindo uma fumaça preta em frente ao Palácio do Planalto.

O Tribunal Superior Eleitoral agiu em duas frentes: 1) abriu um inquérito para apurar acusações sem comprovação feitas pelo presidente sobre fraudes nas urnas e pediu ao Supremo para que ele fosse investigado no inquérito das notícias falsas em curso naquela corte; 2) encaminhou ao STF notícia-crime pelo vazamento de informações de um inquérito sigiloso da Polícia Federal sobre o ataque hacker sofrido pela corte eleitoral em 2018 (o presidente expôs os dados da investigação, ainda em andamento, como uma suposta comprovação da vulnerabilidade das urnas, um despautério, uma vez que elas não são conectadas à internet). Alexandre de Moraes acolheu o pedido do TSE, no que seria a quarta investigação contra Bolsonaro na Corte Suprema.

O bolsonarismo ferveu mais ainda quando o mesmo Alexandre, acatando pedido da Polícia Federal, ordenou a prisão de Roberto Jefferson, em 13 de agosto de 2021. O presidente do PTB publicara vídeos em que, armado, ameaçava e xingava ministros do Supremo e destilava racismo e preconceito, ofendendo homossexuais, a China e os chineses. Auxiliares de Bolsonaro diziam que a soltura do ex-deputado poderia tornar menos tenso o clima entre Executivo e Judiciário. No final de agosto, entretanto, o ministro manteve a prisão preventiva de Jefferson, que escreveu uma carta da cadeia encerrada com uma exortação aos aliados do governo: "Supremo é o Povo. 7 de Setembro rugirá a nossa indignação".

A quatro dias das manifestações, a PF prendeu — a pedido da PGR e com a autorização de Alexandre de Moraes — o blogueiro bolsonarista Wellington Macedo e tentou cumprir mandado de prisão contra o caminhoneiro Marcos

Antônio Pereira Gomes, conhecido como Zé Trovão, que vinham incentivando atos contra o Supremo e seus ministros no Sete de Setembro e bloqueios de rodovias. Zé Trovão fugiu do país.

A versão brasileira de uma reunião anual da direita populista (ou "conservadora", como se apresenta) dos Estados Unidos foi marcada justamente para o fim de semana anterior ao feriado, em Brasília. Em redes sociais, grupos de aplicativos e publicações da extrema direita, crescia a circulação de críticas e conteúdo de ódio contra o STF e seus integrantes, sobretudo Alexandre de Moraes — cujo impeachment foi pedido por Bolsonaro ao presidente do Senado, Rodrigo Pacheco, que o rejeitou. Ao mesmo tempo, o capitão se aproximava mais da sua base de apoio na caserna, intensificando as visitas a unidades militares. Em agosto de 2021, cumpriu nove vezes esse tipo de agenda, um recorde em seu mandato até ali.[3]

A movimentação do 6 de setembro em Brasília estava igualmente intensa no coração da Esplanada dos Ministérios. No alto dos prédios dos ministérios, imensos painéis alusivos ao Bicentenário da Independência, a ser comemorado dali a um ano, reforçavam o apelo cívico. Traziam trechos do Hino da Independência e frases como "Soberania é liberdade". Uma lanchonete entre os ministérios do Meio Ambiente e da Economia servia de palanque para uma mulher com megafone, enrolada em bandeira do Brasil. "Nós estamos com sangue nos olhos e não vamos sossegar enquanto esses corruptos, esses bandidos do Congresso e do Supremo, não deixarem nosso presidente governar. Nós estamos com sangue nos olhos", ela discursava no centro de uma rodinha formada por pessoas de meia-idade. Um grupo de policiais militares observava, às vezes alguns riam. Havia um grande receio de que, no Sete de Setembro, os PMs fizessem vista grossa a episódios de violência ou até participassem deles. Afinal, além de bastião das pautas das Forças Armadas, Bolsonaro sempre esteve ao lado dos policiais, e seu governo também distribuiu benesses aos integrantes das forças de segurança — como um programa para subsidiar a compra de casa própria e o apoio a uma nova lei orgânica que dá autonomia orçamentária às PMs e retira dos governadores o controle sobre elas.

Era uma pauta cara a Bolsonaro desde antes de ser eleito presidente — ao apoiar, por exemplo, os amotinados na greve da PM no Espírito Santo em 2017.

No governo, mesmo distribuindo agrados, descontentou representantes históricos da corporação, como o ex-deputado federal Alberto Fraga, ex-oficial da PM — para quem um dos grandes erros da gestão do amigo foi ter fundido o Ministério da Segurança Pública com o Ministério da Justiça. "Ele me prometeu que voltaria atrás, mas não cumpriu." Fraga, por anos um dos líderes da chamada Bancada da Bala, que representa interesses de policiais no Congresso, avaliava no final de 2021 que o apoio a Bolsonaro entre PMs e bombeiros militares era de 95%. "E o que ele fez de efetivo por nós? Nada. Mas o PM é tão tripudiado no dia a dia que somente o jeito dele [Bolsonaro] agrada a PMs e bombeiros. É um linguajar mais de PM do que de militar federal."

O jeito tanto agradava que, tal qual ocorrera nas Forças Armadas desde a campanha de 2018, surgiram casos de oficiais da PM atuando como militantes. Às vésperas do Sete de Setembro, o coronel Aleksander Lacerda, comandante do policiamento da região de Sorocaba, interior paulista, publicou em rede social convocação para o ato pró-governo — foi afastado assim que a informação veio a público.[4]

Correligionários do presidente se aglomeraram ao longo do dia em frente aos palácios da Alvorada e do Planalto. Cantaram o Hino Nacional e o Hino da Independência, portaram faixas com mensagens semelhantes às dos caminhões e ônibus, em que sobressaíam pedidos de intervenção militar e fechamento do Congresso e do Supremo, mas exaltavam-se também valores "familiares e cristãos" (à beira da rampa do Planalto, um cartaz associava a esquerda ao "kit gay" e dizia que a "ideologia de gênero" levava a "incesto, pedofilia, zoofilia e necrofilia").

Helicópteros sobrevoavam a Esplanada. Num grupo que descia a ladeira na lateral do Congresso, um homem perguntou a seguranças privados do Parlamento "onde fica o cabeça de ovo?", uma menção a Alexandre de Moraes. "Ali no galinheiro", respondeu um deles, apontando para o Supremo, poucos metros adiante — cujo prédio já estava todo cercado por carros da Polícia Judicial, responsável pela proteção à corte, a seus magistrados e servidores. Dada a tensão daqueles dias, a Polícia Federal reforçara a segurança da edificação e dos ministros.

No fim da tarde, chegaram mais comitivas. De vários grupos em caminhadas pela Esplanada, saíam provocações: "Fora, cabeça de ovo", gritou um homem. No último bloqueio, na altura do Itamaraty e do Ministério da Justiça, os acessos à Praça dos Três Poderes foram fechados também a pedestres. "Não somos bandidos, não somos escravos. Quero ver se essa meia dúzia [de PMs] vai segurar se a gente empurrar. Não somos gado", revoltou-se um manifestante. À noite, comprovou-se que os receios não eram em vão. Por volta das oito horas da noite, sem resistência da PM, a primeira barreira foi retirada por militantes, que atiraram ao chão as grades, e caminhões invadiram a Esplanada, tocando suas buzinas a todo volume. "O povo tomou conta", gritou um militante. "Acabamos de invadir", vociferou outro. Bandeiras do Brasil estavam por toda parte em meio à balbúrdia generalizada. Mais adiante, na alameda dos Estados (que liga o Itamaraty ao Ministério da Justiça), grades de proteção também foram jogadas ao chão pelos bolsonaristas.[5]

A tropa de choque da PM por fim impediu que a última barreira, protegendo o acesso à Praça dos Três Poderes (onde fica o Supremo), fosse ultrapassada. Tropas do Comando Militar do Planalto também estavam de prontidão para agir, caso fossem demandadas, via um pedido de Garantia da Lei e da Ordem — que podia ser feito por Fux, mas não foi, e, caso tivesse acontecido, ao final teria de ser autorizado por Bolsonaro.

Em São Paulo, onde o Sete de Setembro aconteceria na avenida Paulista e outra multidão era aguardada para ouvir Bolsonaro — que lá estaria na parte da tarde, após animar o rendez-vous matinal em Brasília —, não houve caminhões, mas o Comando Militar do Sudeste também montou um esquema de emergência, com tropas de prontidão na capital e em Campinas — em conversa com o comandante, o governador João Doria estava preocupado.

Um ano depois, às vésperas de deixar a presidência do STF, Fux definiria aquele 6 de setembro como o dia mais difícil de sua gestão:

> Esperávamos que os manifestantes chegassem no dia 7. Eles nos surpreenderam chegando no dia 6. Havia um número expressivo de pessoas, muitos caminhões. Havia veladamente uma informação de que tentariam chegar perto do Supremo. Um grupo radical falava em invadir o Supremo. [...] Tínhamos informações de que a entrada de um caminhão no prédio do STF poderia causar a própria implosão da sede.[6]

O som das buzinas dos caminhões varou a madrugada em toda a região central do Plano Piloto de Brasília e continuou a ressoar ao raiar da manhã de terça-feira, 7 de setembro. Desde cedo o calor era intenso e ia piorando hora a hora com a baixa umidade do ar, que ao meio-dia atingiu 11% — levando o Instituto Nacional de Meteorologia a emitir um "alerta vermelho", o mais crítico na escala de umidade, que significa "grande perigo" à saúde.[7] O índice de umidade do ar considerado ideal para o corpo humano varia entre 40% e 70%, segundo a Organização Mundial da Saúde. A capital federal vivia a fase final da seca que castigava todo ano o Planalto Central do país, cujos efeitos são devastadores para o organismo, atingindo o sistema respiratório, as mucosas e a pele, provocando sangramentos nasais, dor de cabeça, irritação nos olhos e outros reflexos nocivos da desidratação. Ao longo da manhã, os termômetros marcavam entre 30 e 35 graus — na véspera, a temperatura atingira 35,9 graus, recorde para Brasília em 2021. Com a secura, a sensação térmica era atordoante.

A terra barrenta e a grama dos imensos descampados da Esplanada dos Ministérios estavam esturricadas, compondo uma paisagem desértica e desoladora, atenuada somente por uns raros ipês floridos. O vaivém dos manifestantes produzia uma poeira vermelha e fina. A região reservada ao comício de Bolsonaro se assemelhava a uma grande feira agropecuária. Nas barracas montadas nas calçadas, preparava-se churrasco e arroz carreteiro. Havia até militantes a cavalo, além dos soldados de um regimento de polícia montada aplaudidos por onde passavam.

Ativistas distribuíam adereços de políticos e grupos de extrema direita. Um dos mais insólitos era uma máscara de papelão com uma foto do rosto de Roberto Jefferson sob uma faixa preta em que estava escrito "Censurado". Para chamar a atenção do mundo — havia correspondentes de veículos estrangeiros cobrindo o encontro —, muitas mensagens em faixas e cartazes estavam escritas em outras línguas, sobretudo em inglês: "Supreme is the people — Frederico Westphalen and Region-RS"; "Bolsonaro and Brazilians Stands Against Supreme Court Tyranny"; "Mr President, please, Employ the Army!"; "Globo and CNN TV are lying — Brazilians Love Bolsonaro"; "Brazil will never be communist"; "Los comunistas quieren convertirnos en una nueva Venezuela, pero no lo permitiremos"; "La Corte Suprema Di Giustizia Minaccia Le Nostre Libertà". Entre as muitas camisetas à venda, a maioria idolatrando Bolsonaro, uma propagandeia: "Socialismo Não Niet Non Na Doesn't Nie Nullus Funciona".

Por volta de 10h30, o presidente fez um discurso breve, de menos de oito minutos. Sem mencionar o nome de Alexandre de Moraes nem o de Luiz Fux, desafiou e ameaçou os ministros do STF. "Nós também não podemos continuar aceitando que uma pessoa específica da região dos Três Poderes continue barbarizando a nossa população. Não podemos aceitar mais prisões políticas para o nosso Brasil. Ou o chefe desse Poder enquadra o seu ou esse Poder pode sofrer aquilo que nós não queremos."[8] A multidão, em torno de 100 mil pessoas, foi ao delírio — embora o som fosse deficiente e quem não estivesse próximo ao carro de som de onde Bolsonaro discursava mal conseguisse escutar o que ele dizia. "Mito, mito, mito", berravam os presentes. Na parte final da sua fala, Bolsonaro se preocupou em informar: "Peço que me ouçam hoje, por volta de 16 horas, lá na [avenida] Paulista".

E prestou então uma informação intrigante: "Vou a São Paulo e retorno. Amanhã estarei no Conselho da República, juntamente com ministros, juntamente com o presidente da Câmara, do Senado e do Supremo Tribunal Federal". Previsto em lei, o colegiado consultivo da Presidência da República tem competência para se manifestar sobre "intervenção federal, estado de defesa e estado de sítio" e "as questões relevantes para a estabilidade das instituições democráticas". Mas o Conselho da República não se reuniria nem no dia seguinte nem em nenhum momento do mandato de Bolsonaro. A maioria dos seus integrantes soube da suposta reunião pelo discurso na Esplanada. Era provavelmente só mais uma bravata do presidente. Uma mulher que acompanhava tudo na plateia teve um sobressalto nesse trecho. "Amanhã não! Tem que prender esses bandidos hoje", revoltou-se. Ao fim do pronunciamento de Bolsonaro, todo mundo cantou o Hino Nacional. Enquanto a multidão se dispersava, ampliando a nuvem de poeira que a essa altura já era quase marrom, caminhões produziam um buzinaço ensurdecedor, como se uma sinfonia de berrantes tivesse sido plugada a um amplificador.

O deslocamento de Bolsonaro para o comício paulistano custou R$ 360 mil aos cofres da União.[9] O público à tarde na avenida Paulista também era razoável (125 mil pessoas, na estimativa da PM). Espremido em um espaço relativamente exíguo comparado à escala monumental da Esplanada, parecia maior do que o de Brasília. Uma pesquisa de campo coordenada pelo professor da USP Pablo Ortellado naquela tarde revelou que 59% dos entrevistados consideravam o Supremo o principal inimigo de Bolsonaro, muito mais que a esquerda (17%), e a principal motivação para a presença ali era a defesa do impeachment de ministros da corte.[10]

Numa cena que evocava um ritual tribal, o presidente e sua claque retroalimentavam-se com o clima de revolta. "Dizer a esse indivíduo que ele tem tempo ainda para se redimir. Tem tempo ainda de arquivar seus inquéritos. Ou melhor, acabou o tempo dele." A multidão urrou como num gol do Brasil em Copa do Mundo, e dessa vez Bolsonaro decidiu pronunciar o nome daquele que considerava inimigo, mandando às favas o resíduo de superego que parecia possuir pela manhã. Já muito vermelho do sol que tomara mais cedo na capital, ao se inflamar o capitão estava quase roxo. "Sai, Alexandre de Moraes! Deixa de ser canalha! Deixe de oprimir o povo brasileiro. Deixe de censurar o seu povo." Nesse momento, a multidão em transe gritou em coro: "Eu autorizo! Eu autorizo!". Antes de finalizar, Bolsonaro disse que só deixaria a Presidência morto. "Nós temos três alternativas, em especial para mim: preso, morto ou com vitória. Dizer aos canalhas que nunca serei preso."[11]

Ainda na noite de 7 de setembro, partidos de centro-direita aliados do governo ou autodeclarados independentes (PSD, MDB, PSD e SDD), tolerantes até ali com os arroubos golpistas de Bolsonaro, rechaçaram sua fala na avenida Paulista e começaram a comentar que podiam trabalhar pelo impeachment do presidente.

"Estejamos atentos a esses falsos profetas do patriotismo, que ignoram que democracias verdadeiras não admitem que se coloque o povo contra o povo, ou o povo contra as suas instituições", declarou o ministro Luiz Fux ao abrir a sessão do Supremo Tribunal Federal de 8 de setembro de 2021. No pronunciamento mais duro de sua gestão em relação ao governo, o magistrado apontou a gravidade do que ocorrera na véspera. "O Supremo Tribunal Federal também não tolerará ameaças à autoridade de suas decisões. Se o desprezo às decisões judiciais ocorre por iniciativa do chefe de qualquer dos Poderes, essa atitude, além de representar atentado à democracia, configura crime de responsabilidade, a ser analisado pelo Congresso Nacional."[12]

Apesar da retórica, Fux deixou claro que caberá ao Congresso tomar alguma medida contra o golpismo do chefe do Executivo. E Arthur Lira, presidente da Câmara e parlamentar que poderia abrir um processo contra Bolsonaro pelo potencial crime de responsabilidade citado pelo homólogo do STF, continuou sem nada fazer. Mas sua inação, dessa vez pelo menos, foi constrangida por líderes políticos relevantes, com comando sobre bancadas numerosas no Congresso e aptidão para apontar a direção dos ventos políticos em Brasília. Como Gilberto Kassab, presidente do PSD, que na própria noite de 7 de setembro anunciara que seu partido criaria uma "comissão de acompanhamento do impeachment" para seguir os próximos passos do presidente. "Os discursos do presidente foram perigosos. Caso ele cumpra o que assumiu nas suas manifestações, cria condições pelo impeachment. [...] É crime de responsabilidade, que impõe ao Congresso impor o processo de impeachment." Em reunião de sua Executiva Nacional, o PSDB aprovou o status de oposição formal ao governo e a abertura do debate sobre a adesão ao impeachment de Bolsonaro.[13]

Mas os bolsonaristas resolveram estender a aventura ativada pelo presidente. Os caminhoneiros invasores não desocuparam as vias da Esplanada no dia seguinte à micareta golpista, e seus colegas leais ao governo passaram a bloquear rodovias em quinze estados, evocando as mesmas pautas do feriado — fechamento do STF, voto impresso etc.[14] Entidades de caminhoneiros autônomos criticaram os colegas contratados pelo agronegócio, e o próprio Bolsonaro instou os correligionários a desbloquear as estradas, alegando que a atitude prejudicaria a economia. Pressionado por vários flancos, o presidente pediu ajuda a uma raposa política ainda mais experiente que Kassab. Michel Temer, que farejara o potencial do prejuízo para seu sucessor no cargo, terminaria por ser sua tábua de salvação.

Quando se viu acossado pela repercussão desastrosa de suas ameaças ao Supremo, Bolsonaro telefonou para o ex-presidente e lhe perguntou o que achara dos eventos. Temer reconheceu que o capitão conseguira juntar um número expressivo de apoiadores, mas revelou preocupação com a gravidade do saldo do Sete de Setembro ("o país estava quase à beira de uma conflagração civil", diria depois) e passou-lhe um sermão. "O seu discurso, presidente, não combinou com aquele momento. Não cabe na voz de um presidente da República dizer o que foi dito a respeito de um ministro do Supremo Tribunal Federal. Nem sei se caberia em uma conversa entre três, quatro pessoas. Imagine em uma multidão", afirmou. "Acho que eu exagerei um pouco... aquele momento caloroso, aquela multidão na rua", respondeu Bolsonaro. Temer, que indicou Alexandre de Moraes para o STF e é amigo do ministro, ofereceu-se para conversar com ele. Com o sinal verde do magistrado, sugeriu então que o capitão divulgasse uma nota pacificadora à nação, cujos termos ele, Temer, definiu. O presidente mandou um avião da FAB buscar o ex-presidente em São Paulo no dia seguinte pela manhã. Almoçaram juntos e fizeram pequenos ajustes no texto.[15]

Nos dez itens da Declaração à Nação redigida por Temer e assinada por Bolsonaro, o chefe do Executivo dizia não ter tido "nenhuma intenção de agredir quaisquer dos Poderes" e que respeitaria a determinação constitucional da harmonia entre eles. Assinalava que "divergências" com Moraes decorriam de "conflitos de entendimento" sobre decisões no âmbito do inquérito das fake news, mas que, "na vida pública, as pessoas que exercem o poder não têm o direito de 'esticar a corda' a ponto de prejudicar a vida dos brasileiros e sua economia". Acrescentava que suas palavras, "por vezes contundentes, decorreram do calor do momento e dos embates que sempre visaram o bem comum" e até mencionava "qualidades como jurista e professor" do magistrado que xingara e ameaçara dois dias antes. Naqueles dias e por muito tempo adiante, Temer valorizaria o próprio gesto como o de um estadista, ostentando-o como atestado de sua índole apaziguadora.

Mesmo com a bandeira branca acenada por Bolsonaro, os caminhoneiros continuaram por mais um dia na Esplanada dos Ministérios. Só liberaram as vias quatro dias depois da invasão. No primeiro domingo que se seguiu à crise, o Movimento Brasil Livre (MBL) e o Vem pra Rua — dois dos principais articuladores das manifestações de rua pela derrubada de Dilma Rousseff — promoveram, na Paulista, um ato pelo impeachment de Bolsonaro. Ainda que capenga, e com bem menos gente do que a multidão que o presidente levara à avenida cinco dias antes, reuniu no entanto o que de mais próximo àquela altura se poderia chamar de "frente ampla" contra o presidente: além dos representantes dos movimentos jovens, subiram ao palanque lideranças da direita à esquerda, de João Amoêdo (Novo), João Doria e Joice Hasselmann (PSDB) e Henrique Mandetta (DEM, que depois viraria União Brasil) a Ciro Gomes (PDT), Orlando Silva (PCdoB) e Isa Penna (PSOL).

O alarme que ecoou no mundo político e nas instituições não alarmou os militares. Em linha com seus colegas generais na ativa e na reserva, o comandante militar do Sudeste, Tomás Ribeiro Paiva, considerou que houve "muito ruído" em relação aos riscos de a situação sair de controle. Em frente ao Quartel-General do Comando, no Ibirapuera, restou um sinal de que a tentativa de golpe foi vista ali como manifestação democrática dos apoiadores do presidente. Dez dias depois do Sete de Setembro, uma faixa permanecia amarrada de uma árvore a uma placa de trânsito num canteiro em frente à fortaleza, sem que nenhuma autoridade do Exército tivesse se preocupado em removê-la: "07.09.21 — A nossa bandeira jamais será vermelha".

O general Sergio Etchegoyen não foi à Esplanada dos Ministérios, mas, a partir do relato de parentes — seu filho compareceu à festa — e amigos e do que viu na TV, formou sua convicção a respeito do acontecido. "O que é que tu tiveste na manhã do Sete de setembro em Brasília? Uma belíssima e robusta demonstração de força do presidente." Para o ex-ministro-chefe do GSI, toda essa beleza foi destruída pelo acesso de cólera de Bolsonaro na Paulista: "O discurso dele foi uma maluquice, sanguíneo, raivoso. Chamar ministro de canalha, o que é isso? Não tem cabimento. Um presidente da República não pode cair naquele tipo de emoção". De todo modo, segundo o general, a responsabilidade do chefe do Executivo deveria ser relativizada e dividida com os veículos de imprensa, que a seu ver exageraram. Etchegoyen, afinal, avalia que não houve nada demais no feriado:

> Foi criada uma expectativa em cima do Sete de Setembro, de que o país ia pegar fogo, que a PM ia não sei o quê, que a violência, que o golpe, que o STF. Não aconteceu nada. Quem é que criou a expectativa? O presidente, com os discursos irresponsáveis, e a imprensa. Existe uma partidarização da imprensa que é ruim para a democracia. A imprensa cumpriu um papel claro antigoverno. Eu não sou idiota.

"Os órgãos de imprensa", pontuou o ex-chefe do Estado-Maior do Exército, "tomaram parte na disputa política. Então eu não acredito em mais nada do que eu leio. Os caras distorcem, mentem, inventam, não dá. Não dá! Isso está nos levando a um limite em que não há credibilidade." Etchegoyen fez essas afirmações durante uma entrevista em 18 de outubro de 2021, no lobby de um hotel em São Paulo. No dia seguinte, o general me enviou por WhatsApp um vídeo, seguido de um texto com vários erros de português que alguém lhe passara e ele encaminhara. As imagens mostravam um homem ameaçando Bolsonaro de morte e, em outra ocasião, sendo preso pela Polícia Legislativa numa das entradas de acesso ao Congresso Nacional. "Esse vídeo passou no jornal nacional, só a parte que a polícia do planalto prende ele. Mas a parte que ele ameaça o presidente Bolsonaro o jornal nacional não mostrou! Então faça um favor, compartilhe e mostre a todos os seus contatos o que esse jornal podre e sujo, não mostrou!" Por fim, o próprio general escreveu: "Um exemplo do que falamos ontem".

Em menos de cinco minutos, constatei que se tratava de uma fake news clássica — no momento em que foi enviada por Etchegoyen, já tinha sido desmentida em detalhes por pelo menos duas agências de checagem.[16] Era um festival de mentiras. O caso ocorrera em 2019, dois anos antes: o homem foi detido por quebrar uma porta de vidro em uma entrada do Senado; além de Bolsonaro, ele tinha ameaçado esfaquear Lula, Ciro Gomes, Marco Feliciano "e todos os outros políticos", bem como "evangélicos e outros católicos". O episódio não ocorreu na sede do Executivo; não existe "Polícia do Planalto"; e o *Jornal Nacional* não noticiou nada daquilo.

O quatro estrelas que comandara a segurança do presidente da República e a Abin, e que fora responsável pela expansão do Sistema Brasileiro de Inteligência, acabava de ajudar a disseminar uma fake news gritante urdida nas falanges bolsonaristas. Enviei a ele uma das checagens que desmascaravam a mentira. "PQP! Caí nisso. Que vergonha", respondeu o general.

Durante a crise do "putsch do Sete de Setembro", o general Paulo Sérgio Nogueira de Oliveira ainda preservava a reputação de oficial cioso das missões constitucionais das Forças Armadas. Comandante do Exército desde a demissão de Edson Leal Pujol, cinco meses antes, vinha mantendo no cargo a postura cautelosa e reservada do predecessor. Embora tivesse conta no Twitter (na qual seguia apenas 24 perfis, do Exército e de políticos e jornalistas bolsonaristas), deixou de usar a rede social ao ser empossado. Antes mesmo de assumir, Paulo Sérgio dera uma demonstração de descolamento do governo, quando, no cargo de chefe do Departamento Geral do Pessoal do Exército (responsável pela saúde da corporação), ressaltou em uma entrevista a preocupação da força terrestre no combate à covid. "O índice de letalidade é muito baixo, menor do que na rede pública, graças a essa conscientização, essa compreensão, que é o que eu acho que, se melhorasse no Brasil, provavelmente, o número de contaminados seria bem menor", afirmou. Disse ainda que, em meio à segunda onda da doença, o Exército se planejava para uma terceira, e exortou: "É isso que estamos fazendo, e esperamos que o poder público faça também".[17]

Na época, divulgou-se que, irritado, Bolsonaro quis demiti-lo do cargo, mas Pujol e o ministro da Defesa, Fernando Azevedo, conseguiram segurá-lo. Conforme essa mesma versão, Paulo Sérgio não era o favorito do presidente para suceder Pujol (e sim Marco Antônio Freire Gomes), mas ele tivera de se render à preferência do Alto Comando do Exército e à praxe de escolher entre os três mais antigos (Freire Gomes não era um deles).

O general ficaria apenas um ano na função. Em sua breve gestão, Paulo Sérgio emitiu sinais de que não pretendia politizar a caserna. Assim como Pujol, evitou dar entrevistas e se pronunciar sobre temas do governo. Às vésperas dos atos golpistas de Brasília e São Paulo, se esquivou de responder se os militares monitoravam a situação e de conjecturar sobre os riscos.[18] Na "Diretriz do Comandante do Exército 2021-2022", assinada por ele, não há uma única linha a respeito de eleições, sistema eleitoral, urnas eletrônicas ou qualquer tema político. Noutro documento mais específico voltado às tropas, sobre prevenção e combate à pandemia, o general fez tudo ao contrário de Bolsonaro: determinou que só voltariam ao trabalho presencial os militares vacinados; orientou para o uso de máscaras e o distanciamento social, a priorização de escadas a elevadores e a ventilação de ambientes; e alertou que "a prestação de informação falsa" acarretaria sanções penais e administrativas.[19]

Mesmo com a mudança de comandante, Bolsonaro continuou a usar o bordão "Meu Exército" durante mais alguns meses. Também fez questão de ir ao Forte Apache se reunir com Paulo Sérgio e o Alto Comando. Segundo integrantes do colegiado, porém, a troca de liderança pouco afetou programas e processos do Exército, mesmo porque foram mantidos os ocupantes dos cargos estratégicos e de assessoramento direto da cúpula da instituição. Talvez por isso o presidente tenha decidido trocar mais uma vez o comando — e finalmente pôde nomear Marco Antônio Freire Gomes. Já determinado a transformar Braga Netto em seu candidato a vice no lugar de Mourão, ofereceu a Paulo Sérgio o Ministério da Defesa, deixando claro que, caso não aceitasse, o demitiria. Ele aceitou.

Foi outra jogada bem-sucedida do presidente para tentar politizar ainda mais uma caserna já politizada. A ideia de um general Paulo Sérgio moderado ruiu como um castelo de cartas tão logo ele assumiu o Ministério da Defesa. Tal qual ocorrera com Braga Netto ao trocar a farda pelo terno, o comandante elogiado por sua independência enquanto liderava mais de 200 mil homens rasgou a fantasia e se revelou um militante ardente do governo, deixando claro que a personalidade que lhe fora atribuída era um engodo.

Da mesma turma de Paulo Sérgio na Aman, formada em 1980, Freire Gomes era o terceiro comandante do Exército na gestão Bolsonaro. Desde a reabertura política dos anos 1980, nenhum presidente trocara, nem uma única vez, o chefe da mais poderosa das Forças Armadas durante seu mandato. A rotatividade imposta pelo capitão era inédita em quase sessenta anos — a última vez que algo semelhante ocorrera fora no governo Jango, quando houve quatro ministros da Guerra em menos de três anos. Embora ungido por um presidente ávido por Forças Armadas leais ao governo, o novo comandante detinha ao menos uma credencial que desautorizava a leitura automática de que seria subserviente ao capitão. No segundo ano da gestão Bolsonaro, policiais militares amotinados levaram caos ao Ceará. Então comandante militar do Nordeste, Freire Gomes colocou o Exército à disposição do governador Camilo Santana caso a situação saísse de controle.[20]

Aos trancos e barrancos, os generais procuravam demonstrar que conseguiam conter o dique de hierarquia e disciplina arrebentado pelo pedregulho (da não punição) de Pazuello. Em julho de 2021, o Exército atualizou suas regras para uso de redes sociais, ampliando as restrições estipuladas por Pujol em 2019.[21] Em maio de 2022, um major da ativa, militante bolsonarista, foi preso no Piauí por fazer ativismo político nessas redes.[22] Não era o bastante para assegurar a inteira legalidade e a constitucionalidade de uma corporação que não conseguia se apartar dos ardis anárquicos e inconstitucionais do presidente da República.

É de Adam Przeworski, cientista político polonês radicado nos Estados Unidos, uma das mais claras e sintéticas definições de democracia: um sistema no qual governantes deixam o poder quando perdem eleições. No último ano de seu mandato, Jair Bolsonaro decidiu dobrar a aposta contra o sistema eleitoral brasileiro e passou a desafiar de forma cada vez mais afrontosa o preceito cristalino de Przeworski, sugerindo ou afirmando que em outubro de 2022 só aceitaria o resultado se ele, Bolsonaro, estabelecesse as regras da disputa. As lentes de sua realidade paralela demonizavam as urnas eletrônicas brasileiras, mesmo com seu histórico de credibilidade, segurança e reconhecimento internacional. Depois do "putsch do Sete de Setembro", crescia a olhos vistos o "putsch do voto impresso". E os militares uniram-se ao presidente na cruzada golpista desde seus primórdios.

Coube ao general Braga Netto, por exemplo, intimidar o Congresso às vésperas da votação da proposta do voto impresso. Por meio do senador Ciro Nogueira, àquela altura já acertado para assumir a Casa Civil, o então ministro da Defesa mandou um recado ao presidente da Câmara, Arthur Lira, governista de carteirinha: se o voto impresso não fosse aprovado, não haveria eleição em 2022.[23] À semelhança do chefe, Braga Netto agia como um troll. A ameaça vazou, e o general, como não poderia ser diferente, negou tudo — mas aproveitou para defender a pauta de Bolsonaro. "Acredito que todo cidadão deseja a maior transparência e legitimidade no processo de escolha de seus representantes no Executivo e no Legislativo em todas as instâncias. A discussão sobre o voto eletrônico auditável por meio de comprovante impresso é legítima", declarou por meio de nota.[24] Como se sabe, apesar de o governo ter cooptado o Centrão e contar com uma base aliada razoável, a proposta do voto impresso foi derrotada na Câmara. Todos ali, afinal, haviam sido eleitos pelas urnas eletrônicas, como o presidente.

Outros dois quatro estrelas palacianos, Augusto Heleno e Luiz Eduardo Ramos, foram apontados, em um inquérito da Polícia Federal, como capatazes de Bolsonaro na caça de elementos para pôr em dúvida a segurança das urnas eletrônicas. O coronel da reserva Eduardo Gomes da Silva, também funcionário do Planalto, que participou ao lado do presidente da famigerada live de duas horas em que desacreditaram o sistema de votação do país com um festival de mentiras e teses de internet, é alvo da mesma investigação — em tramitação no Supremo, no inquérito das milícias digitais.[25]

Até a cruzada golpista liderada por Bolsonaro e seus generais, as Forças Armadas nunca tinham questionado o sistema eleitoral brasileiro — fosse com dúvidas, críticas, sugestões, pareceres, análises ou alguma demonstração de interesse. Tudo começou no final de 2021 e ganhou tração ao longo de 2022.[26] No período, poucos militares compactuaram mais com a campanha desinformativa e antidemocrática do presidente que o general Paulo Sérgio Nogueira. Quando assumiu o Ministério da Defesa, ele empurrou as Forças Armadas — sobretudo o Exército, que comandara até poucos dias antes — para uma briga de rua política com a Justiça Eleitoral.

Embora Celso de Mello e Alexandre de Moraes tenham sido os ministros do Supremo cujas decisões mais revoltaram Bolsonaro e sua militância, o presidente destilou ódio particular a Luís Roberto Barroso, especialmente pela defesa enfática das urnas eletrônicas e da segurança do sistema eleitoral brasileiro feita pelo magistrado quando presidiu o Tribunal Superior Eleitoral. Em diferentes ocasiões, o presidente o chamou de "idiota", "imbecil", "filho da puta" e disse que ele defendia a pedofilia.[27] Barroso diz que nutre admiração pelos militares. Em fevereiro de 2020, visitou pelotões de fronteira do Exército na região de São Gabriel da Cachoeira, no Amazonas, acompanhado do ministro da Defesa, Fernando Azevedo. Numa tentativa de pacificar o ambiente pré-eleitoral e transformar os fardados em parceiros, o ministro convidou as Forças Armadas para integrar a Comissão de Transparência das Eleições, criada em setembro de 2021 e composta por especialistas em tecnologia da informação de universidades, órgãos públicos e entidades da sociedade civil. A iniciativa logo seria considerada um erro tático e uma ingenuidade de Barroso. Porque, lideradas pelo general Paulo Sérgio, as Forças Armadas mergulharam de cabeça na missão, mas para reforçar as teorias de Bolsonaro — que por sua vez encarava os militares como seus vassalos. "Eles convidaram as Forças Armadas a participarem do processo eleitoral. Será que esqueceram que o chefe supremo das Forças Armadas se chama Bolsonaro?", questionou o presidente, numa provocação que se repetiria até as vésperas da eleição. O ministro Luiz Edson Fachin, que assumira a presidência do TSE no lugar de Barroso, rebateu: "Quem trata de eleição são forças desarmadas. [...] A Justiça Eleitoral está aberta a ouvir, mas jamais estará aberta a se dobrar a quem quer que seja [que tente] tomar as rédeas do processo eleitoral".

No seu primeiro mês como ministro da Defesa, o general Paulo Sérgio se encarregou de ele mesmo dar uma bordoada em Barroso. Num seminário on-line, em meio a elogios rasgados às Forças Armadas, o magistrado criticou o uso político dos militares para desacreditar o sistema de votação, àquela altura evidente e farto de exemplos. "Ataques totalmente infundados e fraudulentos ao processo eleitoral. Desde [19]96 não tem um episódio de fraude no Brasil. Eleições totalmente limpas, seguras e auditáveis. E agora se vai pretender usar as Forças Armadas para atacar? Gentilmente convidadas para participar do processo, estão sendo orientadas para atacar o processo e tentar desacreditá-lo."[28]

Paulo Sérgio fez uma nota oficial em resposta, em que classificava a fala de Barroso como "irresponsável" e "ofensa grave" às Forças Armadas.

De todos os integrantes da Comissão de Transparência, as Forças Armadas — por meio do general Heber Portella, chefe do Comando de Defesa Cibernética do Exército e porta-voz dos militares no colegiado — foram a única instituição a colocar em dúvida a segurança do sistema de votação, com questionamentos reiterados e que por vezes revelaram flagrante desconhecimento sobre seu funcionamento. Em resposta a uma das várias séries de apontamentos recebidos, a área técnica do TSE mostrou que, ao avaliar o nível de confiança do teste de integridade das urnas, os militares confundiam os conceitos de erro amostral e risco de amostragem e revelavam ignorância sobre o processo de totalização dos votos (acreditavam existir uma "sala secreta" para isso e recomendaram que a operação fosse feita via Tribunais Regionais Eleitorais, o que já ocorre). Além disso, as Forças Armadas enviaram sugestões fora do prazo estipulado pelo TSE, sendo que parte delas já estava em vigor.

Melindrado com a exposição dos erros dos militares, o general Paulo Sérgio queixou-se com Fachin de que as Forças Armadas não se sentiam "devidamente prestigiadas" na comissão. O general também solicitou ao TSE, "em caráter urgentíssimo", acesso aos códigos-fonte das urnas eletrônicas — informação que o tribunal havia colocado à disposição dos integrantes da Comissão de Transparência dez meses antes. A sucessão de disparates se completaria quando as Forças Armadas enfim enviaram um grupo de nove representantes para fiscalizar os códigos-fonte: entre eles estava o coronel Ricardo Sant'Anna, chefe da Divisão de Sistemas de Segurança Cibernética do Exército, que, conforme revelaram os repórteres Bernardo Lima e Rodrigo Rangel, usava suas redes sociais para fazer política e espalhar desinformação: nas publicações, apoiava Bolsonaro, atacava o PT (um post compartilhado por ele, com a invenção de que Lula teria roubado um faqueiro de ouro dado de presente pela rainha Elizabeth II ao presidente Costa e Silva em 1968, foi marcado como "informação falsa" pelo Facebook) e, sem elementos a sustentá-lo, colocava em dúvida a segurança do sistema eleitoral brasileiro que lhe caberia inspecionar.[29]

Sem consultar Paulo Sérgio, o TSE comunicou ao Ministério da Defesa o descredenciamento de Sant'Anna do grupo de fiscalização, facultando a possibilidade de o ministro indicar um substituto. No ofício, assinado por Fachin e pelo vice do TSE que o sucederia como presidente, Alexandre de Moraes, os magistrados afirmam que "a posição de avaliador da conformidade de sistemas e equipamentos não deve ser ocupada por aqueles que negam *prima facie* o sistema eleitoral brasileiro e circulam desinformação a seu respeito" e que "a elevada função de fiscalização do processo eleitoral há que ser exercida por aqueles que funcionam como terceiros capazes de gozar de confiança da Corte e da sociedade, mostrando-se publicamente imbuídos dos nobres propósitos de aperfeiçoamento do sistema eleitoral e de fortalecimento da democracia".[30]

Dessa vez quem se melindrou foi o Exército. O comandante Freire Gomes vinha até ali evitando se envolver diretamente na escaramuça entre Paulo Sérgio — seu superior imediato — e o TSE. O episódio do fiscalizador suspeito, descredenciado à revelia dos militares, mudou a situação. "Baseado em 'apuração da imprensa' e de forma unilateral, sem qualquer pedido de esclarecimento ou consulta ao Ministério da Defesa ou ao Exército Brasileiro, o TSE 'descredenciou' o militar. Dessa forma, o Exército não indicará substituto e continuará apoiando tecnicamente o MD nos trabalhos julgados pertinentes", divulgou a força terrestre.[31]

No comunicado, o Exército afirmou que não havia "interferências das posições pessoais dos integrantes nas tarefas das equipes, sendo o trabalho realizado de forma profissional e isenta" e que Sant'Anna fora selecionado "mercê de sua inequívoca capacitação técnico-científica e de seu desempenho profissional". Antes de rejeitar uma nova indicação, o Exército iniciou uma seleção interna para escolher um substituto para Sant'Anna. Segundo noticiou-se, o tenente-coronel Gleyson Azevedo da Silva foi apontado internamente como indicado, mas a nomeação não foi para a frente. O tenente-coronel também militava politicamente nas redes sociais (com publicações antipetistas).[32]

O caso ilustra como as medidas para coibir o uso político de redes sociais por militares da ativa tomadas na gestão Pujol e referendadas por Paulo Sérgio parecem ter tido um efeito semelhante ao de enxugamento de gelo. Quatro meses antes do imbróglio com Sant'Anna, a Meta, holding que controla o Facebook e o Instagram, informou ter derrubado uma rede de perfis e contas ligadas a dois oficiais do Exército Brasileiro que disseminavam notícias falsas sobre temas ambientais — operavam catorze perfis falsos, nove páginas no Facebook, 39 contas no Instagram e acumulavam cerca de 25 mil seguidores apenas nessas redes (mas tinham conexões também no Twitter). O nome dos militares não foi divulgado. A diferença entre os dois episódios é que Sant'Anna propagava desinformação com seu próprio nome, e os oficiais denunciados pela Meta se camuflavam atrás de identidades falsas — sua conexão com o Exército foi descoberta graças à investigação da holding norte-americana.[33]

Um dos precursores da suspeição à segurança do sistema eleitoral brasileiro foi o PSDB de Aécio Neves. Quatro dias depois de o ex-governador e ex-senador mineiro ser derrotado por Dilma Rousseff no segundo turno das eleições de 2014, o partido (então presidido por ele) requisitou ao Tribunal Superior Eleitoral uma "auditoria especial" do pleito. Desconfiava do resultado. A petista começara a apuração dos votos atrás de Aécio, e assim permaneceu durante a maior parte da contagem, assumindo a dianteira na reta final. Terminou com 3,4 milhões de votos a mais que o tucano.

Na petição ao TSE, tal qual Bolsonaro repetiria anos depois, o PSDB não se baseava em provas, mas em elementos que encontrara na internet. O documento do partido justificava:

> Nas redes sociais os cidadãos brasileiros vêm expressando, de forma clara e objetiva, a descrença quanto à confiabilidade da apuração dos votos e a infalibilidade da urna eletrônica, baseando-se em denúncias das mais variadas ordens, que se multiplicaram após o encerramento do processo de votação, colocando em dúvida desde o processo de votação até a totalização do resultado.[34]

O TSE autorizou que o PSDB contratasse uma auditoria independente. Concluído o exame, o partido não comprovou fraude, mas, antecipando o comportamento depois replicado por Bolsonaro, colocou em dúvida o sistema mesmo assim. Afirmou que os procedimentos de perícia da Justiça Eleitoral eram "insuficientes para a garantia da transparência do processo de eleições" e apresentou recomendações, entre elas a de acrescentar o voto impresso acoplado às urnas, "que servirá como um mecanismo de verificação para que o eleitor possa conferir o registro digital do seu voto antes de efetivá-lo" — mais uma ideia que inspirou o capitão.[35]

Em 2021, em meio às investidas de Bolsonaro contra o processo eleitoral e à discussão do tema no Congresso, o PSDB, numa espécie de mea-culpa pela postura pretérita, manifestou confiança no sistema e na legitimidade do resultado de 2014. O capitão, por sua vez, jamais abandonaria a antiga linha de conduta dos tucanos. Entre o primeiro e o segundo turnos das eleições de 2018, revelou desconfiança nas urnas, como se recorresse a uma vacina para o caso de derrota. "Se tivéssemos confiança no voto eletrônico, já teríamos o nome do futuro presidente da República decidido no dia de hoje", disse o candidato do PSL no dia do primeiro turno, logo após se consagrar como primeiro colocado na disputa.[36]

Admirador de Donald Trump, o capitão também se mirou nas artimanhas do empresário e político norte-americano para não aceitar derrotas, como ficou claro ao mencionar os riscos de uma Invasão do Capitólio à brasileira em 2022 caso a Justiça Eleitoral não adotasse o voto impresso. Filho mais velho do Trump tropical e um dos coordenadores de sua campanha à reeleição, Flávio Bolsonaro estimulou o clima de anarquia. Indagado numa entrevista sobre qual seria a posição das Forças Armadas se o TSE não atendesse às solicitações dos militares da Comissão de Transparência, o senador afirmou: "Essa resistência do TSE em fazer o processo mais seguro e transparente obviamente vai trazer uma instabilidade. E a gente não tem controle sobre isso".[37] Nos Estados Unidos, cabe lembrar, os militares foram um obstáculo ao putsch de Trump, deixando claro ao presidente derrotado que não endossariam sua aventura, conforme revelaram reportagens e livros com os bastidores da tentativa de golpe.

Uma das explicações para a escalada golpista do lado de baixo do Equador estava nas pesquisas. Bolsonaro conseguiu aprovar no Congresso medidas que lhe permitiram ampliar gastos em ano eleitoral e abriu os cofres públicos para aumentar o Auxílio Brasil (substituto do Bolsa Família petista) e distribuir agrados a caminhoneiros e taxistas. Mas mesmo assim continuava atrás de Lula a menos de um mês da eleição. Era a primeira vez que um presidente enfrentava um ex-presidente numa disputa. E era igualmente inédito que um presidente em primeiro mandato não liderasse a corrida à reeleição.

Lula se manteve na frente em grande parte pelo apoio maciço dos mais pobres e menos escolarizados. Nesses estratos, a vantagem do petista sobre o presidente era exponencialmente mais ampla do que nas demais faixas de renda e escolaridade. Um estudo de 2015 sobre os efeitos da introdução da urna eletrônica no Brasil publicado pelo professor de economia e relações internacionais Thomas Fujiwara, da Universidade de Princeton, nos Estados Unidos, concluiu que o sistema diminuiu o número de votos nulos e permitiu a emancipação de eleitores menos instruídos, que por consequência passaram a ter suas demandas mais consideradas na composição dos gastos públicos.[38] Isso leva a refletir que a obsessão de Bolsonaro por contestar o sistema eletrônico de votação talvez não nascesse somente das teses conspiratórias alegadas, mas ocultasse outras causas inconfessas.

Da parte dos militares, a fatalidade de o principal oponente de Bolsonaro ser Luiz Inácio Lula da Silva manteve a caserna mais uma vez unida em continência ao capitão.

Epílogo
O impasse do PT e uma festa cívica enxovalhada

Comparado ao PT de 2016, quando a deposição de Dilma Rousseff, o cerco da Lava Jato e a ascensão da direita resultaram num partido magoado, acuado e enfurecido, o PT de 2022 apresentava a cautela de quem tem chances concretas de retomar o poder. Com o principal líder de volta à disputa, o tom de confronto aberto com os atores que o partido e Lula associavam ao seu martírio deu lugar a um clima mais sintonizado ao "Lulinha paz e amor" de 2002, quando os petistas chegaram pela primeira vez ao comando do Planalto.

Rememorando: em 2016, uma resolução do Diretório Nacional do PT propôs expressamente "modificar os currículos das academias militares" e "promover oficiais com compromisso democrático e nacionalista"; no ano seguinte, o documento final do Congresso Nacional do partido apregoou

> a reformulação do papel das Forças Armadas e considerou "imprescindível" aplicar as recomendações da Comissão da Verdade sobre direitos humanos e a alteração dos currículos das escolas de oficiais, expurgando valores antinacionais e antidemocráticos como o elogio ao golpe de 1964 e ao regime militar que então se estabeleceu.

À medida que Lula consolidava sua nova candidatura, a defesa de uma postura de confronto em relação às Forças Armadas num futuro governo petista foi aos poucos sendo relativizada — ao menos para o público externo.

Em 2020, a Fundação Perseu Abramo, centro de estudos e debates do PT, publicou o Plano de Reconstrução e Transformação do Brasil, espécie de bússola programática para uma eventual retomada do poder. Embora ressalvasse que o documento precisaria "incorporar propostas mais elaboradas" para certos temas, entre eles "o papel constitucional das Forças Armadas no estado democrático", ali o partido apresentava diretrizes para o setor. No aspecto político, defendia "Forças Armadas bem equipadas, profissionais e centradas exclusivamente em suas missões democráticas"; e ressaltava que

> não é função delas intervir na vida política do país, atuando contra supostos inimigos internos. Tal visão obsoleta e antidemocrática não apenas causa grave dano ao interesse nacional, como tende a partidarizar as Forças, prejudicando sua imagem e fragilizando substancialmente o cumprimento de sua missão democrática e estritamente profissional.

Quanto à política de defesa stricto sensu, relembrava o aumento de orçamento para a área nos governos petistas — que permitiu reaparelhar e deslanchar projetos estratégicos na Marinha, no Exército e na Aeronáutica e formatar a Política Nacional de Defesa e a Estratégia Nacional de Defesa — além de propor a retomada desse rumo, com "fomento ao complexo industrial da Defesa" e "compras de alta complexidade tecnológica (como caças e submarinos de propulsão nuclear)".[1]

Dois anos depois, às portas das eleições de 2022, o programa de governo da coligação encabeçada por Lula reforçou a preocupação central: "As Forças Armadas atuarão na defesa do território nacional, do espaço aéreo e do mar territorial, cumprindo estritamente o que está definido pela Constituição". Em seguida, sem citar diretamente os militares, enviou-lhes recados:

> É necessário superar o autoritarismo e as ameaças antidemocráticas. Para sair da crise e voltar a crescer e se desenvolver, o Brasil precisa de normalidade e respeito institucional, com observância integral à Constituição Federal, que estabelece os direitos e obrigações de cada poder, de cada instituição, de cada um de nós.

[...] Repudiamos qualquer espécie de ameaça ou tutela sobre as instituições representativas do voto popular e que expressam a Constituição Federal do Brasil.²

Um dirigente partidário central tanto no programa preliminar — como presidente da Fundação Perseu Abramo — quanto no programa apresentado para as eleições — como um dos coordenadores da campanha — foi Aloizio Mercadante, filho do general Oswaldo Oliva. No intervalo entre os dois momentos, o PT debateu internamente a questão, mas, como costuma ocorrer em terrenos pantanosos, não a pacificou. Setores do partido defendem mudanças mais alinhadas aos documentos de 2016 e 2017, acrescentando a campanha por uma emenda constitucional que altere as atribuições das Forças Armadas previstas na Carta Magna. "Não dá para você manter o artigo 142 da Constituição como está, em que os militares querem posar de poder moderador", afirma o deputado Rui Falcão, ex-presidente da sigla e integrante da sua executiva nacional. A alteração visaria tanto tirar dos militares a função de garantidores da lei e da ordem como eliminar na raiz leituras enviesadas de que o texto constitucional permite às Forças Armadas atuar como poder moderador — como as que têm sido feitas equivocadamente pelo bolsonarismo, a despeito das reiteradas manifestações em contrário do Supremo e do Congresso. Para Falcão, a discussão deveria ser feita durante a campanha eleitoral, com o partido se posicionando publicamente sobre o tema. "Não adianta dizer que não vale a pena mexer com isso agora, que é melhor deixar para mexer quando for para o governo. Você tem que fazer esse debate com a população."

Figura histórica do PT e um dos especialistas do partido na área, José Genoino concorda com o colega e adiciona outras propostas com alto potencial litigioso, como a extinção da Justiça Militar. Mas admite que a chance de um novo governo petista enfrentar problemas do tipo é pequena, pela índole conciliatória de Luiz Inácio Lula da Silva. Nesse caso, o mais provável seria uma repetição, observa Genoino. O ex-guerrilheiro assumiu a presidência do PT no mesmo ano em que o ex-metalúrgico assumiu a Presidência da República, em 2003. Quando os temas mais sensíveis relacionados aos militares vinham à tona, o companheiro não titubeava. Genoino lembra que:

O Lula botou na cabeça que iria cuidar da inclusão social e construir uma política externa ativa e altiva. Quando a gente argumentava que era a hora de ele enfrentar essa questão, ele dizia: "Não vou brigar com os militares. Eu já tenho conflito demais. Não posso governar enfrentando várias frentes ao mesmo tempo". Independentemente de qualquer juízo, foi a escolha que ele fez, a partir da sensibilidade dele.

Genoino terminaria tragado pelo escândalo do mensalão e deixaria a ribalta. Condenado em 2012 pelo STF por formação de quadrilha e corrupção ativa — da segunda imputação terminaria absolvido após recurso —, cumpriu parte da pena em regime semiaberto e em 2014 foi beneficiado por um indulto natalino que extinguiu o restante da pena. De volta ao debate político, é hoje uma das figuras mais críticas à maneira como o partido conduz as relações com os militares em seus governos e um porta-voz de ideias mais à esquerda do que nos seus tempos de cacique.

Na eleição de 2018, depois da prisão de Lula, Genoino foi um dos emissários da campanha de Fernando Haddad, junto com Nelson Jobim, para fazer chegar aos militares a mensagem de que, em caso de vitória petista, não haveria caça às bruxas e que a relação com a caserna seria pautada pelo diálogo. O gesto vazou para a imprensa, ampliando o mal-estar de uma relação já agastada desde o governo Dilma.

Numa reunião do Diretório Nacional do PT, em junho de 2021, Genoino foi convidado a falar sobre os desafios na relação entre a política e os militares. Os outros expositores eram Celso Amorim e Dilma Rousseff. O ex-chanceler e ex-ministro da Defesa — para quem foram as "elites brasileiras" que produziram Bolsonaro, e não os militares — defendeu preservar uma interlocução com as Forças Armadas imune a novas escaramuças. Dilma, embora na ocasião — e nos debates do partido de modo geral — se alinhe mais com as posições de Genoino, é ao mesmo tempo mais pragmática. Em novembro de 2021, a ex-presidente participou de um seminário pelos dez anos da sanção da lei que criou a Comissão Nacional da Verdade. Recebeu uma pergunta sobre o que poderia ter sido feito nos governos de Lula e dela própria para reformar as instituições militares. Dilma respondeu que, mais importante que conquistar a Presidência da República, teria sido necessário contar com a compreensão e um apoio massivo da população nesse sentido. "Não há na história, nos últimos cem anos, nenhuma alteração substantiva em instituições substantivas que não passasse por algum nível de força organizada — ou uma força organizada militar ou uma força organizada popular." Para reformar as Forças Armadas e o Estado, disse, é imprescindível uma "correlação de forças" que a esquerda não atingiu. "Não dá pra acreditar que se mexe só ocupando o cargo de presidente, isso é uma absoluta ilusão. Você chega até um ponto, eu acho que nós chegamos ao ponto-limite."[3]

Um dos petistas mais próximos a Lula, Gilberto Carvalho expôs a encruzilhada do partido. Por um lado, ele apoia uma interlocução harmônica com os militares. O chefe de gabinete da Presidência de 2003 a 2010 e ministro da Secretaria Geral de 2011 a 2014, hoje diretor da Escola Nacional de Formação do PT, declara que os representantes do partido vão

> manter a mesma postura que tivemos nos nossos governos, de respeito ao papel constitucional das Forças Armadas, sem nenhuma restrição de nossa parte e na busca de um diálogo. A gente acha importante não permitir que os militares pura e simplesmente se alinhem ao outro lado por achar que nós somos inimigos.

Ao mesmo tempo, pondera Carvalho, o predomínio, entre os militares, de um anticomunismo arraigado, uma ideologia da Guerra Fria que orienta seu processo de formação, se apresenta como uma pendência incontornável.

> Num dado momento você tem de modernizar essa concepção. Se você não trabalhar outros conceitos na juventude militar, você vai o tempo todo gerando esse padrão de postura, da guerra interna, de as Forças Armadas se voltarem mais para repressão interna do que para a defesa da soberania nacional, esses desvios que foram ocorrendo ao longo dos tempos. Sem fazer essas reformas, você está sujeito o tempo todo a sofrer mais um golpe com forte patrocínio militar. Será inevitável encarar isso. O problema é ter correlação de forças e maturidade para fazê-lo sem causar trauma. Um próximo eventual governo — se a gente conseguir, se Deus quiser, vencer o bolsonarismo — vai ter de ser muito cauteloso, porque, se forçar uma barra nessa direção, você pode construir de novo um recuo.

É nessa chave que deve ser lida a ausência da proposta de mudança nos currículos e sistemas de promoção das Forças Armadas e de alteração do artigo 142 da Constituição no programa de governo do PT. Por mais que sejam assuntos debatidos internamente no partido.

Mas atribuir aos fardados todo o ônus pela debilidade das relações entre civis e militares desde o fim da ditadura pode esconder a parcela de culpa dos paisanos por, quase quarenta anos depois, não terem alcançado avanços civilizatórios nesse campo. Acadêmicos e políticos debruçados sobre temas de Defesa concordam que, apesar de a politização das Forças Armadas e a militarização da política promovidas pelo fenômeno Bolsonaro terem sido péssimas para a democracia, os Três Poderes, ao tangenciarem a questão, também têm sua cota de responsabilidade pelo quadro atual.

Defensor renitente dessa tese, o ex-ministro Raul Jungmann considera, por exemplo, que o loteamento de cargos federais entre militares tem mais a ver com a omissão dos políticos do que com uma cruzada totalitária de Bolsonaro.

> Aqui, o ponto é o vácuo Legislativo deixado pelo Congresso Nacional, que se omite do dever intransferível de fixar o papel das Forças Armadas e da defesa nacional. E da regulamentação desses e de outros pontos que definirão limites e espaços de ação e atuação. Cabe ao poder político essa definição, mas este sistematicamente dele se aliena, como se comprova ao constatar que a Política Nacional e a Estratégia Nacional de Defesa [...] não têm merecido qualquer atenção dos líderes, deputados e senadores.[4]

O professor canadense Stephen Saideman, que dirige a Rede Canadense sobre Defesa e Segurança e pesquisa o controle do Legislativo sobre as Forças Armadas nas principais democracias do mundo, corrobora a queixa de Jungmann. O Brasil está muito atrasado no quesito, sustenta Saideman, e as instâncias do Congresso responsáveis por fiscalizar os militares — as Comissões de Relações Exteriores e Defesa Nacional da Câmara e do Senado — são "muito fracas e ineficazes". "Isso se deve ao hiperpresidencialismo brasileiro, ao foco dividido com as relações exteriores — que recebem muito mais atenção que a Defesa — e ao fato de as comissões não terem acesso a informações sigilosas ou mesmo um poder real de influenciar [as políticas de defesa]."[5]

Para os professores Juliano Cortinhas e Marina Vitelli, a responsabilidade deve ser também partilhada com os governos petistas. Num artigo publicado no final de 2020 que examina o controle civil sobre as Forças Armadas no período em que Lula e Dilma estiveram à frente do país (de 2003 a 2016) por meio da composição e da gestão do Ministério da Defesa, os pesquisadores afirmam que os políticos do PT perderam a oportunidade de criar ou mesmo aumentar tal subordinação. O estudo conclui que os governos do partido

> representaram uma grande oportunidade perdida para o estabelecimento do controle civil sobre os militares no Brasil, o que pode ter contribuído decisivamente para que seja possível o forte intervencionismo militar na política brasileira que se observa na atualidade. Se governos de tendências mais progressistas foram incapazes de fazer as necessárias reformas no ministério, a tendência atual é de total destruição dos poucos avanços alcançados ao longo dos governos do PT.[6]

No caso específico dos petistas, há que se levar em conta as idiossincrasias de Lula, que segundo Gilberto Carvalho criou uma relação de respeito e admiração com os militares, trincada mais tarde pelo antipetismo da caserna e o alinhamento oficioso das Forças Armadas aos governos Temer e Bolsonaro:

> O presidente não perdia oportunidade de elogiá-los, inclusive os comandantes. A satisfação com que trabalhou a ideia do submarino, dos caças, a equiparação das Forças Armadas, o projeto Soldado Cidadão... Pessoalmente, ele não se conforma até hoje com a traição, não aceita. Acha um negócio inexplicável que os militares tenham servido na conspiração para nos tirar do poder e como avançaram numa posição de conspiração contra nós. Ele muitas vezes fala pra gente: "Não é possível".

Em março de 2021, logo que foi solto, Lula discursou e deu uma entrevista coletiva no Sindicato dos Metalúrgicos do ABC. Ao se referir ao tuíte do general Villas Bôas contra o habeas corpus que sua defesa solicitara ao Supremo em 2018, o ex-presidente disse:

> Fiquei preocupado e não é correto que um comandante das Forças Armadas faça o que ele fez. Eu acho que, se eu fosse presidente da República e ele tivesse aquele comportamento, ele seria exonerado a bem do serviço público na hora. Ele não está lá pra dar palpite na política, ele não está lá pra decidir quem é que vai ser presidente ou não. Quem tem que decidir é a sociedade civil, através do voto.[7]

Ao retomar a vida partidária, o ex-presidente participou de reuniões em que o tema era tratado, mas preferia ouvir a falar — caso do encontro do Diretório Nacional em que Genoino, Dilma e Amorim fizeram exposições. Como qualquer posicionamento oficial do PT sobre questões sensíveis depende do crivo de Lula, passou por ele a decisão de não criar uma resolução do partido sobre o tema, na contramão do que desejavam algumas lideranças.

Mas até que o ex-presidente se manifestou bastante a respeito. Ao criticar os militares que viraram bolsonaristas, numa entrevista a blogueiros que o apoiam, ressalvou:

> Mas essa gente não representa as Forças Armadas. Eu estou convencido — por isso que não me preocupo muito quando tenho que falar das Forças Armadas — que você tem um grupo de aproveitadores hoje. O Pazuello jamais poderia ser general, com a formação que ele tem, com a grosseria que ele tem, com a ignorância que ele tem. Não pode um homem daquele chegar a general. [...] É importante lembrar que quando eu ganhar as eleições eu serei o chefe supremo das Forças Armadas e, portanto, nós iremos discutir o papel delas, que é um papel mais nobre do que esse de agora. Eu não vejo problema nas Forças Armadas, o que eu vejo é falta de orientação. [...] Sabendo que eles não são mais que nós, que não são soberanos, não são mais importantes, não são mais inteligentes do que você, [...] do que eu, eles são iguais.[8]

Em mais de uma ocasião, Lula prometeu que, se fosse eleito, tiraria "quase 8 mil militares" de cargos comissionados — inflando consideravelmente a cifra real. Quando lançou sua candidatura, não citou militares nem Forças Armadas diretamente, mas escolheu o termo "soberania" — caríssimo à caserna — para pontuar seu discurso e mandou outros recados aos fardados. "É imperioso que cada um volte a tratar dos assuntos de sua competência. Sem exorbitar, sem extrapolar, sem interferir nas atribuições alheias."[9]

Num evento de campanha em Aracaju, lembrou do passado tumultuoso do adversário: "Fico triste quando vejo as Forças Armadas batendo continência para um cara que foi expulso do Exército Brasileiro por mau comportamento".[10] E, ao discursar no Dois de Julho, em Salvador, antecipou o teor do que seria oficializado no programa de governo:

É preciso superar o autoritarismo e as ameaças antidemocráticas. Não toleraremos qualquer espécie de ameaça ou tutela sobre as instituições representativas do voto popular. O Brasil independente e soberano que queremos não pode abrir mão de suas Forças Armadas. Não apenas bem equipadas e bem treinadas, mas sobretudo as Forças Armadas comprometidas com a democracia.[11]

Marco Edson Gonçalves Dias trabalhou no Palácio do Planalto nos oito anos do governo Lula, primeiro como assessor do ministro-chefe do GSI, general Jorge Armando Félix, depois lotado na Secretaria de Segurança, setor que por fim passou a chefiar. No período, foi promovido de coronel a general de brigada e em seguida a general de divisão, patente na qual passaria à reserva. G Dias, como é conhecido, notabilizou-se por chefiar a segurança de Lula e acompanhar o ex-presidente por toda parte, no Brasil e no exterior, no expediente e nas horas livres, o que lhe rendeu apelidos como "sombra do Lula" ou "o general do Lula". Dado o convívio tão próximo com o petista e a família dele, criou-se uma relação de amizade. Com a eleição de Dilma, G Dias voltou ao Exército e foi nomeado comandante da 6ª Região Militar, em Salvador. "O orgulho que eu tenho é que quem cuidou do presidente Lula durante oito anos agora vai cuidar da Bahia e de Sergipe", celebrou o governador Jaques Wagner na cerimônia em que G Dias assumiu o comando.[12]

O general cairia em desgraça depois de um episódio inusitado. Durante uma greve de policiais militares baianos, foi conversar com os amotinados em vigília na Assembleia Legislativa, ganhou deles um bolo (era dia de seu aniversário), abraçou um dos líderes e chorou. Num discurso aos grevistas, afirmou que independentemente das negociações deles com o governo estaria no meio dos PMs "sem colete", pois assegurava que não haveria combate entre confrades — foi aplaudido. Depois diria que foi vítima de uma armadilha de adversários para fritá-lo. Seja como for, seu comportamento à época irritou Dilma e desagradou à cúpula do Exército. G Dias terminou exonerado do comando da 6ª Região, nomeado para um cargo administrativo, e não ascenderia à quarta estrela.[13]

Militar mais próximo a Lula enquanto o petista foi presidente, G Dias foi chamado para trabalhar novamente com ele durante a campanha de 2022, como um dos responsáveis pelo complexo esquema de segurança do candidato, que tinha a participação da Polícia Federal e do GSI. O general conhecia bem os colegas, que, no segundo semestre daquele ano, compunham o Alto Comando do

Exército — foi professor de vários deles em cursos de formação em unidades de elite (como Comandos e Forças Especiais, que ele próprio integrou) e na Esao. Na falta de um interlocutor formal da campanha com a caserna, cumpriu de modo discreto esse papel.

O ex-chefe da segurança presidencial rejeita a hipótese de que a resistência da caserna a Lula e ao PT interfira num eventual novo governo do petista. "Não vejo agressividade e rejeição, como falam. Não há resistência do Alto Comando do Exército quanto a isso. Você tem que se pautar pelo artigo 142 da Constituição, não interessa qual presidente seja eleito." Para reforçar seu raciocínio, G Dias elenca os projetos estratégicos em andamento nas três Forças Armadas, a maioria iniciada nos governos de Lula, assim como a publicação da Política Nacional de Defesa, da Estratégia Nacional de Defesa e do Livro Branco da Defesa. "Pode ter um ou outro quatro estrelas ou três estrelas que não aceite ou fique em cima do muro, mas você não tem como negar o que está posto. É criar antagonismo onde não existe."

O ex-ministro Nelson Jobim, amigo de Lula e ainda com trânsito entre generais, endossa:

> [Em caso de vitória do petista], as tensões vão se reduzir, a relação vai ser boa. Militares da ativa não gostam da militarização excessiva do governo. Eles reconhecem que no período do Lula houve os maiores investimentos nas Forças Armadas. E o Lula também gostava disso e tinha muito respeito por eles.

Em setembro de 2022, Jobim e G Dias descartavam voltar a integrar o governo se o ex-presidente se elegesse. G Dias tinha convicção de que, apesar de pressões internas do PT, Lula não iria, num eventual terceiro mandato, alterar currículos das escolas militares e o sistema de promoções nas Forças Armadas.

A palavra (ou vaticínio) de G Dias até poderia ser levada em conta por seus ex-alunos do Alto Comando do Exército. Para a grande maioria dos integrantes das Forças Armadas, no entanto, os planos de Lula pouco importavam, uma vez que a ojeriza ao candidato e (principalmente) ao PT produziram outra onda de apoio militar a Bolsonaro, quatro anos depois da primeira.

Por mais que uma corrente minoritária de fardados — desiludida com a gestão desastrosa da pandemia, com o abraço ao Centrão e a degola de generais — alimentasse a esperança de uma terceira via na disputa presidencial, isto é, de um candidato de direita menos extremista e caótico que o capitão, mesmo esse grupo admitia o repeteco de 2018 se nenhum nome competitivo com tal perfil se viabilizasse em 2022.

Menos explícita desde a ascensão de Bolsonaro do que nos anos que antecederam sua eleição, a animosidade entre a geração de Villas Bôas e os petistas podia dar a impressão de ter arrefecido, mas permanecia vivíssima, bastando alguma centelha para inflamá-la. Em fevereiro de 2022, o PT lançou uma história em quadrinhos com a saga recente do seu fundador, dos processos da Lava Jato à prisão e libertação (*Lula: Da perseguição à esperança renovada*).[14] Seria um episódio lateral, mais uma ferramenta na cruzada do partido para relatar sua versão do processo que descambou em Bolsonaro. Acontece que uma passagem da HQ reacendeu escaramuças com os militares influentes. A descrição do tuíte-ameaça do comandante Villas Bôas, disparado em abril de 2018, foi ilustrada com uma imagem atual do general, fisicamente debilitado, numa cadeira de rodas e com um tubo na garganta para auxiliar na respiração. O general Etchegoyen reagiu com um artigo furioso num jornal gaúcho. Depois de desancar Lula recorrendo ao bordão favorito da direita — de que sob o PT o país foi vítima do "maior escândalo de corrupção do mundo" —, o ex-ministro do GSI escreveu que a HQ escancarava "a absoluta falta de sentimento humanitário, a ausência de qualquer limite moral, a desfaçatez com que usam uma imagem desconectada da cronologia do que relatam para aviltar um ser humano e que a covardia e a mais abjeta perversidade estão a serviço daquela candidatura".[15]

Mesmo depois de a Operação Lava Jato ser desacreditada pelas revelações da Vaza Jato — e de Sergio Moro sair brigado do governo Bolsonaro, para desconsolo dos militares —, a associação do PT com a corrupção continuava a ser apontada como uma das principais justificativas para a rejeição de Lula na caserna, junto à ligação do ex-presidente com movimentos sociais tidos como subversivos (sobretudo o MST) e à sua defesa de uma pauta de costumes progressista e "politicamente correta". Além disso, especialmente entre os mais velhos, as feridas da ditadura não cicatrizaram, como mostrou a reação figadal à Comissão Nacional da Verdade. Alguns oficiais acreditam se tratar de uma provação que só será sanada com o tempo.

Para o coronel da ativa do Exército Antoine de Souza Cruz:

Só teremos uma visão menos "apaixonada" e mais centrada, seja por um lado ou pelo outro, quando todos os atores daquela época estiverem mortos. Porque ainda há atores vivos, oriundos dos dois principais polos da época: Forças Armadas e esquerda. Veja se há alguém que discuta apaixonadamente a Revolução de 1930, por exemplo. Porque os atores daquela época estão todos mortos. Portanto, acredito que só teremos uma versão mais fiel daquele período da nossa história no futuro — chamo de "Teoria dos cinquenta anos", pois é o período em que todo esse pessoal não estará mais entre nós.

Como esse pessoal continuasse entre nós, os militares continuavam militando. A despeito das tentativas da cúpula do Exército para restringir manifestações políticas por parte de oficiais e praças da ativa, as redes sociais permaneceram palanques. Um integrante do Alto Comando da corporação admitiu que sua turma da Aman estava dominada por militantes pró-Bolsonaro, a exemplo da maioria das turmas. E não somente nas hostes verde-oliva: levantamento de julho de 2022 entre 26 generais das três Forças Armadas com contas ativas no Twitter revelou que a rede social era usada por eles como uma arena de apoio a Bolsonaro e a perfis e ideias de extrema direita.[16] Do mesmo modo, os grupos de militares em aplicativos de conversas como WhatsApp e Telegram mais pareciam comitês de campanha bolsonaristas.

O brigadeiro Nivaldo Rossato, ex-comandante da Aeronáutica, relatou, em setembro de 2022, ter saído de todos os grupos políticos de WhatsApp com colegas de farda. "Porque era difícil de conversar. Devido à polarização, ou você está junto ou é inimigo, há pouca ponderação, disposição para ouvir ou fazer uma crítica construtiva. Os integrantes dos grupos se tornaram militantes incondicionais." Para Rossato, caberia ao Exército apontar o rumo das Forças Armadas em meio às tormentas do fim do governo Bolsonaro, seja por sua dimensão (seu efetivo é maior do que a soma dos da Marinha e da Força Aérea) ou por seu perfil mais político — os oficiais, "pelo envolvimento com os problemas sociais e sua atuação em todos os recantos do país, ao se formarem na Academia, se envolvem mais com a política, e esse envolvimento aumenta com o posto", ao passo que "na Marinha e na Força Aérea o militar é muito técnico, voltado essencialmente para a operacionalidade".

Segundo o comandante, a politização crescente das Forças Armadas cobraria um preço. "Quando o militar começa a ser envolvido em política, como agora, fica exposto a críticas — cabíveis ou despropositadas — decorrentes das disputas de poder, e há uma queda na confiança dos militares junto à população." A preocupação do brigadeiro é como a já externada por Mourão e outros oficiais das três Forças Armadas, mesmo porque o reconhecimento da opinião pública já foi motivo de orgulho geral entre os fardados, até os primeiros anos do governo Bolsonaro.

E de fato, embora esparsas e sem alterações abruptas, pesquisas mais recentes sobre o tema demonstraram que houve um desgaste no prestígio dos militares em meio à população. Numa pesquisa do Datafolha publicada em setembro de 2021, por exemplo, registrou-se o menor nível de confiança da série histórica sobre a credibilidade das instituições, embora ainda alto: 37% dos entrevistados diziam confiar muito nas Forças Armadas; 39%, um pouco; e 22% afirmaram não confiar. Em abril de 2019, começo do governo, os índices haviam sido 45%, 35% e 18%, respectivamente. Outro levantamento, do XP/Ipespe de junho de 2021, mostrou a mesma tendência, mas queda ainda maior, com a confiança nos militares despencando de 70% para 58% em dois anos e meio de governo. Uma terceira, feita em 28 países pelo instituto Ipsos entre maio e junho de 2022, descobriu que os brasileiros estavam entre os que menos confiavam em suas Forças Armadas quando comparados com os habitantes de outras nações. As pesquisas detectaram ainda rejeição da maioria à participação dos militares no governo e na política e ao loteamento de cargos entre integrantes das Forças Armadas promovido por Bolsonaro.[17]

Além do movimento revelado pelas estatísticas, o embaralhamento entre militares e governo produziu outros prejuízos incomensuráveis à imagem das Forças Armadas, muito perceptíveis na cultura: a aliança entre Bolsonaro e os fardados fez a festa de cartunistas, chargistas e humoristas do país. Por quatro anos, imagens depreciativas circulavam diariamente pelo país via redes sociais. O coletivo Porta dos Fundos produziu vários esquetes em que integrantes do Exército são representados como golpistas preguiçosos, ignorantes e caricatos. Jamais na história da República as Forças Armadas haviam sido tão ridicularizadas — os verde-oliva em particular.

No final de 2021, após o naufrágio da Aliança Brasil — partido que tentou criar, mas não conseguiu assinaturas suficientes para tanto —, o presidente se filiou ao PL de Valdemar da Costa Neto, condenado no mensalão por corrupção passiva e lavagem de dinheiro, uma das forças do Centrão. A chegada do presidente provocou uma enxurrada de adesões, e o partido alcançou a maior bancada da Câmara dos Deputados.

No evento do PL em Brasília que lançou sua pré-candidatura, em 27 de março de 2022, Bolsonaro evocou a Doutrina de Segurança Nacional, uma das bases teóricas da ditadura, no que seria um mantra até as eleições: "O nosso inimigo não é externo, é interno. Não é luta da esquerda contra a direita. É luta do bem contra o mal", afirmou o presidente.[18]

Hamilton Mourão foi definitivamente rifado da nova chapa, com outro general de exército, Braga Netto, ocupando o posto de vice. Era o resultado de quatro anos de dissintonia, que nem o capitão nem o general se preocupavam em disfarçar. "O Mourão faz o seu trabalho, tem uma independência muito grande. Por vezes atrapalha um pouco a gente, mas o vice é igual cunhado, né?! Você casa e tem que aturar o cunhado do teu lado, não pode mandar o cunhado embora", disse Bolsonaro numa entrevista.[19] Dias depois, no Palácio da Alvorada, durante uma visita de Estado, o vice descontou. Ele conta às gargalhadas:

> Estava todo mundo aguardando o presidente de Portugal [Marcelo Rebelo de Souza], eu cheguei e falei ali na frente: "Aí, Bolsonaro! Chegou o cunhado. Lembra que cunhado não é parente, Mourão para presidente". Fiz logo uma brincadeira pra acabar com essa história, né?

Até meados de 2022, o general dizia não saber os motivos concretos de ter sido preterido. "Não tenho como dizer que foi o fator A, B ou C, porque o presidente nunca me chamou pra falar sobre isso." O que vigorou no período foi uma espécie de Guerra Fria entre os dois? "Sim. Levada mais por ele do que por mim, pô", responde Mourão, que se queixa de ter permanecido sem resposta. "É óbvio que eu teria tido uma conversa com ele mais detalhada a respeito do meu papel, para definir melhor isso aí e evitar os choques que ocorreram e que não precisavam ter ocorrido. Mas eu sou um homem de quase setenta anos de idade. Não dá pra ficar de mimimi. Não é comigo." O general não quis deixar a política por conta disso. Mudou de partido (trocou o PRTB pelo Republicanos) e se lançou candidato ao Senado pelo Rio Grande do Sul.

O passo seguinte na escalada golpista de Bolsonaro se deu em 18 de julho de 2022, quando convocou embaixadores estrangeiros para um briefing cujo objetivo foi desacreditar o sistema eleitoral brasileiro. Num discurso de quarenta minutos eivado de mentiras e ataques às instituições e a ministros do Supremo, o presidente mencionou dezoito vezes as Forças Armadas diante dos diplomatas. Disse, por exemplo: "Achavam que iam dominar as Forças Armadas? [...] Jamais as Forças Armadas participariam de uma farsa".

Como resposta e barreira de contenção ao extremismo bolsonarista, professores da Faculdade de Direito da Universidade de São Paulo lideraram um movimento cristalizado na "Carta aos Brasileiros", documento de compromisso com o estado de direito assinado por mais de 1 milhão de pessoas, incluindo políticos de todos os espectros ideológicos, acadêmicos de todos os campos do saber, artistas, profissionais liberais e empresários bilionários. O texto dizia:

> Ataques infundados e desacompanhados de provas questionam a lisura do processo eleitoral e o estado democrático de direito tão duramente conquistado pela sociedade brasileira. São intoleráveis as ameaças aos demais poderes e setores da sociedade civil e a incitação à violência e à ruptura da ordem constitucional. [...] No Brasil atual não há mais espaço para retrocessos autoritários. Ditadura e tortura pertencem ao passado. A solução dos imensos desafios da sociedade brasileira passa necessariamente pelo respeito ao resultado das eleições.[20]

Cinco dias depois do lançamento da carta, Alexandre de Moraes assumiu a presidência do Tribunal Superior Eleitoral, em Brasília, numa cerimônia grandiloquente que reuniu a cúpula dos Três Poderes, incluindo Jair Bolsonaro, e quatro ex-presidentes (Sarney, Lula, Dilma e Temer). Em sua fala, mandou vários recados ao chefe do Executivo, defendendo a democracia e o sistema eleitoral e repelindo a desinformação e o discurso de ódio. Enquanto era aplaudido de pé pelo auditório, Bolsonaro não esboçou reação.

Numa pirueta do destino, o ministro odiado pelo presidente da República passou a ser considerado uma esperança de pacificação na contenda das urnas, entre outras coisas por ter uma interlocução com as Forças Armadas melhor do que a de seu antecessor no comando do TSE — na caserna e na direita de modo geral, Edson Fachin era considerado um "ativista" e foi alvo de repetidas mentiras, como a de que advogou para o MST. Mas a pacificação se mostrou ilusória. Primeiro, em uma decisão do corregedor-geral Mauro Campbell, o TSE determinou a exclusão dos vídeos da mise-en-scène golpista do presidente com os embaixadores de suas redes sociais, o que o YouTube já havia feito por conta própria.[21]

O conflito renasceria com mais força quando, atendendo a um pedido da Polícia Federal, Alexandre de Moraes autorizou o cumprimento de mandados de busca e apreensão contra empresários bolsonaristas que tiveram, ainda, seus sigilos bancário e telemático quebrados, além de suas contas em redes sociais bloqueadas. A decisão — no âmbito do inquérito das milícias digitais do Supremo, que investiga quadrilhas de disseminação de fake news e ataque às instituições — foi motivada por conversas em um grupo de WhatsApp em que os empresários trataram de compra de votos para impedir a vitória de Lula e um deles disse preferir um golpe de Estado à volta do PT, entre outras inconfidências típicas de extremistas. Integravam o grupo Luciano Hang (Havan), Meyer Nigri (Tecnisa), Afrânio Barreira (Coco Bambu), José Koury (Barra World Shopping, o que afirmou preferir um golpe ao PT) e José Isaac Peres (Multiplan), entre outros.[22]

Embora Moraes aponte genericamente a conexão dos empresários com o inquérito em curso no STF como motivação para a autorização, o pedido da PF atendido pelo ministro se baseou principalmente numa reportagem do portal Metrópoles — assinada pelos repórteres Guilherme Amado, Bruna Lima e Edoardo Ghirotto. A ausência de elementos adicionais provocou críticas de advogados — para quem defender golpe ou outras aberrações numa conversa privada pode ser moralmente condenável, mas não configura crime — e gerou revolta nos empresários, que se disseram perseguidos, e no presidente e em sua militância, incluindo aí a "família militar". Generais influentes se queixaram de que o ministro do Supremo ampliava o ambiente de instabilidade e contribuía para a radicalização dos embates políticos às vésperas da eleição. Respaldado pelos seus, Bolsonaro voltou ao ataque, chamando Moraes de "vagabundo" — sem, no entanto, mencionar diretamente o nome dele.[23]

O resto do mundo acompanhava com apreensão a situação brasileira. Enquanto vizinhos sul-americanos, revertendo a onda neoliberal que marcara a década anterior, realizavam trocas sensíveis de governantes sem maiores sobressaltos — depois de os chilenos elegerem o jovem marxista Gabriel Boric, os colombianos levaram ao poder Gustavo Petro, primeiro presidente de esquerda da história do país, tendo como vice uma mulher negra, Francia Marques —, o Brasil seguia enredado em incertezas típicas do século passado quanto ao seu processo eleitoral, causando estupor na mídia internacional. Os veículos de imprensa influentes do planeta tentavam entender a barafunda em que Bolsonaro atolara o país com o putsch do sistema eleitoral e perguntavam se poderia realmente haver uma quebra democrática.

Nem no Brasil se encontrava uma resposta assertiva. Se por um lado parecia seguro dizer que, em caso de derrota de Bolsonaro, um golpe de Estado clássico era impraticável — por resistência dos altos-comandos das Forças Armadas, por falta de respaldo dos Estados Unidos e da comunidade internacional, por falta de apoio do establishment brasileiro e porque hoje os autocratas o fazem corrompendo as instituições por dentro, como mostram Hungria, Polônia, Rússia, Turquia, Venezuela e Nicarágua, entre outros —, por outro lado, os riscos de outro formato de ruptura institucional pairavam no horizonte, até porque o presidente os renovava diuturnamente. Especulava-se que, insufladas por seu líder, as milícias bolsonaristas seriam capazes de tentar sua própria invasão do Capitólio, ou um golpe à Bolívia de 2019 (sem intervenção direta das Forças Armadas, mas com conivência delas e da polícia, o presidente Evo Morales, reeleito, foi forçado a deixar o país) ou mesmo uma atualização da Marcha sobre Roma dos fascistas em 1922.

A maioria dos militares nunca levou nenhuma dessas possibilidades muito a sério. Quando o assunto vinha à tona, um general gostava de escarnecer que "nosso Capitólio" [o Congresso Nacional] já fora invadido em protestos de Sem-Terra, de indígenas e de movimentos, sem que houvesse comoção.

Ainda que um golpe clássico não parecesse perto de acontecer, algumas circunstâncias pediam prudência. Em caso de desobediência pós-eleitoral, se algum governador ou chefe de poder solicitasse uma GLO (operação de Garantia da Lei e da Ordem com o emprego das Forças Armadas), a autorização para o envio das tropas seria dada, ou negada, pelo presidente de República — mais um embaraço decorrente do artigo 142. Ademais, desde a reabertura política, os integrantes do Exército, da Marinha, da Aeronáutica e das polícias nunca tinham estado tão alinhados com um presidente como estavam com Bolsonaro.

Apesar de a esquerda brasileira reclamar da influência dos Estados Unidos sobre instituições e sobre as Forças Armadas nacionais — fenômeno potencializado pelos indícios de cooperação do Departamento de Justiça com a Operação Lava Jato fora dos canais oficiais e, no setor de Defesa, pela ampliação do intercâmbio entre os militares dos dois países no governo Bolsonaro —, vieram da Casa Branca e de congressistas norte-americanos sinais contundentes de que a principal potência mundial não toleraria uma aventura golpista no maior país do hemisfério sul. Um dia depois da exposição conspiratória de Bolsonaro a embaixadores, o governo dos Estados Unidos divulgou uma nota na contramão da cruzada do presidente: "As eleições brasileiras conduzidas e testadas ao longo do tempo pelo sistema eleitoral e instituições democráticas servem como modelo para as nações do hemisfério e do mundo".[24]

Segundo a agência Reuters, o diretor da CIA, William Burns — mais alta autoridade americana a se reunir com o governo Bolsonaro em Brasília desde a eleição de Joe Biden —, aconselhou homólogos brasileiros a estancar os questionamentos de Bolsonaro ao sistema eleitoral do país. Bolsonaro refutou a informação da agência. Embaixador dos Estados Unidos no Brasil entre 2009 e 2013 e diplomata influente naquele país em temas de América Latina, Thomas Shannon diagnosticou, em entrevista, que Bolsonaro preparava um roteiro para derrota semelhante ao de Trump e disse que, em caso de ruptura democrática, "o Brasil ficaria isolado, ao menos no hemisfério ocidental e na Europa".[25] No Congresso dos Estados Unidos, parlamentares apresentaram diversas medidas para pressionar os governos norte-americano e brasileiro a respeitar o resultado das urnas. Uma emenda, que não chegou a ser votada, propunha impedir Washington de cooperar com as Forças Armadas brasileiras em caso de interferência dos militares no processo eleitoral.[26]

Certa vez, durante a crise que precedeu o impeachment de Fernando Collor em 1992, perguntaram ao ex-presidente Figueiredo se havia possibilidade de um novo golpe militar no país, como então se especulava. Os militares que dão golpes, respondeu o último presidente general da ditadura, não avisam antes, "explicam depois".[27] Integrantes do Alto Comando do Exército em 2022 negavam com veemência um risco de golpe. A qualquer menção sobre o assunto, louvavam a "vocação democrática" da corporação verde-oliva e a incolumidade das cadeias de comando das Forças Armadas.

O brigadeiro Rossato, ex-comandante da FAB, compartilhava esse sentimento. Tinha segurança de que a Marinha e a Aeronáutica não embarcariam numa quebra democrática — a menos que o Exército as conduzisse a isso. "Se o Exército não participar de uma ruptura, dificilmente a Marinha e a Força Aérea participarão. Se entrar, pode ter ou não o apoio das outras duas." Rossato reconheceu que "os militares, de uma maneira geral, no momento, são bolsonaristas", mas opinou que as Forças Armadas "são legalistas e continuarão a apoiar qualquer governo em benefício da nação".

> Atualmente, apesar da polarização extrema e independentemente de posições individuais da tropa, quem decide são os oficiais-generais, mais precisamente os comandantes e seu Alto Comando. Penso que na hora agá eles vão pensar muito, porque todos têm responsabilidade sobre o futuro do país, sobre as suas Forças, todos têm família, todos sabem qual o risco de uma ruptura institucional.

Apesar de ter protagonizado durante seu mandato inúmeros atos que poderiam configurar crimes de responsabilidade, como o putsch dos embaixadores, e de ser o recordista de pedidos de impeachment entre presidentes (eram 147 em setembro de 2022), Bolsonaro não teve dores de cabeça nem no campo penal nem no de responsabilização política — permaneceu até o fim blindado pelo procurador-geral da República, Augusto Aras, o único que poderia denunciá-lo, e pelo aliado Arthur Lira, o presidente da Câmara e líder do Centrão, o único que poderia autorizar a abertura de um processo de cassação no Congresso.[28]

Se perdesse a disputa ao segundo mandato, sem as prerrogativas e imunidades garantidas pelo cargo, o presidente ficaria bem mais exposto a processos. Começaram a circular em Brasília rumores de que buscava negociar algum acordo para assegurar que ele e seus filhos não seriam presos em caso de derrota — em troca do compromisso de acatar o resultado sem estimular investidas golpistas.

Independentemente de ser ou não reeleito, era evidente que Bolsonaro permaneceria como um líder influente da direita brasileira, o mais poderoso desse campo na história recente do país. E que a militarização da política alavancada por ele em escala inédita também iria perdurar por algum tempo. O boom de candidaturas militares de 2018 repetiu-se em 2022[29] — principalmente graças a egressos das polícias, uma vez que o número de oriundos das Forças

Armadas teve uma ligeira redução, conforme levantamento do general Sebastião Peternelli, que tentava a reeleição como deputado.

Nesse batalhão, além de Eduardo Pazuello, concorriam pela primeira vez a uma vaga de deputado federal dois auxiliares de Bolsonaro, o tenente da reserva do Exército Mosart Aragão (PL-SP) e o ex-PM e ex-segurança do presidente Max Guilherme (PL-RJ). O subtenente Hélio Lopes (que em 2018 se elegera com o nome de Hélio Bolsonaro, artifício desta vez vetado pela Justiça Eleitoral para ele e para Max Guilherme) buscava a reeleição.

Também se submeteriam às urnas como linhas auxiliares do bolsonarismo figuras importantes do turbulento mandato do presidente, caso do delegado Alexandre Ramagem (cuja nomeação para a direção da Polícia Federal foi barrada por Alexandre de Moraes) e do caminhoneiro Zé Trovão (insuflador do Sete de Setembro de 2021 que fugiu do país e depois foi preso). E alguns políticos profissionais cuja sabujice e subserviência a Bolsonaro superaram as raias do ridículo, como Onyx Lorenzoni — que costumava comparar o presidente a Jesus Cristo e delirava em discursos ao dizer sobre o chefe coisas como: "Não há, na história brasileira do último século, e pode incluir este também, uma escolha mais bem-feita pelo povo brasileiro". Titular de quatro diferentes ministérios nos quatro anos de governo (Casa Civil, Cidadania, Secretaria-Geral e Trabalho e Previdência), Onyx terminou em primeiro lugar na disputa pelo governo do Rio Grande do Sul, que seria decidida em segundo turno.

Em junho de 2022, participantes de um evento com Lula, no interior de Minas, foram atingidos por excrementos atirados de um drone. Em julho, um homem lançou uma bomba caseira recheada com fezes contra a plateia de outro ato com o candidato petista, na Cinelândia, Centro do Rio. No mesmo dia, o carro do juiz federal Renato Borelli, autor do mandado de prisão contra o ex-ministro da Educação Milton Ribeiro, foi atingido por fezes, terra e ovos em Brasília.

Naquela mesma quinta-feira, o presidente Jair Bolsonaro disse em sua live semanal:

Se o pessoal do Comando de Defesa Cibernética do Exército detectar fraude, não vai valer de nada[30] esse trabalho, porque o sr. Fachin já declarou que isso não muda o resultado das eleições. Não preciso aqui dizer o que estou pensando, o que você está pensando. Você sabe o que está em jogo, e você sabe como deve se preparar, não para um novo Capitólio, ninguém quer invadir nada, mas nós sabemos o que temos que fazer antes das eleições.

Três dias depois, o guarda municipal Marcelo Arruda, dirigente do PT em Foz do Iguaçu (PR), comemorava seu aniversário de cinquenta anos numa festa privada com amigos e parentes. O policial penal federal bolsonarista Jorge Guaranho invadiu o local e matou Arruda a tiros, depois de gritar insultos contra o PT e loas a Bolsonaro.

Em setembro, com o intuito de coibir a violência política nas eleições, o ministro Edson Fachin suspendeu trechos de decretos presidenciais que facilitavam a compra e o porte de armas de fogo. Bolsonaro retrucou que reverteria a decisão do magistrado depois das eleições, deixando no ar como o faria. "Acredite em mim, acabando as eleições, em uma semana a gente resolve isso; acabando as eleições, eu sendo eleito, a gente resolve esse problema e outros problemas, pode ter certeza disso."[31]

Alexandre de Moraes aceitou se reunir com o ministro da Defesa, general Paulo Sérgio Nogueira — Fachin se recusara —, e ambos divulgaram a disposição do TSE de tentar atender a pelo menos mais um dos pleitos dos militares sobre as urnas eletrônicas.

Avançando nas investigações sobre o crescimento patrimonial do presidente da República, os repórteres Thiago Herdy e Juliana Dal Piva revelaram que 51 dos 107 imóveis adquiridos por Bolsonaro, seus filhos e irmãos desde os anos 1990 haviam sido pagos total ou parcialmente com dinheiro vivo.[32]

Foi nesse cenário distópico que o Brasil comemorou o bicentenário da sua independência. Um mês antes da festa, Bolsonaro anunciou que o desfile militar no Rio seria transferido para a praia de Copacabana, habitual palco de atos políticos dos seus seguidores. Ele convocara a militância para um comício no mesmo dia e local. O Exército, por meio do Comando Militar do Leste, avisou que, por motivos logísticos e de segurança, seria impossível atender ao capricho do presidente. A prefeitura do Rio fez o mesmo, e o prefeito Eduardo Paes anunciou que o desfile aconteceria no lugar de sempre, a avenida Presidente Vargas, no Centro. "Evento organizado aonde o Exército solicitou e aonde sempre foi feito. Simples assim!", escreveu no Twitter. Dias depois, teve de retificar. Não havia como organizar uma parada militar de última hora em Copacabana, ainda mais em meio a um ato político, e o evento foi cancelado. Paes então voltou à rede social e escreveu:

> Fui informado pelo comandante militar do Leste que este ano não teremos o tradicional desfile militar na Presidente Vargas e nem na praia de Copacabana. O ato do Exército vai se dar em um pequeno trecho na avenida Atlântica, próximo ao Forte de Copacabana, sem arquibancada ou desfile. [...] Repito: a parada militar não será na Presidente Vargas nem em Copacabana. Essa é a solicitação que recebi do Exército Brasileiro.[33]

O desfile militar na avenida Presidente Vargas tem um enorme valor simbólico para o Exército. Foi naquele lugar, quando a avenida ainda não havia sido inaugurada no Estado Novo e batizada com o nome do então ditador, que o marechal Deodoro proclamou a República. Foi ali que, em 1945, as tropas da Força Expedicionária Brasileira desfilaram ao voltar da Europa com a vitória na Segunda Guerra. É lá, ainda, que fica o monumental prédio art déco do antigo Ministério da Guerra, atual quartel-general do Comando Militar do Leste, em frente ao qual está o Panteão Duque de Caixas, com uma enorme estátua equestre do homenageado, sob a qual se encontra o mausoléu onde repousam os restos mortais do patrono do Exército.

Bolsonaro conseguiu quebrar essa tradição nos duzentos anos da Independência. Sem o desfile militar, as Forças Armadas se apresentaram na praia mais famosa do Brasil por meio da tradicional parada naval, de exibições da Esquadrilha da Fumaça e de paraquedistas e salvas de artilharia.

O presidente passou a manhã do dia 7 em Brasília. A cerimônia na capital foi marcada por ausências no palanque oficial: os outros chefes de Poderes — Luiz Fux, do Supremo, e Rodrigo Pacheco, do Congresso — não atenderam ao convite de Bolsonaro. Nem seu fiel aliado Arthur Lira, presidente da Câmara, apareceu. Ao lado do chefe do Executivo, no lugar de honra dos festejos, estava Luciano Hang, o empresário que dias antes fora um dos alvos dos mandados de busca e apreensão autorizados por Alexandre de Moraes.

Mas, tal como em 2021, havia uma multidão fervorosa na Esplanada dos Ministérios. A praia de Copacabana e a avenida Paulista também receberam grandes públicos. A menos de um mês das eleições, Lula permanecia isolado na liderança das pesquisas, mas Bolsonaro diminuíra a distância, que em setembro girava em torno de treze pontos percentuais. Nas simulações de segundo turno, porém, o presidente pouco avançava, indicando que sua alta rejeição poderia impedir a reeleição. Mas o jogo estava aberto. Os comícios do Sete de Setembro serviram para mostrar que sua base continuava coesa, fiel e fanática. Uma pesquisa da USP em Copacabana mostrou que 71% dos presentes não confiavam nas urnas eletrônicas e 69% defendiam intervenção militar se entendessem que o resultado das eleições fosse fraudado.[34]

Bolsonaro fez dois discursos, um de manhã em Brasília, outro de tarde no Rio. A data histórica passou em branco em ambos. Substituído por uma fala de animador de palanque, o civismo lugar-comum que o presidente tanto exalta não deu as caras: a palavra "independência" nem sequer foi pronunciada; não houve menção a d. Pedro I, tampouco ao grito do Ipiranga ou a qualquer personagem ou representação simbólica do Sete de Setembro.

"Hoje vocês têm um presidente que acredita em Deus, que respeita os seus policiais e seus militares", discursou em Brasília — repetiria o apelo no Rio —, antes de transformar o ato num comício escancarado. "A vontade do povo se fará presente no próximo dia 2 de outubro. Vamos votar. Vamos convencer aqueles que pensam diferente de nós. Vamos convencê-los do que é melhor para o nosso Brasil." Embora mais cauteloso e menos abertamente golpista que em 2021, Bolsonaro também fez ameaças: "Pode ter certeza, é obrigação de todos jogarem dentro das quatro linhas da Constituição. Com uma reeleição, nós traremos para dentro dessas quatro linhas todos aqueles que ousam ficar fora dela".[35]

Houve espaço para uma cena machista grotesca. Depois de exaltar a primeira-dama Michelle e sugerir que homens solteiros procurassem uma "princesa", instou a multidão a saudá-lo com um coro: "Imbrochável, imbrochável, imbrochável". Foi atendido.

No Rio, o presidente aproveitou para atacar o favorito para vencê-lo em outubro. "Todos os chefes dessas nações [Venezuela, Argentina e Nicarágua] são amigos do quadrilheiro de nove dedos que disputa a eleição no Brasil. Esse tipo de gente tem que ser extirpado da vida pública."

No Dia da Pátria, Jair Bolsonaro mais uma vez desfilou para o seu exército.

Agradecimentos

Otavio Marques da Costa foi um editor sempre solícito e generoso. Sou muito grato por sua competência, seriedade e ponderação, que tornaram menos penoso produzir num período tão difícil do país e do mundo. Meu reconhecimento a toda a equipe da Companhia das Letras que trabalhou por este livro: Luiz Schwarcz, Lucila Lombardi, Marina Munhoz, Lara Salgado, Beatriz Antunes, Matheus Souza, Allanis Carolina, Vitória Soares, Erica Fujito, Bianca Arruda, Mariana Figueiredo, Max Santos, João Victor de Araújo, Bruna Frasson, Tomoe Moroizumi, Cê Oliveira, Marina Saraiva, Baby Siqueira Abrão, Érico Melo, Luciano Marchiori, Osmane Garcia Filho, Ana Maria Barbosa e Carmen T. S. Costa. Obrigado a Raul Loureiro pela bela capa, valorizada com uma grande imagem de Orlando Brito (em memória), fotógrafo que documentou como ninguém os militares no poder.

Dos papos na ponte aérea a um empurrão fundamental para este livro virar realidade, Maria Emilia Bender merece toda a minha gratidão. Na pesquisa, dei sorte de poder contar com o talento da repórter e amiga Gabriela Sá Pessoa (antes de ela voar de novo pelo mundo). Marcelo Soares escrutinou e analisou dados com a sagacidade habitual. Clarissa Moser foi diligente e ágil na transcrição de áudios. Agradeço ainda aos funcionários das bibliotecas da FAU-Maranhão e do Mackenzie, refúgios quando o trabalho em casa travava.

Paula Soprana acompanhou o projeto desde o princípio. Sem seu amor, seu companheirismo e sua alegria, tudo seria mais árduo. Obrigado pelo incentivo, pela leitura e pela paciência quando os mergulhos na lida consumiram tempo demais.

Gazo, Adri e Caia: "O outro que há em mim é você, você e você". Nossa sina é dividir vida afora o afeto compartilhado desde o berço — e estendido a Élker, Ricardo e Almir e a meus sobrinhos e sobrinhas: Lucas, Tiago, Tomás, Thales, Clara e Marina. Só a gente e a gente tudo.

Quando este livro começava a andar, meu grande amigo Lucas Ferraz teve seu irmão, Gabriel, assassinado covardemente. Junto-me a ele e à querida Cássia no clamor por esclarecimento e justiça. E agradeço pelas longas conversas transatlânticas, pela leitura e pelas dicas preciosas de quem desbravou pouco antes as veredas espinhosas de autor iniciante. É um conforto saber que ao lado dele está outra grande amiga, Flaminia Propersi.

Um livro não se encerra em si e, queira ou não o autor, muita gente toma parte nessa construção, antes mesmo de a ideia nascer. Na impossibilidade de mencionar todo mundo, assumo o risco de omissão ao nominar quem de algum modo contribuiu diretamente para este trabalho e/ou esteve mais por perto nos últimos cinco anos, repartindo amizade, carinho, cumplicidade, troca intelectual, incentivo profissional — ou tudo junto: Bia e as famílias Perez Paschoal (com um beijo especial pro Lino), Paulo Melo Junior e Natália Dias, Avener Prado e Veridiana Mott, Carlos Leitão, Pedro Carlos Carneiro, Marcos Pierry, Raquel Cozer, Graciliano Rocha, Wálter Nunes, Francesca Angiolillo, Fáfa Pimentel Lins, Renata Lins, Marcelo Lins, Juliana Lins, Maria Aline Gomes de Souza, Paulo Victor, Alessandro Soares e Elcylene Leocádio, Aprigio Fonseca e Tita Didier, Frederico Fonseca, Leandro Valverdes e Leila Meneghetti, Melchiades Filho e Renata Lo Prete, Mário Magalhães, José Geraldo Couto, Marco Rodrigo Almeida, Fernanda Mena, Ivan Finotti, Daigo Oliva, Roberto Dias, José Henrique Mariante, Sérgio Dávila, Vinicius Mota, José Mario Pereira, Evandro Éboli, João Marcelo Melo, Rodrigo Campos, Marcus Vinicius Marinho, Juliana Vettore, Felipe Seligman, Tom Phillips, Rafael Cariello, Roberto Kaz, Bernardo Esteves, Marina Darmaros, Marina Rossi, Andrew Downie, Camila Berto, Ruan de Sousa Gabriel, Thelma Aviani, Natália Viana, Thiago Domenici, Rodrigo Levino, Luiz Fernando Vianna, Luiz Antônio Araújo, Priscila Lambert, Elizete Lourenço, Ricardo Goldenberg, Jamilson Castro, Gustavo Gusso, Carla Bissacione, Roberta Buffone, Eliara Bueno.

Por fim, minha gratidão e meu reconhecimento a profissionais de saúde, pesquisadores, cientistas, jornalistas, servidores públicos e políticos dos Três Poderes que se uniram para minimizar a pandemia de covid-19 e o luto coletivo por ela causado. A cada pessoa, enfim, que combateu o obscurantismo, a ignorância e a indiferença diante da morte e do sofrimento alheio.

Notas

PRÓLOGO [pp. 9-17]

1. Rodrigo Mattos, "Indicado como ministro por Bolsonaro tinha supersalário com verba pública", UOL, 18 out. 2018. Disponível em: <https://noticias.uol.com.br/politica/eleicoes/2018/noticias/2018/10/18/general-heleno-ministro-bolsonaro-supersalario-recursos-publicos.htm>. Acesso em: 13 set. 2022.
2. Fabio Victor, "Tucanaram a ditadura", *piauí*, n. 141, jun. 2018. Disponível em: <https://piaui.folha.uol.com.br/materia/tucanaram-a-ditadura/>. Acesso em: 13 set. 2022.
3. "Braga Netto nega que tenha havido ditadura no Brasil", 18 ago. 2021. Disponível em: <https://congressoemfoco.uol.com.br/area/governo/braga-netto-nega-que-tenha-havido-ditadura-no-brasil/>. Acesso em: 13 set. 2022.
4. Frank D. McCann, *Soldados da pátria: História do Exército brasileiro 1889-1937*. São Paulo: Companhia das Letras, 2007.

PARTE I

1. UMA FAMÍLIA (E UM AMIGO) CONTRA A COMISSÃO DA VERDADE [pp. 21-37]

1. O período estipulado na lei que criou a CNV era maior, de 1946 a 1988, mas os trabalhos do colegiado se concentraram na ditadura iniciada em 1964.
2. Relatório Final Comissão Nacional da Verdade. Disponível em: <http://cnv.memoriasreveladas.gov.br/>. Acesso em: 9 jun. 2022.

3. Tania Monteiro, "Primeiro general da ativa chama relatório da Comissão da Verdade de 'leviano'", *O Estado de S. Paulo*, 11 dez. 2014. Disponível em: <https://politica.estadao.com.br/noticias/geral,primeiro-general-da-ativa-chama-relatorio-da-comissao-da-verdade-de-leviano,1605521>. Acesso em: 9 jun. 2022.

4. Relatório Final Comissão Nacional da Verdade. Disponível em: <http://cnv.memoriasreveladas.gov.br/images/pdf/Defesa_FFAA_esclarecimentos_2014_09_19.pdf>. Acesso em: 9 jun. 2022.

5. Eliane Cantanhêde, "Militares dizem não poder negar tortura durante a ditadura, *Folha de S.Paulo*, 20 set. 2014. Disponível em: <https://m.folha.uol.com.br/poder/2014/09/1519102-militares-dizem-nao-poder-negar-tortura-durante-a-ditadura.shtml>. Acesso em: 9 jun. 2022.

6. *O Globo*, 21 set. 2014.

7. Lucas Ferraz, "Em crise, Comissão da Verdade encerra grupo investigativo", *Folha de S.Paulo*, Poder, 28 set. 2013; Julia Duailibi, "A verdade da comissão", *piauí*, n. 91, abr. 2014. Disponível em: <https://piaui.folha.uol.com.br/materia/a-verdade-da-comissao/>. Acesso em: 30 ago. 2022.

8. Paulo Abrão e Marcelo Torelly, "Mutações do conceito de anistia na Justiça de Transição brasileira: A terceira fase da luta pela anistia". In: Giuseppe Tozzi et al. (Orgs.). *Justiça de Transição: Direito à justiça, à memória e à verdade*. João Pessoa: Editora da UFPB, 2014.

9. João Pedro Pitombo, "Novo ministro defende 'movimentos suaves' na revisão da ditadura militar", *Folha de S.Paulo*, 29 dez. 2014. Disponível em: <https://m.folha.uol.com.br/poder/2014/12/1568292-novo-ministro-defende-movimentos-suaves-na-revisao-da-ditadura-militar.shtml>. Acesso em: 9 jun. 2022.

10. "Cruz pune com reclusão de 8 dias Etchegoyen", *Jornal do Brasil*, 1 out. 1983.

11. "Etchegoyen passa à reserva", *O Globo*, 13 abr. 1983, p. 2.

12. Maria Celina D'Araujo, Gláucio Ary Dillon Soares e Celso Castro, *Visões do golpe*. Rio de Janeiro: Nova Fronteira, 2014.

13. "Capitão é preso porque não concorda com Cruz", *O Estado de S. Paulo*, 1 out. 1983.

14. Maria Celina D'Araujo, Gláucio Ary Dillon Soares e Celso Castro, op. cit.

15. Chico Otavio e Marcelo Remígio, "Casa da Morte: Investigações revelam nomes de cinco agentes que atuaram em torturas", *O Globo*, 17 mar. 2014.

16. General Aricildes de Moraes Mota (Coord. geral), *História oral do Exército — 31 de março de 1964, O Movimento Revolucionário e sua história*. Rio de Janeiro: Biblioteca do Exército, 2003. Tomos 1 a 15.

17. Maria Celina D'Araujo e Celso Castro, *Ernesto Geisel*. Rio de Janeiro: FGV Editora, 1997.

2. EVA ENTRE OS GENERAIS [pp. 38-47]

1. Jorge Zaverucha, *Frágil democracia*. Rio de Janeiro: Civilização Brasileira, 2000.

2. Celso Castro, *General Villas Bôas: Conversa com o comandante*. Rio de Janeiro: FGV Editora, 2021, p. 173. Edição do Kindle.

3. Disponível em: <https://m.facebook.com/jairmessias.bolsonaro/videos/decreto-8515-marxismo-nas-for%C3%87as/534175430064781/?_se_imp=0mjakhzWiBuPZARAf>. Acesso em: 28 set. 2022.

4. Disponível em: <https://blogs.oglobo.globo.com/merval-pereira/post/burocracia-ou-politica.html>. Acesso em: 28 set. 2022.

5. Disponível em: <https://www.defesanet.com.br/crise/noticia/20306/Nelson-Jobim---Decreto-sobre-os-Militares/>. Acesso em: 28 set. 2022.

6. "O Ministério da Defesa era completamente aparelhado no passado. Sabiam que a Eva Chiavon, casada com o zero dois do MST, ocupou cargo estratégico da Defesa no governo Dilma? Até isso acontecia. Deus salvou a gente", disse o presidente Bolsonaro em 2019. Chiavon rebateu: "Impressionante como Bolsonaro expõe suas fraquezas, atacando quem trabalhou em lugar de destaque no governo e ainda se apropria de feitos daquela época como se fossem seus [...] feitos realizados ou autorizados pela presidenta Dilma e outras mulheres do seu governo, enquanto ele ainda era um deputado obscuro e do baixo clero no Congresso Nacional. Que ele deixe de usar mulheres como escudo para suas debilidades".

7. Diretório Nacional do PT, *Resoluções sobre conjuntura*, 17 maio 2016. Disponível em: <https://pt.org.br/wp-content/uploads/2016/05/Resolu----es-sobre-conjuntura-Maio-2016.pdf>. Acesso em: 9 jun. 2022.

8. Eliane Catanhêde, "PT irrita Exército, *O Estado de S. Paulo*, 19 maio 2016. Disponível em: <https://politica.estadao.com.br/blogs/eliane-cantanhede/pt-irrita-exercito/>. Acesso em: 9 jun. 2022.

9. Fabio Victor, "Mal-estar na caserna", *piauí*, n. 138, maio 2018. Disponível em: <https://piaui.folha.uol.com.br/materia/mal-estar-na-caserna/>. Acesso em: 30 ago. 2022.

10. Resoluções do 6º Congresso Nacional do PT, "Marisa Letícia Lula da Silva". Disponível em: <http://www.pt.org.br/wp-content/uploads/2017/07/caderno-de-resolucoes-do-6-congresso-nacional-do-pt.pdf>. Acesso em: 9 jun. 2022.

11. Celso Castro, op. cit., p. 1.

12. "A participação das Forças Armadas no governo: Um novo normal?", Íntegra, 5 nov. 2019. São Paulo: Fundação Fernando Henrique Cardoso, 2019. Disponível em: <https://www.youtube.com/watch?v=lVmiTzEtQQI>. Acesso em: 9 jun. 2022.

3. LEÔNIDAS NO COMANDO [pp. 48-53]

1. Marco Maciel, "Compromisso com a nação", *Revista de Informação Legislativa*, Brasília, ano 47, n. 187, jul./set. 2010. Disponível em: <https://www2.senado.leg.br/bdsf/bitstream/handle/id/198652/000836750.pdf?s.>. Acesso em: 9 jun. 2022.

2. Plínio Fraga, *Tancredo Neves, o príncipe civil*. Rio de Janeiro/São Paulo: Objetiva, 2017. Entrevista de Leônidas Pires Gonçalves a Geneton Moraes Neto, 21set. 2010. Disponível em: <http://www.abi.org.br/a-fala-do-general-no-abi-online/> (versão texto) e <https://www.youtube.com/watch?v=pUC9SpfXMKo> (vídeo). Acesso em: 9 jun. 2022.

3. Apud Elio Gaspari, *A ditadura acabada*. Rio de Janeiro: Intrínseca, 2016, v. 5.

4. Eduardo Gayer, "Mourão debocha de investigação sobre tortura: 'Vai tirar do túmulo?'". *O Estado de S. Paulo*, 19 abr. 2022.

5. "Nova Carta não deve mudar papel dos militares, diz Leônidas", *Folha de S.Paulo*, 22 set. 1985.

6. Gilmar Mendes (entrevistador). *Estado de direito: 30 Anos*. Documentário. Realização: FGV Projetos, IDP e produtora Omni Vídeo, 2019.

7. Luiz Maklouf Carvalho, *1988: Segredos da Constituinte*. Rio de Janeiro: Record, 2017.

8. Ministro Luís Fux (relator), Medida cautelar na Ação Direta de Inconstitucionalidade 6457, Distrito Federal. Disponível em: <https://www.jota.info/wp-content/uploads/2020/06/adi6457.pdf>. Acesso em: 9 jun. 2022.

9. Leonardo Augusto de Andrade Barbosa, Roberto Carlos Martins Fontes, Alexandre Sankievcz, Parecer — "Interpretação do art. 142 da Constituição Federal. Papel das Forças Armadas num estado democrático de direito [...]". Brasília: Câmara Federal, 2020. Disponível em: <https://www.camara.leg.br/midias/file/2020/06/parecer.pdf>. Acesso em: 9 jun. 2022.

10. Celso Castro e Maria Celina D'Araújo, *Militares e política na Nova República*. Rio de Janeiro: FGV Editora, 2001.

11. Diário e Ata de Comissões da Assembleia Nacional Constituinte, em Adriana Cecílio Marco dos Santos, "Documentos da Assembleia Constituinte revelam que deputados discutiram e descartaram papel moderador Forças Armadas". Disponível em: <https://www.migalhas.com.br/depeso/328382/documentos-da-assembleia-constituinte-revelam-que-deputados-discutiram-e-descartaram-papel-moderador-forcas-armadas>. Acesso em: 9 jun. 2022.

12. José Murilo de Carvalho, *Forças Armadas e política no Brasil*, ed. revista e ampliada. São Paulo: Todavia, 2019.

13. Dalton Moreira, "Acordo deixa militares tranquilos com votação", *Folha de S.Paulo*, 13 abr. 1988.

14. Franklin Martins, "Constituinte acata interesses de ministérios militares", *Jornal do Brasil*, 3 abr. 1988.

4. COLLOR DESPREZA, ITAMAR AFAGA [pp. 54-60]

1. Alfred Stepan, *Os militares: Da abertura à Nova República*. Rio de Janeiro: Paz e Terra, 1987, p. 36.

2. Luciano Martins Costa, "Ao trabalho", *O Estado de S. Paulo*, 30 set. 1992.

3. Márcio Chaer e Robson Pereira, "Ex-chefe do SNI diz que governo Lula surpreendeu", *Consultor Jurídico*, 24 out. 2006. Disponível em: <https://www.conjur.com.br/2006-out-24/ex-chefe_sni_governo_lula_surpreendeu>. Acesso em: 9 jun. 2022.

4. Jorge Zaverucha, *Frágil democracia*. Rio de Janeiro: Civilização Brasileira, 2000.

5. Emanuel Neri, "Familiares querem abrir arquivos militares, *Folha de S.Paulo*, 1 maio 1998.

6. Roldão Arruda, "Arquivo começa a ser vasculhado", *O Estado de S. Paulo*, 23 jan. 1992; José Arbex e Hugo Studart, "Comissão diz ter 'indício' de que PF mudou acervo do Dops", *Folha de S.Paulo*, 23 jan. 1992.

7. Mário Sérgio Conti, *Notícias do Planalto*. São Paulo: Companhia das Letras, 1999.

8. Disponível em: <https://www1.folha.uol.com.br/colunas/flavia-lima-ombudsman/2020/07/a-folha-e-as-sobras-da-ditadura.shtml>. Acesso em: 28 set. 2022.

9. Celso Castro e Maria Celina D'Araújo, *Militares e política na Nova República*. Rio de Janeiro: FGV Editora, 2001, pp. 26-7.

10. Jorge Zaverucha, op. cit.

11. Franklin Martins e Márcia Carmo, "Uma corrida contra o tempo e o caos", *Jornal do Brasil*, 26 set. 1993.

12. Jorge Zaverucha, op. cit.
13. Fernando Henrique Cardoso, *Diários da presidência 1999-2000*, v. 3. São Paulo: Companhia das Letras, 2017; *O Globo*, 24 mar. 2017 e "Momentos de 'quase desespero', relata FH", 25 mar. 2017; *Veja*.
14. Lucas Figueiredo, *Lugar nenhum: Militares e civis na ocultação dos documentos da ditadura*. São Paulo: Companhia das Letras, 2015.

5. DIREITO À MEMÓRIA E À VERDADE, PERO NO MUCHO [pp. 61-8]

1. Os discursos compõem a exposição virtual Mestre da Palavra, da Fundação Fernando Henrique Cardoso. Disponível em: <https://exposicoesvirtuais.fundacaofhc.org.br/mestre-da-palavra/>. Acesso em: 9 jun. 2022.
2. "FHC vai vetar investigação sobre mortes", *Folha de S.Paulo*, 29 ago. 1995.
3. "A chance de encarar o passado", *Veja*, 2 ago. 1995.
4. Celso Castro e Maria Celina D'Araújo, *Militares e política na Nova República*. Rio de Janeiro: FGV Editora, 2001.
5. Id., ibid.
6. João Roberto Martins Filho, "O governo Fernando Henrique e as Forças Armadas: Um passo à frente, dois passos atrás", *Olhar*, dez. 2000.
7. William França e Daniela Nahass, "Após reajuste, generais não aplaudem FHC", *Folha de S.Paulo*, 13 dez. 2000.
8. Roberto Godoy, "Decreto confirma dispensa de 44 mil recrutas", *O Estado de S. Paulo*, 17 jul. 2002.
9. Celso Castro e Maria Celina D'Araújo, op. cit.

6. "VOCÊS ERAM MENINOS QUANDO ALGUÉM MANDOU FAZER" [pp. 69-84]

1. Depoimento de Lula à Comissão Nacional da Verdade, 8 dez. 2014. Disponível em: <https://www.youtube.com/watch?v=Cvcv3RP1qCc>. Acesso em: 9 jun. 2022.
2. Discurso de Lula na solenidade de entrega da Ordem do Mérito Militar, 10 set. 2003. Disponível em: <http://www.biblioteca.presidencia.gov.br/presidencia/ex-presidentes/luiz-inacio-lula-da-silva/discursos/1o-mandato/2003/10-09-2003-discurso-do-pr-luiz-inacio-lula-da-silva-na-solenidade-de-entrega-da-ordem-do-merito-militar.pdf >. Acesso: 30 ago. 2022.
3. Luiz Inácio Lula da Silva, *Entrevistas e discursos*. São Paulo: ABCD Sociedade Cultural, 1980.
4. @LulaOficial, postagem em 27 maio 2021. Disponível em: < https://twitter.com/LulaOficial/status/1397937610136375300?s=20&t=_cTXzgggNkHk2EQdtbjy_g>. Acesso em: 9 jun. 2022.
5. Depoimento de Lula à Comissão Nacional da Verdade, 8 dez. 2014. Disponível em: <https://www.youtube.com/watch?v=Cvcv3RP1qCc>. Acesso em: 9 jun. 2022.
6. Oswaldo Muniz Oliva, *Brasil: O amanhã começa hoje*. Rio de Janeiro: Expressão e Cultura, 2002.

7. Cristina Serra, "ESG faz 40 anos com imagem nova", *Jornal do Brasil*, 17 ago. 1989.
8. Fernanda Krakovics, "Mercadante e ACM se acusam de 'golpismo'", *Folha de S.Paulo*, 24 maio 2005.
9. Depoimento de Lula à Comissão Nacional da Verdade, 8 dez. 2014. Disponível em: <https://www.youtube.com/watch?v=Cvcv3RP1qCc>. Acesso em: 9 jun. 2022.
10. Plínio Fraga, "Na escola de guerra, Lula muda discurso para agradar a militares", *Folha de S.Paulo*, 14 set. 2022; Wilson Tosta e Tania Monteiro, "Lula apela para nacionalismo e agrada a militares", *O Estado de S. Paulo*, 14 set. 2002.
11. Hélio Contreiras, "Ordem unida para mudar", *IstoÉ*, 30 out. 2002; Adauri Antunes Barbosa e Chico Otavio, "Dois lados estão dispostos a esquecer passado", *O Globo*, 6 set. 2002.
12. "Coronel Carlos Alves fala sobre a tornozeleira eletrônica que Lula pode ser obrigado a usar". Rio de Janeiro, Visão TV, s/d. Disponível em: <https://youtu.be/bOAw3EtUjAM>. Acesso em: 9 jun. 2022.
13. Discurso do deputado federal Jair Bolsonaro em 4 dez. 2002. Disponível em: <https://www.camara.leg.br/internet/sitaqweb/TextoHTML.asp?etapa=3&nuSessao=225.4.51.O&nuQuarto=10&nuOrador=1&nuInsercao=0&dtHorarioQuarto=14:18&sgFaseSessao=PE%20%20%20%20%20%20%20&Data=04/12/2002&txApelido=JAIR%20BOLSONARO&txFaseSessao=Pequeno%20Expediente%20%20%20%20%20%20%20%20%20%20%20%20&dtHoraQuarto=14:18&txEtapa=Com%20reda%C3%A7%C3%A3o%20final>. Acesso em: 9 jun. 2022.
14. Depoimento de Lula à Comissão Nacional da Verdade, 8 dez. 2014, op. cit.
15. Id., ibid.
16. Fábio Zanini, "Bolsonaro dá apoio a comunista", *Folha de S.Paulo*, 19 dez. 2002.
17. Discurso do deputado federal Jair Bolsonaro em 4 dez. 2002, op. cit.
18. Discurso do deputado federal Jair Bolsonaro em 5 dez. 2002. Disponível em: <https://www.camara.leg.br/internet/sitaqweb/TextoHTML.asp?etapa=3&nuSessao=226.4.51.O&nuQuarto=11&nuOrador=1&nuInsercao=0&dtHorarioQuarto=09%3A20&sgFaseSessao=BC++++++++&Data=05%2F12%2F2002&txApelido=JAIR+BOLSONARO&txFaseSessao=Breves+Comunica%C3%A7%C3%B5es++++++++++++&dtHoraQuarto=09%3A20&txEtapa=Com+reda%C3%A7%C3%A3o+final>. Acesso em: 9 jun. 2022.
19. Fabio Victor, "Terra desolada", *piauí*, n. 155, ago. 2019. Disponível em: <https://piaui.folha.uol.com.br/materia/terra-desolada/>. Acesso em: 28 ago. 2022.
20. Idem.
21. Idem.
22. José Genoino: O que fazer com os militares? Entrevista a Breno Altman. Opera Mundi, 20 min. Disponível em: <https://www.youtube.com/watch?v=uhHcLFAeQHY>. Acesso em: 11 jun. 2022.
23. "Exército quer que 64 seja visto 'sem ressentimentos'", *Folha de S.Paulo*, 31 mar. 2004.
24. "Leia a íntegra da nota divulgada pelo Exército", *Folha de S.Paulo*, 19 out. 2004.
25. "Leia a íntegra da carta de demissão de José Viegas". Agência Brasil, 4 nov. 2004. Disponível em: <https://memoria.ebc.com.br/agenciabrasil/noticia/2004-11-04/leia-integra-da-carta-de-demissao-de-jose-viegas>. Acesso em: 11 jun. 2022.
26. Roberto Amaral, "Para a esquerda, a questão militar permanece um tabu", *Carta Capital*, 6 maio 2021. Disponível em: <https://www.cartacapital.com.br/opiniao/para-a-esquerda-a-questao-militar-permanece-como-tabu/>. Acesso em: 11 jun. 2022.

27. Íntegra do discurso disponível em: <http://www.biblioteca.presidencia.gov.br/presidencia/ex-presidentes/luiz-inacio-lula-da-silva/discursos/1o-mandato/2004/08-11-2004-discurso-do-presidente-da-republica-luiz-inacio-lula-da-silva-na-cerimonia-de-posse-do-ministro-da-defesa-jose-alencar/@@download/file/08-11-2004%20Discurso%20do%20Presidente%20da%20Republica-%20Luiz%20Inacio%20Lula%20da%20Silva-%20na%20cerimonia%20de%20posse%20do%20Ministro%20da%20Defesa-%20Jose%20Alencar.pdf>. Acesso em: 30 ago. 2022.

7. UMA TRÉGUA BREVE E IMPROVÁVEL [pp. 85-98]

1. Levantamento da Lagom Data para este livro, com base em dados do Sistema Integrado de Planejamento e Orçamento do governo federal (Siop).
2. Roberto Mangabeira Unger, "Pôr fim ao governo Lula", *Folha de S.Paulo*, 15 nov. 2005.
3. Celso Castro, *General Villas Bôas: Conversa com o comandante*. Rio de Janeiro: FGV Editora, 2021.
4. Gabriel Manzano Filho, "Clube Naval critica 'bravata' de Jobim", *O Estado de S. Paulo*, 4 set. 2007.
5. Eros Grau (relator), "Arguição de descumprimento de preceito fundamental 153". Disponível em: <http://media.folha.uol.com.br/brasil/2010/04/28/voto_do_relator-lei_de_anistia.pdf>. Acesso em: 11 jun. 2022.
6. Lei n. 12 528, de 18 nov. 2011. Disponível em: <http://www.planalto.gov.br/ccivil_03/_ato2011-2014/2011/lei/l12528.htm>. Acesso em: 9 jun. 2022.
7. Idem.
8. Comissão Nacional da Verdade, Resolução n. 2, 20 ago. 2012. Disponível em: <http://cnv.memoriasreveladas.gov.br/images/pdf/resolucao_2_CNV_200812-2.pdf>. Acesso em: 11 jun. 2022.
9. Celso Castro, op. cit.
10. Eliane Cantanhêde, Kennedy Alencar e Letícia Sander, "Mal-estar com general faz Lula adiar reajuste a militares", *Folha de S.Paulo*, 19 abr. 2008.
11. Roberto Maltchik, "Exército manda que general se cale sobre 64", *O Globo*, 1 abr. 2011.
12. Tania Monteiro, "Lula exonera general que criticou Comissão da Verdade", *O Estado de S. Paulo*, 10 fev. 2010.
13. Valdo Cruz e Igor Gielow, "Defesa exonera comandante militar que criticou o governo", *Folha de S.Paulo*, 29 out. 2015.

PARTE II

8. A INVENÇÃO DE UM CANDIDATO NASCIDO NA AMAN [pp. 101-3]

1. "Bolsonaro é recepcionado por aspirantes da Aman", 29 nov. 2014. Disponível em: <https://www.youtube.com/watch?v=MW8ME9S87SI>. Acesso em: 9 jun. 2022.

9. A OUTRA ANISTIA [pp. 104-16]

1. "Tinoco guincha o carro de Bolsonaro", *Folha de S.Paulo*, 16 ago. 1992.
2. Cássia Maria, "Pôr bombas nos quartéis, um plano na ESAO". *Veja*, 28 out. 1987.
3. "De próprio punho", *Veja*, 4 nov. 1987.
4. Idem.
5. Informação n. 394 S/108 — A8 — CIE. Cap. R/1 Jair Messias Bolsonaro. Brasília: Ministério do Exército, gabinete do ministro, 27 jul. 1990. Sian, Sistema de Informações do Arquivo Nacional. Disponível em: <http://imagem.sian.an.gov.br/acervo/derivadas/BR_DFANBSB_2M/0/0/0042_v_04/BR_DFANBSB_2M_0_0_0042_v_04_d0001de0001.pdf>. Acesso em: 9 jun. 2022.
6. Luiz Maklouf Carvalho, *O cadete e o capitão*. São Paulo: Todavia, 2019; Rubens Valente, "Há 33 anos, a palavra oficial do Exército sobre Bolsonaro", UOL, 25 fev. 2021. Disponível em: <https://noticias.uol.com.br/colunas/rubens-valente/2021/02/25/bolsonaro-exercito-palavra-oficial-editorial.htm>. Acesso em: 11 jun. 2022.
7. "Exército afasta por mentira capitães conspiradores", *Jornal do Brasil*, 27 fev. 1988.
8. Claudio Leal, "Jarbas Passarinho: 'Nunca pude suportar Jair Bolsonaro'", *Terra Magazine*. Também publicado por Luís Nassif, "Nem Jarbas Passarinho atura Bolsonaro", *GGN, o jornal de todos os Brasis*, 31 mar. 2011. Disponível em: <https://jornalggn.com.br/historia/nem-jarbas-passarinho-atura-bolsonaro/>. Acesso em: 29 ago. 2022.
9. Depoimento de Cherubim Rosa Filho, 2005. Rio de Janeiro, CPDOC/Superior Tribunal Militar, 2010. Disponível em: <http://www.fgv.br/cpdoc/historal/arq/Entrevista1399.pdf>. Acesso em: 11 jun. 2022.
10. "Bolsonaro busca mandato", *Jornal do Brasil*, 13 set. 1988.
11. Informação n. 394 S/108 — A8 — CIE. Cap. R/1 Jair Messias Bolsonaro, cit.
12. Idem.
13. "Militares se organizam para lutar na política", *O Globo*, 15 abr. 1989.
14. Luiz Cláudio Cunha, "Pedra no coturno", *Jornal do Brasil*, 15 abr. 1992.
15. Maria Celina D'Araújo e Celso Castro, *Ernesto Geisel*. Rio de Janeiro: FGV Editora, 1997.
16. Claudio Leal, "Jarbas Passarinho: 'Nunca pude suportar Jair Bolsonaro'", cit.
17. "Carlos Bolsonaro: O pit bul não morde". Entrevista a Leda Nagle. Disponível em: <https://www.youtube.com/watch?v=5vihBffYeqo>. Acesso em: 25 ago. 2022.
18. *Diário do Congresso Nacional*, Seção 1, 24 set. 1991, pp. 17974-5. Disponível em: <http://imagem.camara.gov.br/Imagem/d/pdf/DCD24SET1991.pdf#page=98>. Acesso em: 16 ago. 2022.
19. João Roberto Martins Filho, *Os militares e a crise brasileira*. São Paulo: Alameda Casa Editorial, 2021.
20. Diário da Câmara dos Deputados, 30 jan. 1998. Disponível em: <http://imagem.camara.gov.br/Imagem/d/pdf/DCD30JAN1998.pdf#page>. Acesso em: 27 set. 2022.
21. Diário da Câmara dos Deputados, 22 ago. 2001. Disponível em: <http://imagem.camara.gov.br/Imagem/d/pdf/DCD22AGO2001.pdf#page>. Acesso em: 27 set. 2022.
22. Diário da Câmara dos Deputados, 22 nov. 2001. Disponível em: <http://imagem.camara.gov.br/Imagem/d/pdf/DCD22NOV2001.pdf#page>. Acesso em: 27 set. 2022.
23. Diário da Câmara dos Deputados, 28 ago. 2003. Disponível em: <http://imagem.camara.gov.br/Imagem/d/pdf/DCD28AGO2003.pdf#page>. Acesso em: 27 set. 2022.
24. *Diário do Congresso Nacional*, Sessão Conjunta, 23 out. 2009.

25. Levantamento da jornalista Gabriela Sá Pessoa para este livro, com base em dados fornecidos pela Câmara dos Deputados por meio da Lei de Acesso à Informação.

10. RESSUSCITANDO O INIMIGO FAVORITO [pp. 117-28]

1. Celso Castro, *A invenção do Exército brasileiro*. Rio de Janeiro: Zahar, 2002.
2. Rodrigo Patto Sá Motta, *Em guarda contra o perigo vermelho: O anticomunismo no Brasil (1917-1964)*. Niterói: Eduff, 2020.
3. Lira Neto, *Castello: A marcha para a ditadura*. São Paulo: Companhia das Letras, 2019.
4. Sylvio Frota, *Ideais traídos*. Rio de Janeiro: Zahar, 2006.
5. "Memorandum From Director of Central Intelligence Colby to Secretary of State Kissinger". Washington: Office of the Historian, 11 abr. 1974. Disponível em: <https://history.state.gov/historicaldocuments/frus1969-76ve11p2/d99?platform=hootsuite>. Acesso em: 16 ago. 2022.
6. Maria Celina D'Araújo e Celso Castro, *Ernesto Geisel*. Rio de Janeiro: FGV Editora, 1997.
7. Elio Gaspari, *A ditadura envergonhada*. São Paulo: Companhia das Letras, 2002.
8. Lucas Pedretti, *Os ecos do Orvil em 2021, o livro secreto da ditadura*. São Paulo: Agência Pública, 30 jul. 2021. Disponível em: <https://apublica.org/2021/08/os-ecos-do-orvil-em-2021-o-livro-secreto-da-ditadura/>. Acesso em: 9 jun. 2022. Marcelo Godoy, "O general Leônidas está de novo no caminho de Bolsonaro", *O Estado de S. Paulo*, 31 ago. 2019. Disponível em: <https://politica.estadao.com.br/noticias/geral,o-general-leonidas-esta-de-novo-no-caminho-de-bolsonaro,70002948976>. Acesso em: 16 ago. 2022.
9. Lucas Pedretti, op. cit.
10. Agnaldo Del Nero Augusto, *A grande mentira*. Rio de Janeiro: Biblioteca do Exército, 2001.
11. Olavo de Carvalho, "Reparando uma injustiça pessoal", discurso no Clube Militar do Rio de Janeiro em 31 mar. 1999. Disponível em: <https://olavodecarvalho.org/reparando-uma-injustica-pessoal/>. Acesso em: 9 jun. 2022.
12. Lício Maciel e José Conegundes Nascimento (Orgs.), *Orvil: Tentativas de tomada do poder*. Salto: Schoba, 2012.
13. Fabio Victor, "História, volver", *piauí*, n. 150, mar. 2019. Disponível em: <https://piaui.folha.uol.com.br/materia/historia-volver/>. Acesso em: 30 ago. 2022.
14. Votação do PL n. 7376/2010, transformado na Lei Ordinária 12 528/2011, que criou a Comissão Nacional da Verdade. Brasília: Plenário da Câmara dos Deputados, Sessão Extraordinária, 21 set. 2011. Lei publicada no *Diário Oficial da União* em 18 nov. 2011, p. 5. Disponível em: <https://www.camara.leg.br/internet/plenario/notas/extraord/2011/9/EN2109111830.pdf>. Acesso em: 9 jun. 2022.
15. Postagem de Jair Bolsonaro no Twitter. Disponível em: <https://twitter.com/jairbolsonaro/status/1159424171094552577?s=20&t=PN6Z7HzM8RaNQhkppTSb1g>. Acesso em: 16 ago. 2022.
16. Discurso de Jair Bolsonaro na Câmara dos Deputados. Disponível em: <https://www.camara.leg.br/internet/SitaqWeb/TextoHTML.asp?etapa=5&nuSessao=219.4.54.O&nuQuarto=47&nuOrador=2&nuInsercao=0&dtHorarioQuarto=16:18&sgFaseSessao=GE&Data=03/09/2014&txApelido=JAIR%20BOLSONARO,%20PP-RJ>. Acesso em: 9 jun. 2022.
17. Fabio Victor, "História, volver", op. cit.

18. Marina Basso Lacerda, *Neoconservadorismo de periferia: Articulação familista, punitiva e neoliberal na Câmara dos Deputados*. Rio de Janeiro: Uerj, 2018. Tese de doutorado.

19. "'Não aceito propaganda de opções sexuais', afirma Dilma sobre kit anti-homofobia", UOL Educação, 26 maio 2011. Disponível em: <https://educacao.uol.com.br/noticias/2011/05/26/nao-aceito-propaganda-de-opcoes-sexuais-afirma-dilma-sobre-kit-anti-homofobia.htm>. Acesso em: 16 ago. 2022.

20. André Shalders, *Como o discurso de Bolsonaro mudou ao longo de 27 anos na Câmara?*, BBC Brasil, 7 dez. 2017. Disponível em: <https://www.bbc.com/portuguese/brasil-42231485>. Acesso em: 4 jul. 2022.

21. Discurso de Jair Bolsonaro na Câmara dos Deputados. Disponível em: <https://www.camara.leg.br/internet/SitaqWeb/TextoHTML.asp?etapa=5&nuSessao=120.1.55.O&nuQuarto=15&nuOrador=3&nuInsercao=0&dtHorarioQuarto=14:42&sgFaseSessao=PE&Data=21/05/2015&txApelido=JAIR%20BOLSONARO,%20PP-RJ>. Acesso em: 4 jul. 2022.

22. Flávio Bolsonaro, *Jair Messias Bolsonaro: Mito ou verdade*. Rio de Janeiro: Altadena, 2017.

23. "Um partido para tempos de guerra", contribuição da tendência Articulação de Esquerda ao 5º Congresso Nacional do PT, jun. 2015. Disponível em: <https://www.enfpt.org.br/wp-content/uploads/2017/09/AE-TESE-UM-PARTIDO-PARA-TEMPOS-DE-GUERRA.pdf>. Acesso em: 16 ago. 2022.

11. "ELES SÃO FORMIDÁVEIS" [pp. 129-48]

1. Tânia Monteiro e Leonencio Nossa, "Dilma anuncia R$ 120 mi para vigiar fronteira", *O Estado de S. Paulo*; Chico de Gois e Luiza Damé, "Dilma se despede do 'amigo' Palocci"; Maria Lima e Adriana Vasconcelos, "... E terá de enfrentar o PMDB", *O Globo*, 9 jun. 2011.

2. Entrevista com Michel Temer. Disponível em: <https://www.youtube.com/watch?v=C5d3P3NzJ5s>. Acesso em: 30 jun. 2022.

3. Visita de Celso Amorim e Temer à sede da Operação Ágata/Amazônia. Disponível em: <https://www.youtube.com/watch?v=5Gyid9YMZ1E>. Acesso em: 30 jun. 2022.

4. Discurso de Michel Temer em Foz do Iguaçu (PR), 27 maio 2013. Operação Ágata 7. Disponível em: <https://www.youtube.com/watch?v=A_hvxv5vo1Q>. Acesso em: 30 jun. 2022.

5. Discurso de Michel Temer em Oiapoque (AP), 15 maio 2014. Disponível em: <https://www.youtube.com/watch?v=FgxaorodyEM>. Acesso em: 30 jun. 2022.

6. Fábio Brandt, "PT propõe revisão da lei da anistia para o programa de reeleição de Dilma", *Valor Econômico*, 27 maio 2014. Disponível em: <https://valor.globo.com/politica/noticia/2014/05/27/pt-propoe-revisao-da-lei-da-anistia-para-o-programa-a-reeleicao-de-dilma.ghtml>. Acesso em: 30 jun. 2022.

7. Andréia Sadi e Natuza Nery, "Impasse com PT faz Dilma suspender plano de governo", *Folha de S.Paulo*, 18 set. 2014. Disponível em: <https://www1.folha.uol.com.br/poder/2014/09/1517717-impasse-com-pt-faz-dilma-suspender-plano-de-governo.shtml>. Acesso em: 30 jun. 2022.

8. Rubens Valente, "Em diálogos gravados, Jucá fala em pacto para deter avanço da Lava Jato", *Folha de S.Paulo*, 23 maio 2016. Disponível em: <https://www1.folha.uol.com.br/poder/2016/05/1774018-em-dialogos-gravados-juca-fala-em-pacto-para-deter-avanco-da-lava-jato.shtml>. Acesso em: 30 jun. 2022.

9. Michel Temer, *A escolha: Como um presidente conseguiu superar grave crise e apresentar uma agenda para o Brasil*. São Paulo: Noeses, 2020.

10. Larissa Veloso, "Newton Cardoso Jr. será ministro da Defesa em governo Temer", *O Tempo*, 11 maio 2016. Disponível em: https://www.otempo.com.br/politica/newton-cardoso-jr-sera-ministro-da-defesa-em-governo-temer-1.1297315>. Acesso em: 30 jun. 2022.

11. Igor Maciel, "Sindicato da indústria bélica envia carta a Temer e pede Jungmann no Ministério da Defesa", *Jornal do Commercio*, 11 maio 2016. Disponível em: <https://jc.ne10.uol.com.br/colunas/cena-politica/2016/05/11/sindicato-da-industria-belica-envia-carta-a-temer-e-pede-jungmann-no-ministerio-da-defesa>. Acesso em: 30 jun. 2022.

12. Fabio Victor, "Mal-estar na caserna", *piauí*, n. 138, mar. 2018. Disponível em: <https://piaui.folha.uol.com.br/materia/mal-estar-na-caserna/>. Acesso em: 30 ago. 2022.

13. Ibid.

14. Ibid.

15. Cristiana Lobo, "'Militares precisam ter garantia para agir sem o risco de surgir uma nova Comissão da Verdade', diz comandante do Exército", G1, 19 fev. 2018. Disponível em: <https://g1.globo.com/politica/blog/cristiana-lobo/post/general-vilas-boas-militares-precisam-ter-garantia-para-agir-sem-o-risco-de-surgir-uma-nova-comissao-da-verdade.ghtml>. Acesso em: 30 jun. 2022.

16. Levantamento da Lagom Data para este livro, tendo como fonte o Portal da Transparência do governo federal, cruzando as bases de servidores civis e militares. Análise de dados de Marcelo Soares.

17. Fabio Victor, "Mal-estar na caserna", op. cit.

18. Rafael Soares, "Chacina em São Gonçalo: documentos revelam que investigadores ignoraram provas que ligam assassinatos a militares", *Época*, 19 fev. 2021. Disponível em: <https://oglobo.globo.com/epoca/rio/chacina-em-sao-goncalo-documentos-revelam-que-investigadores-ignoraram-provas-que-ligam-assassinatos-militares-24889542>. Acesso em: 30 jun. 2022.

19. Fabio Victor, "Mal-estar na caserna", op. cit.

20. Ibid.

21. Ibid.

22. Celso Castro, *General Villas Bôas: Conversa com o comandante*. Rio de Janeiro: FGV Editora, 2021.

23. "Jair Bolsonaro defendendo guerra civil, fim do voto e fechamento de Congresso" [completo]. Disponível em: <https://www.youtube.com/watch?v=qIDyw9QKIvw>. Acesso em: 30 jun. 2022.

24. Adriana Vasconcelos, Rudolfo Lago e Chico Otavio, "ACM pede cassação de deputado que pregou na TV fuzilamento do presidente", *O Globo*, 25 maio 1999; Rudolfo Lago, "Temer prega simples advertência como solução para as bravatas de Bolsonaro", *O Globo*, 26 maio 1999.

25. "Líder do governo pede que Bolsonaro seja processado", *Folha de S.Paulo*, 5 jan. 2000.

12. ANATOMIA DE UM TUÍTE [pp. 149-80]

1. Débora Bergamasco, *Época*, 6 abr. 2018. Disponível em: <https://epoca.oglobo.globo.com/brasil/noticia/2018/04/personagem-da-semana-o-general-villas-boas.html>. Acesso em: 1 jul. 2022.

2. Eduardo Dias da Costa Villas Bôas, "Ordem do dia", *Noticiário do Exército*, 19 abr. 2017. Disponível em: <https://www.eb.mil.br/documents/16541/8088264/NE_DIA+DO+EB_2017.pdf/39a0b5ed-8fe8-8fce-5882-1d6f165a9af4>. Acesso em: 1 jul. 2022.

3. Fabio Victor, "General Mourão anuncia frente de candidatos militares nas eleições", *piauí*, 28 fev. 2018. Disponível em: <https://piaui.folha.uol.com.br/general-mourao-anuncia-frente-de-candidatos-militares-nas-eleicoes/>. Acesso em: 1 jul. 2022.

4. Celso Castro, *General Villas Bôas: Conversa com o comandante*. Rio de Janeiro: FGV Editora, 2021.

5. Ibid.

6. Ibid.

7. Mariana Schreiber e Luiza Franco, "Quem é Sergio Etchegoyen, o militar empurrado aos holofotes por crises do governo Temer", BBC Brasil, 11 jun. 2018. Disponível em: <https://www.bbc.com/portuguese/brasil-44420945>. Acesso em: 1 jul. 2022.

8. Jacques Gosch, "Comandante do Exército defende a democracia e rechaça golpe militar", RD News, 11 maio 2015. Disponível em: <https://www.rdnews.com.br/orgaos/comandante-do-exercito-defende-a-democracia-e-rechaca-golpe-militar/61812>. Acesso em: 1 jul. 2022.

9. Miguel do Rosário, "Exército alerta golpistas: Dilma é a comandante em chefe", *O Cafezinho*, 15 maio 2015. Disponível em: <https://www.ocafezinho.com/2015/05/15/exercito-alerta-golpistas-dilma-e-a-comandante-em-chefe/>. Acesso em: 1 jul. 2022.

10. Eliane Cantanhêde, "Exército diz que 'malucos' apoiam intervenção", *O Estado de S. Paulo*, 11 dez. 2016.

11. Fabio Victor, "Saída da crise deve vir da eleição de 2018, diz comandante do Exército", *Folha de S.Paulo*, 29 jul. 2017.

12. Entrevista com o general Eduardo Villas Bôas. *Conversa com Bial*, 19 set. 2017. Disponível em: <https://globoplay.globo.com/v/6160237/?s=0s>. Acesso em: 6 jul. 2022.

13. Celso Castro, *General Villas Bôas: Conversa com o comandante*, op. cit.

14. Eduardo Costa Pinto, "Bolsonaro, quartéis e marxismo cultural: A loucura com método". In: João Roberto Martins Filho (Org.). *Os militares e a crise brasileira*. São Paulo: Alameda Casa Editorial, pp. 277-93. Edição do Kindle.

15. "Lava Jato desconfiou de empreiteiro que acusou Lula, indicam mensagens", *Folha de S.Paulo*, 30 jun. 2019.

16. Thomas Traumann, "'Fomos colocados à prova e passamos. Não vejo nenhum risco à democracia', diz Villas Bôas", *O Globo*, 15 dez. 2019.

17. Luiz Eduardo Rocha Paiva, "Intervenção, legalidade, legitimidade e estabilidade", *O Estado de S. Paulo*, 5 out. 2017.

18. Marcelo Godoy, "Supremo pode ser 'indutor' de violência, diz general da reserva", *O Estado de S. Paulo*, 3 abr. 2018.

19. "Atos contra habeas corpus a Lula reúnem milhares pelo país", *Folha de S.Paulo*; Marianna Holanda et al., "Ruas têm atos contra e a favor de petista", *O Estado de S. Paulo*, 4 abr. 2018.

20. "Pressão de chefe do Exército sobre STF recebe tanto apoios quanto repúdio", *Poder360*, 4 abr. 2018; "Na véspera de decisão do STF, general critica impunidade", *Folha de S.Paulo*, 4 abr. 2018; e Breno Pires et al., "Chefes dos três Poderes defendem a democracia", *O Estado de S. Paulo*, 5 abr. 2018.

21. Breno Pires et al., "Chefes dos três Poderes defendem a democracia", *O Estado de S. Paulo*, 5 abr. 2018.

22. Felipe Recondo, "Celso de Mello: Primeiro ou último dos decanos?", *Jota*, 9 jul. 2020. Disponível em: <https://www.jota.info/casa-jota/celso-de-mello-primeiro-ou-ultimo-dos-decanos-

09072020>. Acesso em: 1 jul. 2022; Felipe Recondo e Luiz Weber, *Os onze: O STF, seus bastidores e suas crises*. São Paulo: Companhia das Letras, 2019.

23. Igor Gielow, "'Bolsonaro não é volta dos militares, mas há o risco de politização de quartéis', diz Villas Bôas", *Folha de S.Paulo*, 11 nov. 2018.

24. Thomas Traumann, "Década de rupturas: 'Fomos colocados à prova e passamos. Não vejo nenhum risco à democracia', diz general Villas Bôas", *O Globo*, 15 dez. 2019.

25. Celso Castro (Org.). *General Villas Bôas: Conversa com o comandante*, op. cit., p. 190.

26. "A participação das Forças Armadas no governo: um novo normal? (íntegra)", Fundação Fernando Henrique Cardoso. Disponível em: <https://www.youtube.com/watch?v=lVmiTzEtQQI>. Acesso em: 1 jul. 2022.

27. Chico Alves, "Etchegoyen: Post de Villas Bôas só intimidaria se ministros fossem covardes", coluna de Chico Alves, UOL, 15 fev. 2021. Disponível em: <https://noticias.uol.com.br/colunas/chico-alves/2021/02/15/etchegoyen-post-de-villas-boas-so-intimidaria-se-ministros-fossem-covardes.htm>. Acesso em: 1 jul. 2022.

28. "O general, o tuíte e a promessa", *piauí*, 12 mar. 2021. Disponível em: <https://piaui.folha.uol.com.br/o-general-o-tuite-e-promessa/>. Acesso em: 1 jul. 2022.

29. Adam Przeworski, "Ama a incerteza e serás democrático", *Novos Estudos Cebrap*, São Paulo, n. 9, pp. 36-46, jul. 1984.

30. Jorge Zaverucha, *Frágil democracia: Collor, Itamar, FHC e os militares (1990-1998)*. Rio de Janeiro: Civilização Brasileira, 2000, p. 11.

13. ONDA VERDE-OLIVA [pp. 181-201]

1. Denise Rothenburg, "Reformistas, mas não privativistas", Blog da Denise, *Correio Braziliense*, 7 jun. 2018.

2. Gustavo Maia, "Exército planeja chamar presidenciáveis para discutir segurança", UOL, 7 jun. 2018. Disponível em: <https://noticias.uol.com.br/politica/eleicoes/2018/noticias/2018/06/07/exercito-prepara-documento-e-quer-discutir-seguranca-com-presidenciaveis.htm>. Acesso em: 1 jul. 2022.

3. "O comandante responde - temas abordados durante visitas dos pré-candidatos à presidência", entrevista com o general Eduardo Villas Bôas. Disponível em: <https://www.youtube.com/watch?v=v0EdqdaumEw>. Acesso em: 1 jul. 2022.

4. Letícia Fernandes e Robson Bonin, "Agência de Inteligência deixa Planalto 'vendido' na crise dos caminhoneiros", *O Globo*, 30 maio 2018. Disponível em: <https://oglobo.globo.com/politica/agencia-de-inteligencia-deixa-planalto-vendido-na-crise-dos-caminhoneiros-22731933>. Acesso em: 1 jul. 2022.

5. "Em carta, Gabinete de Segurança Institucional contesta reportagem com críticas à Abin", *O Globo*, 31 maio 2018. Disponível em: <https://oglobo.globo.com/politica/em-carta-gabinete-de-seguranca-institucional-contesta-reportagem-com-criticas-abin-22735398>. Acesso em: 1 jul. 2022.

6. "Em vídeo, Bolsonaro apoia greve de caminhoneiros contra alta do diesel", *O Estado de S. Paulo*, 21 maio 2018. Disponível em: <https://politica.estadao.com.br/noticias/geral,em-video-bolsonaro-apoia-greve-de-caminhoneiros-contra-alta-do-diesel,70002317875>. Acesso em: 1 jul. 2022.

7. Josette Goulart, "Falta combinar no WhatsApp", *piauí*, 25 maio 2018. Disponível em: <https://piaui.folha.uol.com.br/falta-combinar-no-whatsapp/>. Acesso em: 1 jul. 2022.

8. Juliana Cipriani e Lucas Negrisoli, "'Está na hora de acabar', diz Bolsonaro, em BH, sobre greve dos caminhoneiros", *Estado de Minas*, 29 maio 2018. Disponível em: <https://www.em.com.br/app/noticia/politica/2018/05/29/interna_politica,962786/esta-na-hora-de-acabar-diz-bolsonaro-sobre-greve-dos-caminhoneiros-bh.shtml>. Acesso em: 1 jul. 2022.

9. André Ítalo Rocha, "Ibope: durante greve, Bolsonaro cresce e tem empate técnico com Lula em SP", UOL, 28 maio 2018. Disponível em: <https://noticias.uol.com.br/ultimas-noticias/agencia-estado/2018/05/28/ibope-durante-greve-bolsonaro-cresce-e-tem-empate-tecnico-com-lula-em-sp.htm>. Acesso em: 1 jul. 2022.

10. Alain Rouquié (Coord.), *Os partidos militares no Brasil*. Rio de Janeiro: Record, 1980, p. 14.

11. Fabio Victor, "Mal-estar na caserna", *piauí*, n. 138, mar. 2018.

12. Rubens Valente, "General Peternelli é descartado para Funai após pressão de movimentos indígenas", *Folha de S.Paulo*, 6 jul. 2016; Afonso Benites, "General Peternelli é descartado para Funai após pressão de movimentos indígenas", *El País*, 6 jul. 2016. Disponível em: <https://brasil.elpais.com/brasil/2016/07/06/politica/1467834468_924962.html>. Acesso em: 1 jul. 2022.

13. Fabio Victor, "General Mourão anuncia frente de candidatos militares nas eleições", *piauí*, 28 fev. 2018. Disponível em: <https://piaui.folha.uol.com.br/general-mourao-anuncia-frente-de-candidatos-militares-nas-eleicoes/>. Acesso em: 1 jul. 2022.

14. Fabio Victor, "O vice a cavalo", *piauí*, n. 147, dez. 2018. Disponível em: <https://piaui.folha.uol.com.br/materia/o-vice-cavalo/>. Acesso em: 9 set. 2022.

15. Tânia Monteiro, "Militares se unem para lançar 71 candidatos", *O Estado de S. Paulo*, 9 maio 2018.

16. Douglas Rodrigues, "Militares se unem e devem lançar 117 candidatos nestas eleições", *Poder360*, 14 jul. 2018. Disponível em: <https://www.poder360.com.br/eleicoes/militares-se-unem-e-devem-lancar-117-candidatos-nestas-eleicoes/>. Acesso em: 1 jul. 2022.

17. Carolina Gonçalves, "Mais de 70 candidatos com patente militar foram eleitos em todo o país", *Agência Brasil*, 8 out. 2018. Disponível em: <https://agenciabrasil.ebc.com.br/politica/noticia/2018-10/mais-de-70-candidatos-com-patente-militar-foram-eleitos-em-todo-o-pais>. Acesso em: 1 jul. 2022.

18. Lucas Gelape, Ana Carolina Moreno e Gabriela Caesar, "Número de policiais e militares no Legislativo é quatro vezes maior do que o de 2014", G1, 8 out. 2018. Disponível em: <https://g1.globo.com/politica/eleicoes/2018/eleicao-em-numeros/noticia/2018/10/08/numero-de-policiais-e-militares-no-legislativo-e-quatro-vezes-maior-do-que-o-de-2014.ghtml>. Acesso em: 1 jul. 2022.

19. Disponível em: <https://piaui.folha.uol.com.br/materia/o-aparelho/; https://piaui.folha.uol.com.br/materia/o-instrumento/>. Acesso em: 28 set. 2022.

20. Fabio Victor, "Ministério Público processa União por tortura em quartel", *piauí*, 26 mar. 2018. Disponível em: <https://piaui.folha.uol.com.br/mp-processa-exercito-por-tortura-em-quartel/>. Acesso em: 1 jul. 2022.

21. "Ascensão do antipetismo cultural", coluna de Fernando Dantas, *O Estado de S.Paulo*, 13 jan. 2019. Disponível em: <https://economia.estadao.com.br/blogs/fernando-dantas/ascensao-do-antipetismo-cultural/>. Acesso em: 1 jul. 2022.

22. Marcelo Godoy, "Soldados influenciadores: Os guerreiros digitais do bolsonarismo e os tuítes de Villas Bôas". In: João Roberto Martins Filho (Org.). *Os militares e a crise brasileira*. São Paulo: Alameda Casa Editorial, 2021, pp. 73-9.

23. Igor Gielow, Talita Fernandes e Sérgio Rangel, "Bolsonaro anuncia três ministros, critica a mídia e reafirma bandeiras", *Folha de S.Paulo*, 12 out. 2018.

24. "General de Divisão R/1 Carlos Alberto dos Santos Cruz: 'Eu Acuso!'". Disponível em: <https://www.youtube.com/watch?v=8fz10n4fffI>. Acesso em: 1 jul. 2022.

25. Marcelo Godoy, "O espectro do golpe ronda o governo Bolsonaro,70003787249", *O Estado de S. Paulo*, 23 jul. 2021. Disponível em: <https://politica.estadao.com.br/noticias/geral,o-espectro-do-golpe-ronda-o-governo-bolsonaro,70003787249>. Acesso em: 1 jul. 2022.

26. Tânia Monteiro, "Legitimidade do novo governo pode até ser questionada", *O Estado de S. Paulo*, 9 set. 2018.

27. Fabio Victor, "Ciro queima pontes com o Exército", *piauí*, 13 set. 2018. Disponível em: <https://piaui.folha.uol.com.br/ciro-queima-pontes-com-o-exercito/>. Acesso em: 1 jul. 2022.

28. "Veja íntegra da sabatina UOL, Folha e SBT com Fernando Haddad (PT)", UOL, 17 set. 2018. Disponível em: <0:39/61:38 https://www.uol.com.br/eleicoes/videos/?id=veja-integra-da-sabatina-uol-folha-e-sbt-com-fernando-haddad-pt-0402CD1B3268D0A96326>. Acesso em: 1 jul. 2022.

29. Matheus Lara, "Alckmin defende Villas-Bôas, que falou de possível 'legitimidade questionada' de presidente eleito", *O Estado de S. Paulo*, 13 set. 2018. Disponível em: <https://politica.estadao.com.br/noticias/eleicoes,alckmin-defende-villas-boas-que-falou-de-possivel-legitimidade-questionada-de-presidente-eleito,70002500867>. Acesso em: 1 jul. 2022.

30. "General Ajax do Exército brasileiro fala sobre o governo do PT". Disponível em: <https://www.youtube.com/watch?v=gSxCHCD0qxo>. Acesso em: 1 jul. 2022.

31. "Coronel que atacou Rosa Weber faz novo vídeo com ofensas a Gilmar Mendes", *Poder360*, 25 out. 2018. Disponível em: <https://www.poder360.com.br/justica/coronel-que-atacou-rosa-weber-faz-novo-video-com-ofensas-a-gilmar-mendes/>. Acesso em: 1 jul. 2022.

32. Felipe Recondo e Luiz Weber, *Os onze: O STF, seus bastidores e suas crises*. São Paulo: Companhia das Letras, 2019.

33. Celso Castro, *General Villas Bôas: Conversa com o comandante*. Rio de Janeiro: FGV Editora, 2021.

34. Fabio Victor, "A nova ordem militar", *piauí*, 1 jan. 2019. Disponível em: <https://piaui.folha.uol.com.br/nova-ordem-militar/>. Acesso em: 1 jul. 2022.

35. Ibid.

PARTE III

14. UM GOVERNO DE (E PARA) MILITARES [pp. 205-28]

1. *Época*, 14 mar. 2019. Disponível em: <https://oglobo.globo.com/epoca/o-curso-de-olavo-de-carvalho-artista-da-ofensa-23521208>. Acesso em: 26 jul. 2022.

2. *O Globo*, 17 mar. 2019. Disponível em: <https://oglobo.globo.com/brasil/se-continuar-assim-mais-seis-meses-acabou-diz-olavo-de-carvalho-sobre-governo-bolsonaro-23529673?utm_source=Twitter&utm_medium=Social&utm_campaign=O%20Globo>. Acesso em: 28 jul. 2022.

3. "Jantar de Bolsonaro em Washington teve Olavo de Carvalho e Steve Bannon", *Poder360*, 18 mar. 2019. Disponível em: <https://www.poder360.com.br/governo/jantar-de-bolsonaro-em-washington-teve-olavo-de-carvalho-e-steve-bannon/>. Acesso em: 28 jul. 2022.

4. Flávia de Holanda Schmidt, "Presença de militares em cargos e funções comissionados do Executivo federal". Brasília: Ipea, 2022. Disponível em: <https://www.ipea.gov.br/portal/images/stories/PDFs/pubpreliminar/220530_publicacao_preliminar_presenca_de_militares_em_cargos.pdf>. Acesso em: 28 jul. 2022.

5. Ibid.

6. Levantamento da Lagom Data para este livro, cruzando as bases de servidores civis e militares a partir de dados do Portal da Transparência do Governo Federal, com análise de dados de Marcelo Soares.

7. Gustavo Uribe, "Para 'despetizar' governo, Casa Civil anuncia exoneração de servidores em cargos de confiança", *Folha de S.Paulo*, 12 jan. 2019.

8. Luís Ernesto Lacombe, entrevista com o general Augusto Heleno. Opinião no Ar. Disponível em: <https://www.youtube.com/watch?v=p2w61VPMudU>. Acesso em: 28 jul. 2022.

9. Ana Clara Costa, "Militares insaciáveis", *piauí*, 28 maio 2021. Disponível em: <https://piaui.folha.uol.com.br/militares-insaciaveis/>. Acesso em: 28 jul. 2022.

10. Portaria SGP/SEDGG/ME n. 4975, 29 abr. 2021, *Diário Oficial da União*, 30 abr. 2021. Disponível em: <https://www.in.gov.br/web/dou/-/portaria-sgp/sedgg/me-n-4.975-de-29-de-abril-de-2021-317066867>. Acesso em: 28 jul. 2022.

11. Lúcio Vaz, "Folha de militares aposentados revela marajás do governo Bolsonaro", *Gazeta do Povo*, 30 jun. 2021. Disponível em: <https://www.gazetadopovo.com.br/vozes/lucio-vaz/folha-de-militares-aposentados-revela-marajas-do-governo-bolsonaro/>. Acesso em: 28 jul. 2022.

12. *O Estado de S. Paulo*, 18 maio 2021.

13. Ana Clara Costa, "Militares insaciáveis", *piauí*, 22 out. 2019. Disponível em: <https://piaui.folha.uol.com.br/quero-ver-bolsonaro-se-eleger-so-com-voto-de-general/>. Acesso em: 28 jul. 2022.

14. Lucas Marchesini, "Generais do governo ganham até R$ 350 mil a mais ao ano após medida de Bolsonaro", *Folha de S.Paulo*, 11 maio 2022.

15. Fabio Victor, "Quero ver Bolsonaro se eleger só com voto de general", *piauí*, 22 out. 2019. Disponível em: <https://piaui.folha.uol.com.br/quero-ver-bolsonaro-se-eleger-so-com-voto-de-general/>. Acesso em: 28 jul. 2022.

16. Daniel Rittner, "Militares dominam a cúpula dos Correios", *Valor Econômico*, 26 ago. 2020. Disponível em: <https://valor.globo.com/empresas/noticia/2020/08/26/militares-dominam-cupula-dos-correios.ghtml>. Acesso em: 28 jul. 2022.

17. Flávia de Holanda Schmidt, "Presença de militares em cargos e funções comissionados do Executivo federal", op. cit.

18. José Fucs, "Cúpula da Petrobras passa por 'militarização' após chegada de Silva e Luna", *O Estado de S. Paulo*, 1 set. 2021.

19. Nicola Pamplona, "Amigo de Bolsonaro vira assessor da chefia da Petrobras com salário de R$ 55 mil", *Folha de S.Paulo*, 5 jun. 2019.

20. Lauro Jardim, "Salário de amigão de Bolsonaro na Petrobras chega a R$ 130 mil", *O Globo*, 22 ago. 2021. Disponível em: <https://blogs.oglobo.globo.com/lauro-jardim/post/salario-de-amigao-de-bolsonaro-na-petrobras-chega-r-130-mil.html>. Acesso em: 28 jul. 2022.

21. Guilherme Amado, "Petrobras diz não ter visto erro em gerente que repassou documento falso a Bolsonaro", *Metrópoles*, 26 set. 2021. Disponível em: <https://www.metropoles.com/

colunas/guilherme-amado/petrobras-diz-nao-ter-visto-erro-em-gerente-que-repassou-documento-falso-a-bolsonaro>. Acesso em: 28 jul. 2022.

22. Vinicius Sassine, "Cadetes de 1977 e hoje generais dão fôlego a Bolsonaro", *O Globo*, 29 jul. 2018.

23. Igor Gielow, "Bolsonaro acomoda seu médico em escritório do Brasil nos EUA", *Folha de S.Paulo*, 2 jun. 2022.

24. Portal da Transparência do Governo Federal; Caio de Freitas Paes, "Como o lobby de um militar da reserva favoreceu mineradoras canadenses na Amazônia". Agência Pública, 21 fev. 22. Disponível em: <https://apublica.org/2022/02/como-o-lobby-de-um-militar-da-reserva-favoreceu-mineradoras-canadenses-na-amazonia/>. Acesso em: 28 jul. 2022; *Folha de S.Paulo*, 9 maio 2022.

25. Levantamento da Lagom Data para este livro, a partir do Sistema Integrado de Planejamento e Orçamento (Siop) do governo federal, com análise de dados de Marcelo Soares.

26. Disponível em: <https://piaui.folha.uol.com.br/por-que-o-general-caiu/>. Acesso em: 28 set. 2022.

27. Governo federal. Disponível em: <https://www.gov.br/planalto/pt-br/acompanhe-o-planalto/discursos/2019/discurso-do-presidente-da-republica-jair-bolsonaro-durante-cerimonia-de-transmissao-do-cargo-de-ministro-da-defesa-do-senhor-joaquim-silva-e-luna-ao-senhor-general-fernando-azevedo-brasilia-df>. Acesso em: 28 jul. 2022.

28. "Palavras de despedida do general Villas Bôas". Ministério da Defesa, Exército Brasileiro, s/d. Disponível em: <https://www.eb.mil.br/todos-os-avisos/-/asset_publisher/nElT00TYrefc/content/palavras-de-despedida-do-gen-villas-bo-7>. Acesso em: 28 jul. 2022.

29. Fábio Zanini, "Instituto de general Villas Bôas tem convênios com governo e verba federal", *Folha de S.Paulo*, 19 abr. 2021.

30. "General Eduardo Villas Bôas conversa com Beny Schmidt". Programa Ciência Livre, s/d. Disponível em: <https://www.youtube.com/watch?v=8XLBKk8W2II>. Acesso em: 28 jul. 2022.

31. Governo federal. Disponível em: < https://www.youtube.com/watch?v=EQbtcW2M4f0>. Acesso em: 28 jul. 2022.

32. Monica Gugliano, "Por que o general caiu", *piauí*, 22 jun. 2022. Disponível em: <https://piaui.folha.uol.com.br/por-que-o-general-caiu/>. Acesso em: 28 jul. 2022.

33. *Jornal NH*, 28 abr. 2019.

34. Fabio Victor, "O vice a cavalo", *piauí*, n. 147, dez. 2018. Disponível em: <https://piaui.folha.uol.com.br/materia/o-vice-cavalo/>. Acesso em: 13 set. 2022.

35. Hélgio Trindade, "O radicalismo militar em 64 e a nova tentação fascista". In: Gláucio Ary Dillon Soares e Maria Celina D'Araújo (Orgs.). *21 anos de regime militar: Balanços e perspectivas*. Rio de Janeiro: FGV Editora, 1994, p. 126.

36. Felipe Moura Brasil, "Os blogueiros de crachá", *Crusoé*, 11 out. 2019. Disponível em: <https://crusoe.uol.com.br/edicoes/76/os-blogueiros-de-cracha/>. Acesso em: 13 set. 2022.

37. Fabio Victor, "Terra desolada", *piauí*, n. 155, ago. 2019. Disponível em: <https://piaui.folha.uol.com.br/materia/terra-desolada/>. Acesso em: 13 set. 2022.

38. Marcela Mattos, "Eduardo Bolsonaro: 'Vai perder as fichas quem apostar na queda do Moro'", *Veja*, 12 jul. 2019. Disponível em: <https://veja.abril.com.br/politica/eduardo-bolsonaro-vai-perder-as-fichas-quem-apostar-na-queda-do-moro/>. Acesso em: 13 set. 2022.

39. Tânia Monteiro, "'Não existe a menor chance de haver ruptura institucional', diz ministro da defesa", *O Estado de S. Paulo*, 6 out. 2018. Disponível em: <https://politica.estadao.com.br/noticias/eleicoes,nao-existe-a-menor-chance-de-haver-ruptura-institucional-diz-ministro-da-defesa,70002535568>. Acesso em: 28 jul. 2022.

40. Proposta de emenda à Constituição n. 21, de 2021. Câmara dos Deputados, 2021. Disponível em: <https://www.camara.leg.br/proposicoesWeb/prop_mostrarintegra?codteor=2044886&filename=PEC+21/2021>. Acesso em: 26 jul. 2022.

41. Decreto n. 10727, 22 jun. 2021. Disponível em: <http://www.planalto.gov.br/ccivil_03/_ato2019-2022/2021/decreto/D10727.htm#:~:text=DECRETO%20N%C2%BA%2010.727%2C%20DE%2022%20DE%20JUNHO%20DE%202021&text=Altera%20o%20Decreto%20n%C2%BA%209.088,vista%20o%20disposto%20no%20art>. Acesso em: 28 jul. 2022.

42. Despacho n. 29/GM-MD, 17 set. 2019. Disponível em: <https://www.in.gov.br/web/dou/-/despacho-n-29/gm-md-de-17-de-setembro-de-2019-*-217530494>. Acesso em: 28 jul. 2022. Acessar também: <http://www.planalto.gov.br/ccivil_03/_ato2019-2022/2019/decreto/D10171.htm>.

43. Mayara Oliveira, "Planalto ficou 'completamente militarizado', reconhece Bolsonaro", *Metrópoles*, 13 fev. 2020. Disponível em: <https://www.metropoles.com/brasil/politica-brasil/planalto-ficou-completamente-militarizado-reconhece-bolsonaro>. Acesso em: 28 jul. 2022.

15. ADULTERANDO A HISTÓRIA [pp. 229-41]

1. Rui Barbosa, *Militares e política*. Literatura Brasileira, textos literários em meio eletrônico, Obras seletas de Rui Barbosa, v. 7, *Jornal do Brasil*, Disponível em: <https://www.literaturabrasileira.ufsc.br/documentos/?action=download&id=43456#MILITARESEPOL%C3%8DTICA>. Acesso em: 30 jul. 2022.

2. Sérgio Murillo Pinto, "A doutrina Góis: Síntese do pensamento militar no Estado Novo". In: Dulce Pandolfi (Org.). *Repensando o Estado Novo*. Rio de Janeiro: FGV Editora, 1999, pp. 291-308.

3. Andreia Verdélio, "Veja a íntegra do discurso de Bolsonaro na Assembleia Geral da ONU", Agência Brasil, 24 set. 2019. Disponível em: <https://agenciabrasil.ebc.com.br/politica/noticia/2019-09/presidente-jair-bolsonaro-discursa-na-assembleia-geral-da-onu>. Acesso em: 30 jul. 2022.

4. Ordem do Dia alusiva ao 31 de março de 1964. Ministério da Defesa, 28 mar. 2019. Disponível em: <https://www.defesanet.com.br/dita/noticia/32437/Ministerio-da-Defesa---Ordem-do-Dia-Alusiva-ao-31-de-Marco-de-1964/>. Acesso em: 30 jul. 2022.

5. Ordem do Dia alusiva ao 31 de março de 1965. Disponível em: <https://www.gov.br/defesa/pt-br/centrais-de-conteudo/noticias/ultimas-noticias/ordem-do-dia-alusiva-ao-31-de-marco-de-1965>. Acesso em: 8 ago. 2022.

6. Ordem do Dia alusiva ao 31 de março de 1964-2021. Disponível em: <https://www.gov.br/defesa/pt-br/centrais-de-conteudo/noticias/ordem-do-dia-alusiva-ao-31-de-marco-de-1964-2021> Acesso em: 8 ago. 2022; Tânia Monteiro, "Os bastidores da maior crise militar no Brasil em 40 anos", *Época*, 2 abr. 2021. Disponível em: <https://oglobo.globo.com/epoca/brasil/os-bastidores-da-maior-crise-militar-no-brasil-em-40-anos-1-24952523>. Acesso em: 8 ago. 2022.

7. "Ordem do dia alusiva ao 31 de março de 1964". Governo do Brasil, 30 mar. 2022. Disponível, mediante cadastro prévio no portal gov.br em: <https://www.gov.br/defesa/pt-br/

centrais-de-conteudo/noticias/ordem-do-dia-alusiva-ao-dia-31-de-marco-1>. Acesso em: 13 set. 2022. Para um acesso parcial ao conteúdo da nota: Pedro Henrique Gomes, "Golpe de 64 gerou 'fortalecimento da democracia', diz ministro em ordem do dia de 31 de março", G1, 30 mar. 2022. Disponível em: <https://g1.globo.com/politica/noticia/2022/03/30/golpe-de-64-gerou-fortalecimento-da-democracia-diz-ministro-em-ordem-do-dia-de-31-de-marco.ghtml>. Acesso em: 13 set. 2022.

8. Evandro Éboli, "Governo Bolsonaro, defensor da ditadura, anula anistias e suspende busca por desaparecidos políticos", *O Globo*, 3 out. 2021. Disponível em: <https://oglobo.globo.com/brasil/governo-bolsonaro-defensor-da-ditadura-anula-anistias-suspende-busca-por-desaparecidos-politicos-25221977>. Acesso em: 13 set. 2022; Karina Gomes, "Querem mudar a narrativa sobre a ditadura", *Deutsche Welle*, 22 jan. 2020. Disponível em: <https://www.dw.com/pt-br/querem-mudar-a-narrativa-sobre-a-ditadura/a-52090171>. Acesso em: 8 ago. 2022; Evandro Éboli, "O relatório oficial que acaba com a Comissão de Mortos pela ditadura", Blog do Noblat, *Metrópoles*, 14 jun. 2022. Disponível em: <https://www.metropoles.com/blog-do-noblat/o-relatorio-oficial-que-acaba-com-a-comissao-de-mortos-pela-ditadura>. Acesso em: 13 set. 2022.

9. Raquel Lopes e Matheus Teixeira, "Documentos apontam que Exército tentou driblar STF em julgamento sobre armas", *Folha de S.Paulo*, 8 dez. 2021. Disponível em: <https://www1.folha.uol.com.br/cotidiano/2021/12/documentos-apontam-que-exercito-tentou-driblar-stf-em-julgamento-sobre-armas.shtml>. Acesso em: 12 set. 2022; Cecília Olliveira, "Atuação vacilante do STF não contém a venda de armas incentivada por Bolsonaro", *El País*, 17 set. 2021. Disponível em: <https://brasil.elpais.com/brasil/2021-09-17/atuacao-vacilante-do-stf-nao-contem-a-venda-de-armas-incentivada-por-bolsonaro.html?mid=DM80796&bid=723983033>. Acesso em: 13 set. 2022.

10. Anuário Brasileiro de Segurança Pública 2021. Disponível em: <https://forumseguranca.org.br/wp-content/uploads/2021/10/anuario-15-completo-v7-251021.pdf>. Acesso em: 8 ago. 2022.

11. "Número de licenças para uso de armas cresce 325% em três anos, diz levantamento", *Jornal Nacional*, 4 fev. 2022. Disponível em: <https://g1.globo.com/jornal-nacional/noticia/2022/02/04/numero-de-licencas-para-uso-de-armas-cresce-325percent-em-tres-anos-diz-levantamento.ghtml>. Acesso em: 13 set. 2022.

12. Rafael Soares, "Armados pelo governo Bolsonaro, CACs usam acesso a material bélico para fortalecer milícia e tráfico", *O Globo*, 20 fev. 2022. Disponível em: <https://oglobo.globo.com/brasil/seguranca-publica/armados-pelo-governo-bolsonaro-cacs-usam-acesso-material-belico-para-fortalecer-milicia-trafico-1-25401344>. Acesso em: 13 set. 2022; "Tráfico de armas é favorecido por mudança na lei sobre o controle de carregadores, miras e lunetas", *Extra*, 22 maio 2022. Disponível em: <https://extra.globo.com/casos-de-policia/trafico-de-armas-favorecido-por-mudanca-na-lei-sobre-controle-de-carregadores-miras-lunetas-25515433.html>. Acesso em: 12 set. 2022.

13. Mateus Vargas, "Bolsonaro volta a falar em aprovar excludente de ilicitude para ações de GLO", *Folha de S.Paulo*, 25 nov. 2021. Disponível em: <https://www1.folha.uol.com.br/cotidiano/2021/11/bolsonaro-volta-a-falar-em-aprovar-excludente-de-ilicitude-para-acoes-de-glo.shtml>. Acesso em: 8 ago. 2022.

14. Rubens Valente, "General ex-presidente da Funai se torna conselheiro de mineradora no Pará", *Folha de S.Paulo*, 25 jul. 2018. Disponível em: <https://www1.folha.uol.com.br/poder/2018/07/general-ex-presidente-da-funai-se-torna-conselheiro-de-mineradora-no-para.shtml>.

Acesso em: 13 set. 2022; Rubens Valente, "General cai da presidência da Funai após pressão de ruralistas", *Folha de S.Paulo*, 12 jun. 2019. Disponível em: <https://www1.folha.uol.com.br/poder/2019/06/general-cai-da-presidencia-da-funai-apos-pressao-de-ruralistas.shtml>. Acesso em: 12 set. 2022.

15. Paulo Saldaña e João Gabriel, "Servidores e instituto criticam esvaziamento da Funai e pauta anti-indígena no governo Bolsonaro", *Folha de S.Paulo*, 14 jun. 2022. Disponível em: < https://www1.folha.uol.com.br/poder/2022/06/servidores-e-instituto-criticam-esvaziamento-da-funai-e-pauta-anti-indigena-no-governo-bolsonaro.shtml>. Acesso em: 10 set. 2022; Thais Lazzeri, "Dossiê inédito mostra como Bolsonaro cumpriu a promessa da 'foiçada no pescoço da Funai'". The Intercept Brasil, 13 jun. 2022. Disponível em: <https://theintercept.com/2022/06/13/funai-dossie-inedito-bolsonaro/>. Acesso em: 13 set. 2022.

16. Rosiene Carvalho, "'Difícil, cansativo, perigoso', disse Bruno à *Folha* antes de ir à floresta pela última vez", *Folha de S.Paulo*, 18 jun. 2022. Disponível em: <https://www1.folha.uol.com.br/poder/2022/06/dificil-cansativo-perigoso-disse-bruno-a-folha-antes-de-ir-a-floresta-pela-ultima-vez.shtml>. Acesso em: 11 set. 2022.

17. Lúcio Vaz, "Militarização da Apex garante renda de até R$ 84 mil para generais e almirantes aposentados", *Gazeta do Povo*, 3 set. 2020. Disponível em: <https://www.gazetadopovo.com.br/vozes/lucio-vaz/militarizacao-da-apex-garante-renda-de-ate-r-84-mil-para-generais-e-almirantes-aposentados/>; "Militares deixam comando da Apex, mas generais mantêm supersalários de até R$ 84 mil", *Gazeta do Povo*, 19 set. 2021. Disponível em: <https://www.gazetadopovo.com.br/vozes/lucio-vaz/militares-deixam-comando-da-apex-mas-generais-mantem-supersalarios-de-ate-r-84-mil/>; "Viagens da Apex somam R$ 9,4 milhões em quatro meses", *Gazeta do Povo*, 19 jun. 2022. Disponível em: <https://www.gazetadopovo.com.br/vozes/lucio-vaz/viagens-da-apex-somam-r-94-milhoes-em-quatro-meses/>. Acessos em: 12 set. 2022.

18. Daniel Gullino e Eliane Oliveira, "'Chanceler paralelo', almirante assessor de Bolsonaro tem mais viagens ao exterior que Carlos França e gera incômodo no governo", *O Globo*, 19 jun. 2022. Disponível em: <https://oglobo.globo.com/politica/noticia/2022/06/chanceler-paralelo-almirante-assessor-de-bolsonaro-tem-mais-viagens-ao-exterior-que-carlos-franca-e-gera-incomodo-no-governo.ghtml>. Acesso em: 12 set. 2022.

19. Disponível em: <https://noticias.uol.com.br/politica/ultimas-noticias/2022/07/03/transparencia-governo-bolsonaro-dificulta-acesso-a-dados-publicos.htm; https://piaui.folha.uol.com.br/opacidade-fardada/>. Acesso em: 28 set. 2022.

20. Disponível em: <https://bibliotecadigital.fgv.br/dspace/bitstream/handle/10438/30717/DISSERTAC%cc%a7A%cc%83O%20MESTRADO%20FINAL%20-%203%20de%20junho%20de%202021.pdf?sequence=1&isAllowed=y>.

21. Otávio Santana do Rêgo Barros, "Memento mori", *Correio Braziliense*, 27 out. 2020. Disponível em: <https://www.correiobraziliense.com.br/opiniao/2020/10/4884811-memento-mori.html>; "Não bailamos em terra batida", *Correio Braziliense*, 29 set. 2021. Disponível em: <https://www.correiobraziliense.com.br/opiniao/2021/09/4952292-artigo-nao-bailamos-em-terra-batida.html>; "A filha bastarda do poder", *O Globo*, 11 ago. 2021. Disponível em: <https://blogs.oglobo.globo.com/opiniao/post/filha-bastarda-do-poder.html>; "Amadorismo do presidente prejudica diplomacia brasileira", UOL, 22 fev. 2022. Disponível em: <https://noticias.uol.com.br/colunas/otavio-rego-barros/2022/02/22/uma-licao-de-diplomacia-para-presidente-vaidoso-o-dialogo-meliano.htm>. Acessos em: 8 ago. 2022.

22. Fabio Victor, "Órfãos de Moro, generais vivem sinuca com Bolsonaro", *piauí*, 5 maio 2020. Disponível em: <https://piaui.folha.uol.com.br/orfaos-de-moro-generais-vivem-sinuca-com-bolsonaro/>. Acesso em: 8 ago. 2022.

23. Ibid.

16. A VIÚVA [pp. 242-68]

1. Flávio Bolsonaro, *Jair Messias Bolsonaro: Mito ou verdade*. Rio de Janeiro: Altadena, 2017, pp. 178-9.
2. Fabio Victor, "O vice a cavalo", *piauí*, n. 147, dez. 2018.
3. Comissão Nacional da Verdade, Relatório final, capítulo 16, p. 859. Disponível em: <http://cnv.memoriasreveladas.gov.br/images/pdf/relatorio/Capitulo%2016.pdf>. Acesso em: 28 jul. 2022.
4. "Um nome constante nos documentos de denúncia. No Sul, outras duas", *O Globo*, 17 ago. 1985; "Deputada pede nomes dos adidos militares", *O Estado de S. Paulo*, 18 ago. 1985.
5. "Coronel que torturou Bete Mendes não é mais adido", *Jornal do Brasil*, 17 ago. 1985.
6. "Leônidas mantém adido no Uruguai", *O Estado de S. Paulo*, 24 ago. 1985.
7. "Bete Mendes reitera e encerra o assunto", *O Globo*, 28 ago. 1985.
8. Carlos Alberto Brilhante Ustra, *Rompendo o silêncio*. Brasília: Editerra, 1987, p. 168.
9. Ibid., pp. 8-9.
10. "Leônidas não punirá Ustra por *Rompendo o silêncio*", *Jornal do Brasil*, 11 mar. 1987.
11. Disponível em: <https://www.conjur.com.br/dl/coronel-brilhante-ustra-condenacao-civel.pdf>. Acesso em: 28 jul. 2022.
12. Carlos Alberto Brilhante Ustra, *A verdade sufocada*. Belo Horizonte: Ser, 2018, p. 353.
13. Ibid.
14. Leneide Duarte-Plon, "A tortura se justifica quando pode evitar a morte de inocentes", *Folha de S.Paulo*, 4 maio 2008; Sylvia Colombo, "Eu me acuso", *Folha de S.Paulo*, 15 ago. 2016.
15. Carlos Alberto Brilhante Ustra, *A verdade sufocada*, op. cit., p. 354.
16. Comissão Nacional da Verdade, depoimento de Carlos Alberto Brilhante Ustra. Disponível em: <http://cnv.memoriasreveladas.gov.br/images/documentos/Capitulo15/Nota%2039%20%202000092.000666_2013-17.pdf>. Acesso em: 28 jul. 2022.
17. Carlos Alberto Brilhante Ustra, *A verdade sufocada*, pp. 34-5.
18. Lucas Ferraz, *Injustiçados: Execuções de militantes nos tribunais revolucionários durante a ditadura*. São Paulo: Companhia das Letras, 2021; Comissão Nacional da Verdade, Relatório final.
19. Elio Gaspari, *A ditadura envergonhada* e *A ditadura escancarada*. São Paulo: Companhia das Letras, 2002.
20. Registra o relatório final da Comissão da Verdade: "[A tortura] Deixou de se restringir aos métodos violentos já empregados pela polícia no Brasil contra presos comuns para, sofisticando-se, tornar-se a essência do sistema militar de repressão política, baseada nos argumentos da supremacia da segurança nacional e da existência de uma guerra contra o terrorismo. Foi usada com regularidade por diversos órgãos da estrutura repressiva, entre delegacias e estabelecimentos militares, bem como em estabelecimentos clandestinos em diferentes espaços do território nacional" [Relatório final da CNV, capítulo 9].

21. Marcelo Godoy, *A casa da vovó: Uma biografia do DOI-Codi (1969-1991), o centro de sequestro, tortura e morte da ditadura militar*. São Paulo: Alameda, 2015.

22. Elio Gaspari, *A ditadura encurralada*. São Paulo: Companhia das Letras, 2002.

23. Carlos Alberto Brilhante Ustra, *Rompendo o silêncio*, op. cit., p. 135.

24. Ricardo Pedreira, "Ustra é punido por apoio a UDR e não será general", *Jornal do Brasil*, 22 jul. 1987.

25. Eduardo Heleno de Jesus Santos, *Extrema-direita, volver!: Memória, ideologia e política dos grupos formados por civis e militares da reserva*. Dissertação de mestrado. Disponível em: <https://app.uff.br/riuff/bitstream/handle/1/8203/Disserta%c3%a7%c3%a3o%20de%202009%20Eduardo%20Heleno%20de%20Jesus%20Santos.pdf?sequence=1&isAllowed=y>. Acesso em: 28 jul. 2022.

26. "Comunistas chegaram ao poder, diz militar", *Folha de S.Paulo*, 23 out. 2000.

27. João Paulo Saconi, "General chamado de 'melancia' tem histórico de embates com os Bolsonaros", *Época*, 22 jul. 2019. Disponível em: <https://oglobo.globo.com/epoca/brasil/general-chamado-de-melancia-tem-historico-de-embates-com-os-bolsonaros-23824778>. Acesso em: 28 jul. 2022.

28. Projeto de nação: o Brasil em 2035. Disponível em: <https://sagres.org.br/artigos/ebooks/PROJETO%20DE%20NA%C3%87%C3%83O%20-%20Vers%C3%A3o%20Digital%2019Mai2022.pdf>. Acesso em: 28 jul. 2022.

29. Malu Gaspar, "Ministro da Defesa compartilha via WhatsApp artigo que diz que eleição de Lula será 'ruína moral da nação'". Disponível em: <https://blogs.oglobo.globo.com/malu-gaspar/post/ministro-da-defesa-compartilha-whatsapp-artigo-que-diz-que-eleicao-de-lula-sera-ruina-moral-da-nacao.html>. Acesso em: 28 jul. 2022.

30. Disponível em: <https://politica.estadao.com.br/blogs/roldao-arruda/comissao-da-verdade-reage-e-lista-provas-contra-general/; https://www.conjur.com.br/dl/decisao-tortura-dano-moral1.pdf>. Acesso em: 28 set. 2022.

31. Disponível em: <https://www1.folha.uol.com.br/colunas/painel/2020/12/general-paulo-chagas-reincide-em-fake-news-e-justica-determina-exclusao-de-ataques-a-stedile-do-mst.shtml>. Acesso em: 28 set. 2022.

32. Maud Chirio, "Da linha dura ao marxismo cultural: O olhar imutável de um grupo de extrema direita da reserva sobre a vida política brasileira (*Jornal Inconfidência*, 1998-2014)". In: João Roberto Martins Filho (Org.). *Os militares e a crise brasileira*. São Paulo: Alameda Casa Editorial, 2021, pp. 219-23, edição Kindle.

33. Bruno Paes Manso, *A república das milícias: Dos esquadrões da morte à era Bolsonaro*. São Paulo: Todavia, 2020, pp. 139-44.

34. "'Excessos podem ter havido de ambos os lados', disse o coronel Ustra em entrevista de 2014", *Zero Hora*, 23 mar. 2014.

35. Band Jornalismo, "Bolsonaro volta a elogiar coronel Ustra". Disponível em: <https://www.youtube.com/watch?v=mbaBEwowsqs>. Acesso em: 28 jul. 2022.

36. Bruno Fonseca, Rafael Oliveira, Raphaela Ribeiro, "Governo paga 1,2 milhão por mês a herdeiras de militares acusados de crimes na ditadura". Agência Pública, 2 jul. 2021. Disponível em: <https://apublica.org/2021/07/governo-paga-r-12-milhao-por-mes-a-herdeiras-de-militares-acusados-de-crimes-na-ditadura/>. Acesso em: 28 jul. 2022.

17. A CIDADELA [pp. 269-90]

1. Relatório Final da Comissão Nacional da Verdade, cap. 9.
2. Nicolás Satriano, "STM rejeita anular julgamento de militares condenados por mortes de músico e catador em Guadalupe", G1, 11 maio 2022. Disponível em: <https://g1.globo.com/rj/rio-de-janeiro/noticia/2022/05/11/stm-rejeita-anular-julgamento-de-militares-condenados-por-morte-de-musico-e-catador-em-guadalupe.ghtml>. Acesso em: 12 set. 2022.
3. José Murilo de Carvalho, *Forças Armadas e política no Brasil*. São Paulo: Todavia, 2019. E-book. Posição: 599-607.
4. Nelson Werneck Sodré, *História militar do Brasil*. São Paulo: Expressão Popular, 2010, pp. 196-7.
5. Ibid., p. 201.
6. Gilberto Freyre, *Nação e Exército*. Rio de Janeiro: Biblioteca do Exército, 2019, p. 22.
7. Alain Rouquié (Coord.), *Os partidos militares no Brasil*. Rio de Janeiro: Record, 1980, pp. 43-70.
8. Ibid.
9. Ibid.
10. Celso Castro, *O espírito militar*. Rio de Janeiro: Zahar, 2021, pp. 31-80.
11. Ibid.
12. Celso Castro (Org.), *General Villas Bôas: Conversa com o comandante*. São Paulo: FGV Editora, 2021, p. 116.
13. UOL, "Defesa cita slogan de Bolsonaro e diz que militares defendem democracia", 8 maio 2022. Disponível em: <https://noticias.uol.com.br/politica/ultimas-noticias/2022/05/08/defesa-texto-dia-da-vitoria.htm>. Acesso em: 14 set. 2022.
14. Disponível em: <https://www.youtube.com/watch?v=lVmiTzEtQQI>. Acesso em: 14 set. 2022.
15. Fabio Victor, "O vice a cavalo", *piauí*, n. 147, dez. 2018. Disponível em: <https://piaui.folha.uol.com.br/materia/o-vice-cavalo/>. Acesso em: 14 set. 2022.
16. Tuíte de @TCelTitoCanto, 29 out. 2020. Disponível em: <https://twitter.com/TCelTitoCanto/status/1321929442244087808?s=20&t=m2det-FoT8TycgikgszMTg>. Acesso em: 19 set. 2022.
17. Marcelo Pimentel Jorge de Souza, "Cadetes, ides comandar, aprendei a obedecer", Opinião, *Folha de S.Paulo*, 1 nov. 2018. Disponível em: <https://www1.folha.uol.com.br/opiniao/2018/11/cadete-ides-comandar-aprendei-a-obedecer.shtml>. Acesso em: 14 set. 2022.
18. João Roberto Martins Filho (Org.), *Os militares e a crise brasileira*. São Paulo: Alameda Casa Editorial, 2021.
19. Oliveiros S. Ferreira, *Vida e morte do Partido Fardado*. São Paulo: Senac, 2020, p. 42.
20. Camila Zarur, "Exército teve apenas 11 generais negros ao longo de sua história", *O Globo*, 10 maio 2021. Disponível em: <https://oglobo.globo.com/brasil/epoca/exercito-teve-apenas-11-generais-negros-ao-longo-de-sua-historia-25061372?versao=amp&__twitter_impression=true>. Acesso em: 14 set. 2022.

18. O INIMIGO REAL E OS IMAGINÁRIOS [pp. 291-304]

1. Ingrid Soares, "Em áudio vazado, Heleno diz que Congresso 'chantageia' governo", *Correio Braziliense*, 19 fev. 2020. Disponível em: <https://www.correiobraziliense.com.br/app/noticia/politica/2020/02/19/interna_politica,829137/em-audio-vazado-heleno-diz-que-congresso-chantageia-governo.shtml>. Acesso em: 27 ago. 2022.
2. Luiz Henrique Mandetta, *Um paciente chamado Brasil*. Rio de Janeiro: Objetiva, 2020.
3. "Exclusivo: 'Brasileiro não sabe se escuta o ministro ou o presidente', diz Mandetta". *Fantástico*, 12 abr. 2020. Disponível em: <https://g1.globo.com/fantastico/noticia/2020/04/12/maio-e-junho-serao-os-meses-mais-duros-afirma-mandetta-em-entrevista-exclusiva-ao-fantastico.ghtml>. Acesso em: 27 ago. 2022.
4. "Bolsonaro discursa em ato com pedidos de intervenção militar e aglomeração de manifestantes". Disponível em: <https://www.youtube.com/watch?v=553D8VHI8Mo>. Acesso em: 27 ago. 2022.
5. Bruno Boghossian, "STF autoriza apuração de ato pró-golpe militar que teve participação de Bolsonaro, *Folha de S.Paulo*, 21 abr. 2020.
6. "Reunião ministerial de 22 abr. 2020, na qual Bolsonaro teria indicado interferência na PF", *Poder360*, YouTube, 23 maio 2020. Disponível em: <https://www.youtube.com/watch?v=VkCTwQH55Ic>. Acesso em: 27 ago. 2022; "Leia a íntegra das falas de Bolsonaro e ministros em reunião ministerial gravada", *Folha de S.Paulo*, 22 abr. 2020. Disponível em: <https://www1.folha.uol.com.br/poder/2020/05/leia-a-integra-das-falas-de-bolsonaro-e-ministros-em-reuniao-ministerial-gravada.shtml>. Acesso em: 27 ago. 2022.
7. Portaria interministerial n. 1634/GM-MD, 22 abr. 2020, *Diário Oficial da União*, 23 abr. 2020. Disponível em: <https://www.in.gov.br/web/dou/-/portaria-interministerial-n-1.634/gm-md-de-22-de-abril-de-2020-253541592>. Acesso em: 27 ago. 2022.
8. Eloisa Machado de Almeida, Luciana Gross Cunha, Luiza Pavan Ferraro, "STF e a pandemia: Controle constitucional concentrado durante o primeiro ano da pandemia covid-19 no Brasil". GT 03 — Atores e instituições judiciais: sentidos e disputas em torno do direito. 45º Encontro Anual da Anpocs, 2021. Disponível em: <https://www.anpocs2021.sinteseeventos.com.br/arquivo/downloadpublic?q=YToyOntzOjY6InBhcmFtcyI7czozNToiYToxOntzOjEwOiJJRF9BU lFVSVZPIjtzOjQ6IjY1OTIiO30iO3M6MToiaCI7czozMjoiZGUwNTMyODI5ZGE3YTJmZWY3 ZDQ5ZjY3NmRkNDQ0MzAiO30%3D>. Acesso em: 27 ago. 2022, *Folha de S.Paulo*, 24 set. 2021.
9. Ministro Alexandre de Moraes (relator), decisão do mandado de segurança 37 097 Distrito Federal, impetrado pelo PDT. Disponível em: <https://www.conjur.com.br/dl/ms-37097-ramagem-pf.pdf>. Acesso em: 27 ago. 2022.
10. Tânia Monteiro, "Para militares, Celso de Mello tratou generais de Bolsonaro como 'bandidos'", *O Estado de S. Paulo*, 7 maio 2020. Disponível em: <https://politica.estadao.com.br/noticias/geral,para-militares-celso-de-mello-tratou-generais-de-bolsonaro-como-bandidos,70003295311>. Acesso em: 27 ago. 2022.
11. General Augusto Heleno, "Nota à nação brasileira". Brasília, GSI, Presidência da República, 22 maio 2020. Disponível em: <https://twitter.com/gen_heleno/status/1263896941349535746?s=20&t=hZaBWjq1H6vH7GrZhub6hQ>. Acesso em: 27 ago. 2022.
12. Gustavo Uribe, "Bolsonaro estimula população a invadir hospitais para filmar oferta de leitos", *Folha de S.Paulo*, 12 jun. 2020.

13. Igor Mello, "Gilmar Mendes: 'Exército está se associando a genocídio' na pandemia", UOL, 11 jul. 2020. Disponível em: <https://noticias.uol.com.br/saude/ultimas-noticias/redacao/2020/07/11/gilmar-mendes-exercito-esta-se-associando-a-genocidio-na-pandemia.htm>. Acesso em: 27 ago. 2022.

14. Daniel Adjuto, "'Gilmar cometeu crime de ofensa às Forças Armadas', dizem Defesa e Exército à PGR", CNN Brasil, 15 jul. 2020. Disponível em: <https://www.cnnbrasil.com.br/politica/gilmar-cometeu-crime-de-ofensa-as-forcas-armadas-dizem-defesa-e-exercito-a-pgr/>. Acesso em: 27 ago. 2022; Igor Gielow, "Defesa faz representação à PGR contra crítica de Gilmar Mendes ao Exército", *Folha de S.Paulo*, 13 jul. 2020.

15. Guilherme Mazui, "'É simples assim: um manda e o outro obedece', diz Pazuello ao lado de Bolsonaro", G1, 22 out. 2020. Disponível em: <https://g1.globo.com/politica/noticia/2020/10/22/e-simples-assim-um-manda-e-o-outro-obedece-diz-pazuello-ao-lado-de-bolsonaro.ghtml>. Acesso em: 27 ago. 2022.

16. Guilherme Mazui, "'Mais uma que Jair Bolsonaro ganha', diz presidente sobre suspensão de testes da CoronaVac", G1, 10 nov. 2020. Disponível em: <https://g1.globo.com/politica/noticia/2020/11/10/mais-uma-que-jair-bolsonaro-ganha-diz-o-presidente-ao-comentar-suspensao-de-testes-da-vacina-coronavac.ghtml>. Acesso em: 27 ago. 2022.

17. "'Pressa da vacina não se justifica', diz Bolsonaro", CNN Brasil, 19 dez. 2020. Disponível em: <https://www.cnnbrasil.com.br/politica/pressa-da-vacina-nao-se-justifica-diz-bolsonaro/>. Acesso em: 27 ago. 2022.

19. CRISE MILITAR, PRONOME POSSESSIVO [pp. 305-28]

1. "Bolsonaro: 'Não vou decretar lockdown e meu Exército não vai obrigar o povo a ficar em casa'", Canal UOL do YouTube. Disponível em: <https://www.youtube.com/watch?v=_nOS8mN9Yr4>. Acesso em: 30 ago. 2022.

2. Ana Mendonça, "Bolsonaro: 'Meu Exército não vai cumprir lockdown. Nem por ordem do papa'", *Estado de Minas*, 19 mar. 2021. Disponível em: <https://www.em.com.br/app/noticia/politica/2021/03/19/interna_politica,1248576/bolsonaro-meu-exercito-nao-vai-cumprir-lockdown-nem-por-ordem-do-papa.shtml>. Acesso em: 30 ago. 2022.

3. General Edson Leal Pujol, "Mensagem do comandante do Exército", Canal do YouTube do Exército Brasileiro. Disponível em: <https://www.youtube.com/watch?v=f1pmexyCcGg>. Acesso em: 30 ago. 2022.

4. Samantha Maia, "Comandante Pujol: Militares não querem fazer parte da política", Canal do YouTube do IREE, 14 nov. 2020. Disponível em: <https://iree.org.br/comandante-pujol-militares-nao-querem-fazer-parte-da-politica/>. Acesso em: 30 ago. 2022.

5. Fabio Victor, "Mourão defende manter Pujol no comando do Exército", *piauí*, 7 jul. 2020. Disponível em: <https://piaui.folha.uol.com.br/mourao-defende-manter-pujol-no-comando-do-exercito/>. Acesso em: 30 ago. 2022.

6. "Militares revelam os verdadeiros motivos para queda do general Fernando Azevedo", *Revista Sociedade Militar*, 1 abr. 2021. Disponível em: <https://www.sociedademilitar.com.br/2021/04/o-que-os-militares-dizem-sobre-os-reais-motivos-para-a-queda-do-general-fernando-azevedo.html>. Acesso em: 30 ago. 2022.

7. Senador Alessandro Vieira, "CPI da Pandemia: Descobertas, possíveis responsáveis e sugestões de aperfeiçoamento legislativo". Relatório paralelo da CPI. Senado Federal, 15 out. 2021. Disponível em: <https://static.poder360.com.br/2021/10/relatorio-alessandro-vieira-cpi.pdf>. Acesso em: 30 ago. 2022.

8. Lúcio de Castro, "Homem forte de Pazuello na campanha de vacinação já foi denunciado por... tentativa de desvio em campanha de vacinação", *Agência Sportlight*, 7 jan. 2021. Disponível em: <https://agenciasportlight.com.br/index.php/2021/01/07/homem-forte-de-pazuello-na-campanha-de-vacinacao-ja-foi-denunciado-por-tentativa-de-desvio-em-campanha-de-vacinacao/>. Acesso em: 30 ago. 2022.

"Justiça de RR aceita denúncia e Airton Cascavel vira réu por suspeita de estuprar criança da própria família; defesa diz que há 'denunciação caluniosa'", G1 (RR), 23 set. 2021. Disponível em: <https://g1.globo.com/rr/roraima/noticia/2021/09/23/justica-de-rr-aceita-denuncia-e-airton-cascavel-vira-reu-por-suspeita-de-estuprar-crianca-da-propria-familia-defesa-diz-que-ha-denunciacao-caluniosa.ghtml>. Acesso em: 30 ago. 2022.

Caroline Borges e Joana Caldas, "Empresário Airton Cascavel é preso em Roraima suspeito de estuprar jovem de 18 anos em SC", G1 (SC), 8 fev. 2022. Disponível em: <https://g1.globo.com/sc/santa-catarina/noticia/2022/02/08/empresario-airton-cascavel-e-preso-em-roraima-suspeito-de-estuprar-jovem-de-18-anos-em-sc.ghtml>. Acesso em: 30 ago. 2022.

9. Senador Renan Calheiros, Relatório Final da CPI. Senado Federal, CPI da Pandemia, 26 out. 2021. Disponível em: <https://www6g.senado.leg.br/sdleg-getter/documento?dm=9031768&>. Acesso em: 30 ago. 2022.

10. "Ministro Luiz Eduardo Ramos diz que se vacinou escondido por orientação do Planalto". CBN, 27 abr. 2021. Disponível em: <https://cbn.globoradio.globo.com/media/audio/339134/ministro-luiz-eduardo-ramos-diz-que-se-vacinou-esc.htm>. Acesso em: 30 ago. 2022.

11. Relatório final da CPI da Pandemia, do senador Renan Calheiros. Disponível em: <https://www6g.senado.leg.br/sdleg-getter/documento?dm=9031768&> Acesso em: 18 set. 2022.

12. Ibid.; Jan Niklas, "De 16 militares citados na CPI, relatório pediu indiciamento de 10 e deixou 6 de fora", *O Globo*, 27 out. 2021. Disponível em: <https://oglobo.globo.com/politica/de-16-militares-citados-na-cpi-relatorio-pediu-indiciamento-de-10-deixou-6-de-fora-25252644>. Acesso em: 30 ago. 2022.

13. "Omar Aziz diz que os bons militares das Forças Armadas 'devem estar envergonhados'". *Poder360*, 7 jul. 2021. Disponível em: <https://www.youtube.com/watch?v=qqc-B1rV1sA>. Acesso em: 30 ago. 2022.

14. Rosana Hessel, "Braga Netto repudia, em nota, declarações de Aziz sobre militares", *Correio Braziliense*, 7 jul. 2021. Disponível em: <https://www.correiobraziliense.com.br/politica/2021/07/4936179-braga-netto-repudia-em-nota-declaracoes-de-aziz-sobre-militares.html>. Acesso em: 30 ago. 2022.

15. "Senadores veem tentativa de intimidação das Forças Armadas", *Diário do Grande ABC*, 7 jul. 2021. Disponível em: <https://www.dgabc.com.br/Noticia/3733717/senadores-veem-tentativa-de-intimidacao-das-forcas-armadas>; Rodolfo Costa, "Militares x CPI: o que está por trás da insatisfação das Forças Armadas com Omar Aziz", *Gazeta do Povo*, 8 jul. 2021. Disponível em: <https://www.gazetadopovo.com.br/republica/forcas-armadas-militares-insatisfacao-omar-aziz-presidente-cpi/>. Acesso em: 31 ago. 2022.

16. Roberto D'Avila, "Rodrigo Pacheco fala sobre eleições, CPI da Covid e Bolsonaro". Disponível em: <https://canaisglobo.globo.com/assistir/globonews/roberto-davila/v/9704453/>. Acesso em: 31 ago. 2022.

17. Luiz Fernando Vianna. "Na pandemia, Exército volta a matar brasileiros", *Época*, 17 jan. 2021. Disponível em: <https://oglobo.globo.com/epoca/artigo-na-pandemia-exercito-volta-matar-brasileiros-24842973>. Acesso em: 31 ago. 2022.

18. CPI da Pandemia. Senado Federal, Atividade Legislativa/Comissões. Disponível em: <https://legis.senado.leg.br/comissoes/reqsCPI?0&codcol=2441&aprc=false&prej_retir=false&susp=false>. Acesso em: 31 ago. 2022.

19. Senador Alessandro Vieira, relatório paralelo da CPI, op. cit.

20. CPI da Covid: "Faltou coragem para fazer um enfrentamento ao Braga Netto", diz Alessandro Vieira. TV Cultura, programa *Roda Viva*, 18 out. 2021. Disponível em: <https://www.youtube.com/watch?v=_NR0b3y8Cy4>. Acesso em: 31 ago. 2022.

21. "Ex-ministro Pazuello discursa ao lado de Bolsonaro", Record News, s/d. Disponível em: <https://www.youtube.com/watch?v=8ZwED-37gnE>; "Bolsonaro lidera manifestação de motociclistas no Rio", *O Estado de S. Paulo*, 24 maio 2021. Disponível em: <https://www.youtube.com/watch?v=nGRm3IqsB8Y>. Acesso em: 31 ago. 2022.

22. Vinicius Sassine e Ana Luiza Albuquerque, "Bolsonaro leva Pazuello a ato, e cúpula do Exército espera punição", *Folha de S.Paulo*, 24 maio 2021.

23. "Pazuello entendeu que cometeu um erro, diz Mourão sobre ato no Rio", CNN Brasil, 24 maio 2021. Disponível em: <https://www.cnnbrasil.com.br/politica/e-uma-questao-interna-do-exercito-diz-mourao-sobre-presenca-de-pazuello-em-ato/>; "'Regra tem que ser aplicada para evitar anarquia nas Forças Armadas', diz Mourão sobre Pazuello", *O Globo*, 27 maio 2021. Disponível em: <https://oglobo.globo.com/brasil/regra-tem-que-ser-aplicada-para-evitar-anarquia-nas-forcas-armadas-diz-mourao-sobre-pazuello-1-25036680>. Acesso em: 31 ago. 2022.

24. "Nota à imprensa". Exército Brasileiro, 3 jun. 2021. Disponível em: <https://bit.ly/3dpPSzO>. Acesso em: 31 ago. 2022.

25. Marcelo Coelho (mediador), "Militares e o futuro da democracia no Brasil". Roda da Rosa 25, *Revista Rosa*, 13 jul. 2022. Disponível em: <https://www.youtube.com/watch?v=swLjF_EeUTk&t=2051s>. Acesso em: 31 ago. 2022.

26. General Augusto Heleno, "Discurso […] na convenção do PSL 2018", Canal do YouTube de Ricardo Zanella, 20 jul. 2018. Disponível em: <https://www.youtube.com/watch?v=NapoKpq-5Kg>. Acesso em: 31 ago. 2022.

27. Fabio Murakawa, "'Há males que vêm para o bem', diz Mourão sobre ruptura entre Boeing e Embraer", *Valor Econômico*, 29 abr. 2020. Disponível em: <https://valor.globo.com/politica/noticia/2020/04/29/ha-males-que-vem-para-bem-diz-mourao-ruptura-entre-boeing-e-embraer.ghtml>. Acesso em: 31 ago. 2022.

28. "'Pega Centrão': Augusto Heleno diz que mudou de opinião sobre bloco". *Metrópoles*, YouTube, 20 maio 2021. Disponível em: <https://www.youtube.com/watch?v=1Ztmx34xOLk>. Acesso em: 31 ago. 2022; "'Se gritar pega Centrão, não fica um, meu irmão', dizia Heleno há 3 anos; agora Centrão ganha espaço com Bolsonaro", *Folha de S.Paulo*, 26 jul. 2021.

29. "Entenda como é feito o Orçamento e como congressistas podem incluir emendas", *Poder360*, 16 maio 2021. Disponível em: <https://www.poder360.com.br/governo/entenda-como-e-feito-o-orcamento-e-como-congressistas-podem-incluir-emendas/>. Acesso em: 31 ago. 2022.

30. Disponível em: <https://politica.estadao.com.br/noticias/geral,ramos-assinou-projeto-que-criou-orcamento-secreto,70003718280>. Acesso em: 23 set. 2022.

31. Rodrigo Nunes. "Alvim errou a mão na trollagem nazi inspirada na direita dos EUA", *Folha de S.Paulo*, 21 jan. 2020. Disponível em: <https://www1.folha.uol.com.br/ilustrissima/2020/01/alvim-errou-a-mao-na-trollagem-bolsonarista-inspirada-na-direita-dos-eua.shtml>. Acesso em: 31 ago. 2022.

20. DOIS (PUTSCHES) EM UM [pp. 329-50]

1. "Bolsonaro comenta invasão do Capitólio e diz que situação pode ser pior no Brasil em 2022", *Jornal da Record*, 7 jan. 2021. Disponível em: <https://www.youtube.com/watch?v=72YVmA1kq3s>. Acesso em: 6 set. 2022.

2. Vinícius Valfré, "Bolsonaristas reproduzem 'álibi' da invasão ao Capitólio por 'infiltrados'", *O Estado de S. Paulo*, 6 set. 2021. Disponível em: <https://politica.estadao.com.br/noticias/geral,bolsonaristas-reproduzem-alibi-da-invasao-ao-capitolio-por-infiltrados,70003832914?utm_source=estadao:whatsapp&utm_medium=link>. Acesso em: 6 set. 2022.

3. Tiago Mali e Murilo Fagundes, "Bolsonaro teve recorde de eventos militares antes de 7 de Setembro", *Poder360*, 9 set. 2021. Disponível em: <https://www.poder360.com.br/governo/bolsonaro-teve-recorde-de-eventos-militares-antes-de-7-de-setembro/>. Acesso em: 6 set. 2022.

4. Marcelo Godoy, "Chefe de batalhões da PM paulista convoca para ato bolsonarista e ataca o STF; Doria afasta coronel", *O Estado de S. Paulo*, 23 ago. 2021.

5. Jussara Soares, Naira Trindade, Natália Portinari e Cristiano Mariz, "Apoiadores de Bolsonaro furam bloqueio e invadem Esplanada dos Ministérios em Brasília", *O Globo*, 6 set. 2021. Disponível em: <https://oglobo.globo.com/politica/apoiadores-de-bolsonaro-furam-bloqueio-invadem-esplanada-dos-ministerios-em-brasilia-1-25187152>. Acesso em: 26 set. 2022; vídeo disponível em: <https://twitter.com/JornalOGlobo/status/1435052110500990978?s=08>; Série de fotos do site *Metrópoles* disponível em: <https://twitter.com/Metropoles/status/1435039714550091779?s=08>. Acesso em: 6 set. 2022.

6. Thiago Bronzatto e Mariana Muniz, "Entrevista: 'A História não vai perdoar aqueles que não defendem a democracia', diz presidente do STF, Luiz Fux", *O Globo*, 21 ago. 2022.

7. "Inmet prevê novo recorde de temperatura no DF e emite alerta vermelho para baixa umidade", G1, 7 set. 2021. Disponível em: <https://g1.globo.com/df/distrito-federal/noticia/2021/09/07/inmet-preve-novo-recorde-de-temperatura-no-df-e-emite-alerta-vermelho-para-baixa-umidade.ghtml>. Acesso em: 8 set. 2022.

8. "Bolsonaro diz respeitar Constituição, mas afirma: STF pode sofrer 'aquilo que não queremos'", *Poder360*, 7 set. 2021. Disponível em: <https://www.poder360.com.br/brasil/bolsonaro-diz-respeitar-constituicao-mas-alerta-stf-pode-sofrer-aquilo-que-nao-queremos/>. Acesso em: 8 set. 2022.

9. Daniel Gullino, "Bolsonaro gastou R$ 360 mil para participar de ato contra STF no 7 de Setembro", *O Globo*, 4 nov. 2021. Disponível em: <https://oglobo.globo.com/politica/bolsonaro-gastou-360-mil-para-participar-de-ato-contra-stf-no-7-de-setembro-1-25263870>. Acesso em: 6 set. 2022.

10. Rayanderson Guerra, "Apoiadores do presidente na av. Paulista consideram STF inimigo maior que a esquerda, indica pesquisa", *O Globo*, 8 set. 2021. Disponível em: <https://oglobo.globo.com/politica/apoiadores-do-presidente-na-av-paulista-consideram-stf-inimigo-maior-que-esquerda-indica-pesquisa-25188548>. Acesso em: 6 set. 2022.

11. "Leia a íntegra do discurso de Bolsonaro no ato de 7 de Setembro em São Paulo", *Poder360*, 7 set. 2021. Disponível em: <https://www.poder360.com.br/governo/leia-a-integra-do-discurso-de-bolsonaro-no-ato-de-7-de-setembro-em-sao-paulo/>. Acesso em: 6 set. 2022.

12. O pronunciamento do ministro Luiz Fux está disponível em: <https://www.migalhas.com.br/arquivos/2021/9/E18122D27B6CE6_pronunciamento-Fux.pdf>. Acesso em: 6 set. 2022.

13. Jorge Fernando Rodrigues, "Bolsonaro cria condições para o impeachment se não obedecer o STF, diz Kassab", CNN Brasil, 7 set. 2021. Disponível em: <https://www.cnnbrasil.com.br/politica/bolsonaro-cria-condicoes-para-o-impeachment-se-nao-obedecer-o-stf-diz-kassab/>. Acesso em: 9 set. 2022; Carolina Linhares e Joelmir Tavares, "Presidenciáveis defendem impeachment de Bolsonaro, e partidos tentam superar 2022 para engrossar frente", *Folha de S.Paulo*, 9 set. 2021. Disponível em: <https://www1.folha.uol.com.br/poder/2021/09/presidenciaveis-defendem-impeachment-de-bolsonaro-e-partidos-tentam-superar-2022-para-engrossar-frente.shtml>. Acesso em: 9 set. 2022.

14. "Após atos de 7 de Setembro, caminhoneiros bolsonaristas bloqueiam estradas em vários estados", G1, 8 set. 2021. Disponível em: <https://g1.globo.com/economia/noticia/2021/09/08/apos-atos-de-7-de-setembro-caminhoneiros-bolsonaristas-bloqueiam-estradas-em-varios-estados.ghtml>. Acesso em: 6 set. 2022.

15. Entrevista de Michel Temer ao programa *Roda Viva*, TV Cultura, 27 set. 2021. Disponível em: <https://www.youtube.com/watch?v=4PiHXMCemqY>; "Entrevista: Michel Temer fala sobre a carta de Bolsonaro e as eleições de 2022, *Veja*, YouTube, 20 set. 2021. Disponível em: <https://www.youtube.com/watch?v=lDtkQK6Wh6U>. Acessos em: 6 set. 2022.

16. Edgard Matsuki, "Polícia do Planalto prendeu homem que fez ameaças a Bolsonaro e *Jornal Nacional* escondeu #boato", Boatos, 18 out. 2021. Disponível em: <https://www.boatos.org/politica/policia-do-planalto-prendeu-homem-ameacas-bolsonaro-jornal-nacional-escondeu.html>; Marco Faustino, "*Jornal Nacional* não exibiu vídeo que mostra homem detido por tentar invadir Senado", Aos Fatos, 19 out. 2021. Disponível em: <https://www.aosfatos.org/noticias/jornal-nacional-nao-exibiu-video-que-mostra-homem-detido-por-tentar-invadir-senado/>; Caroline Farah, "Checamos: *Jornal Nacional* não exibiu vídeo de homem invadindo o Senado", Yahoo! Notícias, 20 out. 2021. Disponível em: <https://br.noticias.yahoo.com/checamos-jornal-nacional-nao-exibiu-video-de-homem-invadindo-o-senado-141439045.html>. Acessos em: 6 set. 2022.

17. Renato Souza, "General Paulo Sérgio diz que Exército já se prepara para 3ª onda da covid", *Correio Braziliense*, 28 mar. 2021. Disponível em: <https://www.correiobraziliense.com.br/politica/2021/03/4914583-general-paulo-sergio-diz-que-exercito-ja-espera-3---onda-da-covid.html>. Acesso em: 6 set. 2022.

18. Murilo Fagundes, "Exército não comenta 'política interna', diz comandante sobre 7 de setembro", *Poder360*, 1 set. 2021. Disponível em: <https://www.poder360.com.br/governo/exercito-nao-comenta-politica-interna-diz-comandante-sobre-7-de-setembro/>. Acesso em: 6 set. 2022.

19. "Diretriz do comandante do Exército para prevenção e combate à pandemia da covid-19 e manutenção do nível de prontidão e operacionalidade da força terrestre — nº 001/2022", Minis-

tério da Defesa, 3 jan. 2022. Disponível em: <https://static.poder360.com.br/2022/01/diretriz-exercito-covid-3-jan-2022.pdf>. Acesso em: 6 set. 2022.

20. Maria Cristina Fernandes, "Análise: Motim no Ceará selou perfil legalista de Freire Gomes", *Valor Econômico*, 28 mar. 2022. Disponível em: <https://valor.globo.com/politica/coluna/analise-motim-no-ceara-selou-perfil-legalista-de-freire-gomes.ghtml>. Acesso em: 6 set. 2022.

21. Portaria — EME/C Ex n. 453, 19 jul. 2021. *Boletim do Exército*, n. 30, 30 jul. 2021. Disponível em: <https://static.poder360.com.br/2021/08/portaria-453.pdf>. Acesso em: 6 set. 2022.

22. Caroline Oliveira e Ilanna Serena, "Major do Exército é preso em Teresina", G1, 10 maio 2022. Disponível em: <https://g1.globo.com/pi/piaui/noticia/2022/05/10/major-do-exercito-e-preso-em-teresina.ghtml>. Acesso em: 6 set. 2022.

23. Andreza Matais e Vera Rosa, "Ministro da Defesa faz ameaça e condiciona eleições de 2022 ao voto impresso", *O Estado de S. Paulo*, 22 jul. 2021.

24. Nota oficial, Ministério da Defesa, 22 jul. 2021. Disponível em: <https://static.poder360.com.br/2021/07/nota-oficial-defesa-ameaca-eleicoes-22jul2021.pdf>. Acesso em: 6 set. 2022.

25. Fabio Serapião, "Ofensiva contra urnas envolveu Abin e generais Ramos e Heleno, aponta PF", *Folha de S.Paulo*, 9 maio 2022. Disponível em: <https://www1.folha.uol.com.br/poder/2022/05/ofensiva-contra-urnas-envolveu-abin-e-generais-ramos-e-heleno-aponta-pf.shtml>. Acesso em: 6 set. 2022.

26. Mateus Vargas, "Militares silenciaram por 25 anos sobre urnas até terem 88 dúvidas sob Bolsonaro", *Folha de S.Paulo*, 12 jun. 2022. Disponível em: <https://www1.folha.uol.com.br/poder/2022/06/militares-silenciaram-por-25-anos-sobre-urnas-ate-terem-88-duvidas-sob-bolsonaro.shtml>. Acesso em: 6 set. 2022.

27. Murilo Fagundes e Tiago Angelo, "Bolsonaro chama Barroso de 'filho da puta'; depois, apaga vídeo", *Poder360*, 6 ago. 2021. Disponível em: <https://www.poder360.com.br/governo/bolsonaro-chama-barroso-de-filho-da-puta-depois-apaga-video/>. Acesso em: 6 set. 2022.

28. "Forças Armadas estão sendo orientadas a atacar urnas, diz Barroso", *Poder360*, 24 abr. 2022. Disponível em: <https://www.poder360.com.br/eleicoes/forcas-armadas-estao-sendo-orientadas-a-atacar-urnas-diz-barroso/>. Acesso em: 6 set. 2022.

29. Bernardo Lima, "Oficial escalado para auditar urna difunde fake news e faz militância pró-Bolsonaro nas redes", Coluna Rodrigo Rangel, *Metrópoles*, 5 ago. 2022. Disponível em: <https://www.metropoles.com/colunas/rodrigo-rangel/oficial-escalado-para-auditar-urna-difunde-fake-news-e-faz-militancia-pro-bolsonaro-nas-redes>. Acesso em: 6 set. 2022.

30. Ofício GAB-SPR/GAB-PRES n. 3881/2022. Tribunal Superior Eleitoral, 8 ago. 2022. Disponível em: <https://www.migalhas.com.br/arquivos/2022/8/6B8FB34F0106EC_oficio-fachin.pdf>. Acesso em: 6 set. 2022.

31. "Notícia veiculada na mídia sobre descredenciamento de militar pelo TSE", Ministério da Defesa, Exército Brasileiro. Disponível em: <https://www.eb.mil.br/esclarecimento_publico_interno/-/asset_publisher/hXs0Tex9BvDf/content/noticia-veiculada-na-midia-sobre-descredenciamento-de-militar-pelo-tse/18107?inheritRedirect=true>. Acesso em: 6 set. 2022.

32. Felipe Frazão, "Exército reclama de expulsão de coronel pelo TSE e desiste de indicar substituto", *O Estado de S. Paulo*, 10 ago. 2022. Disponível em: <https://www.estadao.com.br/politica/exercito-reclama-de-expulsao-de-coronel-pelo-tse-e-desiste-de-indicar-substituto/>. Acesso em: 6 set. 2022.

33. —Ben Nimmo, David Agranovich e Nathaniel Gleicher, "Adversarial Threat Report", Meta, abr. 2022. Disponível em: <https://about.fb.com/wp-content/uploads/2022/04/Meta-Quarterly-Adversarial-Threat-Report_Q1-2022.pdf>; Leandro Prazeres, "Facebook derruba rede de desinformação sobre Amazônia operada por militares do Exército", BBC Brasil, 7 abr. 2022. Disponível em: <https://www.bbc.com/portuguese/brasil-61030394>. Acessos em: 6 set. 2022.

34. Documento do PSDB ao TSE. Disponível em: <https://docplayer.com.br/21370523-Dd-presidente-do-tribunal-superior-eleitoral.html>. Acesso em: 6 set. 2022.

35. "Auditoria do PSDB nas urnas eletrônicas mostra que sistema eleitoral brasileiro é vulnerável", PSDB, 4 nov. 2015. Disponível em: <https://www.psdb.org.br/ro/auditoria-do-psdb-nas-urnas-eletronicas-mostra-que-sistema-eleitoral-brasileiro-e-vulneravel/>. Acesso em: 6 set. 2022.

36. "Bolsonaro critica esquerda, reforça discurso sobre segurança pública e Haddad agradece a Lula", *O Estado de S. Paulo*, 8 out. 2018. Disponível em: <https://politica.estadao.com.br/noticias/eleicoes,em-discursos-bolsonaro-questiona-resultado-e-haddad-prega-democracia,70002538068/>. Acesso em: 6 set. 2022.

37. Felipe Frazão, "Flávio Bolsonaro diz que é impossível conter reação de apoiadores a resultado de eleições", *O Estado de S. Paulo*, 30 jun. 2022. Disponível em: <https://www.estadao.com.br/politica/flavio-bolsonaro-diz-que-e-impossivel-conter-reacao-de-apoiadores-a-resultado-de-eleicoes/>. Acesso em: 6 set. 2022.

38. Cecilia Machado, "A urna eletrônica e o voto dos mais pobres", *Folha de S.Paulo*, 4 jul. 2022. Disponível em: <https://www1.folha.uol.com.br/colunas/cecilia-machado/2022/07/a-urna-eletronica-e-o-voto-dos-mais-pobres.shtml>. Acesso em: 6 set. 2022.

EPÍLOGO [pp. 351-73]

1. Plano de Reconstrução e Transformação do Brasil, Fundação Perseu Abramo, 2020. Disponível em: <https://fpabramo.org.br/publicacoes/wp-content/uploads/sites/5/2020/09/Plano-Brasil-web9B2.pdf>. Acesso em: 22 set. 2022.

2. Diretrizes para o Programa de Reconstrução e Transformação do Brasil Lula Alckmin 2023-2026 — Coligação Brasil da Esperança. Disponível em: <https://divulgacandcontas.tse.jus.br/candidaturas/oficial/2022/br/br/544/candidatos/893498/5_1659820284477.pdf>. Acesso em: 22 set. 2022.

3. Seminário 10 anos da Lei 12 528 — Criação da Comissão Nacional da Verdade. (Fala de Dilma Rousseff.) Disponível em: <https://www.youtube.com/watch?v=4Fq8LKNtuMs>. Acesso em: 22 set. 2022.

4. Raul Jungmann. "Vai ter golpe?", Instituto para Reforma das Relações entre Estado e Empresa. Disponível em: <https://iree.org.br/vai-ter-golpe/>. Acesso em: 22 set. 2022.

5. Rafael Moro Martins, "Por que os militares se metem quando e como querem na política — e sem medo de punição", The Intercept Brasil. Disponível em: <https://theintercept.com/2022/05/18/controle-civil-militares-governo-bolsonaro-politica/>. Acesso em: 22 set. 2022.

6. Juliano da Silva Cortinhas e Marina Gisela Vitelli, "Limitações das reformas para o controle civil sobre as forças armadas nos governos do PT (2003-2016)", *Revista Brasileira de Estudos de Defesa*, v. 7, n. 2, jul./dez. 2020, pp. 187-216. Disponível em: <https://rbed.abedef.org/rbed/article/download/75239/42136>. Acesso em: 22 set. 2022.

7. "Lula comenta pressão de Villas Bôas sobre STF: 'Se eu fosse o presidente, ele seria exonerado'", Portal UOL, 10 mar. 2021. Disponível em: <https://www.youtube.com/watch?v=sdagm6V1S_o e https://www.youtube.com/watch?v=FOp11Zm-eIc>. Acesso em: 22 set. 2022.

8. "'É possível melhorar a vida do povo brasileiro', diz Lula a sites independentes". Lula (site oficial). Disponível em: <https://lula.com.br/e-possivel-melhorar-a-vida-do-povo-brasileiro-diz-lula-a-sites-independentes/>. Acesso em: 22 set. 2022.

9. Maria Cristina Fernandes, "ANÁLISE: Discurso de Lula alvejou militares, empresários e eleitores de Bolsonaro", *Valor*, 7 maio 2022. Disponível em: <https://valor.globo.com/politica/noticia/2022/05/07/anlise-discurso-de-lula-alvejou-militares-empresrios-e-eleitores-de-bolsonaro.ghtml>; "Leia íntegra e veja vídeo do discurso de Lula ao lançar pré-candidatura, *Folha de S.Paulo*, 7 maio 2022. Disponível em: <https://www1.folha.uol.com.br/poder/2022/05/leia-a-integra-do-discurso-de-lula-ao-lancar-pre-candidatura.shtml>. Acessos em: 22 set. 2022.

10. "Lula se diz triste por 'continência' militar a Bolsonaro", *Poder360*, 18 jun. 2022. Disponível em: <https://www.poder360.com.br/eleicoes/lula-se-diz-triste-por-continencia-militar-a-bolsonaro/>. Acesso em: 22 set. 2022.

11. João Pedro Pitombo, "Lula cobra compromisso de militares com democracia e diz que não irá tolerar ameaças", *Folha de S.Paulo*, 2 jul. 2022. Disponível em: <https://www1.folha.uol.com.br/poder/2022/07/lula-cobra-militares-comprometidos-com-democracia-e-diz-que-nao-ira-tolerar-ameacas.shtml>. Acesso em: 22 set. 2022.

12. "Ex-secretário de Segurança da Presidência assume comando da 6ª Região Militar", Secom Bahia, 7 jan. 2011. Disponível em: <https://www.youtube.com/watch?v=-51ZwdsgMCI>. Acesso em: 22 set. 2022.

13. "Aniversariante, general recebe bolo e saudações de manifestantes na BA", G1, 7 fev. 2022. Disponível em: <https://g1.globo.com/bahia/noticia/2012/02/aniversariante-general-recebe-bolo-e-saudacoes-de-manifestantes-na-ba.html>; "General que chorou ao ganhar bolo de grevistas é afastado de negociações na BA", *O Estado de S. Paulo*, 8 fev. 2022. Disponível em: <https://brasil.estadao.com.br/noticias/geral,general-que-chorou-ao-ganhar-bolo-de-grevistas-e-afastado-de-negociacoes-na-ba,833169>; "Greve PMS BAHIA, general dá aula de direitos humanos, democracia e respeito ao trabalhador", O Guardião, 9 fev. 2022. Disponível em: <https://www.youtube.com/watch?v=2Wl4_mYe_f4>; "Dilma 'rebaixa' general de Lula", *O Estado de S. Paulo*, 13 ago. 2012. Disponível em: <https://politica.estadao.com.br/noticias/eleicoes,dilma-rebaixa-general-de-lula-imp-,915623>. Acessos em: 22 set. 2022.

14. "Lula: Da perseguição à esperança renovada" (HQ), mar. 2013. Disponível em: <https://pt.org.br/wp-content/uploads/2018/03/pt_hq_lula.pdf>. Acesso em: 22 set. 2022.

15. "Lula: Da perseguição à esperança renovada" (HQ), mar. 2013. Disponível em: <https://pt.org.br/wp-content/uploads/2018/03/pt_hq_lula.pdf>; Sérgio Etchegoyen, "Dois caráteres em uma imagem", *O Sul*, 25 fev. 2022. Disponível em: <https://www.osul.com.br/dois-carateres-em-uma-imagem/>. Acessos em: 22 set. 2022.

16. Jan Nicklas, "Generais das Forças Armadas vivem em bolha de extrema direita no Twitter, diz levantamento", *O Globo*, 5 jul. 2022. Disponível em: <https://oglobo.globo.com/blogs/sonar-a-escuta-das-redes/noticia/2022/07/generais-das-forcas-armadas-vivem-em-bolha-de-extrema-direita-no-twitter-diz-levantamento.ghtml>. Acesso em: 22 set. 2022.

17. "Datafolha: Cai confiança da população nas instituições e nos três Poderes", *Folha de S. Paulo*, 24 set. 2021. Disponível em: <https://www1.folha.uol.com.br/poder/2021/09/datafolha-

cai-confianca-da-populacao-nas-instituicoes-e-nos-tres-poderes.shtml>; "Pesquisa XP/Ipespe 7 a 10 de junho de 2021". Disponível em: <https://conteudos.xpi.com.br/wp-content/uploads/2021/06/Pesquisa-XP_-2021_06.pdf>; Mônica Bergamo, "Brasileiros estão entre os que menos confiam nas Forças Armadas, diz pesquisa Ipsos feita em 28 países", *Folha de S.Paulo*, 8 ago. 2022. Disponível em: <https://www1.folha.uol.com.br/colunas/monicabergamo/2022/08/brasileiros-estao-entre-os-que-menos-confiam-nas-forcas-armadas-diz-pesquisa-com-28-paises.shtml>; Felipe Bächtold, "Datafolha: 54% rejeitam a nomeação de militares para cargos no governo Bolsonaro", *Folha de S.Paulo*, 22 maio 2021. Disponível em: <https://www1.folha.uol.com.br/poder/2021/05/datafolha-54-rejeitam-a-nomeacao-de-militares-para-cargos-no-governo-bolsonaro.shtml>; Gabriela Oliva, "Pela 1ª vez mais da metade dos brasileiros rejeita militares no governo e na política", Portal 360, 20 ago. 2021. Disponível em: <https://www.poder360.com.br/governo/pela-1a-vez-mais-da-metade-dos-brasileiros-rejeita-militares-no-governo-e-na-politica/>. Acessos em: 22 set. 2022.

18. Tainá Andrade e Jéssica Andrade, "Em evento do PL, Bolsonaro diz que disputa política é do 'bem contra o mal'", *Correio Braziliense*, 23 mar. 2022. Disponível em: <https://www.correiobraziliense.com.br/politica/2022/03/4996214-bolsonaro-diz-que-disputa-politica-no-pais-e-do-bem-contra-o-mal.html>. Acesso em: 22 set. 2022.

19. "Bolsonaro: 'Mourão atrapalha, mas vice é como cunhado: tem que aturar'", entrevista de Jair Bolsonaro à Rádio Irapuan (trecho). Disponível em: <https://www.youtube.com/watch?v=oohANmBD17A>. Acesso em: 22 set. 2022.

20. Carta às Brasileiras e aos Brasileiros em defesa do Estado Democrático de Direito! Faculdade de Direito da USP, 10 ago. 2022. Disponível em: <https://direito.usp.br/noticia/809469c6c4fb-carta-as-brasileiras-e-aos-brasileiros-em-defesa-do-estado-democratico-de-direito>. Acesso em: 22 set. 2022.

21. Paula Soprana, "YouTube muda política e derruba live com fala golpista de Bolsonaro a embaixadores", *Folha de S.Paulo*, 10 ago. 2022. Disponível em: <https://www1.folha.uol.com.br/poder/2022/08/youtube-muda-politica-e-derruba-live-com-fala-golpista-de-bolsonaro-a-embaixadores.shtml>; Mônica Bergamo, "TSE derruba vídeos em que Bolsonaro mente a embaixadores e faz ameaças golpistas", *Folha de S.Paulo*, 24 ago. 2022. Disponível em: <https://www1.folha.uol.com.br/colunas/monicabergamo/2022/08/tse-derruba-videos-em-que-bolsonaro-mente-a-embaixadores-e-faz-ameacas-golpistas.shtml?>. Acessos em: 22 set. 2022.

22. Guilherme Amado, "Exclusivo. Empresários bolsonaristas defendem golpe de Estado caso Lula seja eleito; veja zaps", *Metrópoles*, 17 ago. 2022. Disponível em: <https://www.metropoles.com/colunas/guilherme-amado/exclusivo-empresarios-bolsonaristas-defendem-golpe-de-estado-caso-lula-seja-eleito-veja-zaps>. Acesso em: 22 set. 2022.

23. "Bolsonaro volta a atacar Alexandre de Moraes e chama o ministro de 'vagabundo'", MyNews, 5 set. 2022. Disponível em: <https://www.youtube.com/watch?v=5QLKA3FycnM>. Acesso em: 22 set. 2022.

24. Felipe Frazão, "Porta-voz dos EUA rebate Bolsonaro sobre urnas e cobra que instituições sigam a Constituição", *O Estado de S. Paulo*, 10 jul. 2022. Disponível em: <https://www.estadao.com.br/politica/porta-voz-dos-eua-rebate-bolsonaro-sobre-urnas-e-cobra-que-instituicoes-sigam-a-constituicao/>. Acesso em: 22 set. 2022.

25. Gabriel Stargardter e Matt Spetalnick, "EXCLUSIVE CIA chief told Bolsonaro government not to mess with Brazil election, sources say", Reuters, 5 maio 2022. Disponível em: <https://www.

reuters.com/world/americas/exclusive-cia-chief-told-bolsonaro-government-not-mess-with-brazil-election-2022-05-05/>; Ricardo Della Coletta, "Bolsonaro estudou Trump e parece preparar caminho para questionar eleições, diz ex-embaixador", *Folha de S.Paulo*, 23 jul. 2022. Disponível em: <https://www1.folha.uol.com.br/mundo/2022/07/bolsonaro-estudou-trump-e-parece-preparar-caminho-para-questionar-eleicoes-diz-ex-embaixador.shtml>. Acessos em: 22 set. 2022.

26. Mariana Sanches, "Congressistas dos EUA pedem que Biden retire oferta para que Brasil seja parceiro da Otan", BBC Brasil, 14 out. 2021. Disponível em: <https://www.bbc.com/portuguese/geral-58917372>; Brian Mier, "Exclusive: US Lawmakers Pressure Brazilian Military", Brasilwire, 6 jul. 2022. Disponível em: <https://www.brasilwire.com/exclusive-us-lawmakers-pressure-brazilian-military/>; Rafael Balago, "Câmara dos EUA rejeita investigação de questionamentos de militares às eleições no Brasil, *Folha de S.Paulo*, 15 jul. 2022. Disponível em: <https://www1.folha.uol.com.br/mundo/2022/07/camara-dos-eua-rejeita-investigacao-de-questionamentos-de-militares-as-eleicoes-no-brasil.shtml>; Thiago Amâncio, "Congresso dos EUA eleva pressão por respeito a resultado das urnas no Brasil", *Folha de S.Paulo*, 7 set. 2022. Disponível em: <https://www1.folha.uol.com.br/mundo/2022/09/bernie-sanders-apresenta-ao-senado-dos-eua-proposta-por-respeito-a-urnas-no-brasil.shtml>. Acessos em: 22 set. 2022.

27. "Figueiredo lembra que golpista não dá aviso", *O Estado de S. Paulo*, 24 jun. 1992, p. 7. Disponível em: <https://acervo.estadao.com.br/pagina/#!/19920624-36043-nac-0007-999-7-not>. Acesso em: 22 set. 2022.

28. "Os pedidos de Impeachment de Bolsonaro" (Ferramenta de petição on-line). Disponível em: <https://apublica.org/impeachment-bolsonaro/>; Géssica Brandino e Guilherme Garcia, "Bolsonaro deve encarar ações em série na Justiça comum se reeleição fracassar", *Folha de S.Paulo*, 22 jul. 2022. Disponível em: <https://www1.folha.uol.com.br/poder/2022/07/bolsonaro-deve-encarar-acoes-em-serie-na-justica-comum-se-reeleicao-fracassar.shtml>. Acessos em: 22 set. 2022.

29. Fábio Vasconcellos, "Número de candidatos policiais e das forças de segurança cresce 27% em 2022", G1, 16 ago. 2022. Disponível em: <https://g1.globo.com/politica/eleicoes/2022/eleicao-em-numeros/noticia/2022/08/16/numero-de-candidatos-policiais-e-das-forcas-de-seguranca-cresce-27percent-em-2022.ghtml>; Bruno Fonseca e Bianca Muniz, "Partido militar: mais de 1,5 mil candidatos militares concorrem nas eleições neste ano", A Pública, 16 ago. 2022. Disponível em: <https://apublica.org/2022/08/partido-militar-mais-de-15-mil-candidatos-militares-concorrem-nas-eleicoes-neste-ano/>. Acessos em: 22 set. 2022.

30. "Pronunciamento à Nação — 07/07/2022 — PR Jair Bolsonaro". Jair Bolsonaro (canal no YouTube), 7 jul. 2022. Disponível em: <https://www.youtube.com/watch?v=rYw88vatC8s>; "Bolsonaro convoca embaixadores estrangeiros para criticar urna e ministros do TSE", *O Estado de S. Paulo*, 8 jul. 2022. Disponível em: <https://www.estadao.com.br/politica/bolsonaro-convoca-embaixadores-estrangeiros-para-criticar-urna-e-ministros-do-tse/>. Acessos em: 22 set. 2022.

31. Hanrrikson de Andrade e Pedro Vilas Boas, "Bolsonaro rebate Fachin após limitação de decretos de armas: 'Resolveremos'", UOL, 6 set. 2022. Disponível em: <https://noticias.uol.com.br/eleicoes/2022/09/06/bolsonaro-rebate-fachin-apos-limitacao-de-decretos-de-armas-resolveremos.htm>. Acesso em: 22 set. 2022.

32. Thiago Herdy e Juliana Dal Piva, "Metade do patrimônio do clã Bolsonaro foi comprada em dinheiro vivo", UOL, 20 ago. 2022. Disponível em: <https://noticias.uol.com.br/politica/ultimas-noticias/2022/08/30/patrimonio-familia-jair-bolsonaro-dinheiro-vivo.htm>. Acesso em: 22 set. 2022.

33. @eduardopaes, postagem em: 5 ago. 2022. Disponível em: <https://twitter.com/eduardo-paes/status/1555622338028310530?s=20&t=DFknI3AuX7oBAML-hxgcyg>; @eduardopaes, postagem em 17 ago. 2022. Disponível em: <https://twitter.com/eduardopaes/status/1559991244012621830?s=20&t=mgJJKtCiCB1QX517jRHOVw>. Acessos em: 22 set. 2022.

34. Flávio Tabak, "No 7 de Setembro bolsonarista em Copacabana, 69% querem intervenção militar em caso de 'fraude'", *O Globo*, 8 set. 2022. Disponível em: <https://oglobo.globo.com/blogs/pulso/post/2022/09/no-7-de-setembro-bolsonarista-em-copacabana-69percent-querem-intervencao-militar-em-caso-de-fraude-veja-os-resultados-de-pesquisa-da-usp.ghtml>. Acesso em: 22 set. 2022.

35. "Leia a íntegra do discurso de Bolsonaro durante ato em Brasília", *Poder360*, 7 set. 2022. Disponível em: <https://www.poder360.com.br/eleicoes/leia-a-integra-do-discurso-de-bolsonaro-durante-ato-em-brasilia/>; "7 de Setembro: Leia na íntegra o discurso de Bolsonaro no Rio", uol, 7 set. 2022. Disponível em: <https://noticias.uol.com.br/eleicoes/2022/09/07/7-de-setembro-leia-na-integra-o-discurso-de-bolsonaro-no-rio.htm>. Acessos em: 22 set. 2022.

Lista de fontes

A relação mescla entrevistas, depoimentos e consultas realizados entre 2017 e 2022. Agradeço a cada uma das fontes pela atenção e disponibilidade. Algumas fontes foram ouvidas várias vezes ao longo desses cinco anos. Em certos casos, a entrevista ou conversa se deu com mais de um interlocutor. Como é comum no jornalismo, e em particular num tema sensível como o aqui tratado, muitos interlocutores pediram para não ter seu nome revelado, por diferentes motivos — no que foram atendidos, claro. Tudo está registrado e arquivado, em gravações de áudio, notas espalhadas por dezenas de blocos e/ou e-mails e mensagens de aplicativos de celular.

Ajax Porto Pinheiro
Alberto Fonseca
Alberto Fraga
Alberto Mendes Cardoso
Aldo Rebelo
Alcides de Faria Junior
Aloizio Mercadante
Alon Feuerwerker
André Bastos Silva
Antoine de Souza Cruz
Augusto Heleno Ribeiro Pereira
Benny Schmidt
Bernard Craan
Carlos Alberto dos Santos Cruz
Carlos Chagas
Carlos Marun
Celso Amorim
Celso Castro
César Muñoz
Christoph Harig
Daniel Aarão Reis
Denis Lerrer Rosenfield
Eduardo Leal Ferreira
Eduardo Svartman

Eduardo Villas Bôas
Elio Gaspari
Eva Chiavon
Fabrício Dias
Felipe Recondo
Fernando Azevedo e Silva
Fernando Bezerra Coelho
Fernando Henrique Cardoso
Fernando Vidal
Flávio Augusto Viana Rocha
Flávio Botelho Peregrino
Francisco Carlos Teixeira
Franklin Martins
Frantz Duval
Gilberto Carvalho
Gilmar Mendes
Gleisi Hoffmann
Guilherme Theophilo
Hamilton Mourão
Ivan Valente
Ivone Luzardo
Jacqueline Charles
Jaques Wagner
João Batista Bezerra Leonel Filho
João Roberto Martins Filho
Joaquim Silva e Luna
Joice Hasselmann
Jorge Medeiros (in memoriam)
Jorge Otávio Moraes Gomes
José Genoino
José Sarney
Joseíta Brilhante Ustra
Luiz Eduardo Rocha Paiva
Luiz Guilherme Paul Cruz
Luna Zarattini
Marcelo Pimentel
Marcio Bettega Bergo
Marco Aurélio de Almeida Rosa

Marco Edson Gonçalves Dias
Marcos Augusto Costa Bastos
Marie Yolène Gilles
Mario Andresol
Mario Joseph
Maynard Santa Rosa
Michel Temer
Miguel Pires Gonçalves
Nelson Jobim
Nivaldo Rossato
Orlando Silva Junior
Otávio Rêgo Barros
Paulo Chagas
Paulo Vannuchi
Pedro Braum
Pedro Dallari
Perpétua Almeida
Pierre Esperance
Raul Jungmann
Renaud Piarroux
Ricardo Seitenfus
Richard Fernandez Nunes
Roberto Itamar
Roberto Peternelli Junior
Robson Augusto da Silva
Rosemira Marques Lopes
Rubens Pierrotti Júnior
Rui Falcão
Sérgio da Costa Negraes
Sergio Etchegoyen
Tomás Ribeiro Paiva
Ubiratan Poty
Vanderley Carlos Gonçalves
Vinícius Carvalho
Vinícius George
Vitor Hugo de Araújo Almeida
Wanderson de Oliveira

Referências bibliográficas

ABREU, Hugo. *O outro lado do poder.* Rio de Janeiro: Nova Fronteira, 1979.
AMADO, Guilherme Amado. *Sem máscara: O governo Bolsonaro e a aposta pelo caos.* São Paulo: Companhia das Letras, 2022.
AMORIM, Octavio; NETO, Amorim Neto; ACÁCIO, Igor. "De volta ao centro da Arena: Causas e consequências do papel político dos militares sob Bolsonaro". *Journal of Democracy em português*, v. 9, n. 2, nov. 2020. Disponível em: <https://www.researchgate.net/publication/345035431_De_Volta_ao_Centro_da_Arena_Causas_e_Consequencias_do_Papel_Politico_dos_Militares_sob_Bolsonaro>. Acesso em: 22 set. 2022.
ANTUNES, Luiz Fernando Toledo. *Desclassificação tarjada: O sigilo de documentos das Forças Armadas brasileiras no contexto da Lei de Acesso à Informação.* São Paulo: FGV/Escola de Administração de Empresas, 2021. Dissertação de mestrado.
ARNS, d. Paulo Evaristo (Org.). *Brasil nunca mais: Um relato para a história.* Petrópolis: Vozes, 1985.
AUGUSTO, Agnaldo Del Nero. *A grande mentira.* Rio de Janeiro: Biblioteca do Exército, 2001.
BARBOSA, Marco Antônio Rodrigues; VANNUCHI, Paulo et al. *Direito à memória e à verdade: Dos Direitos Humanos da Presidência da República.* Brasília: Secretaria Especial de Direitos Humanos, 2007.
BARBOSA, Ruy. *Contra o militarismo — Discurso financeiro — Campanha eleitoral de 1909 a 1910.* Urbana e Champaign, Illinois (EUA): J. Ribeiro dos Santos Editor, 1910.
BOAVENTURA, Jorge. *Ocidente traído: A sociedade em crise.* Rio de Janeiro: Biblioteca do Exército, 1980.
BOLSONARO, Flávio. *Jair Messias Bolsonaro: Mito ou verdade.* Rio de Janeiro: Altadena, 2017.
BRUNEAU, Thomas; MATEI, Florina Cristiana (Orgs.). *The Routledge Handbook of Civil-military Relations.* Abingdon (ING): Routledge, 2013.

CALHEIROS, Renan; AZIZ, Omar; RODRIGUES, Randolfe et al. CPI da Pandemia — Relatório Final. Brasília: Senado Federal, 2021.
CARVALHO, José Murilo de. *Forças Armadas e política no Brasil*. São Paulo: Todavia, 2019, p. 310. E-book.
CARVALHO, Luiz Maklouf. *O cadete e o capitão: A vida de Jair Bolsonaro no quartel*. São Paulo: Todavia, 2019.
_____. *1988: Segredos da Constituinte*. Rio de Janeiro: Record, 2017.
CASTRO, Celso. *A invenção do Exército brasileiro*. Rio de Janeiro: Zahar, 2002.
_____. *O espírito militar: Um antropólogo na caserna*. Rio de Janeiro: Zahar, 2021.
_____. *Os militares e a República: Um estudo sobre cultura e ação política*. Rio de Janeiro: Zahar, 1995.
_____ (Org.). *General Villas Bôas: Conversa com o comandante*. Rio de Janeiro: FGV, 2021.
CASTRO, Celso; D'ARAÚJO, Maria Celina (Orgs.). *Militares e política na Nova República*. Rio de Janeiro: FGV Editora, 2001.
CASTRO, Celso; MARQUES, Adriana. *Pesquisando os militares brasileiros: Experiências de cientistas sociais*. Curitiba: Prismas, 2016.
CHIRIO, Maud. *A política nos quartéis: Revoltas e protestos de oficiais na ditadura militar brasileira*. Rio de Janeiro: Zahar, 2012.
COELHO, Edmundo Campos. *Em busca de identidade: O Exército e a política na sociedade brasileira*. Rio de Janeiro: Record, 2000.
COMISSÃO NACIONAL DA VERDADE. Relatório Final.
CONTI, Mario Sergio. *Notícias do Planalto: A imprensa e Fernando Collor*. São Paulo: Companhia das Letras, 1999.
CORTINHAS, Juliano da Silva; VITELLI, Marina Gisela. "Limitações das reformas para o controle civil sobre as Forças Armadas nos governos do PT (2003-2016)". *Revista Brasileira de Estudos de Defesa*, v. 7, n. 2, jul./dez. 2020.
COUTINHO, Sérgio. *A revolução gramscista no Ocidente — A concepção revolucionária de Antonio Gramsci em Cadernos do Cárcere*. Rio de Janeiro: Estandarte Editora, 2002.
_____. *Cadernos da liberdade: Uma visão do mundo diferente do senso comum modificado*. Belo Horizonte: Sografe, 2003.
_____. *Cenas da nova ordem mundial: Reedição atualizada de Cadernos da liberdade: uma visão do mundo como ele é*. Rio de Janeiro: Biblioteca do Exército, 2010.
COUTO E SILVA, Golbery do. *Conjuntura Política Nacional: O poder executivo & geopolítica do Brasil*. Rio de Janeiro: José Olympio Editora, 1981.
CUNHA, Paulo Ribeiro da. *Militares e militância: Uma relação dialeticamente conflituosa*. São Paulo: Unesp Digital, 2021.
D'ARAÚJO, Maria Celina; CASTRO, Celso (Orgs.). *Ernesto Geisel*. Rio de Janeiro: FGV, 1997.
D'ARAÚJO, Maria Celina; SOARES, Gláucio Ary Dillon; CASTRO, Celso (Orgs.). *Visões do Golpe: 12 depoimentos de oficiais que articularam o golpe militar de 1964*. Rio de Janeiro: Nova Fronteira, 1994.
DENYS, Odylio. *Ciclo revolucionário brasileiro*. Rio de Janeiro: Biblioteca do Exército, 1993.
DREIFUSS, René Armand. *1964: A conquista do Estado: Ação política, poder e golpe de classe*. Petrópolis: Vozes, 1981.
FEAVER, Peter D. "The Civil-Military Problematique: Huntington, Janowitz, and the Question of Civilian Control". *Armed Forces & Society*, v. 23, n. 2, 1996.

FERRAZ, Lucas. *Injustiçados: Execuções de militantes nos tribunais revolucionários durante a ditadura*. São Paulo: Companhia das Letras, 2021.
FERREIRA, Oliveiros S. *Vida e morte do partido fardado*. São Paulo: Senac, 2019.
FICO, Carlos. *Como eles agiam: Os subterrâneos da ditadura militar: espionagem e polícia política*. Rio de Janeiro: Record, 2001.
_____. *O Grande Irmão: Da Operação Brother Sam aos Anos de Chumbo — O governo dos Estados Unidos e a ditadura militar brasileira*. Rio de Janeiro: Civilização Brasileira, 2008.
_____. *Ditadura militar: Prefácios, palestras & posts*. Rio de Janeiro: Edição do autor, 2020.
FIGUEIREDO, Lucas. *Lugar nenhum: Militares e civis na ocultação dos documentos da ditadura*. São Paulo: Companhia das Letras, 2015.
FRAGA, Plínio. *Tancredo Neves, o príncipe civil*. Rio de Janeiro: Objetiva, 2017.
FREYRE, Gilberto. *Nação e Exército*. Rio de Janeiro: Biblioteca do Exército, 2019.
FROTA, Sylvio. *Ideais traídos: A mais grave crise dos governos militares narrada por um de seus protagonistas*. Rio de Janeiro: Zahar, 2006.
FUCCILLE, Luís Alexandre. *Democracia e questão militar: A criação do Ministério da Defesa no Brasil*. Tese de Doutorado em Ciências Sociais apresentada ao Departamento de Ciência Política da Unicamp, 2006.
GASPARI, Elio. *A ditadura envergonhada*. São Paulo: Companhia das Letras, 2002.
_____. *A ditadura escancarada*. São Paulo: Companhia das Letras, 2002.
_____. *A ditadura derrotada*. São Paulo: Companhia das Letras, 2003.
_____. *A ditadura encurralada*. São Paulo: Companhia das Letras, 2004.
_____. *A ditadura acabada*. Rio de Janeiro: Intrínseca, 2016.
GODOY, Marcelo. *A casa da vovó: Uma biografia do DOI-Codi (1969-1991), o centro de sequestro, tortura e morte da ditadura militar*. São Paulo: Alameda Casa Editorial, 2014.
GORENDER, Jacob. *Combate nas trevas*. São Paulo: Expressão Popular, 2014.
GUGLIANO, Monica; DARÓZ, Carlos (Orgs.). *A evolução do Grande Mudo: Os 40 anos do Centro de Comunicação Social do Exército na visão dos seus chefes*. Brasília: Centro de Comunicação Social do Exército, 2021.
GUIZZO, João; SANTOS, José Antônio dos; GONÇALVES, Maria Izabel Simões; MOURA, Wilma Silveira R. de (Orgs.). *Lula: Luiz Inácio da Silva — Entrevistas e discursos*. Guarulhos: O Repórter, 1981.
HUNTINGTON, Samuel. *O soldado e o Estado: Teoria e política das relações entre civis e militares*. Rio de Janeiro: Biblioteca do Exército, 1996.
JUPIARA, Aloy; OTÁVIO, Chico. *Os porões da contravenção: Jogo do bicho e ditadura militar: a história da aliança que profissionalizou o crime organizado*. Rio de Janeiro: Record, 2015.
LACERDA, Marina Basso. *Neoconservadorismo de periferia: Articulação familista, punitiva e neoliberal na Câmara dos Deputados*. Tese apresentada ao Programa de Pós-Graduação em Ciência Política da Universidade do Estado do Rio de Janeiro, 2018.
LEIRNER, Piero de Camargo. *Meia-volta volver: Um estudo antropológico sobre a hierarquia militar*. Rio de Janeiro: Editora FGV/Fapesp, 1997.
LENTZ, Rodrigo. *República de Segurança Nacional: Militares e política no Brasil*. São Paulo: Expressão Popular e Fundação Rosa Luxemburgo, 2022.
LEONNIG, Carol; RUCKER, Philip. *I Alone Can Fix It*. Londres: Bloomsbury, 2021.
LEVITSKY, Steven; ZIBLATT, Daniel. *Como as democracias morrem*. Rio de Janeiro: Zahar, 2018.

LIRA NETO. *Castello: A marcha para a ditadura.* São Paulo: Companhia das Letras, 2004.

_____. *Getúlio 1882-1930: Dos anos de formação à conquista do poder.* São Paulo: Companhia das Letras, 2012.

_____. *Getúlio 1930-1945: Do governo provisório à ditadura do Estado Novo.* São Paulo: Companhia das Letras, 2013.

_____. *Getúlio 1945-1954: Da volta pela consagração popular ao suicídio.* São Paulo: Companhia das Letras, 2014.

MACIEL, Lício Augusto Ribeiro; NASCIMENTO, José Conegundes do (Orgs.). *Orvil: Tentativas de tomada do poder.* São Paulo: Schoba, 2012.

MAGALHÃES, Mário. *Marighella: O guerrilheiro que incendiou o mundo.* São Paulo: Companhia das Letras, 2012.

_____. *Sobre lutas e lágrimas: Uma biografia de 2018.* Rio de Janeiro: Record, 2019.

MANDETTA, Luiz Henrique. *Um paciente chamado Brasil: Os bastidores da luta contra o coronavírus.* Rio de Janeiro: Objetiva, 2020.

MARTINS FILHO, João Roberto. "O governo Fernando Henrique e as Forças Armadas: Um passo à frente, dois passos atrás". *Revista Olhar,* Campinas, n. 4, dez. 2000.

_____. *O palácio e a caserna: A dinâmica militar das crises políticas na ditadura (1964-1969).* São Paulo: Alameda Casa Editorial, 2019.

_____ (Org.). *Os militares e a crise brasileira.* São Paulo: Alameda Casa Editorial, 2020.

MATHIAS, Suzeley Kalil. *Distensão no Brasil: O projeto militar (1973-1979).* Campinas: Papirus, 1995.

MCCANN, Frank D. *Soldados da Pátria: História do Exército Brasileiro (1889-1937).* São Paulo: Companhia das Letras, 2007.

MELLO, Patrícia Campos. *A máquina do ódio: Notas de uma repórter sobre fake news e violência digital.* São Paulo: Companhia das Letras, 2020.

MIRANDA, Nilmário; TIBÚRCIO, Carlos. *Dos filhos deste solo: Mortos e desaparecidos políticos durante a ditadura militar: a responsabilidade do Estado.* São Paulo: Fundação Perseu Abramo e Boitempo Editorial, 1999.

MORAES, João Quartim de. *A esquerda militar no Brasil.* São Paulo: Siciliano, 1991.

MORAIS, Fernando. *Olga.* São Paulo: Companhia de Bolso, 2008.

_____. *Lula: Biografia (vol. 1).* São Paulo: Companhia das Letras, 2022.

MOTTA, Aricildes de Moraes (Coord.). *1964 — 31 de Março: O movimento revolucionário e a sua história.* Rio de Janeiro: Biblioteca do Exército Editora, 2003. Tomo 10: Rio de Janeiro e Minas Gerais.

MOTTA, Rodrigo Patto Sá. *Em guarda contra o perigo vermelho: O anticomunismo no Brasil (1917-1964).* Niterói: Eduff, 2020.

MOUNK, Yascha. *O povo contra a democracia: Por que nossa liberdade corre perigo e como salvá-la.* São Paulo: Companhia das Letras, 2018.

NOBRE, Marcos. *Ponto-final: A guerra de Bolsonaro contra a democracia.* São Paulo: Todavia, 2020.

NOSSA, Leonencio. *Mata! O major Curió e as guerrilhas no Araguaia.* São Paulo: Companhia das Letras, 2012.

NUNES, Richard Fernandez (Org.). *O Exército e a nação.* Brasília: Centro de Comunicação Social do Exército, 2021.

OLIVA, Oswaldo Muniz. *Brasil: O amanhã começa hoje*. São Paulo: Expressão e Cultura, 2002.
OLIVEIRA, Eliézer Rizzo de. *De Geisel a Collor: Forças Armadas, transição e democracia*. Tese apresentada ao concurso de Livre-Docência no Departamento de Ciência Política do Instituto de Filosofia e Ciências Humanas da Unicamp/Universidade Estadual de Campinas, 1993.
OYAMA, Thaís. *Tormenta: O governo Bolsonaro: crises, intrigas e segredos*. São Paulo: Companhia das Letras, 2020.
PAES MANSO, Bruno. *A República das milícias: Dos esquadrões da morte à era Bolsonaro*. São Paulo: Todavia, 2020.
PAIVA, Luiz Eduardo Rocha; CAMPOS, Maria Verônica Korilio (Coords.). *Projeto de nação: O Brasil em 2035*. Brasília: Instituto Sagres, 2022.
PANDOLFI, Dulce (Org.). *Repensando o Estado Novo*. Rio de Janeiro: Editora FGV, 1999.
PEDREIRA, Fernando. *31 de março: Civis e militares no processo da crise brasileira*. José Alvaro Editor, 1964.
PENIDO, Ana; COSTA, Frederico; JANOT, Mariana. "Forças Armadas no Brasil: profissão e intervenção política". *Revista Brasileira Informação Bibliográfica em Ciências Sociais*, São Paulo, n. 96, 2021.
PINHEIRO, Ajax Porto. *No olho do furacão: De El Salvador ao Haiti, memórias de um Boina Azul*. São Paulo: Europa, 2022.
PRZEWORSKI, Adam. "Ama a incerteza e serás democrático". *Novos Estudos Cebrap*, São Paulo, n. 9, jul. 1994.
_____. *Crises da democracia*. Rio de Janeiro: Zahar, 2020.
RECONDO, Felipe. *Tanques e togas: O STF e a ditadura militar*. São Paulo: Companhia das Letras, 2018.
RECONDO, Felipe; WEBER, Luiz. *Os onze: O STF, seus bastidores e suas crises*. São Paulo: Companhia das Letras, 2019.
REIS, Daniel Aarão. *Ditadura militar, esquerdas e sociedade*. Rio de Janeiro: Jorge Zahar, 2005.
_____. *Ditadura e democracia no Brasil: Do golpe de 1964 à Constituição de 1988*. Rio de Janeiro: Jorge Zahar, 2014.
ROCHA, João Cezar de Castro. *Guerra cultural e retórica do ódio: Crônicas de um Brasil pós-político*. Goiânia: Caminhos, 2021.
RODRIGUES, Sérgio. *Elza, a garota: A história da jovem comunista que o partido matou*. Rio de Janeiro: Nova Fronteira, 2009.
ROUQUIÉ, Alan (Coord.). *Os partidos militares no Brasil*. Rio de Janeiro: Record, 1980.
SAINT-CLAIR, Clóvis. *Bolsonaro: O homem que peitou o Exército e desafia a democracia*. Rio de Janeiro: Máquina de Livros, 2018.
SAINT-PIERRE, Héctor Luis. *Controle civil sobre os militares e política de defesa na Argentina, no Brasil, no Chile e no Uruguai*. São Paulo: Editora Unesp, 2009.
SANTIAGO, Vandeck. *Pernambuco em chamas: A intervenção dos EUA e o golpe de 64*. Recife: Cepe, 2016.
SANTOS, Eduardo Heleno de Jesus. *Extrema-direita, volver!: Memória, ideologia e política dos grupos formados por civis e militares da reserva*. Dissertação de mestrado apresentada ao Programa de Pós-Graduação em Ciência Política da Universidade Federal Fluminense. Niterói, 2009.
SCHURSTER, Karl; TEIXEIRA DA SILVA, Francisco Carlos. "Militares e bolsonarismo: Um caso da transição falhada e democracia inacabada". *Relaciones Internacionales*, n. 60, jan.-jun. 2021.

SIMON, Roberto. *O Brasil contra a democracia: A ditadura, o golpe no Chile e a Guerra Fria na América do Sul*. São Paulo: Companhia das Letras, 2021.

SINGER, André; GOMES, Mario Hélio; VILLANOVA, Carlos; DUARTE, Jorge. *No Planalto, com a imprensa: Entrevistas de secretários de Imprensa e porta-vozes: de JK a Lula*. Recife: Editora Massangana/Fundação Joaquim Nabuco e Secretaria de Comunicação da Presidência da República, 2010.

SKIDMORE, Thomas E. *Brasil: De Getúlio a Castello (1930-64)*. São Paulo: Companhia das Letras, 2019.

SOARES, Gláucio Ary Dillon; D'ARAÚJO, Maria Celina (Orgs.). *21 anos de regime militar: Balanços e perspectivas*. Rio de Janeiro: Editora da Fundação Getúlio Vargas, 1994.

SOARES, Gláucio Ary Dillon; D'ARAÚJO, Maria Celina; CASTRO, Celso. *A volta aos quartéis: A memória militar sobre a abertura*. Rio de Janeiro: Relume Dumará, 1995.

SODRÉ, Nelson Werneck. *História militar do Brasil*. São Paulo: Expressão Popular, 2010.

SORJ, Bernardo; ALMEIDA, Maria Hermínia Tavares de (Orgs.). *Sociedade política no Brasil pós-64*. Rio de Janeiro: Centro Edelstein de Pesquisas Sociais, 2008.

SPEKTOR, Matias. *18 dias: Quando Lula e FHC se uniram para conquistar o apoio de Bush*. Rio de Janeiro: Objetiva, 2014.

STEPAN, Alfred. *Os militares na política*. Rio de Janeiro: Artenova, 1975.

_____. *Os militares: Da abertura à Nova República*. São Paulo: Paz e Terra, 1987.

STUMPF, André Gustavo; PEREIRA, Merval. *A Segunda Guerra: A sucessão de Geisel*. Rio de Janeiro: Brasiliense, 1979.

TELES, Edson; SAFATLE, Vladimir (Orgs.). *O que resta da ditadura: A exceção brasileira*. São Paulo: Boitempo, 2010.

TELES, Janaína (Org.). *Mortos e desaparecidos políticos: Reparação ou impunidade?* São Paulo: Humanitas e FFLCH/USP, 2001.

TEMER, Michel. *A escolha: Como um presidente conseguiu superar grave crise e apresentar uma agenda para o Brasil (Entrevistas a Denis Rosenfield)*. São Paulo: Noeses, 2020.

TOSI, Giuseppe; FERREIRA, Lúcia de Fátima Guerra; TORELLY, Marcelo D.; ABRÃO, Paulo (Orgs.). *Justiça de transição: Direito à justiça, à memória e à verdade*. João Pessoa: UFPB, 2014.

USTRA, Carlos Alberto Brilhante. *Rompendo o silêncio: OBAN DOI/CODI 29 Set 70 — 23 Jan 74*. Brasília: Editerra, 1987.

_____. *A verdade sufocada: A história que a esquerda não quer que o Brasil conheça*. Brasília: Ser, 2018.

VALENTE, Rubens. *Os fuzis e as flechas: História de sangue e resistência indígena na ditadura*. São Paulo: Companhia das Letras, 2017.

VIANA, Natália. *Dano colateral: A intervenção dos militares na segurança pública*. Rio de Janeiro: Objetiva, 2021.

VIANNA, Marly de Almeida Gomes. *Revolucionários de 1935: Sonho e realidade*. São Paulo: Expressão Popular, 2011.

VIEIRA, Alessandro. *Relatório paralelo da CPI da Pandemia: Descobertas, possíveis responsáveis e sugestões de aperfeiçoamento legislativo*. Senado Federal, 2021.

WAACK, William. *Camaradas*. São Paulo: Companhia das Letras, 1993.

WOODWARD, Bob. *Medo: Trump na Casa Branca*. São Paulo: Todavia, 2018.

WOODWARD, Bob; COSTA, Robert. *Peril*. Nova York: Simon & Schuster, 2021.
ZAVERUCHA, Jorge. "Relações civil-militares no primeiro governo da transição brasileira: Uma democracia tutelada". *Revista Brasileira de Ciências Sociais*, São Paulo, n. 26, out. 1994.
_____. *Frágil democracia: Collor, Itamar, FHC e os militares (1990-1998)*. Rio de Janeiro: Civilização Brasileira, 2000.
_____. "A fragilidade do Ministério da Defesa brasileiro". *Revista de Sociologia e Política*, 2006. Disponível em: < https://www.scielo.br/j/rsocp/a/jJSMS6cKPSfXWGZtpjQCHVc/?lang=pt>. Acesso em: 22 set. 2022.

ARQUIVOS E COLEÇÕES DE JORNAIS

Acervos digitais dos jornais *Folha de S.Paulo*, *Jornal do Brasil* (via Biblioteca Nacional Digital), *O Estado de S. Paulo* e *O Globo*.
Arquivos da Ditadura (Coleção Elio Gaspari). Disponível em: <https://arquivosdaditadura.com.br/>.
Arquivo Nacional. Disponível em: <https://sian.an.gov.br/>.
Documentos Revelados. Disponível em: <documentosrevelados.com.br>.
Fundação Biblioteca Nacional — Hemeroteca digital. Disponível em: <https://bndigital.bn.gov.br/hemeroteca-digital/>.
Memorial da Anistia. Disponível em: <http://memorialanistia.org.br/>.
Memórias Reveladas. Disponível em: <memoriasreveladas.gov.br>.

Créditos das imagens

p. 1 (acima): Gilberto Alves/ CB/ D.A. Press
p. 1 (abaixo): José Varella/ CB/ D.A. Press
p. 2 (acima): Luciana Whitaker/ Folhapress
p. 2 (abaixo): CPDOC Jornal do Brasil
p. 3 (acima): Acervo pessoal
p. 3 (abaixo): Ricardo Borges/ Folhapress
p. 4 (acima): Lula Marques/ Folhapress
p. 4 (abaixo): Ailton de Freitas/ Agência O Globo
p. 5 (acima): Elza Fiúza/ Agência Brasil
p. 5 (abaixo): Roberto Stuckert Filho/ PR
p. 6: André Coelho/ Agência O Globo
p. 7: Antonio Cruz/ Agência Brasil
pp. 8 (acima), 9 e 11 (acima): Marcos Corrêa/ PR
pp. 8 (abaixo) e 13: Pedro Ladeira/ Folhapress
p. 10: *Lula: da perseguição à esperança renovada*, roteiro de Rôney Rodrigues e arte-final de Vitor Teixeira. Secretaria de Comunicação do PT, p. 33
p. 11 (abaixo) e 12 (abaixo): Alan Santos/ PR
p. 12 (acima): Eraldo Peres/ AP Photo/ Glow Images
pp. 14-5: Acervo do autor
p. 16 (acima à esq.): Bennett/ Folhapress; (acima à dir.): Céllus; (centro): Iotti; (abaixo): Porta dos Fundos

Índice remissivo

ABC paulista, greves no, 69
Abin (Agência Brasileira de Inteligência), 39, 55, 67, 84, 135, 183, 296, 341
abolicionismo, 276
Abrão, Paulo, 30
Abreu, Heitor Freire de, tenente-coronel, 313
Abreu, Kátia, 236
Academia Militar das Agulhas Negras (Aman), 23, 101-5, 113, 116, 128, 153-4, 163-4, 169, 171, 187, 189-90, 213, 236, 253, 258, 260, 268, 274, 277-9, 281, 283, 285-7, 306-7, 343, 362
Academia Real Militar (Rio de Janeiro), 101
Acnur (Alto Comissariado das Nações Unidas para Refugiados), 301
Acolhida, Operação (de refugiados venezuelanos), 301
Advocacia-Geral da União, 89, 225
Aeronáutica, 12, 16, 25-6, 39-40, 45, 50, 53, 55-6, 58-60, 63-6, 85-6, 90, 96, 102, 114-5, 130, 134, 140, 147-8, 174, 185, 188-90, 200, 209, 212, 219, 224-5, 238, 275, 308-9, 313, 328, 331, 339, 352, 362, 367, 369
Ágata, Operação, 129-30

Agência Nacional de Saúde Suplementar (ANS), 227
AI-1 (Ato Institucional nº 1), 232
AI-5 (Ato Institucional nº 5), 48, 110, 254, 295
Alagoas, 54-5, 230
Albuquerque, Bento, almirante, 223
Albuquerque, Francisco, general, 77-8, 81-2, 85, 112-3
Alckmin, Geraldo, 85, 193, 196
Alemanha, 64, 119, 277
Alencar, José (ministro da Defesa), 83-4
Alencar, Otto, 316
Aliança Brasil, projeto da (2021), 363
Aliança Democrática, 49
Aliança Nacional Libertadora, 118
Almanaque do Exército, 33
Almeida, Angela Maria Mendes de, 250
Almeida, Criméia Alice Schmidt de, 249
Almeida, Perpétua, 224-5
Almeida, Regina Maria Merlino Dias de, 250
ALN (Ação Libertadora Nacional), 88
alt right (extrema direita dos Estados Unidos), 326-7

Alto Comando do Exército, 22, 33, 67, 97, 110, 112, 139, 144-5, 152-3, 171, 177, 181, 193, 222-3, 226, 255, 286, 295, 308, 314, 319-20, 342, 359-60, 362, 368-9; *ver também* Estado-Maior do Exército; Exército Brasileiro
Álvares, Élcio, 64
Alves, Carlos, coronel, 75, 198
Alves, Henrique Eduardo, 125
Alves, Roberto Cardoso (Robertão), 323-4
Amado, Guilherme, 366
Amapá, 73, 311
Amaral, Roberto, 83
Amaral, Sergio, 205
Amazonas, 155, 172, 275, 310-1, 345
Amazônia, 63, 97, 116, 154-5, 161-2, 170, 182, 208, 220, 234, 274
Amélia, Ana, 157, 258
América Latina, 30, 368
Amoêdo, João, 193, 339
Amorim, Celso, 25-8, 37, 78-9, 95-7, 102, 130, 354, 358
anistia, 10, 30-1, 34, 53-4, 67, 69, 87, 90, 104, 112, 247-8, 322, 325; *ver também* Lei de Anistia (1979)
Anistia Internacional, 173
Anões do Orçamento, escândalo dos (1993-4), 59
anticomunismo, 15, 34, 117-22, 124, 153, 162, 191, 237, 330, 355; *ver também* comunismo
antipetismo, 44, 128, 190-2, 194, 347, 357; *ver também* PT (Partido dos Trabalhadores)
Antunes, Valneri, 246
Anuário Brasileiro de Segurança Pública (2021), 233
Anvisa (Agência Nacional de Vigilância Sanitária), 300, 303
apagão aéreo (2006), 84-5
Apex (Agência Brasileira de Promoção de Exportações e Investimentos), 214, 236
Aragão, Mosart, tenente, 370
Aragarças, revolta de (1959), 119
Araguaia, Guerrilha do, 51, 83, 123, 255
Aras, Augusto, 296-7, 369

Araújo, Ernesto, 207, 235, 324
Arena (Aliança Renovadora Nacional), 49, 323
Argélia, 251
Argentina, 15, 95, 253, 260, 274, 276, 373
armas de fogo, liberalização da posse de, 201, 233, 297, 371
Arns, d. Paulo Evaristo, 48
Arroyo, Ângelo, 255
Arruda, Flávia, 324
Arruda, Marcelo, 371
Ary Pires, Sérgio de, general, 108
Assessoria Parlamentar do Exército, 154, 166-7, 280, 308
AstraZeneca, 303
atentados contra petistas (2022), 370-1
Aurélio, Marco (ministro do STF), 175
Aussaresses, Paul, general, 251
autoritarismo, 48, 180, 220, 230, 352, 359
Auxílio Brasil, 349
Avellar Coutinho, Sérgio Augusto de, general, 122, 128, 261
Azeredo Viana, Luís Cláudio de, 261-2
Azevedo e Silva, Fernando, general, 103, 114, 171, 177, 179, 197, 216, 220, 231, 295, 297, 299, 301-2, 308-10, 324, 342, 345
Aziz, Omar, 311, 313-6

Bahia, 23, 31, 38, 178, 263, 359
Banco do Brasil, 228
Banco Mundial, 302
Bannon, Steve, 205, 207
Barbosa, Ruy, 229-30
Barbosa Junior, Ilques, almirante, 200, 309
Barcellos, Carlos Alberto Neiva, general, 214
Barra World Shopping, 366
Barreira, Afrânio, 366
Barros, Otávio Rêgo, general, 44, 158, 171-2, 220, 223, 238-41, 285, 310
Barroso, Gustavo, 172
Barroso, Luís Roberto, 175, 198-9, 294, 345-6
Bastos, Justino Alves, marechal, 186
Bastos, Pedro Fernando Brêtas, 236
Batalha dos Guararapes (1648-9), 119, 151

Batista, Joesley, 136, 156
Bebianno, Gustavo, 260, 321
Belchior, Miriam, 38
Belham, José Antônio Nogueira, general, 253
Bergo, Márcio Tadeu, general, 190
Bermudez, Antonio Carlos Moretti, tenente-brigadeiro do ar, 200, 309
Bevilacqua, Peri, general, 277
Bial, Pedro, 152, 160
Biblioteca do Exército, 121-3
Biden, Joe, 368
BioNTech, 303
Blanco, Marcelo, coronel, 313
Boaventura, Jorge, 121-2, 128
Boechat, Ricardo, 57, 316
Bolívia, 367
Bolsa Família, 349
bolsonarismo, 123, 162, 165, 184, 190, 206-7, 216, 220, 232, 239, 285, 296, 299-300, 310, 325-6, 331, 353, 355, 370
Bolsonaro, Carlos, 110-1, 114-5, 207, 221, 239, 259, 262-3, 299
Bolsonaro, Eduardo, 115, 207, 221-2, 262, 297, 304, 326
Bolsonaro, Flávio, 103, 113, 115, 128, 207, 262-3, 328, 349
Bolsonaro, Jair, 9-13, 15-7, 41-2, 47, 50, 64, 75, 77-80, 97-8, 101-16, 123-8, 140, 144, 147-8, 156-8, 162-4, 167-8, 174, 179-84, 186-201, 205-27, 230-45, 247, 257-60, 262-9, 272-3, 275, 280, 283, 285-7, 289-90, 292-309, 311-2, 315-21, 323-46, 348-50, 354, 356-7, 360-73, 381*n*
Bolsonaro, Michelle, 263, 321, 373
Bolsonaro, Rogéria, 273
Bope (Batalhão de Operações Policiais da PM), 219, 317
Bordaberry, Juan, 31
Borelli, Renato, 370
Boric, Gabriel, 367
Braga, Eduardo, 155, 316
Braga Netto, Walter Souza, general, 11-2, 137, 139, 142, 144, 211-2, 216, 226-8, 232, 238, 268, 280, 286, 292, 298, 300, 307, 309, 311, 313-4, 316-7, 342, 344, 364
Bragon, Ranier, 316
Brasil: Nunca Mais (projeto-livro), 48, 122, 247, 257
Brasil: O amanhã começa hoje (Oliva), 71-3
Brasil Verde e Amarelo (site direitista), 165
Bräuer, Walter, brigadeiro, 63-4, 148
Brigada Paraquedista, 109, 115, 219, 272-3, 283, 288-90
Brito Filho, Francisco Mamede de, general, 285
Britto, Antônio, 53
Britto, Ayres, 90
Bruno, Doutor (codinome de Cyro Etchegoyen), 35
Bruno, Hélcio, tenente-coronel, 313
Buchanan, Pat, 121
Burns, William, 368
Bush, George W., 231

Cabral, Bernardo, 50-1
Cadernos da liberdade (Avellar Coutinho), 122-3, 261
Cadete e o capitão, O (Carvalho), 107
Caiado, Ronaldo, 164-7, 258
Caixas, duque de, 372
Calandra, Aparecido Laertes, 29
Calheiros, Renan, 133, 311-2, 316
Câmara dos Deputados, 12, 17, 42, 49, 51, 58, 62, 64, 90, 102, 109, 113-4, 124, 126, 133, 135, 137, 156, 160, 173, 185, 187, 189, 208, 225-6, 243-4, 293, 336, 356, 364, 369, 372
Câmera Aberta (programa de TV), 147
Caminha, Vivian Josete Pantaleão, 36
caminhoneiros, greve dos (2018), 182-4
Campanha Civilista (1910), 230
Campbell, Mauro, 366
Campos, Roberto, 72
Canhim, Romildo, general, 59-60
Cantanhêde, Eliane, 44
Capitólio, invasão do (EUA, 2021), 205, 330, 349, 367, 371
Capone, Al, 55

Cardoso, Alberto Mendes, general, 62, 65, 67-8, 169, 171, 177
Cardoso, Fernando Henrique, 14, 28, 47, 51-2, 55, 57-68, 74-5, 77-8, 86, 88, 92, 135, 147-8, 163, 212, 232, 327
Cardoso, José Orlando, general, 212
Cardoso, Newton, 134
Cardoso, Rosa Maria, 29, 92
Cardoso, Ruth, 67
Cardoso Jr., Newton, 134
cargos civis, militares em, 186, 209-10, 224-5
Carnaval de 1994, 59
Carnaval de 2018, 245
"Carta aos Brasileiros" (documento da Faculdade de Direito da USP, 2022), 365
Carvalho, Clóvis, 77
Carvalho, Gilberto, 80, 82, 355, 357
Carvalho, José Murilo de, 52, 274
Carvalho, Luiz Maklouf, 51, 107
Carvalho, Olavo de, 123, 128, 205-7, 216, 220-1, 231, 244, 261
Carvalho, Roberto de Guimarães, almirante, 85
Casa Civil, 12, 22, 38, 41-3, 73, 77, 129, 140, 144, 210, 212, 223, 226-7, 280, 292, 295, 300, 311, 316-7, 324-5, 344, 370
Casa da Morte de Petrópolis, 33, 35, 262
Casa Militar, 56, 59, 62, 65, 67
Castello Branco, Humberto de Alencar, marechal, 120, 185-6, 232, 277
Castello Branco, Roberto, 213
Castro, Celso, 46, 119, 162, 278-9, 320
Castro, Fidel, 125
Cavalcanti, Sandra, 72
Cavalcanti Filho, José Paulo, 92
Caxias, duque de, 119
Ceará, 11, 188, 196, 343
Cenas da Nova Ordem Mundial (Avellar Coutinho), 123
censura, 11, 57, 60, 69, 191, 236, 285, 316
Centrão, 208, 227, 322-5, 344, 360, 364, 369
Centro de Comunicação Social do Exército (CCOMSEX), 44, 82, 157-8, 172, 238, 257
Centro de Informações do Exército (CIE), 33-5, 106, 108-9, 121-2, 250, 255, 261

Centro Hípico do Exército (Rio de Janeiro), 283
centro-direita, 83, 148, 193-4, 337
centro-esquerda, 120
Cerveira, Joaquim Pires, 260
Chacina da Lapa (São Paulo, 1976), 255
Chacina do Salgueiro (Rio de Janeiro, 2017), 142
Chagas, Floriano Aguilar, general, 260
Chagas, Paulo, general, 112, 172, 189, 259-60, 307
Chaves, Aureliano, 49
Chaves, Marival, sargento, 250
Chiavon, Eva, 21-3, 32, 38-9, 41-3, 132, 381n
Chiavon, Francisco Dal (Chicão), 38, 41
Chile, 15, 31, 95, 367
China, 39-41, 78, 154, 162, 291-2, 326, 331
Chinaglia, Arlindo, 76, 156, 224
Chirio, Maud, 261
"choque de civilizações", tese do, 231
CIA (Central Intelligence Agency), 368
Cid, Mauro Cesar Barbosa, tenente-coronel (filho), 214, 236, 242
Cid, Mauro Cesar Lourena, general (pai), 214
cloroquina (no tratamento de covid), 300, 316-7
Clube Militar, 35, 96, 187, 259, 276
Coaf (Conselho de Controle de Atividades Financeiras), 296
Coco Bambu (rede de restaurantes), 366
Código do Processo Criminal do Império (1832), 299
Código Penal Brasileiro, 303
Código Penal Militar, 303, 315
Colina (Comando de Libertação Nacional), 90
Collor de Mello, Fernando, 13, 28, 54-9, 72, 74, 104, 110, 157, 208, 308, 368
Colômbia, 65, 367
Colou, Severino Viana, 271
Coluna Prestes, 252-3
Comando de Defesa Cibernética do Exército, 346, 370
Comando de Operações Terrestres, 111, 155, 164
Comando Militar do Leste, 137, 142, 169-70, 223, 274, 371-2
Comando Militar do Nordeste, 144, 343

Comando Militar do Oeste, 172
Comando Militar do Sudeste, 67, 70, 77, 155, 164, 222, 224, 233, 334, 339
Comando Militar do Sul, 97, 145, 152, 172, 223, 306
Comandos Anfíbios da Marinha, 219
Comissão de Anistia, 25, 66, 68, 259
Comissão de Relações Exteriores e Defesa Nacional da Câmara dos Deputados, 42, 75, 135
Comissão de Sistematização da Constituinte, 50, 256
Comissão de Transparência das Eleições (2021), 345-6, 349
Comissão Especial sobre Mortos e Desaparecidos Políticos, 25, 61, 68, 88, 92, 232-3
Comissão Estadual da Verdade da Bahia, 31
Comissão Nacional da Verdade (CNV), 14-5, 21-33, 35-7, 39, 41, 45-7, 53, 61, 68, 71, 87-9, 91-7, 117, 123-5, 131, 139, 160, 232, 244, 246, 250-2, 260, 312, 351, 354, 361, 399*n*
Comissão Parlamentar de Inquérito da Dívida Externa, 32
Comitê de Crise para Supervisão e Monitoramento dos Impactos da Covid-19 (2020), 300, 316
Comitê Olímpico Brasileiro, 11
Compromisso com a Nação (carta-documento de 1984), 48-9
Comunidade dos Países de Língua Portuguesa, 236
comunismo, 72, 117-22, 162, 206, 243, 253, 329; *ver também* anticomunismo
Conab (Companhia Nacional de Abastecimento), 59
Congo, República Democrática do, 221
Congresso dos Estados Unidos, 368
Congresso Nacional, 11, 17, 24-5, 45, 50, 54, 58-9, 62, 86, 110, 112, 124, 128-9, 132-3, 140, 147-8, 155, 164, 166, 200, 212, 222-3, 232, 245, 257, 293, 296, 307-9, 314, 323, 325-6, 332-3, 337-8, 340, 344, 351, 353, 356, 367, 369; *ver também* Câmara dos Deputados; Senado

Conselho de Justificação do Exército, 106, 215, 256
Conselho de Segurança da ONU, 65; *ver também* ONU (Organização das Nações Unidas)
Conselho de Segurança Nacional, 72, 84
Constantino, Rodrigo, 261
Constituição brasileira (1824), 53
Constituição brasileira (1937), 53
Constituição brasileira (1946), 232
Constituição brasileira (1988), 50-1, 80, 170, 173, 211, 298, 301, 352-3, 355, 360, 373
Controladoria-Geral da União (CGU), 219, 313
Convenção de Genebra, 251
Conversa com o comandante (org. Castro), 162, 279
Conversa com o comandante (programa do Exército no YouTube), 182
Coreia do Sul, 291
CoronaVac, 303; *ver também* vacinas contra a covid
Corrêa, Maurício, 60
Correio da Manhã (jornal), 10
Correios, 153, 212, 214, 226, 253
corrupção, 11, 14, 24, 43, 46, 54, 56-7, 59, 98, 117, 127, 137, 144-6, 151, 156, 194, 216, 231, 237, 240, 262, 292, 302, 310, 312-3, 315-6, 323-4, 326, 354, 361, 364
Corte Interamericana de Direitos Humanos, 30-1
Cortinhas, Juliano, 356
Costa, Humberto, 316
Costa, Otávio, general, 34
Costa e Silva, Artur da, marechal, 72, 120, 153, 346
Couto e Silva, Golbery do, general, 48, 55, 72, 120
Covas, Mário, 72
Covaxin (vacina indiana), 312
covid-19, pandemia de, 12, 213, 225, 227, 234, 237, 240, 291-304, 306-7, 309-17, 323, 326, 330, 341-2, 360; *ver também* vacinas contra a covid

CPI da Pandemia (2021), 310-7, 324
crime de responsabilidade, 43, 316, 337-8
crime organizado, 64, 80, 136, 261, 316
crimes ambientais, 234-5
crimes políticos, 30, 89
crise cambial (1999), 65-6
Cristina, Tereza (ministra da Agricultura), 227
Crivella, Marcelo, 138
Cruz, Carlos Alberto dos Santos, general, 140, 194-6, 219-22, 226, 238-9, 241, 310
Cruz, Newton, general, 32, 34, 56, 108
Cuba, 11, 77, 125, 127
Cunha, Eduardo, 43, 128, 133, 136, 243
Curió, Sebastião, major, 255

D'Araujo, Maria Celina, 34
d'Ávila, Manuela, 182
Dal Piva, Juliana, 316, 371
Dallari, Pedro, 25-6, 93-4
Dano colateral (Viana), 80
Dantas, Bruno, 209
Datafolha, pesquisas do, 140, 183, 194, 363
Defesa Nacional, A (revista), 277
Del Nero Augusto, Agnaldo, coronel, 122, 128, 167, 261
Delizoicov, Eremias, 262
DEM (Democratas), 164, 166, 258, 339
demarcação de terras indígenas, 56, 97
democracia, 12, 16, 52, 59, 64, 68, 79, 83, 92, 125-7, 140, 145, 147, 157, 159, 166-9, 173-4, 179-80, 182, 196, 200, 218, 223, 232, 249, 252, 256-7, 280, 296, 308, 314, 316, 326, 337, 340, 343, 347, 356, 359, 365
"democracias tutelares", 180
Denys, Odílio, marechal, 185
desfile militar no Rio de Janeiro (2022), 371-3
desmatamento, 162, 234
Diário de Notícias (jornal), 10
Diário Oficial da União, 41-2, 89, 297
Dias, Alvaro, 182, 193
Dias, José Carlos, 92
Dias, Marco Edson Gonçalves, coronel (G Dias), 82, 359-60

Dias, Roberto Ferreira, sargento, 313, 315
Dino, Flávio, 173
Dipp, Gilson, 92
direita política, 102, 124, 126-8, 169, 186, 193-4, 244-5, 258, 266, 277, 287, 339, 351, 361, 364-5, 369; *ver também* extrema direita
Direito à memória e à verdade (livro da Comissão de Mortos e Desaparecidos), 88
direitos humanos, 11, 14, 21, 24-6, 28, 30-1, 45, 56, 61-2, 69, 79, 81, 88-9, 91-4, 125-7, 136, 139, 191, 236, 246, 257, 260, 281, 351
ditadura militar (1964-85), 10-6, 21-4, 26, 28-31, 33-5, 48-50, 53-7, 59-62, 64-6, 68-9, 71-4, 81-2, 84, 87-90, 92-4, 96, 98, 108, 117-22, 124-6, 131, 135-6, 158-9, 168, 173, 185, 187-8, 190, 230-1, 234, 236, 241, 244-6, 248-51, 253-8, 260-2, 265, 271, 280-1, 302, 312, 314-5, 323, 330, 356, 361, 364, 368; *ver também* golpe militar (1964)
DNOCS (Departamento Nacional de Obras Contra as Secas), 323
Dodge, Raquel, 184-5
DOI-Codi (Destacamento de Operações de Informação — Centro de Operações de Defesa Interna), 29, 70, 81, 98, 123, 244, 246-50, 253-7
domicílio eleitoral, mecanismo do, 186
Dops (Departamento de Ordem Política e Social), 56, 70, 254, 261
Doria, João, 148, 303-4, 334, 339
Doutrina de Segurança Nacional, 72, 82-3, 364
drogas, tráfico de, 64, 129, 233, 262
Drummond, João Batista Franco, 255
Dutra, Eurico Gaspar, marechal, 14, 72, 119, 185, 200

Eco-92 (Conferência das Nações Unidas sobre o Meio Ambiente e o Desenvolvimento), 56
Elbrick, Charles, 87
eleições democráticas, 343; *ver também* sistema eleitoral brasileiro, ataques de Bolsonaro ao; urnas eletrônicas
Elizabeth II, rainha da Inglaterra, 346

Em guarda contra o perigo vermelho (Motta), 118
Em Tempo (jornal alternativo), 247
embaixadores estrangeiros, briefing de Bolsonaro a (2022), 365, 368-9
Empresa Brasileira de Serviços Hospitalares, 212
empresários bolsonaristas, 366
Endireita Brasil (movimento), 173
Enem (Exame Nacional do Ensino Médio), 237
Época (revista), 314-5
Erundina, Luiza, 90, 126
Esclerose Lateral Amiotrófica (ELA), 150
Escola de Aperfeiçoamento de Oficiais do Exército (EsAO), 105, 109, 116, 199, 272, 274, 288, 360
Escola de Comando e Estado-Maior do Exército (Eceme), 22, 274-5
Escola Militar da Praia Vermelha (Rio de Janeiro), 101
Escola Militar do Realengo (Rio de Janeiro), 101, 277
Escola sem Partido (projeto), 191-2
Escola Superior de Guerra (ESG), 72, 75, 121, 274-5, 279
Escolha, A (Temer), 132
Escoto, Roberto, general, 236
Espanha, 76
Esper, Antônio Gabriel, general, 82
Espírito militar, O (Castro), 279
Espírito Santo, 64, 273, 329, 332
Esplanada dos Ministérios (Brasília), 124-5, 146, 187, 200, 231, 330, 335-6, 339-40, 372
esquerda política, 10-2, 15, 37, 39, 70, 72-3, 76-7, 85, 90, 93, 95, 109, 118-20, 122-5, 127-8, 159, 162, 166-7, 178, 182, 195, 206, 210-1, 222-3, 231, 244, 250, 256, 260, 277, 333, 336, 339, 354-5, 362, 364, 367-8
Estado de S. Paulo, O (jornal), 10, 34, 57, 159, 168, 171, 258, 292, 316, 325
Estado Democrático de Direito, 12, 62, 159, 167, 173-4, 179, 287, 314, 365
Estado Novo (1937-45), 35, 53, 118-9, 185, 220, 230, 372
Estado-Maior das Forças Armadas (EMFA), 56, 59, 110
Estado-Maior do Exército, 12, 21-2, 32, 37, 116, 142, 144, 155, 185, 212, 226, 274, 340; *ver também* Exército Brasileiro
Estados Unidos, 36, 72, 78, 119-21, 206, 231, 256, 275, 281, 293, 326, 330, 332, 343, 349, 367-8
Estatuto dos Militares, 109, 192, 209, 225, 275, 284, 286, 319
Estillac Leal, Newton, general, 36, 185
Estratégia Nacional de Defesa (governo Lula), 86-7, 274, 352, 356, 360
Etchegoyen, Alcides, general, 35-6
Etchegoyen, Cyro Guedes, coronel, 33-5
Etchegoyen, Leo Guedes, general, 21-2, 32-6
Etchegoyen, Nelson, 35
Etchegoyen, Sergio, general, 21-4, 27-8, 32-7, 39, 41, 47, 86, 92-3, 95-6, 131-3, 135, 137-42, 144-6, 149, 160-1, 177-8, 183, 198-9, 217-9, 237, 260, 281, 306-7, 340-1, 361
Europa, 138, 368, 372
evangélicos, 126, 191, 237, 270, 341
Everaldo, pastor, 186
Evolução do grande mudo, A (livro da Centro de Comunicação Social do Exército), 157
Executivo, Poder, 12, 35, 49, 59, 183-4, 200, 207-8, 210, 214, 219, 223, 242, 294, 296-8, 303, 307, 309, 312, 323, 325-6, 330-1, 337, 339-41, 344, 365, 372
Exército Brasileiro, 10, 13, 16, 24-5, 32-4, 39-40, 46-50, 55, 57-60, 75, 80-1, 85-7, 101, 103-4, 106, 110, 112, 114, 117, 119-20, 122, 130, 134, 142, 150, 152, 156-7, 159-60, 167, 172, 181-2, 184-5, 190-1, 193, 195, 199-200, 209, 219, 224, 229-30, 234, 238, 247-9, 252-3, 255-6, 264, 271-2, 274-8, 285, 289, 305-7, 313-5, 317-8, 320-1, 342-3, 347, 358-9, 371-2
Exército dos Estados Unidos, 281
extrema direita, 12, 34, 70, 110, 126, 147, 162, 192, 221, 257, 261, 326-7, 332, 335, 362; *ver também* direita política
Extrema-direita, volver! — Memória, ideologia e política dos grupos formados por civis e militares da reserva (Santos), 257

FAB (Força Aérea Brasileira) *ver* Aeronáutica
fabiano, socialismo, 258
facada em Bolsonaro (2018), 194-5, 197-8
Facebook, 41, 150, 168, 259, 285, 303, 346-7
Fachin, Luiz Edson, 175, 198, 305, 345-6, 365, 370-1
Faculdade de Direito da Universidade de São Paulo, 365
fake news, 165, 192, 197, 260, 296, 312, 326, 331, 339, 341-2, 346-7, 366
Fakhoury, Otávio, 221
Falcão, Rui, 46, 353
"família militar", 168, 170-1, 282, 284-5, 306, 366
Famir (Federação das Associações dos Militares da Reserva Remunerada, de Reformados e de Pensionistas das Forças Armadas e Auxiliares), 109
Fantástico (programa de TV), 294
Farc (Forças Armadas Revolucionárias da Colômbia), 155
Faria Junior, Alcides de, general, 44, 281
Farias, Cordeiro de, marechal, 185
Farias, Lindbergh, 157, 173
fascismo, 126, 197, 220, 309, 367
Feliciano, Marco, 341
Félix, Jorge Armando, general, 359
Ferolla, Sérgio, brigadeiro, 75
Ferraz, Waldir (Jacaré), 317
Ferreira, Oliveiros, 287
Ferreira, Oswaldo de Jesus, general, 212
Ferreira, Romeu Antonio, tenente-coronel, 122, 128
Feuerwerker, Alon, 208-9, 241
Fico, Carlos, 278
Fidelix, Levy, 188
Fiel Filho, Manoel, 70, 253
Fiesp (Federação das Indústrias do Estado de São Paulo), 135, 193
Figueiredo, João Batista, general, 30, 33-4, 49, 200, 251, 255, 315, 368
filhas solteiras de militares, pensão vitalícia a, 267
fisiologismo político, 208, 227, 258, 323-5

Fiuza, Ricardo, 323-4
Fleury, Sérgio Paranhos, 261
Flores, Mário César, almirante, 55-6, 58
FNDE (Fundo Nacional de Desenvolvimento da Educação), escândalo do (2022), 237, 323
Folha de S.Paulo (jornal), 10, 15, 26, 57, 133, 160, 165, 286, 291-2
Fonseca, Alberto, coronel, 44
Fonseca, Deodoro da, marechal, 230, 275, 372
Fonseca, Hermes da, marechal, 200, 230
Fonteles, Cláudio, 29, 92-3, 252
Força Expedicionária Brasileira, 34, 372
Forças Armadas, 10, 12-6, 22-9, 31, 33, 36, 39-47, 50-4, 56, 59-60, 62-6, 68, 71-8, 80-1, 83-7, 89-90, 92-4, 96-7, 102, 109-11, 113-6, 118, 121-4, 129-32, 134, 136-8, 140, 142, 145-7, 151-3, 155-6, 158-60, 162, 166, 168, 170, 173-4, 178-80, 183-5, 188-90, 193-4, 196, 198, 200-1, 206-12, 215, 222-5, 227, 230-2, 236, 238-40, 243, 248, 251, 257, 267, 271, 274-5, 280-1, 284-6, 289, 295-6, 301-2, 308-9, 313-5, 319-20, 325, 328, 330, 332-3, 341, 343-6, 349, 351-60, 362-3, 365, 367-70, 372; *ver também* Aeronáutica; Exército; Marinha
"formaturas" (cerimônias militares), 282
Fraga, Alberto, tenente-coronel, 306-7, 333
França, 78, 86, 234, 251, 277
França, Carlos, 236
Franco, Itamar, 13, 54, 58-60, 136
Franco, Marielle, 143, 228, 262
Franco, Moreira, 137-8
Freitas, Franklimberg Ribeiro de, general, 140, 234-5, 310
Freitas, Gerson Menandro Garcia de, general, 235-6
Freitas, José Luiz Dias, general, 172
Freitas, Tarcísio de, 220, 317-8
Frente Liberal, 49; *ver também* PFL (Partido da Frente Liberal)
Freyre, Gilberto, 121, 276
Frota, Sylvio, general, 10, 48, 120, 255

FSB (agência de comunicação corporativa), 208, 218
Fujimori, Alberto, 31
Fujiwara, Thomas, 349
Funai (Fundação Nacional do Índio), 140, 187, 234-5
Fundação Palmares, 237
Fundação Perseu Abramo, 352-3
Furlan, Bruna, 156
Fux, Luiz, 171, 175, 301, 335, 337, 372
fuzilamento de Evaldo Rosa e Luciano Macedo (2019), 271-2

Gabinete de Segurança Institucional, 9, 67, 97, 135, 141, 145-6, 149, 177, 183, 187, 198, 210, 212, 215, 217-8, 226, 275, 292, 299, 309, 322, 340, 359, 361
"gabinete do ódio", 221
Galli, Victório, 321
Galloro, Rogério, 198
Gandra, Mauro, brigadeiro, 63
Garcez dos Reis, Dulene Aleixo, 29
Garcia, Nabhan, 227, 235
Gaspari, Elio, 261
Geisel, Ernesto, general, 10, 30, 36, 48, 70, 110, 120, 181, 230, 241, 255-6, 277, 315
Genoino, José, 51, 55, 58, 74, 76-7, 81, 91, 353-4, 358
Genro, Tarso, 89
Gentili, Danilo, 127
George, Vinícius, 143
Ghirotto, Edoardo, 366
Gil, Gilberto, 271
Gil, Raul, 127
Gimenez, Luciana, 127
GLO (Garantia da Lei e da Ordem), operações de, 50-1, 80, 136-40, 142, 170, 184, 233-4, 281, 334, 367
"globalismo", 259
Globo, O (jornal), 10, 26, 33, 41, 57, 123-4, 166, 292, 316
Globo, Rede, 114, 139, 152, 160, 162, 172, 294
Godoy, Marcelo, 112, 192
Goebbels, Joseph, 55
Goellner, Carlos Bolivar, general, 169
Goiás, 189, 191, 318
Góis Monteiro, Pedro Aurélio de, general, 119, 158, 185, 220, 230, 277
golpe militar (1964), 10, 16, 29, 35, 45, 57, 69, 71, 81, 84, 97, 119-21, 124-5, 135, 145, 179, 185, 267, 351; *ver também* ditadura militar (1964-85)
golpismo de Bolsonaro, 293, 296, 326, 328, 330-1, 337-40, 342, 344, 349, 365-9, 373
Gomes, Ciro, 75, 182, 193, 195-6, 339, 341
Gomes, Eduardo, brigadeiro, 185-6, 344
Gomes, Jorge Otávio Moraes, coronel, 214-5
Gomes, Marco Antônio Freire, general, 342-3, 347
Gomes, Marcos Antônio Pereira (Zé Trovão), 331-2, 370
Gomes, Pereira, general, 310
Gonçalves, Leônidas Pires, general, 49-51, 53, 75, 105-8, 110, 113-4, 122, 128, 167, 247
Gonçalves, Miguel Pires, 108, 114
González, Felipe, 76
Goulart, João (Jango), 25, 35, 63, 72, 84, 119-21, 245, 253, 343
Gramsci, Antonio, 121, 258
Grande mentira, A (Del Nero), 122-3, 167, 261, 265, 302
Grau, Eros, 90
Gripen (caças), 39, 90
grupos de extermínio, 261
Guanabara, estado da, 35, 186
Guaranho, Jorge, 371
Guararapes (grupo militar), 257
Guarda Nacional, 274
Guarujá, tríplex do, 166, 169
Guatemala, 31
Guedes, Paulo, 103, 205, 207-8, 227, 321
Guerra, Cláudio, 261
guerra cultural, 121, 126, 128, 220
Guerra do Iraque, 231
Guerra do Paraguai/Guerra da Tríplice Aliança (1864-70), 78, 276

Guerra Fria, 12-3, 119, 355, 364
Guerra Revolucionária, doutrina francesa da, 251
guerrilheiros, 24, 123, 155, 250, 262
Gugliano, Monica, 179
Guilherme, Max, 317, 370
Guimarães, Capitão (Aílton Guimarães Jorge), 261
Guimarães, Ulysses, 49, 58
Gussi, Evandro, 156
Guterres, António, 222

Haddad, Fernando, 126, 182, 190, 192, 194, 196-9, 273, 354
Haiti, 78-81, 97, 194, 196, 219-22; *ver também* Minustah (Missão das Nações Unidas para a Estabilização no Haiti)
Hang, Luciano, 366, 372
Hasselmann, Joice, 339
Hauly, Luiz Carlos, 156
Havan (empresa), 366
Hawking, Stephen, 150
Heleno, Augusto, general *ver* Pereira, Augusto Heleno Ribeiro, general
Herdy, Thiago, 371
Herzog, Vladimir, 81, 253
hidroxicloroquina (no tratamento de covid), 300
hiperpresidencialismo brasileiro, 356
Hitler, Adolf, 64
Hoffmann, Gleisi, 46, 91, 129
homofobia, 126-7, 155, 192, 284, 331
Huck, Luciano, 193
Hugo, Vítor, major, 320
Hungria, 367
Huntington, Samuel, 158, 230-1

Ibric (Instituto Brasileiro de Autorregulação do Setor da Infraestrutura), 218-9
"ideologia de gênero", 333
Ídolo do Rincão (cavalo), 283-4
imóveis adquiridos pela família Bolsonaro, 371

impeachment de Bolsonaro, pedidos de, 148, 324, 337-9, 369
impeachment de Collor (1992), 54, 58, 104, 208, 308, 368
impeachment de Dilma (2016), 43-4, 132-6, 151, 155, 159, 164, 168-9, 187, 208, 243-5, 265
Império do Brasil, 274, 299
Império Otomano, 277
imprensa, 11, 16, 26, 34, 41, 57, 59, 69-71, 82, 107-8, 121, 123, 134, 149, 156, 158-9, 166, 182, 187, 194, 200, 209, 227, 239, 243, 256, 266, 280, 286, 292, 295, 301-2, 314-5, 318, 340, 347, 354, 367
Inconfidência (grupo militar), 257, 260-1
Independência do Brasil (1822), 48, 52-3
Índia, 292
indígenas, 56, 94, 97, 155, 162, 187, 214, 234-5, 237, 317, 367
Indochina, 251
Inep (Instituto Nacional de Estudos e Pesquisas Educacionais Anísio Teixeira), 237
inflação, 66, 86, 115, 215
informações falsas *ver* fake news
Instagram, 347
Instituto Butantan, 303
integralismo, 172, 220
"Intentona" Comunista (1935), 117-8, 122, 167, 199
Intercept, The (site), 165
Internacional Comunista, 118
intervenção militar, 54, 59, 157, 159-60, 166, 168, 170, 176, 183, 187, 195, 258, 295, 333, 373
Invenção do Exército brasileiro, A (Castro), 119
IREE (Instituto para Reforma das Relações entre Estado e Empresa), 218-9
Islã, 231
Israel, embaixada de, 235-6
IstoÉ (revista), 66
Itaipu, hidrelétrica de, 73, 213, 218, 315
Itália, 292, 294
Itamaraty (Ministério das Relações Exteriores), 27, 44, 78, 207, 235-7, 333-4

Jacareacanga, revolta de (1956), 119
Janot, Rodrigo, 136-7
Jardim das aflições, O (documentário), 207
JBS (empresa de alimentos), 136, 146, 168
Jefferson, Roberto, 326, 331, 335
Jereissati, Tasso, 188, 316
Jesus Cristo, 370
João VI, d. (príncipe regente), 101
João XXIII, papa, 239
Joaquim, Ailton, tenente, 271
Jobim, Nelson, 41-2, 47, 62-3, 85-93, 95, 97, 129, 131-2, 135, 315, 354, 360
Jorge, Aílton Guimarães (Capitão Guimarães), 261
Jornadas de Junho (2013), 14, 168
Jornal do Brasil, 107, 110, 229
Jornal Nacional (telejornal), 80, 124, 138, 172, 340-1
Jovens Turcos (grupo reformista do Exército Brasileiro), 277
Jucá, Romero, 133
Judiciário, Poder, 145, 152, 180, 183, 315, 323, 331
Jungmann, Raul, 135, 137-40, 149, 151-3, 177, 219, 307, 356
Jupiara, Aloy, 261
Justiça Eleitoral, 344-45, 348-9, 370
Justiça Militar, 48, 80, 94, 136, 139, 142, 271, 315, 353

Kalil, Suzeley, 287
Kassab, Gilberto, 338
KC-390 (avião militar produzido no Brasil), 86
Kehl, Maria Rita, 92
Kimball, Roger, 205
"kit gay", 126, 191, 333
Kotscho, Ricardo, 57, 316
Koury, José, 366
Kruel, Amaury, general, 119-20, 186
Kubitschek, Juscelino, 36, 185

Lacerda, Aleksander, coronel, 333
Lacerda, Carlos, 35

Lamarca, Carlos, 63, 68, 72
Lamarca, Maria Pavan, 63
Lando, Amir, 126
Lapa, Chacina da (São Paulo, 1976), 255
Lava Jato, Operação, 14, 24, 43, 117, 128, 133, 165, 170, 175, 191, 208, 219, 240, 244, 296, 305, 322, 351, 361, 368
Leal Ferreira, Eduardo Bacellar, almirante, 40-2, 45, 87, 134, 147, 171, 185, 213
Legislativo, Poder, 90, 184, 224, 315, 344, 356
Lei da Ficha Limpa (2010), 170
Lei da Inatividade (1965), 186
Lei de Acesso à Informação (2011), 93, 238
Lei de Anistia (1979), 15, 24, 30, 48, 61-2, 88-90, 92, 95, 123, 131, 179, 249, 280; *ver também* anistia
Lei de Responsabilidade Fiscal, 43
Lei de Segurança Nacional, 28, 302
Lei Rouanet (Lei Federal de Incentivo à Cultura), 237
Leite, Eduardo, 148
Lênin, Vladímir, 206
Lentz, Rodrigo, 287
Lessa, Luiz Gonzaga Schroeder, general, 170
Lessa, Ronnie, 143, 262
Levante Popular da Juventude (movimento esquerdista), 29, 267
Lewandowski, Ricardo, 90, 171, 175
Liesa (Liga Independente das Escolas de Samba do Rio de Janeiro), 261
Lima, Bernardo, 346
Lima, Bruna, 366
Lima, Flavia, 57
Lind, William, 121
Lippmann, Walter, 216
Lira, Arthur, 324-5, 337, 344, 369, 372
Livraria Cultura, 265
Livro Branco da Defesa Nacional, 86, 360
lockdown na pandemia, 305
Lopes, Hélio, 189, 317, 370
Lorenzoni, Onyx, 181, 210, 223, 226, 292, 370
Lott, Henrique Teixeira, marechal, 36, 119, 185-6

Lucas (soldado da Brigada Paraquedista), 290
Lucena, Zenildo, general, 112
Lúcia, Cármen, 171, 174-5, 179
Lula da Silva, Luiz Inácio, 13-4, 17, 23, 27-8, 38, 43, 56, 69-90, 92-3, 97, 113, 131, 140, 155, 157, 164-5, 169-72, 174-5, 178-9, 215, 221, 232, 240, 259, 263, 273, 305, 329, 341, 346, 349-55, 357-61, 365-6, 370, 373
Lumarque, Jacky, 79
luta armada contra a ditadura, 10, 15, 22, 24, 30, 61, 88, 90, 93, 122-3, 247, 250-2, 254-5
Luz, Carlos, 36
Lynch, Christian, 230

Macedo, Luciano, 271
Macedo, Wellington, 331
Machado, Sérgio, 133
Machado, Wilson, capitão, 256
Machado Filho, Adhemar da Costa, general, 131, 155
machismo, 43, 127, 284, 373
Maciel, Audir, coronel, 253-4
Maciel, Lício, tenente-coronel, 123
Maciel, Marco, 49, 64
maconha, 65
Magalhães, Antônio Carlos (ACM), 58, 73, 148
Magno Filho, Cláudio Barroso, general, 214
Maia, Rodrigo, 173, 182, 185, 224-5, 227, 293, 324
Malhães, Paulo, 35, 261
Malta, Magno, 187, 321
Mamede, Jurandir Bizarria, coronel, 119
Manaus, impacto da pandemia em, 310-1
Mandetta, Luiz Henrique, 294, 300, 339
Mangabeira Unger, Roberto, 86
Maranhão, 173, 330
Marcha da Família com Deus pela Liberdade (1964), 126
Marcha Sobre Roma (fascismo italiano, 1922), 367
Marcos (soldado do Batalhão-Escola de Comunicações), 290
Maria, Cássia, 105-6, 108, 327

Marinha, 12, 16, 25-6, 39-41, 45, 50, 53, 55, 58-60, 63, 65-6, 85-7, 96, 102, 134, 140, 147, 171, 174, 185, 188-90, 200, 209, 212-3, 219, 223-5, 227, 236, 238, 273, 275, 308-9, 331, 352, 362, 367, 369
Marinho, Alex Lial, tenente-coronel, 313
Marinho, Roberto, 124
Marinho, Rogério, 227
Marques, Francia, 367
Marques, Ricardo Silva, coronel, 213
Martins, Filipe G., 207, 221
Martins, Franklin, 87, 89, 91
Martins, Lasier, 157
Martins Filho, João Roberto, 159
"marxismo cultural", 121-2, 162, 206, 258, 261
Massu, Jacques, general, 251
Mato Grosso do Sul, 330
Matos, Mariel Mariscot de, 261
Mattos, Luis Carlos Gomes, general, 169
Mattoso, Camila, 316
Mayer, Sinclair James, 155
MBL (Movimento Brasil Livre), 173, 339
MDB (Movimento Democrático Brasileiro), 144, 148, 311, 323-4, 337; *ver também* PMDB (Partido do Movimento Democrático Brasileiro)
Mead, Walter Russell, 205
Médici, Emílio Garrastazu, general, 72
Mello, Celso de, 175-6, 179, 240, 297-9, 309, 345
Melo Franco, Afonso Arinos de, 50-1
Mendes, Bete, 246-8
Mendes, Cândido, 230
Mendes, Gilmar, 43, 75, 171, 175, 198, 302
Mendes, Ivan de Souza, general, 55, 75
Menge, Claudia de Lima, 250
Menicucci, Eleonora, 96
mensalão, escândalo do (2005), 326, 354, 364
Mercadante, Aloizio, 22, 43, 73-4, 76, 82, 353
Mercosul, 274
Merlino, Luís Eduardo, 249
Meta (holding), 347; *ver também* Facebook; Instagram
milicianos, 233, 262-3

milícias digitais, 344, 366
militarismo, 229
Minas Gerais, 94, 118, 134, 330, 370
Ministério da Agricultura, 146, 227
Ministério da Cidadania, 226, 292, 370
Ministério da Defesa, 9, 11, 21-3, 25, 27, 31-2, 36, 38-43, 45, 53-4, 63-4, 77, 81, 83, 85, 88, 95, 97, 102-3, 112, 114, 125, 129-32, 134-7, 140, 144, 149, 151-2, 155, 157, 165-7, 171, 174, 176-7, 179, 183, 197, 211, 216, 220, 224-5, 227, 231-2, 259, 275, 280, 295, 299, 301-2, 308-10, 313, 318-9, 342, 344-7, 354, 357, 371, 381*n*
Ministério da Economia/Fazenda, 39, 59-60, 103, 205, 207, 211, 227, 230, 292, 296, 321
Ministério da Educação, 126, 207, 218, 237, 297, 302, 316, 370
Ministério da Guerra, 343, 372
Ministério da Infraestrutura, 184, 220, 317-8
Ministério da Justiça, 56, 60, 62-3, 66, 89, 129, 205, 240, 296, 333
Ministério da Saúde, 12, 225, 237, 294-5, 300-3, 305, 310-3, 317, 319
Ministério da Segurança Pública, 333
Ministério das Comunicações, 59
Ministério das Minas e Energia, 155, 222
Ministério das Relações Exteriores *ver* Itamaraty
Ministério do Desenvolvimento Regional, 227
Ministério do Exército, 10, 34, 49-50, 58, 75, 104, 106, 110, 112, 114, 120, 122, 167, 247, 249, 255
Ministério do Meio Ambiente, 234, 237, 240, 297, 316
Ministério do Trabalho, 23, 38, 370
Ministério do Turismo, 316
Ministério dos Direitos Humanos, 227-8
Ministério dos Transportes, 59
Ministério Extraordinário da Segurança Pública, 140
Ministério Público Federal, 44, 136, 139, 191
ministros militares, 39-40, 56, 58, 140-1, 294
Minnicino, Michael, 121

Minustah (Missão das Nações Unidas para a Estabilização no Haiti), 78-80, 194, 219-20
Miotto, Geraldo Antônio, general, 172, 306
Mito ou verdade (Flávio Bolsonaro), 128, 327-8
Monteiro, Dilermando Gomes, general, 70
Monteiro, Girão, general, 187, 189
Monteiro, Sócrates, brigadeiro, 55, 58
Monteiro, Tânia, 179, 195
Moraes, Alexandre de, 175, 296, 298, 331-3, 335, 337-8, 345, 347, 365-6, 370-2
Moraes, Jô (deputada), 156-7
Moraes, João Quartim de, 276-7
Morais, Mascarenhas de, marechal, 277
Morales, Evo, 367
Moreira Lima, Otávio Júlio, brigadeiro, 53
Moreira Lima, Rui, brigadeiro, 75
Moro, Sergio, 24, 43, 165-6, 173, 175, 193, 205, 208, 216, 240-1, 244, 296-8, 361
Morro do Alemão (Rio de Janeiro), 80
Motta, Rodrigo Patto Sá, 118
Moura, Max Guilherme de, 317, 370
Moura Neto, Julio Soares de, almirante, 25, 85, 102
Mourão, Hamilton, general, 9-10, 17, 97-8, 123, 145, 152-3, 156, 164, 168-9, 187-8, 201, 211-2, 225, 228, 234, 236, 244-6, 268, 272, 283-4, 286, 301-2, 308, 319, 321, 323, 342, 363-4
Mourão, Paula, 283
Mourão Filho, Olímpio, general, 253, 277
MR-8 (Movimento Revolucionário 8 de Outubro), 87
MST (Movimento dos Trabalhadores Rurais Sem Terra), 38-9, 41-2, 65, 133, 191, 260, 267, 361, 365
mulheres nas Forças Armadas, 284
Müller, Filinto, 35
Multiplan, 366

Nações Unidas *ver* ONU (Organização das Nações Unidas)
Nagem, Carlos Victor Guerra, capitão-tenente, 213

439

Nagle, Leda, 110
Nascimento, José Conegundes, tenente, 123
Nascimento, Juliano Féres, 236
Natalini, Gilberto, 29, 252
nazismo, 64, 119, 237
negros nas Forças Armadas, 276, 289
Nery, Pedro Fernando, 211
Neves, Aécio, 27, 348
Neves, Joaquim de Andrade, general, 288
Neves, Tancredo, 49-50, 54, 200, 247
Neymar (jogador), 281
Nicarágua, 367, 373
Nigri, Meyer, 366
Nóbrega, Adriano da, 263
Nogueira, Ciro, 324-5, 344
Nogueira, Italo, 316
Noronha Neto, João, tenente-coronel, 112
Noticiário do Exército, 107
notícias falsas *ver* fake news
Nova República, 48, 55, 57, 161, 167, 257
Novo (partido), 339
Nunes, Aloysio, 166
Nunes, Richard Fernandez, general, 142, 144, 157-8, 238
Nunes, Rodrigo, 326
Nuzman, Carlos Arthur, 11

OAS (empreiteira), 165
Oban (Operação Bandeirante), 244, 254
Ocidente traído: A sociedade em crise (Boaventura), 121
Odebrecht (construtora), 123
Olimpíada de 2016, 135, 270, 288
Oliva, Oswaldo Muniz, general, 71-4, 76, 353
Oliva Neto, Oswaldo, coronel, 82
Oliveira, Adélio Bispo de, 195, 197
Oliveira, Antônio (cabeleireiro), 273
Oliveira, Eunício, 173
Oliveira, Jorge, major, 226, 266
Oliveira, Paulo Humberto Cesar de, general, 212, 214
Oliveira, Paulo Sérgio Nogueira de, general, 259, 286, 314, 319-20, 341-7, 371

ONU (Organização das Nações Unidas), 65, 78-9, 97, 194, 214, 219, 221-2, 231, 293, 301
orçamento de defesa (governo Lula), 86
orçamento secreto, escândalo do (2020-2), 325
Ordem do Mérito Militar, 113, 193
Ordem dos Advogados do Brasil (OAB), 30, 89, 173
Organização Mundial da Saúde (OMS), 292, 294, 335
Orozco, Juan Carlos, general, 165
Ortellado, Pablo, 336
Orvil: Tentativas de tomada do poder (livro secreto do Exército), 122-3, 167, 261, 265, 302
Osório, Manuel Luís, marechal, 288
Otavio, Chico, 35, 261

Pacheco, Rodrigo, 314, 332, 372
Pacificador com Palma (medalha), 199-200, 255, 261
Pacitti, Tércio, brigadeiro, 75
Paes, Eduardo, 371
Paes Manso, Bruno, 261-2
Paiva, Eunice, 62
Paiva, Luiz Eduardo Rocha, general, 168-9, 258-9, 264
Paiva, Rubens, 62, 253
Paiva, Tomás Miné Ribeiro, general, 44-5, 67, 163-4, 171, 182-3, 185, 233, 339
Palácio da Alvorada, 138, 292, 305, 364
Palácio das Laranjeiras, 35
Palácio do Jaburu, 156, 268
Palácio do Planalto, 25, 62, 65, 88, 129, 132, 136, 153, 173, 184, 187, 189, 200-1, 216, 223, 235-6, 242, 268, 292-3, 295-6, 308, 324, 326, 331, 359
Palácio Guanabara, 35
Palocci, Antonio, 129
pandemia *ver* covid-19, pandemia de
Panteão Duque de Caixas (Rio de Janeiro), 372
Paraguai, 9, 78, 276
Paraná, 170, 241
paraquedistas (PQDS) *ver* Brigada Paraquedista

Partido Comunista Brasileiro, 70, 117, 119
partidos militares, tese dos, 287
Paschoal, Janaina, 187, 321
Passarinho, Jarbas, 56, 59-60, 108, 110, 123
Pazuello, Eduardo, general, 12, 17, 225, 238, 295, 300-1, 303, 305, 310, 312-3, 317-21, 343, 358, 370
PCdoB (Partido Comunista do Brasil), 77, 156, 166, 182, 190, 224, 255, 339
PDC (Partido Democrata Cristão), 108, 110, 208
PDS (Partido Democrático Social), 49, 72, 324
PDT (Partido Democrático Trabalhista), 182, 195, 246, 297-9, 301, 339
Pedro I, d., 373
Peixoto, Floriano, general, 212, 220, 226, 230
Pena, Afonso, 230
Penido, Ana, 287
Penna, Isa, 339
pensão vitalícia a filhas solteiras de militares, 267
Pereira, Augusto Heleno Ribeiro, general, 9-11, 27, 78-80, 97, 116, 169, 177, 181, 187-8, 210-2, 219-20, 226, 236, 238, 286, 292, 298-9, 308, 321-2, 324-5, 344
Pereira, Bruno Araújo, 235
Pereira, Cleidi, 263
Pereira, Freddie Perdigão, coronel, 262
Pereira, Mauro César Rodrigues, almirante, 58
Pereira, Merval, 41
Peres, José Isaac, 366
Peri, Enzo, general, 25, 85, 96-7, 102, 113, 125, 131, 157
Pernambuco, 64-5, 185-6
Peru, 31
Peternelli, Roberto, general, 186-9, 370
Petro, Gustavo, 367
Petrobras, 14, 24, 65, 213-4
Pezão, Luiz Fernando, 138
Pfizer, 303, 312
PFL (Partido da Frente Liberal), 49, 58, 64, 72, 323-4
Piauí, 343
piauí (revista), 15, 217
pilotos de caça na Força Aérea, 219

Pinheiro, Ajax Porto, general, 196-8, 282
Pinheiro, Léo, 165-6
Pinheiro, Paulo Sérgio, 88, 92
Pinto, Eduardo Costa, 161
Pires, Breno, 325
Pires, Luiz Henrique, general, 75
Pires, Marcelo Bento, coronel, 313
Pires, Waldir, 84-5
Pires, Walter, general, 34
PL (Partido Liberal), 17, 321, 324, 364, 370
Plano Cohen, 118
Plano de Reconstrução e Transformação do Brasil (Fundação Perseu Abramo, 2020), 352
Plano Estratégico de Fronteiras (governo Dilma), 129-31
Plano Nacional de Direitos Humanos (PNDH-3), 88-9
Plano Real, 59, 61
PMDB (Partido do Movimento Democrático Brasileiro), 49, 51, 53, 72, 85, 125, 129-31, 133-5, 157, 323; *ver também* MDB (Movimento Democrático Brasileiro)
Podemos (partido), 260
Polícia Civil, 142-3, 189, 200, 310, 316
Polícia Federal, 44, 56, 59, 63, 68, 106, 136, 175, 189, 195, 198, 200, 221, 235, 240, 296, 298, 331, 333, 344, 359, 366, 370
Polícia Militar, 28, 52, 189, 200, 219, 226, 262, 318, 330, 332-4, 359
Polícia Rodoviária Federal, 189, 200
Política Nacional de Defesa (governo Lula), 86, 352, 360
"politicamente correto", 127, 161-2, 201, 237, 284
Polônia, 367
Polsin, Algacir Antonio, general, 215
Pomar, Pedro, 255
Porão do Dops (bloco carnavalesco), 245
Porões da contravenção, Os (Jupiara e Otavio), 261
Porta dos Fundos (coletivo humorístico), 363
Portella, Heber, general, 346
Portugal, 56, 364
Postalis (fundo de pensão), 212, 214
Poty, Ubiratan, general, 44, 171

Poupex (Fundação Habitacional do Exército), 215, 288
PP (Partido Progressista), 157, 208, 258, 312, 324
Praça dos Três Poderes (Brasília), 200, 328-9, 334
Prestes, Luís Carlos, 118, 125, 252
Previdência, 113, 136, 146, 148, 211, 227, 324, 370
Primeira Guerra Mundial, 277
prisão de Lula (2018), 172, 174-5, 354
Proclamação da República (1889), 230, 275, 277, 372
Procuradoria-Geral da República (PGR), 296, 298-9, 302, 331
Projeto de nação: O Brasil em 2035 (documento), 259
Prosub (Programa de Desenvolvimento de Submarinos), 86
PRTB (Partido Renovador Trabalhista Brasileiro), 188, 364
Przeworski, Adam, 180, 343
PSB (Partido Socialista Brasileiro), 83, 90, 126, 299
PSC (Partido Social Cristão), 156, 174, 186-7, 208
PSD (Partido Social Democrático), 157, 185, 311, 337-8
PSDB (Partido da Social Democracia Brasileira), 156, 166, 190, 196, 258, 338-9, 348
PSL (Partido Social Liberal), 174, 194, 208, 273, 321, 349
PSOL (Partido Socialismo e Liberdade), 143, 156, 195, 312, 339
PT (Partido dos Trabalhadores), 14, 23, 27, 31, 39, 41-6, 51, 55, 70-7, 80-1, 85-9, 91, 110, 125, 127-8, 131-3, 155-7, 164-6, 169-70, 173-5, 179, 182, 188, 190-3, 196-7, 210, 222, 243-4, 258, 260-1, 318, 321, 346, 348-9, 351-5, 357-61, 366, 370-1
PTB (Partido Trabalhista Brasileiro), 324, 326, 331
Pujol, Edson Leal, general, 103, 192, 200, 214, 216, 220, 223, 295, 302, 306-9, 314, 341-3, 347
PV (Partido Verde), 156, 299

Quadros, Jânio, 119, 185
Queiroga, Marcelo, 305, 317
Queiroz, Élcio, 143
Queiroz, Fabrício, 262-3, 302, 323

racismo, 105, 127, 200, 231, 237, 331
Ramagem, Alexandre, 298, 370
Ramos, Lilian, 59
Ramos, Luiz Eduardo, general, 211-2, 219, 222-6, 292, 311, 317, 325-6, 344
Ramos, Roberto, general, 140
Rangel, Rodrigo, 346
Raposa Serra do Sol (reserva indígena em Roraima), 97
Raposo, Amerino, coronel, 75
Ratinho (apresentador de TV), 127
Raytheon (empresa norte-americana), 63
Rebelo, Aldo, 74, 76-7, 165-7
Recondo, Felipe, 198
Record (TV), 318
Rede Sustentabilidade, 294, 311
redes sociais, 103, 115, 156, 158, 192, 194-5, 221, 239, 287, 296, 308, 332, 343, 346-8, 362-3, 366
Rego, Vital do, 257
Regulamento Disciplinar do Exército, 110, 249, 256, 319
Reino Unido, 78, 303
Reis, Sérgio, 149-50
República das milícias, A (Paes Manso), 261
República Democrática do Congo, 221
Republicanos (partido brasileiro), 364
Resolução nº 2 da CNV (setembro de 2012), 93-4; *ver também* Comissão Nacional da Verdade (CNV)
"Reunião de bacana" (canção), 322
Revolta Comunista de 1935 ("Intentona"), 117-8, 122, 167, 199
Revolta do Forte de Copacabana (1922), 167
Revolução de 1930, 36, 119, 230, 277, 362
Revolução gramscista no Ocidente, A (Avellar Coutinho), 122-3, 261
Revolução Russa (1917), 117

Ribeiro, André, 269-70
Ribeiro, Emílio Nina, 35
Ribeiro, Jair Dantas, general, 186
Ribeiro, João, 270
Ribeiro, Marcos, 269
Ribeiro, Milton, 237, 370
Ribeiro, Viviane, 269
Richa, José, 51
Rio de Janeiro, 17, 56, 101, 110, 128, 135-8, 141-4, 161, 169, 189, 199, 216, 226, 240, 253, 256, 261-3, 273-5, 283, 288, 296, 318, 321, 370-1, 373
Rio Grande do Sul, 17, 22-3, 35, 141, 153, 185-6, 245, 268, 274, 364, 370
Riocentro, atentado no (1981), 256, 262
Ríos Montt, Efraín, 31
Rita, João Batista, 260
Rocha, Flávio, almirante (Rochinha), 171, 236-8, 321
Rodrigues, Edmilson, 156
Rodrigues, Jorge, 287
Rodrigues, Randolfe, 311
Rohrsetzer, Átila, coronel, 253
Romeu, Inês Etienne, 35
Rompendo o silêncio (Ustra), 123, 244, 248, 255, 257, 265, 306
Roncalli, Angelo, cardeal, 239
Rondon, Cândido, marechal, 288
Rondônia, 330
Roraima, 130, 301
Rosa, Evaldo, 271
Rosa, Marco Aurélio de Almeida, general, 167, 280, 310
Rosa Filho, Cherubim, brigadeiro, 108
Rosário, Guilherme Pereira do, sargento, 256
Rosário, Maria do, 96, 127
Rosário, Miguel do, 159
Rosário, Wagner, capitão, 313
Rosenfield, Denis, 132-3
Rossato, Nivaldo, tenente-brigadeiro, 39, 134, 147, 174, 185, 362, 369
Rossi, Baleia, 324
Rouquié, Alain, 185, 287
Roure, Werlon Coaracy de, general, 53

Rousseff, Dilma, 14-5, 21-5, 27-30, 32, 39-40, 42-7, 58, 73, 80, 90-3, 96-7, 116-7, 124-6, 128-36, 140-1, 145, 147, 151-2, 155-7, 159, 162, 164-9, 186-7, 200, 208, 210, 214-5, 219, 232, 238, 243-5, 263, 308, 321-2, 339, 348, 351, 354, 357-9, 365, 381*n*
Rússia, 77-8, 303, 367

Saboia, Henrique, almirante, 53
Sachsida, Adolfo, 207
Saideman, Stephen, 356
Saito, Juniti, brigadeiro, 25, 85, 102
Salgado, Plínio, 220
Salgueiro, chacina do (2017), 142
Salles, Ricardo, 234, 240, 297
Salvatti, Ideli, 91
Sampaio, Antônio de, brigadeiro, 288
Sampaio, Cristiano Pinto, general, 172
Sant'Anna, Ricardo, coronel, 346-8
Santa Rosa, Maynard Marques de, general, 97, 310
Santos, Allan dos, 221
Santos, Eduardo Heleno de Jesus, 257
São Paulo, 29, 34, 56, 70, 72-3, 81, 98, 123, 135, 151, 153, 172, 186, 194, 215, 241, 243, 245-6, 249-50, 253-4, 266, 273, 292-3, 303, 315, 318, 334, 336, 339-40, 342
Sardenberg, Ronaldo, 64
Sarney, José, 13, 28, 49-51, 54-5, 59, 75, 105, 122, 168, 200, 247, 323, 365
Schlapp, Matt, 205
Schmidt, Beny, 150-1, 217
Schmidt, Flávia de Holanda, 210
Schneider, Ben Ross, 49
Schreier, Chael Charles, 271
Secretaria da Cultura (governo Bolsonaro), 237
Secretaria de Administração Federal, 59
Secretaria de Assuntos Estratégicos, 58-9, 86, 237, 320
Secretaria Nacional Antidrogas, 68
Secretaria Nacional de Segurança Pública, 140
Secretaria-Geral da Presidência da República, 195, 212, 226, 266, 326, 370
Segovia, Sergio, contra-almirante, 236

Segunda Guerra Mundial, 34, 39, 119, 372
segurança pública, 12, 68, 80, 135-6, 138, 140-3, 156, 182, 226-8, 316
Senado, 17, 40, 44, 51, 58, 64, 73, 134, 136, 148, 156-7, 173, 243, 268, 310, 314, 332, 336, 341, 356, 364
Sentinela, Operação, 129
Serapião, Fabio, 316
Sérgio, Luiz, 156
Sergipe, 316, 359
Serra, José, 75, 90-1
Serviço Nacional de Informações (SNI), 34-5, 55, 75, 83, 108, 251
Shannon, Thomas, 368
Silva, André, soldado, 284
Silva, Fábio Passos da, capitão, 105
Silva, Gleyson Azevedo da, tenente-coronel, 347
Silva, José Ferreira da (Frei Chico), 70
Silva, Juarez de Deus Gomes da, coronel-aviador, 257
Silva, Orlando, 224, 339
Silva e Luna, Joaquim, general, 27-8, 97, 140, 165, 171, 177, 213, 224
Silveira, Rui Monarca da, general, 169
Simão, Valdir, 219
Simde (Sindicato Nacional das Indústrias de Materiais de Defesa), 135
Sindicato dos Metalúrgicos do ABC, 69, 175, 357
Sinovac, 303
Siqueira, José Elito, general, 187
Sisfron (Sistema Integrado de Monitoramento de Fronteiras), 86, 133
sistema eleitoral brasileiro, ataques de Bolsonaro ao, 343-8, 365, 367-8
Sivam (Sistema de Vigilância da Amazônia), 63
Skaf, Paulo, 135
Soares, Gláucio Ary Dillon, 34
Soares, Jô, 127
Soares, Rafael, 142, 233
Sobrinho, Ademir, almirante, 183
socialismo, 127, 201, 206, 231, 258
Sodré, Nelson Werneck, 275-6
Soldado e o Estado, O (Huntington), 230

Soldado-Cidadão (programa do governo Lula), 83, 357
Soligo, Airton (Cascavel), 310
Souza, Marcelo Pimentel Jorge de, coronel, 285-7
Souza Cruz, Antoine de, coronel, 190, 361
Souza, Marcelo Rebelo de, 364
Spektor, Matias, 120
Sputnik v (vacina russa), 303
Starling, Heloisa, 29
Stédile, João Pedro, 41, 260
Stepan, Alfred, 55, 278
submarinos brasileiros, construção de, 86
Suframa (Superintendência da Zona Franca de Manaus), 215
Superior Tribunal Militar (STM), 107-8, 169, 286
Supremo Tribunal Federal (STF), 13, 15, 30, 41, 51, 63, 85, 89-90, 94, 137, 169-71, 174, 178-9, 181, 197-8, 211-2, 233, 240, 249, 293-4, 296-8, 301-2, 305, 308-9, 325-6, 328, 330-4, 336-8, 340, 344-5, 353-4, 357, 365-6, 372
Svartman, Eduardo, 274

Tavares, Milton (Miltinho), general, 33-4
Távora, Juarez, general, 185
Tecnisa, 366
Teich, Nelson, 295, 300
Teixeira, Francisco Carlos, 274, 287
Teixeira, Irapuan, 113
Telebras, 59
Teles, César, 249
Teles, Edson de Almeida, 249
Teles, Janaína de Almeida, 249
Teles, Manuel Jover, 255
Teles, Maria Amélia de Almeida, 249
Temer, Michel, 13, 15, 43, 58, 80, 129-53, 156, 161, 168, 173, 183-4, 186-7, 196, 198, 210, 215, 218, 226, 234-5, 298, 301, 338-9, 357, 365
tenentismo, 167, 252
Ternuma (Terrorismo Nunca Mais, grupo militar), 257-9, 267, 307
terras indígenas, demarcação de, 56, 97
Theophilo, Guilherme, general, 11, 188, 310

Tibiriçá, Doutor/Major (codinome de Ustra), 246-8, 254
Tinoco, Carlos, general, 55, 58, 104, 110, 112
Tito Canto, Ronald, tenente-coronel, 285
Toffoli, José Antonio Dias, 89-90, 175, 179, 197, 308-9
Toledo, Luiz Fernando, 238
Torelly, Marcelo, 30
tortura, 10-1, 24-30, 33, 35, 48, 53, 61-2, 81, 89-91, 98, 120-3, 127, 147, 243-4, 246-51, 253-4, 256, 261, 264, 267, 271, 312, 365, 399*n*
Tortura Nunca Mais (grupo de direitos humanos), 257
trabalhismo, 119
Transpetro, 133
Três Gargantas, hidrelétrica de (China), 162
Tribunais Regionais Eleitorais, 346
Tribunal de Contas da União (TCU), 209-10, 212-3, 266
Tribunal Superior do Trabalho, 65
Tribunal Superior Eleitoral (TSE), 170, 198, 273, 331, 345-9, 365-6, 371
Trindade, Hélgio, 220
tríplex do Guarujá, 166, 169
troll, Bolsonaro como, 326-8
Trump, Donald, 205-6, 293, 328, 330, 349, 368
Turquia, 367
Twitter, 156, 160, 169, 172-3, 181, 192, 199, 234, 285-6, 299, 326, 341, 347, 362, 372

UDN (União Democrática Nacional), 185
UDR (União Democrática Ruralista), 256
Última Hora (jornal), 10
União Brasil (partido), 339
União Soviética, 119, 158
Univaja (União dos Povos Indígenas do Vale do Javari), 235
Universidade de Oxford, 303
Universidade de São Paulo (USP), 73, 179, 336, 365, 373
urnas eletrônicas, 214, 342-6, 348-9, 371, 373; *ver também* sistema eleitoral brasileiro, ataques de Bolsonaro ao

Uruguai, 15, 31, 248, 276
Ustra, Carlos Alberto Brilhante, coronel, 10, 29, 98, 123-4, 243-68, 306
Ustra, Joseíta Brilhante, 242-6, 248-9, 253, 258-9, 263-8
Ustra, Patrícia Brilhante, 248-9, 267
Ustra, Renata Brilhante, 248, 267

vacinas contra a covid, 303-4, 307, 311-3, 316-7, 342; *ver também* covid-19, pandemia de
Valente, Ivan, 224
Valente, Rubens, 133
Vanguarda Popular Revolucionária (VPR), 246, 262
Vannuchi, Paulo, 88-90, 94
Varella, Drauzio, 294
Vargas, Getúlio, 36, 118-9, 186, 200, 220
VAR-Palmares (Vanguarda Armada Revolucionária Palmares), 90, 247
Vaza Jato, revelações da, 361
Veja (revista), 55, 64, 105, 107-8, 165-6, 272, 327
Vélez Rodríguez, Ricardo, 207, 218
Veloso, Caetano, 271
Vem pra Rua (movimento), 173, 339
Veneu, Antônio Luiz Rocha, general, 110
Venezuela, 11, 197, 301, 335, 367, 373
Verdade sufocada, A (Ustra), 123, 244-5, 252-3, 258, 260, 264-6, 306
Viana, Jorge, 157
Viana, Natália, 80
Vianna, Luiz Fernando, 314-5
Videla, Jorge, 31
Viegas, José, 77-8, 81-3
Vieira, Alessandro, 316-7
Vieira, Gleuber, general, 66, 75, 112
Vila Militar (Rio de Janeiro), 106, 108, 188, 214, 253, 261, 269-75, 277, 288-9
Villas Bôas, Adriana Haas, 240
Villas Bôas, Eduardo, general, 13, 21, 23, 32-3, 36, 38, 40-1, 44-6, 68, 86-7, 93, 95, 124, 132-5, 137-42, 145-69, 171-85, 189, 192-3, 195-7, 199, 215-7, 221, 227, 231, 234, 237-8, 240-1, 258-9, 279, 298, 308, 357, 361

Villas Bôas, Maria Aparecida Haas (Cida), 149, 168
violência política, 370-1
Vitelli, Marina, 356
voto impresso, proposta do, 330-1, 338, 344, 348-9
Vox Populi (programa de TV), 70

Wagner, Jaques, 22-3, 25, 31-2, 36, 38-43, 155, 178-9, 359
Warde, Walfrido, 219
Washington, DC, 205-6, 231, 302, 330, 368
Washington Luís, 35
Weber, Luiz, 198

Weber, Rosa, 75, 173-6, 198
Weintraub, Abraham, 297, 302
WhatsApp, 179, 184, 187, 224, 260, 292, 340, 362, 366

Xerife, capitão (Fábio Passos da Silva), 105

Yanomami, indígenas, 56

Zaverucha, Jorge, 58, 180
Zé Trovão (Marcos Antônio Pereira Gomes), 331-2, 370
Zero Hora (jornal), 263
Zucco, Cesar, 192

1ª EDIÇÃO [2022] 1 reimpressão

ESTA OBRA FOI COMPOSTA POR OSMANE GARCIA FILHO EM MINION
E IMPRESSA PELA GEOGRÁFICA EM OFSETE SOBRE PAPEL PÓLEN SOFT
DA SUZANO S.A. PARA A EDITORA SCHWARCZ EM MARÇO DE 2023

A marca FSC® é a garantia de que a madeira utilizada na fabricação do papel deste livro provém de florestas que foram gerenciadas de maneira ambientalmente correta, socialmente justa e economicamente viável, além de outras fontes de origem controlada.